理解他者　理解自己

也人

The Other

共域世界史

王献华 主编

MELANCHOLY ORDER

Asian Migration and the Globalization of Borders

Adam McKeown

忧郁的秩序

亚洲移民与边境管控的全球化

[美] 亚当 · 麦基翁 著

潘一宁 译

上海書店出版社
SHANGHAI BOOKSTORE PUBLISHING HOUSE

本书出版获上海外国语大学全球文明史研究所高水平学术研究、
广东省哲学社会科学《广东华侨史》特别委托项目资助。

出版说明

《忧郁的秩序：亚洲移民与边境管控的全球化》(*Melancholy Order: Asian Migration and the Globalization of Borders*) 是美国已故历史学家亚当·麦基翁（Adam McKeown）教授的代表性专著。英文原版于2008年由美国哥伦比亚大学出版社出版，当时作者于哥伦比亚大学历史系任教，指导全球史、移民史等相关课程。

本书分为四个部分，分析了自19世纪下半叶至20世纪上半叶，亚洲移民在西方国家遭排斥的历史与边境管控的关系。通过分析史料，作者在书中清晰地呈现了审讯、体检、签证等边境流程及文件如何从筛选亚洲移民的过程中发展出来，在不断修正和完善中更加系统化，而后扩展为世界范围内的广泛实践。全书视野宏大、内容精深、论证有力，触及亚洲、美洲、大洋洲等世界多地人口迁移的重要脉络，蕴含国际法与国内法、法律制定与实施、中央与地方等多重结构中的张力，囊括个人权利自由、国家主权威严、现实外交需求等各方权衡的过程。通过反思西方国家的边境立法及其实践，呈现亚洲移民遭受歧视的历史，作者从深层折射出边境如何与“进步”/“落后”的西方叙事相连，成为不平等国际秩序的试炼场。

本书是麦基翁教授集学术大成之作，也是他首部译成中文的作品，对于中文世界读者了解这样一位举足轻重的移民史学家具有重要意义，也为读者思考全球移民史提供了新的视角。然而，需要指出的是，由于个人学术背景的影响，本书中的个别看法存在一定局限性。作者对北亚移民的认识及涉及中国东北地区的论述，带有西方一些争议立场和史观的痕迹。此外，在评价历史上华人移民的特质时，书中个别表述内容及表达方式有失公允、不够严谨。对于这些部分，希望读者在阅读和使用本书时注意鉴别。

上海书店出版社

2024 年 11 月

他如流星般坠落：回忆我的导师亚当·麦基翁

杨　斌

香港城市大学中文及历史学系教授

“麦基翁难题”

亚当·麦基翁（Adam McKeown, 1965—2017）不过年长我数岁，却是我的导师。理论上讲，我也可以声称是他的开山大弟子。他在中国学中文的时候，老师给他取了个中文名字，叫“麦开文”，他觉得不舒服，就没有用。尊重他的个人意愿，我在这篇文章里也如同他生前一样，称他为 Adam。

Adam 的家世我不大清楚，只记得他曾经提过，他们家族主要居住在美国中部的汽车城，他所有的堂兄弟（或表兄弟）很早就会开车，他却对汽车不感兴趣，走上了学术道路，这属于家族的一个异数吧。Adam 的博士学位是在芝加哥大学获得的，其导师是个“大牛”，在学界声名显赫。博士论文指导委员会中还有中国学术界非常尊重的一位老牌学者，那就是《最后一个儒家：梁漱溟与现代中国的困境》（*The Last Confucian: Liang Shuming and the Chinese Dilemma of Modernity*）的作者艾恺（Guy

Salvatore Alitto)。艾恺是费正清（John King Fairbank）和史华慈（Benjamin Schwartz）的学生，资历很老，以研究梁漱溟而著名，和 Adam 很谈得来。我后来碰见艾恺的时候，特地请他为我题词："这个世界会好吗?"①

从芝加哥大学毕业后，Adam 先在费城的一所学校教了一年书，然后到了波士顿的东北大学历史系任教。东北大学历史系当时正在推动全球史的项目，建立了世界史中心（World History Center），主任是帕特里克·曼宁（Patrick Manning）教授。Adam 的博士论文比较了秘鲁、芝加哥和夏威夷的华人移民，全球史的框架与视野已经隐约可见，这对他拿到东北大学历史系教职很有帮助。这篇论文研究了 20 世纪初从中国南方到秘鲁、芝加哥和夏威夷的移民，其中有一些全球的视角和亮点，但整篇论文还是偏向比较研究。因此，在将论文修订为专著出版时，Adam 花了很多精力，采用"网络"这个概念来突显移民的全球模式。后来曼宁教授把 Adam 在写博士论文时碰到的困惑归纳为"麦基翁难题"(McKeown's dilemma)。曼宁教授解释说，一些对全球史感兴趣的博士研究生总会面临着同样的难题：究竟是先作一篇比较研究的博士论文而后找机会来阐述其中的全球联系，还是花更多时间调整结构来彰显全球模式？ 这当然是两难的选择。

Adam 是最早把离散人群（diaspora）这个概念应用到华人移民研究中的学者（之一），他的华人移民研究很快得到了学界

① 艾恺曾于 20 世纪 80 年代数次来华对梁漱溟进行专访，访谈后整理成书，即为《这个世界会好吗?》。——编者注

的认可与赞赏。有一次他从新加坡开会回来，非常高兴地跟我分享了在那里得到的礼遇。这是一个学者因自己的学术而产生的由衷自豪，那也是他最开心的一段学术时光。《忧郁的秩序：亚洲移民与边境管控的全球化》便是他进一步以全球的角度研究全球移民特别是亚洲移民的作品。简单地说，本书考察了护照，或者说个人国际身份之标准化和全球化的进程。

边境与国际秩序的构建

先有国家，再有边境；先有边境，再有移民；边境的管控，也就是对移民的认证（其中关键为拒绝“非法”移民，允许“合法”移民，即所谓“自由”移民的规范化），天然就是民族国家的本质体现。这是多数人接受的显而易见的常识。然而，这个常识并不正确。实际上，边境与民族国家——后者是现代世界的基石——互为建构（mutual-constitutive）。由边境管控出发，于是有了护照这个国际标准化的公民身份证件，后者是基于个人—民族国家这个纽带而建立起来的全球秩序之表现与象征。这个秩序——包括个人身份的认证（护照与签证）、海关等——在全球范围的兴起与推广，这一全球史的话题便是本书的议题。全书以19世纪下半期美国对华人移民的边境控制为切入点，全景式地论述了边境的全球化，护照的全球化，或者说，海关的全球化。

除了导论与结论，全书分为四个部分，共十二章。第一部分“转型中的边境”追溯了19世纪70年代大规模移民的兴起和新的监管流程。第二部分“想象边境”和第三部分“强化边境”是全书的重点，考察了现代移民控制的法律和实践。首先，Adam揭示了现代移民控制原则是如何从 19 世纪末白人国家对亚洲移民的限制而演变形成的。民族和“文明”的概念取代了个人，成为“普遍”权利之主体，而边境则成为这种权利需要得到承认的界限。其次，他着重阐述了美国《排华法案》的执行，彰显了美国政府针对亚洲移民而执行边境管制新原则的开拓性角色。这些章节涉及在国家和个人的世界中建立现代移民控制的制度轨迹 。第四部分为“泛化边境”，顾名思义，追踪了这些原则和实践在 20 世纪初的全球传播。Adam 指出，如果某个国家的文化和社会基础没有准备好接受边境管控的基本合法性，那么，边境管控原则的传播就不可能实现。在这样的前提下，哪怕是针对边境管控的抗议运动，如甘地在非洲的非暴力不合作运动 ，也只针对管控的某些特定方面，而不是移民管控的一般原则。全球性的边境由此落地生根。

Adam 到波士顿的东北大学任职后，着力于华人移民的全球史研究，换句话说，就是在全球比较、联系与互动的视野下考察近代中国的华人移民，这构成了本书中的一个核心内容。Adam的基本观点是，西方学者此前关注了跨大西洋的欧洲移民，却忽视了同等规模的跨印度洋、太平洋的亚洲移民，以及东北亚的移民。如果把明清时期云南的移民置于世界范围内，则可以提出一个全球性的问题：“为什么几乎在同一时期内，明朝、俄罗斯帝国以及欧洲各帝国分别向云南、西伯利亚与美洲推进，它们是否属于同一个全球性进程？ 在这背后，有没有一个全球性的力量存在？或者他们之间有无相关性可言？”[①] 这一点，Adam 很早就跟我提过，我也把他的问题写进了我的博士论文，特在此进行说明。

Adam 在《忧郁的秩序》中有许多精彩的论述。他指出：边境管控是主权之基础观念，也是国际体系的基本原则；它使得国家在空间上有形，可以触摸，也使得东西方之间文明与落后、自由与专制这个二元结构得以形成。他阐述说，所谓“自由移民”（free migrants），并非天然的，而是政府干预的产物，并成为中西“文明”与“不文明”两分法的基础。正是这些制度与理念，诱使我们想象自己是“自由、自主、自治的个体”（页 3）。特别需要指出的是，美国对前往本国的华人移民之管控，尤其是 1882 年美国《排华法案》的通过与执行，成为西方以至全世界国家移民管控的模式，成为各国抄写的“作业本”。在这个意义上，华人移民塑造了现代民族国家的边境，塑造了现代国际秩序。

这些讨论，很明显地带有后现代主义的色彩，此点 Adam 并不讳言。他在书中直接谈到了福柯（Michel Foucault）对他的影响。实际上，边界界定民族国家这样的思维，同样贯穿了我的博士论文《季风之北，彩云之南：云南的形成》（*Between Winds and Clouds: The Making of Yunnan*）。边缘 / 边界 / 边疆冲击、塑造、修订中心，边缘 / 边界 / 边疆的形成意味着中心的形成、中心的表征与中心的局限，这是对历史书写中各种中心主义的反思、批判与修正。当然，我的主线比较简单，Adam 处理的议题庞大复杂，从观念、意识形态到移民、法律、制度、政府与外交等，难

① 杨斌著，韩翔中译：《季风之北，彩云之南：多民族融合的地方因素》（桂林：广西师范大学出版社，2023 年），319—320 页。——编者注

度大很多。

如果说，Adam 的第一本专著《华人移民网络与文化变迁：秘鲁、芝加哥与夏威夷，1900—1936》(*Chinese Migrant Networks and Cultural Change: Peru, Chicago, and Hawaii* 1900–1936）之研究，还是基于比较与联系，尚未臻至“全球”，《忧郁的秩序》一书在空间和主题的选择上都突破了比较与联系，体现了全球意义上的研究对象、进程、内容与讨论。全书处处闪烁着激情洋溢的思辨，从“自由移民”的定义与管控窥视并探索了民族国家的全球化构建这一宏大主题。

《忧郁的秩序》是一部卓越的全球史著作。本书出版后，Adam 曾经到新加坡国立大学的亚洲研究所访学，我当时任教的历史系也请他就本书做了一个讲座。我在提问时就说：本书肯定要得世界史领域的图书奖［后来如我预言，本书获得了 2009 年美国世界史学会的年度图书奖（the World History Association's Bentley Book Prize）］；不过，我的问题是，本书回顾了以现代民族国家为基石的国际体系对移民的控制，或者反过来说，移民特别是亚洲移民对于这个体系的建立所扮演的角色和发挥的作用，那么，动植物、疾病和信息是否有同样或类似的进程与作用？Adam 认为这是一个可以探索的话题。

波士顿的邂逅

我也想借此机会回顾一下我和 Adam 的交往。1998 年 9 月初，我抵达波士顿，在东北大学历史系攻读博士学位，那时，

Adam 也刚刚到东北大学历史系任教，我便顺理成章地成为他的TA。除了跟他去上世界史这门课外，我给他做的另一件事便是去哈佛燕京图书馆阅读《华侨华人历史研究》。他挑选了这本期刊中感兴趣的文章，让我阅读并给他做摘要。这个工作使得我对华侨华人研究有了一点初步的印象，为我以后在新加坡的教学和研究埋下了伏笔。

Adam 大概在 2001 年便去了哥伦比亚大学历史系，我参加博士生资格考试的时候他是特意从纽约赶过来的。他在办公室告诉我这个消息的时候说，曾经向哥伦比亚大学提出带我一起过去，但对方没有同意。老师的影响总是在不经意中展现的，多年后我跳槽的时候，也向对方提出能否带博士生过去，当然这好像不符合学术界的规矩。2004 年 8 月初我参加博士论文答辩的时候，Adam 也是从纽约赶过来的。Adam 在哥伦比亚大学的职业生涯异常顺利，很快就升任副教授，拿了终身教职。接着，随着《忧郁的秩序》的出版，他便荣升了哥伦比亚大学的教授，那时，他刚刚 40 岁。联想到东亚高校内升任教授涉及的种种学术与政治的因素，这实在让我感慨万分。

我在新加坡国立大学的时候，Adam 也来过几次。有一次是全家都来了，他的女儿 Gina 见到我的时候，激动地介绍说："这是我的爸爸。"(This is MY daddy.)"我的"(My) 这个词说得很大声，让大家忍俊不禁。多年以后我看到 Gina 的时候，还特意提到这段往事。

Adam 在哥伦比亚大学的时候我去过他那里几次。第一次是参加 2003 年春的亚洲学会纽约年会，我在会上报告了关于南方丝绸之路的文章。为了省钱，我在 Adam 的公寓住了一个晚上。第二次是 2005 年春天，我去哥伦比亚大学出版社参加 2004 年古登堡电子出版奖（Gutenberg-E prize）颁奖活动，和他在哥伦比亚大学校园里见了面。第三次便是 2012 年春天，当时我在哈佛燕京学社访问一年，他安排我到哥伦比亚大学的东亚中心做了一次讲座，讲的是安徽省无为县大饥荒的历史。那天下午我和他从校园一路走到他在纽约意大利人聚居区的公寓，畅谈良久，非常开心，也在他的公寓住了一晚。第二天一早，他送我上地铁，我去唐人街坐车回波士顿。那时，Adam 对大学的学术政治已经非常失望，流露出要辞职的想法。他说，按照历史系的不成文法，新近荣升的同事一般要担任系主任，为大家服务。为了逃避这个职位，他不得不在一些无足轻重的事务上故意犯错，使人觉得他毫无行政能力，终于打破了这个习惯法。这是我最后一次见到 Adam，之后就是通过电子邮件联系了。

最后的联系

Adam 一贯以我为荣，这不是在自夸，我想说的是我们师生之间平淡而绵远的情谊。2005 年中秋节我去新加坡国立大学面试，年底便到新加坡任教。后来闲谈时 Adam 不止一次告诉我，面试时很多人认为我是去陪跑的，最终却大吃一惊，居然是我被录用，说完他哈哈大笑。我在博士毕业前后的两三年内申请了两百多份工作，Adam 和其他两位导师一起，毫无怨言地为我写了两百多封推荐信。我到了新加坡之后，Adam 也为我写了好几封推荐信。这是导师对学生最大的默默支持。

2013 年 12 月 19 日上午 6:59（纽约时间），Adam 在邮件中告诉我，他这一年的无薪假期马上就要结束了，他的辞职申请将于 2014 年 1 月 1 日正式生效。“长话短说：我的履历辉煌，但已失去兴趣，准备重新开始。目前没有特别的计划。”这是一封令我困惑和悲伤的邮件，因为在波士顿的时候，Adam 告诉我，他最喜欢在图书馆看档案。不过十几年时间，究竟是什么让这个卓有成就的常青藤大学的教授对学术（界）失去了兴趣?

2015 年 4 月 19 日上午 9:20，Adam 在邮件中告诉我，他看到了我关于张爱玲的文章，他 7 月份计划去大理学院待上一个月，在那里的暑期学校教书，学生是刚刚被美国大学录取的中国高中毕业生。7 月 19 日，Adam 告诉我，他带学生去了一趟石宝山，说：“南诏的第六个国王看起来很像你——他一定是你的祖先！”他对那里的石像非常感兴趣。8 月 11 日，他又给我发了一封长长的邮件，问我要了一些方国瑜先生的著作，又夸奖了他指导的中国学生。这些学生能被美国高校录取，各方面当然都足够优异。由于对移民的兴趣，8 月 11 日，Adam 在邮件里询问了有关云南穆斯林移民的问题，第二天他便乘机返回纽约。

8 月 25 日，我给他转发了一则某亚洲名校招聘讲座教授的广告，希望他对此不会感到厌烦，暗示他能够考虑申请一下。他很快回了邮件，说：“不感兴趣。我真的对学术界几乎失去了所有的兴趣。”（Uninteresting. I’ve really lost nearly all interest in academia.）这是我们最后一次邮件联系。

“very very sad”

2018 年 11 月 29 日，我从澳门出发，经香港乘机去纽约参加哥伦比亚大学历史系举办的 Adam 的追思会。会议是由历史系 Adam 的原同事马特 · 科尔内利（Matt Connelly）和林郁沁（Eugenia Lean）等人筹办的，来者有 Adam 家人、导师艾恺，以及原东北大学的同事曼宁教授，其他多为 Adam 在哥伦比亚大学的同事、学生以及纽约的若干朋友，还有上海纽约大学的沈丹森（Sen Tansen）和康奈尔大学的埃里克 · 塔利亚科佐（Eric Tagliacozzo）。沈丹森是印度人，曾在北京大学留学，是中印关系史研究的代表人物；埃里克则是美国东南亚史的代表人物，他们和 Adam 私交很不错。艾恺在 12 月 1 日中午时谈了他对 Adam 之感想，“very very sad”（非常非常悲伤），他的眼角湿润了，声音有些哽咽，确实动了感情。

Adam 的学术与人生，如同夜幕下流星的坠落，其光芒转瞬而逝，却照亮了夜空及旷野中抬头仰望星空的一双双明亮的眼睛——这一光芒，多年后依然为人怀念，有人追寻。感谢译者、编辑与出版社，《忧郁的秩序》便是 Adam 留下的余光，让我们依然可以感受温暖与明亮。

献给吉娜，她是我“强制移民”的财富。

致谢

写作是痛苦的事情，思考和研究倒是充满愉悦。国家人文基金会夏季津贴、东北大学和哥伦比亚大学提供的青年教师发展补助金以及社会科学研究委员会设立的国际移民博士后奖学金，让我能够尽情享受这样的愉悦。纽约罗素·塞奇基金会和新加坡国立大学亚洲研究所提供的访问学者资助则极大地减轻了我写作的痛苦。

在写作本书的过程中，许多人以不同方式提供了帮助，他们要么对初稿提出了意见，要么指出了错误，或者给予了后勤支援和史料补充，或者随口进行了评价，但对我观点的形成产生了至关重要的影响。在完成了一本关于身份认定与分类的著作之后，我强烈地意识到，仅对他们的贡献进行恰如其分的分类是不够的。因此，我将用我所知道的最简单、最平等的方式，按字母顺序对以下所有人表达谢意：

杰里·本特利（Jerry Bentley）、劳伦·本顿（Lauren Benton）、乌尔贝·博斯马（Ulbe Bosma）、阿德里安·卡顿（Adrian Carton）、佩尔·卡塞尔（Pär Cassel）、陈亨利（Henry Chan）[1]、

① 本书中出现的华人姓名，除少数是原名外，大部分为音译。——除另有说明外，本书页下注均为译注，原注位于书末

周麟（Diego Lin Chou）、马特·科尔内利、戴维·库克–马丁（David Cook-Martin）、尼古拉·迪科斯姆（Nicola Di Cosmo）、彼得·迪莫克（Peter Dimock）、尼古拉斯·埃文斯（Nicholas Evans）、戴维·费尔德曼（David Feldman）、费约翰（John Fitzgerald）、丽莎·福特（Lisa Ford）、唐娜·加巴西亚（Donna Gabaccia）、朱利安·戈（Julian Go）、迈克·格罗斯伯格（Mike Grossberg）、韩清安（Eric Han）、迪尔克·赫尔德（Dirk Hoerder）、沃尔特·华曼尼（Walter Huamaní）、保罗·琼斯（Paul Jones）、艾拉·卡茨尼尔森（Ira Katznelson）、道格·诺克斯（Doug Knox）、亚当·科斯托（Adam Kosto）、孔飞力（Philip Kuhn）、玛丽莲·莱克（Marilyn Lake）、林郁沁、李漪莲（Erika Lee）、史蒂文·勒格姆斯基（Steven Legomsky）[①]、刘宏（Liu Hong）、利奥·吕卡森（Leo Lucassen）、格雷格·曼（Greg Mann）、帕特里克·曼宁、穆素洁（Sucheta Mazumdar）、莱斯利·佩奇·莫克（Leslie Page Moch）、普拉布·莫哈帕特拉（Prabhu Mohapatra）、布莱恩·莫洛尼（Brian Moloughney）、何塞·莫亚（José Moya）、戴维·诺思拉普（David Northrup）、巴勃罗·皮卡托（Pablo Piccato）、梅哈·普里亚达尔希尼（Meha Priyadarshini）、邱立本、阿努帕马·拉奥（Anupama Rao）、温贝托·罗德里格斯·帕斯托尔（Humberto Rodríguez Pastor）、安东尼·瑞德（Anthony Reid）、安妮·鲁顿（Anne Routon）、萨斯基娅·萨森（Saskia Sassen）、约翰·斯坎伦（John Scanlan）、冼玉仪（Elizabeth Sinn）、萧乐

① 也写作 Stephen Legomsky。

(Lok Siu)、尼尔·汤姆森（Neil Thomsen）、查尔斯·蒂利（Charles Tilly）、蒂法尼·特里默（Tiffany Trimmer）、丰田三佳（Mika Toyota）、格雷·塔特尔（Gray Tuttle）、特里萨·文图拉（Theresa Ventura）、迈克尔·威廉姆斯（Michael Williams）、约翰·威特（John Witt）、项飙、杨斌、余全毅。

当然，即使是使用最合理的分类法也无法全面地认定复杂现实的每一个方面。本书的内容曾以多种形式呈现过，因此，必须向许多听过本书部分内容并进行评论的读者表达感激之情。参加过我的研究生研讨课程“国际秩序”的学生们在2005年秋天还阅读了本书完整的初稿，这对我的思考产生了比他们可能知道的要大得多的影响。最后要特别感谢的是我的亲人塞西莉·麦基翁（Cecily McKeown）和格里·麦基翁（Gerri McKeown）。没有她们的付出，我不可能完成本书，此最终成果恐怕也只是些许回馈了她们的付出。

在法律殿堂门前站着一个门卫。有一位从乡下来的人乞求这位门卫准许他进入殿堂。但是门卫说，此时此刻不能让他入内。这名男子想了想后便问，以后是否会让他进去。“有可能，”门卫答道，“但现在不行。”由于通往法律殿堂的大门照常打开，门卫站到一边，那人便弯下腰，探头往门里张望。门卫见状，笑着说：“如果你那么想进去，可以试试不经我允许就闯进去。可要当心哦，我是有权力的人。而且我只是一个最低级的门卫。每个大厅的大门都有一名门卫，一个比一个权力大。若见到第三个门卫，连我都害怕。”这个乡下人没有料到会遇到如此多的困难，他原以为，法律殿堂应该是任何时候都对任何人开放的。但他在更仔细地打量了那个穿着皮袍、高鼻梁、蓄着细长鞑靼胡子的门卫后，便打定主意，最好还是等获准才进去。门卫给了他一把小凳子，让他坐在门边。于是他坐等着，一日复一日，一年复一年。他多次央求进去，就是不准，但门卫对他的死乞白赖不胜其烦……这男子为来此地准备了许多东西，现在他把所有的一切都送上了，不论多值钱，只要能贿赂门卫就行。门卫收受了一切礼物，但每次收礼时都说：“我拿你这东西，是为了让你不会留有遗憾。”……在这漫长的岁月里，这名男子几乎目不转睛地盯着那门卫，忘记了里面还有其他门卫，在他看来，目前这个才是阻拦他进入法律殿堂的唯一障碍。在最初几年里，他大声咒骂自己的厄运；后来，随着年纪的增长，他只会喃喃自语了……最后，他的视力变得模糊不清，他不知道是周围的世界真的在变暗淡，还是只是他的眼睛在蒙骗自己。但在黑暗中，他可以看到一道永不消逝的光芒，从法律殿堂的大门照射出来。现在他的生命即将到头。他临终之际，整个逗留期间所经历的一切在心里汇成一个问题，而之前他一直未向门卫提出过这个问题。此时他向门卫招招手，因为他的身体发僵，已经无力动弹了。门卫不得不尽量弯下身，听他说话。他们体格之间的差距已经明显拉大，男子居于下风。“你现在想知道什么呢？”门卫问道，“真是没完没了的。”“人人都拼命想到法律殿堂里去，”这男子回答，“可这些年来，怎么只有我一个人跑来要求进去呢，究竟怎么回事？”门卫知道这男子快不行了，听力又不济，所以在他耳边大声吼道：“只有你才要从这扇门进去，因为这门是专为你而设的。我现在要关上大门了。”

——卡夫卡：《审判》[①]

① 本书中《审判》的译文参考了曹庸译本（上海文艺出版社，2006年）和文泽尔译本（天津人民出版社，2019年）。

目录

导论

身份的全球化

现代护照是理想化的全球秩序的一种显性表现形式。它有形 1
地连接了现代身份的两个主要来源——个人和国家。它将一个独特的个体置于一系列标准化的物理特征类别中且使之具化，并保证身份认证带有公认的民族国家的标志和印章。尽管护照是全球规范化和标准化的工具，但已成为个人离不开的物件，它既体现了个人最私有的身份，也体现了经官僚主义充分区分的身份。照片、层层叠叠的签证、各种印章和补充材料都进一步丰富了护照的内涵，使之成为个人履历的象征符号，但也将持照者深深地嵌入国家监管的档案和机制中。[1]

现代护照面向全球受众；其他证件则为了国内管理之便而在国家和个人之间建立关联。护照向其他国家宣布，签发国将对被认定身份的个人负有责任。如果没有此类证件就跨越国际边境（除非就此达成过特别的协议），那么这个人就是“非法入境者”“非常规入境者”或无国籍者，须仰仗他人的宽厚处理。证件的效力取决于是否承认签发的实体是民族国家互联关系秩序中的一部分。能否提供标准化形式的身份反过来也是民族国家获得这种承认的一个重要部分。虽然护照只是表明对既往个体特征予以正式承认，但签发证件的行为本身使国家和个人变为真实的存在。

当然，这种模式既揭示问题也掩盖问题。个人和国家双方其实仍然保留了许多自己的权力。每个人都认为他或她自己还有更多的内容没有体现在证件里，而国家也并不认为护照就足以证明持照者的国籍。大多数国家都将接受护照制看作一种国际礼让，
2 而且强调没有法律可以强制它们接受护照制。除了国家承诺在持照人回国时准许他们入境之外，护照并没有提供多少保障。这种模式在主张个人间和国家间的平等方面尤其具有误导性。[2] 在这些正式的平等声言之下，对入境签证（或拥有无需签证即可跨境通行的特殊待遇）与居留许可证却做了更细致的区分。这些证件依据财富、政治面貌和职业加以区别，并根据亲属关系、婚姻、教育、财富、工作、语言、种族、宗教、意图和遭受迫害的经历对个体进行分类。许多实际的身份证明文件不是由国家和个人提供的，而是由公司、政党、朋友、家人、经纪商和律师提供的。然而，无论这些证件提供者和人员类别是否在不断增加，全世界所有可能的公共身份都明显地被标准化了。个人始终是身份认证的最终对象，国家依然独掌权力来规定证明的形式并做出最终的裁定。[3]

是怎样的世界使这些护照、签证和许可证得以推广运用？这些证件不仅仅承载了一个既往的历史事实，其产生就是全球进程的一部分。在这一进程中，个体获得了稳定且可查证的身份，并在民族国家构成的国际体系中彼此区分。更具体地说，在规范全球流动方面，大量的新机构、新技术、新法律体制和新类别已经将国际边境变成了主要的规范场所。事实上，边境管控是主权的

基础，主权包含单方面管控人员入境的权力，上述观念已经成为国际体系的基本原则，但用以实施边境管控的机制和技术已经跨越边界，在全球推广和标准化。在移民的信息输入国内身份认证网之前，如何在边境鉴别他或她的身份，最有可能的做法，就是依靠外国提供具有合法性和可靠性的文件和身份证明。反过来看，一个国家有能力并且愿意提供此类证件，已成为该国在国际体系中得到承认的一个必要条件。

移民身份认证和管控的全球系统不是国际体系固有的客观存在，而是较后期发展出来的结果，其具体内涵产生于一系列历史偶发事件，在此过程中，非国家的身份来源和不规范的跨边境迁徙活动不断受到压制。边境管控的大多数基本原则及个人身份认证技术，主要是在 19 世纪 80 年代至 20 世纪最初十年间，由白人移民国家在排斥亚洲移民的过程中发展起来的。[4] 换言之，移
民管控并非国际体系在逻辑上或结构上必不可少的部分，而是力 3
图将一部分人排除在体系外的产物。但到了 20 世纪 30 年代，这些为了防护国际体系的边缘而发展起来的措施已经普世化了，成为国际体系内所有国家的主权和移民管控的基础。这一普世化不是对天赋自由的压抑，而是建立在制度和理念的扩展上，正是这些制度和理念使我们有可能（甚至是迫使我们）把自己想象成自由、自主、自治的个体。

边境的全球化

现代国际身份认证的历史就是一部全球史，它与人类迁徙的

历程及现代民族国家的涌现密不可分。因此，它应该成为过去两个世纪全球化历史的一部分。不过这一提法并不像初看起来那么简单，因为全球化通常被理解为一个互动不断增强的过程。护照、边境和移民管控经常被视为妨碍一体化的障碍，也被认为违背自由交往的基本原则，而这一切正是一个互动世界的基础。但管控和迁流是不可分割的。身份证件和移民条例往往既保护又阻碍移民迁移，或更准确地说，既使某些类型的移民迁徙更便利，又阻止另一些类型的移民迁移。[5] 事实上，只有在政府广泛抑制私营者胁迫移民及其他可能阻碍安全迁徙活动的情况下，才有可能出现“自由的”移民。护照的主要作用及在国土设置边界，正是为了抑制上述活动，而鼓励正常迁移。全球化作为互动的历史与边境的全球化密不可分。

全球化从根本上说是一个时序（time-based）过程。但大多数人对全球化的认识曲解了历史的相关性，这正是因为人们倾向于将全球化视为一种战胜边界的结果，而非与边界互动的结果。全球化通常被界定为不断加强的交往流动、不断扩大的相互联系和世界的碎片化，或是时空的压缩，从而克服了以往互不相干、彼此区隔的状况。从这个角度来看，迁流和互动在历史上是动态发展的；而文化和政治边界是静态和统一的，因而必然是阻碍全球化的。他们将全球化之前和之外的“传统”单位都划分出来，
4 除了把这些单位当作不断被超越、渗透或削弱的一个个障碍，不认为它们具备任何重要的历史动力。这种全球史，无论是写于1848年、1898年、1948年还是2008年，往往起始时间都不会早于过去二十年到三十年，它将早期历史统统归为国家的领土主

义、安常守故、稳定身份和传统习惯主宰下的历史。[6]“如此一来，”戴维·勒登（David Ludden）解释道，“我们便把迁流想象成跨越边界的活动，似乎先有边界，后有迁流。”[7]

关于全球化的学术研究，产生了网络、离散、节点、领域、分拆、去疆域化、景观和体系等丰富的词汇，用以描述扩散空间和跨区域空间的互动关系。但这些概念仍然是静态的，是处于非历史时代的“新生事物”。[8]与边境的静态历史相对的有关全球化的讨论，往往围绕着物质流、信息流，特别是人员流是否在损害国家主权的问题展开。从历史的角度来看，这是一个奇怪的问题，因为移民活动和一个由民族国家组成的国际体系的巩固在过去两百年里一直是共生的。这两个过程过去是，现在仍然是相辅相成的。诚然，迁流和边界经常处于紧张状态，但这种紧张状态正是历史发展动力最重要的源泉。

要写一部更深层次的全球化历史，通常要描述一个线性发展过程，即追溯到中世纪时期，从欧洲开始萌芽，然后逐渐扩展到全世界。[9]这是单向扩散的历史，而不是全球化的历史，完全没有为相互作用的进程留下任何位置，就好像与世界其他地区接触所产生的干预性作用，对这些进程本身几乎毫无影响一样，但事实上相互作用是最大程度上理解当代全球化问题的关键。研究民族国家的国际体系史也采取了这一单向路径，认为体系起源于欧洲的中世纪城市，经过新教改革，然后在16、17世纪的欧洲建立起以领土主权为中心的“威斯特伐利亚体系”。这一体系随后几乎一成不变地在全球范围内扩展，变成一个既成事实。[10]

不管怎样，人们对全球化的兴致促进了对欧洲以外商品、人员和思想的全球流动的开创性历史研究。越来越多的人意识到，从国家框架的角度来书写历史忽略了互动的历史过程。即使是简单地对互动的状况进行衡量，从 19 世纪 90 年代至 20 世纪头十年，货物和人员的迁流量也已达到了与现在人均水平相当的程度。[11] 这些历史往往不是一个线性过程，而是扩张与后退的循环
5 往复。这些循环有时被（那些怀疑全球化的人）描述为渗透与抵制的周期运动，或者被（那些坚信全球化的人）形容为“美好年代”与时运回挫的交替。经济学家的方法非常适用于衡量迁流、交换和市场一体化的现象，它们通常主导着对全球化的理解。[12] 但无论怎样去解释这些迁流，全球叙事都还是倾向于量化，将物质流置于历史动因中一个独特的位置。

鉴于边界在全球化历史中已被人们视为理所当然的事物，全球史如果不是按照西方扩张的框架来书写，而是以其他思路来书写，那么就会变得支离破碎，缺乏统一连贯性，成为国家和地区之间一系列无穷无尽的相互比较。但可以从当代全球化分析中找到针对更微观历史的切入点，这些分析认为全球化是同质化与差异化互构的过程。[13] 接触不仅会造成同化和融合，而且还为人们提供新的辨别方式，使他们彼此间能够区别开来，也使他们与所认为的同质化普世主义区分开来。互动也会产生标准化的归类，为分析差异提供框架，如族裔、国籍、人种、权利，甚至对体育运动队的忠诚度。采用这些符号和机制，表明人们通过有选择地强调自身差别，参与到更广泛的社会场域中，以便其他群体一眼便可认出其特征，而不是要将一个群体标记为落后者。罗兰·罗

伯逊（Roland Robertson）将这些过程分解为四种基本方式，来识别世界上的身份和归属：各个国家、国际体系、自我个体和人类整体。这些方式经过检验（但不一定得到认可），相互之间呈现二元矛盾关系：社会与个体、国家间地缘政治竞争与和谐的国际体系、文化的相对性与人类的共同情感、普遍人权与民族自决。[14] 这些矛盾关系是全球范畴内发生变化的关键机制。

这一路径可以成为一部丰富多彩的全球史的基础，以移民和
边境的紧密相连为依据。例如，直到 20 世纪初，世界政治版图
还包含着多种类型的政治单位：民族国家、城邦、君主国、联
邦、新旧帝国、保护国、殖民地、自治领、域外飞地、海关接管
区、部族和其他宗亲组织。它们在属性和自主性上的跨度很广。
在追寻 19 世纪中叶之后的信息流时，我们发现传播最广泛的有
两种：一是构成独立的主权民族国家的机制和观点，二是构成一 6
个自由的主权个体的机制和观点（在下一节中将详细讨论）。到
了 20 世纪 60 年代初，一大批具有相似机制和相似自主诉求的民
族国家已经遍布世界大部分地区，这是一个政治形式扩散化和同
质化的壮观过程。[15] 这些政治形式现在被理所当然地视为与全球
化格格不入，是造成世界支离破碎、处于前全球化时代的基本单
位。然而，它们本身是全球互动的产物和载体。

在迁流的全球史中，国家和边界的巩固有时被视作对 19 世纪全球化的抵制，在互动带来的局促不安和起伏变化的推动下，世界倒退到保护主义、民族主义和种族主义的状态。[16] 这样的解释能够帮助我们理解问题，但远远不够。信息流和权力流有助于建立边界，而知识及其应用则首先促进和保障了物质流和人员

流，两者密不可分。物质流和人员流之所以能够实现，是因为存在相应机制，它以可预测的方式实施海关法，遵循外交和商业交往的标准化手段，执行国际协定，并且提供可预见的法律和商业保护。国家垄断大规模暴力的手段，打击海盗、土匪和自治领主，巩固国家领土，并且维护边境和司法管辖区的治安，这一切都是国家保护那些迁流的途径。[17] 国家机制越是符合国际上熟悉的统一边境标准，并且对个人施加影响力，人们就越能充分地参与全球的交往互动。如果他们不愿参与，炮艇和殖民征服便会发挥强制性作用。这是一个标准化的故事，但并没有汇集到某个单一的政体内。这样的故事中有许多内容已经在国家史和殖民史的话语中讲述过，不过国际身份认证和移民管控提供了新素材，可以把这样的故事写成一部全球史。

规范移民身份

19 世纪末，随着全球工业经济的扩张发展，现代边境管控和国际身份认证应运而生。更直接的原因是，以国家为主体的国际体系崛起，移民大规模迁移，以及出现了数据生成和处理的新技术，如指纹、照片和复杂的存档系统。个人权利，法律面前人
7 人平等，国家统一，自主自治以及商品、货币和人口自由迁移等新兴理念也随之产生。可以将其归为自由主义原则，或者说，它们更适合 19 世纪末期的情形，更符合文明标准。但任何标签都有可能会掩盖隐藏在这些理念深处的许多矛盾。约翰·斯图尔特·穆勒（John Stuart Mill）等人提出的理论认为，为增进“更

大的利益”，个人自由与社会管理之间需充分兼容，这种理论在实践中很少能顺利地推进。尤其与移民问题相关的是，自主自治作为自由的重要渊源，与“人民”的概念化密不可分。一个能够自主自治的政体是一个尊重个人自由的政体，并且拥有维护个人权利的制度。一个有效的政治共同体，源于人民，为了人民，是这些个人自由的主要保障。这通常需要对成员身份进行管控，无论是为了保护自由机制的存在，还是仅将它作为自由自治人民的权利。[18] 在实践中，管控共同体成员身份的用意越强，共同体的平等主义色彩也往往越强，导致与自由迁移和个人权利普世性的理念形成对立关系。但通过种族分类或划定“非法”外国移民，继而使这种不平等对待正当化，这种对立关系可以得到缓解或掩饰。[19]

19 世纪 60 年代至 70 年代，天平向着放任自流的理念倾斜。除非在遭遇威胁或颠覆的特殊情况下，人口流动管控措施的正当化变得越来越困难。亚洲国家和殖民地承受着巨大的压力，要去接受这些理念。与此同时，19 世纪 80 年代却开始出现新的管制措施，限制亚洲人向白人移民国家迁徙。与以往的管控不同，新措施侧重于管制入境而不是出境，将边境作为执法的主要场所，并发展出广泛的机制来区分个人身份，身份区分在当时要比种族区分困难得多。很明显，这些管控制度都是由太平洋沿岸的白人移民国家建立的，他们自视为 19 世纪自由主义前沿的坚守者。这些国家在民主治理和自治方面进行了多项创新，如无记名投票、妇女选举权、普及教育和进步的劳动法。自主自治的理念和实践也是排他性政策的基础。现代边境管控不是“非自由”政治传统的残余，而是具备自觉意识的先驱者主张政治自由和自主所带来的产物。

8 边境管控制度的建立不仅造就了有形的国家边界，而且产生了文化上的宏观分类，即将世界划分为东方和西方、文明和非文明。这些宏观的划分可用以说明边境管控的正当性，即便是边境管控将这种宏观划分从想象变为了现实。太平洋地区的行政封锁在进步的民主国家和“停滞”的亚洲政体、自由移民和苦力之间划出了界限。亚洲人缺少自由的状况使得有必要对其实行排斥、甄选和监督。这反过来又制造出规避管控的机会，从而导致审查制的产生——进一步证明亚洲人是多么地缺乏自由移民的理念，然后再将执法严苛的罪责推卸到亚洲移民身上。

亚洲国家以及那些倡导自由迁移和种族平等的人都施加了压力，最终迫使重新修订管控措施，使之看起来是非歧视性的，是符合个人自由的。这是在三个看似不可协调的挑战语境中发展起来的：（1）在亚洲推行自由主义理念和治外法权，却把自身对移民的管控正当合理化；（2）管控模式的发展与“自由的”迁移和交往并行不悖，甚至可以促进“自由的”迁徙和交往，这是一项普世权利，也是经济增长的一个条件；（3）在全世界实行身份认证程序和移民监管的标准化，其中包括坚持以下原则，即一个国家可按自己的意愿管控移民入境，这属于其主权范围。

移民与自主自治

一方面要求亚洲国家“开放”对外贸易和旅游，而另一方面白人移民国又开展排华运动，表面上，这两种诉求的同时存在看似莫名其妙、相互矛盾，但如果置于更宽泛的“文明”逻辑

中——它为看待许多全球性相遇事件提供框架，那么这两种诉求
就一点都不矛盾。在亚洲的治外法权显然与自主自治背道而驰，
但用以论证将亚洲人驱逐出白人移民殖民地的正当性的原则，也
可以说明欧洲人强行进入亚洲的正当性，反之亦然。自由理念往
往以欧洲过去的专制形象为对立面而构建起来。北大西洋以外的
民族同样被视为不成熟的：不文明的野蛮人，亚洲专制主义者，
一群沉溺于迷信习俗或无法自主自治的人。[20] 这些民族未提供法
律面前人人平等的权利，甚至未提供对生命和财产的基本保护。
因此，外国人在亚洲要获得这些权利和保护，需要在当地妥善地 9
行使普遍的交往权利，如果当地做不到这一点，就只能遵守自己
的法律条例。亚洲国家只有通过交流和学习，才能摆脱其“未成
年”的状态。当时的人很少会把侨民自治与治外法权视为同一理
念的两个互补面向，尽管全球各民族之间千差万别，但这两方面
在各地的具体实践都呈现出这种必然结果。“文明”这个修辞非常
适合解决这一问题，它归纳出一种对制度差异的深层认识，可以
将它归为深远的历史文化差异，也可以将它说成是在共同历史进
程中处于不同的阶段。文明内涵的模糊性使它成为一种理想的工
具，可以主张既要彼此隔离，又要遵守全球的共同标准。[21]

然而，在外交、行政和法律的多重压力下，需要一些策略来发展切实可行的移民管控机制，以便能同时使治外法权和排斥移民正当化。解决这个问题的办法，就是主张各国内部自由迁移，平等诉诸法律，而这些被认为是区分文明国家与野蛮专制国家的特征。亚洲国家不具备这些特征，因此有理由对这些国家进行干预。而当亚洲人移居到白人国家时，将这些不文明的人驱逐出境

也被认为是正当合理的，因为来自专制制度的未开化者对共和精神一无所知，自由的自主自治制度可能会在如此多未开化者的重压下崩溃。维护自由制度的必要性意味着，承诺赋予界内的亚洲人自由迁移和平等诉诸法律的权利（并不一定会给予），但条件是，界外的亚洲人完全没有这样的权利，而且可以凭意愿阻止他们入境。

正因如此，现代移民管控在法律和政治上的正当性，并非在主体形式平等的国家和人民之间的相互交往中形成，而是在隔离一些特定民族，不允许他们加入现代世界的背景下发展起来的。普世性的自由理念不再仅仅源自人的存在，而且源自能够实施这些理念的国家机制的存在。到 20 世纪初，这些原则已成为所有民族和国家在互相交往中都必须遵守的行为准则。之所以能这样推广，是因为受到各种外交压力，而且他们自己也意识到，这些原则将来还会应用于亚洲以外的移民，由此产生了一种倾向，那就是使用法律用语来取代有关种族和差别的词汇，前者一般自觉地不分种族，形式上普遍适用。这种语言中性化，掩盖了移民管控的种族根源，并将这种种族源头注入国际体系的普世性标准
10 中。它在更广泛范围内的推行，也致使自由交往的总体观念——它是 19 世纪中叶自由主义的基本思想——分解成移民和通商等多个组成部分（外交早在 19 世纪初已脱离）。时至今日，强大的意识形态仍在推动着自由贸易和信息交流，将其当作一种全球产品，认为它们应该受制于国际谈判和国际压力。很少有人对无阻碍的国际移民提出类似的说法。移民管控实际上也可分为不同的方面：过度限制国内迁移和移民出境，仍然被强烈地批评为侵犯

人权；尽管一些批评家会强调，自由国家应该谨慎地行使限制移民的权力，但很少有批评者质疑一个国家通过有选择地限制移民入境来保护其边界的集体权利。[22]

自由移民的规范化

“自由”应该是可被接受的外来移民的最起码条件。随着奴隶贸易被取缔和欧洲契约劳工人数不断减少，不可避免地产生了对外来移民的需求，但究竟什么是“自由的”移民还远未明确。19 世纪人们在讨论劳动契约的地位时对这个问题争论不休。一个人能在某一段时间内将自身的劳动绑定，是自由的基本表现还是对自由的破坏？在更基本的层面上，新兴的自由移民理念源于对各个自由思想派系、特殊利益集团、特权阶层、密谋者、政治小集团、阴谋团伙和充满偏见的社团的深度怀疑，这些团体都介入了主权个体与公共利益之间。[23]围绕契约移民的争议是人们对暴力的私营移民组织更广泛攻讦的一部分。合法移民应是非强制性、自愿的行为，出于个人决定，并为了追求更美好的生活。从这个角度来看，各种运输代理商、经纪商和招工者都有可能是施虐者，因此是应受到打击的对象，除非他们与政府监管部门进行合作。

但私营者对移民的剥削往往很难与家庭和乡村的社会关系网脱钩，或者是很难跟承包商的交易脱离干系，这些活动都在一国政府管辖之外。在这种情况下，曾经是身份主要提供者的社会关系网和担保人变得越来越难以发挥作用。与祖先、种姓、阶级、头衔或贵族等级相关的身份越来越受到怀疑，对于区分 19 世纪的大规模移民也没有什么用处，他们大都是一穷二白的平头百 11

姓。因此，必须开发新的身份认证方法。

应对这一棘手问题的方法，就是将移民代理商、权利拥有者或规范对象等不同个体区别对待。创建自由的个体移民身份不仅是一项道德要务，也是一项监管要务，是将迁移人口从一套机制和权力关系中抽离出来，然后放进另一套制度和权力关系中的最佳手段。将移民从不规范的社会关系网和机制中抽离出来，重新定位为具备独有特质和证件的个体身份持有者，这些特质和证件可以被固定地归入一系列的标准化类别和可交互印证的档案里。除了大型运输公司和其他政府监管下的组织，中介机构逐渐被驱离或非法化。身份在认识一个人或者确定亲属关系等方面的功能日益弱化，而更重要的功能是，认清自己归属于哪个家庭、地位、职业、国籍和种族等类别，这些类别都是经过严密界定的。这有助于创造更接近自由迁徙理念的实际移民模式，使移民真正为改善自己和家庭的生活而做出独立的选择。个人及其家庭甚至被视为自然移民单位，这在规范措施之前就已存在，而不是规范化后的产物。这样，规章制度才可以名正言顺地甄选并保护这些自由移民个体，使其免受私营者利益的侵害。因此，加强规范可以被视为一种实现自由迁移和个人权利的手段，而不是侵害迁移和权利的手段。

在许多人的心目中，不受限制性法规和习俗阻碍的自由移民，也是经济和社会发展的必要条件。只有消除了政府阻碍移民的桎梏，经济和个人能力才能充分发挥潜力。但在将这一观点应用到某些特定情况时便会遇到一些矛盾的问题。例如，如果人们认为亚洲移民生活在暴政和奴役之下，那么在什么条件下他们才能被视为自由移民？此外，人们之所以能够“自由”迁移，是因为他们受到了一定的保护而摆脱了虐待或非法契约，而所有这一切都很容易被解释为政府权力干涉的结果。实际上，能够实现自由移民，正是因为存在政府监督。从对移民的健康检查到对轮船的监管，从合同法规到“公众有权监督”的法律条款，移民都被划分为两部分：一部分是促进全球交往的人，另一部分是构成潜 12
在威胁或增加社会重负的人。政府监督下的个体是自由移民理念的基础，也是 19 世纪末出现的新移民法和身份认证技术的基础。

标准化

仅仅将个体分离出来并不足以产生身份。事实上，这还让身份的产生过程变得更加困难，如果不以可相互做证的关系网为基础，何以确定和验证一个人的身份？正是因为在边境上需要识别认证个体身份，所以必须开发新技术。过去都由那些逃避法规而且可能进行盘剥的社会关系网提供移民的身份，这些身份本质上都是不可靠的，必须当场生成一个新的身份。事实上，“自由”移民的建构本身就是将他们从以前的社会关系网中剥离出来，重新植入新的官僚权力体系中。

如果要使新身份成为一种有效的规范化手段，就需要对其进行分类，而且要容易查证，也就是说需要标准化。标准化有两种形式：一是将每个人当作一个独一无二的实体对象，对其进行特征化；二是发展技术性和可检验的身份、职业及家庭类别，这些类别可以在国家内部和国家间实现标准化。摄像、指纹和人体测量等技术都有助于将每个人界定为独特的对象。但如果不开发复杂的关联存档系统，仅仅靠测量和描绘，其用处还是有限的。对实体人的身份认证如果不能作为可检索的数据嵌入结构性记忆中，那么其社会意义也不大。按照定义明确的种族、职业、国籍和家庭类别，对每个人的档案和表格进行整理，这样便可以确定其身份，并向各层级的政府官员和机构提供信息。个人本身必须反复举证其记录在案的身份，以获得制度化的利益和权利。经过技术性识别认证的身份便成为社会和个人身份。[24]

其中许多技术首先应用于对中国人的国际移民管制上，特别是通过实施排华法来阻止他们移居北美地区。这些法律条例具体规定了哪些类别的中国人可以入境或不能入境。官僚机构不得不发展各种手段，系统地逐一排查大批移民，确定每一个入境申请
13 者所声称的身份都是真实的，并在各种预设的社会类别中给每个申请者安排一种合适的身份。这些手段包括了标准化的问询、各种文档和确凿证据的系统性收集，以及对个人外貌体征和举止行为的评估。必须对这些证据进行有条理的排列组合，并附上公开透明的解释。但是，如果没有世界各地其他官员和律师在提供标准化的书面材料方面予以配合，即使是这些技术性程序也难以奏效。特别是要对中国政府施加压力，要求其明确签发证件的适当权限和方法，并打击可能破坏常规身份认证程序的经纪商和代理商。

旨在管控亚洲移民的技术手段，成为白人移民国家以至最终成为全世界一般移民法实际运作的模板。到 20 世纪 20 年代，一些特定国家批准了这些法律，与其说是出于实际需要，还不如说是为了向其他国家提供它们期望得到的证明文件，并且达到善治

民族国家的国际标准。各国经常声称，移民法是国内事务，不受国际谈判的制约。但主张这种单方面的权利，也是相关原则在更广泛范围内传播和标准化的一部分，这些原则关系到一个主权国家在国际体系中的意义所在。

国际身份认证与身份的发展史

全球移民管控和身份识别认证的整个发展史是一个非常宽泛的话题，更不用说边境的全球化。本书重点分析身份是如何被识别认证的，边境是如何成为规范化场所的，并提出移民基本原则是在 19 世纪末通过管制亚洲移民进入白人移民国家而发展出来的观点。其次，本书也关注其他一些同样重要且可能更基本的程序问题，例如健康检查的全球发展以及包括摄像和指纹在内的外貌体征鉴定技术。特别要指出的是，另外一条东—西分水岭的形成，即欧洲与奥斯曼帝国的分水岭，（有时）也是欧洲与俄国的分水岭，是现代卫生分界线、健康检查和难民政策形成的主要关联因素。指纹等体征的身份鉴别技术在全球范围内得到应用，在这一过程中，殖民地是非常重要的场所。[25]

此外，公共辩论和政治联盟是大多数以国家为基础的移民政 14
策研究中两个不可分割的内容，不过在本书的分析中并不占主要地位。这样的研究路径对于理解某些移民政策制定的时机和细节非常重要，但它没有关注到这些政策的效果，从而回避了政治和立法究竟有多重要的问题。上述路径还想当然地认为，正是更广泛的边境管控原则，设定了那些辩论和政策的框架，而且它们主要是实践的结果，并不是政治辩论的产物。当然，种族因素及其在世界秩序中的作用是理解19世纪移民政策及其实施的关键背景。[26]如果本书中种族因素看起来被淡化了，而更聚焦于“文明”，更专业地讨论法律和行政的问题，那只是因为我想强调，虽然人们声称使用中性词汇是要消除等级性和歧视性的原则，但看起来中性的措辞只不过是在很大程度上重新配置了这些原则。

我的分析深受米歇尔·福柯关于权力与机制的“微观物理学”影响，该理论认为权力与机制可以主动生产出知识和个体身份，特别是通过审查、禁闭和标准化等规训。其他许多研究强调了移民法在创造种族身份和性别身份方面的作用，其中一些研究明显借鉴了福柯的方法。[27]但它们主要集中在种族和性别类别上，造成移民在国家机体中被边缘化，甚至被排除在外。他们的研究常常带有这样的含义：一旦我们揭开国家技术的面纱，就能恢复更公平的社会正义或更彻底的个体性。换言之，主张个体性和国家统合的理念，都被认为是从批判权力的立场出发，而不是从权力行使的立场出发。可以肯定地说，分类、分配和常规化判断是权力微观物理学的重要方面。但某些特定类别本身不如个体化和分类的过程那么重要。移民分类中种族、职业、亲属和政治的具体内容随着时间和国家的变化而变化，甚至从一开始就存在着争议。然而，移民个体和民族国家作为这些类别的对象和框架，几乎从未受到质疑。

用福柯的话说：

> 也许，我们应该放弃一整套传统，它让我们想象：
> 知识只有在权力关系中止的情况下才能存在，只有在其
> 指令、要求和利益之外才能发展……我们必须彻底地停 15
> 止用消极的术语来描述权力的影响：权力具有“排斥
> 性”“抑制性”“审查性”“抽象性”“遮掩性”“隐藏性”。
> 事实上，权力也能生产；它制造了现实；它制造了客体
> 的领域和真理的仪式。[28]

福柯提出，我们思考的“不是‘权力中心’，不是一张力量之网，而是一个由多元素构成的多重网络”。[29] 移民不仅是国家统一管控的对象，也是创造有关迁流的知识和规范的多元因素之一。对移民分类这样的压制性行为进行批判，恰恰是为了伸张柔性、人性和包容性的诉求——这些是现代权力的特征，是为了重建惧怕外部强制权力的自由主义传统。我沿用福柯的观点，强调现代人类的灵魂是权力的主要产物而不是批判场所，但我超越了福柯的观点，将这种权力定位于全球。

本书分为四个部分。第一部分对 19 世纪 70 年代之前大规模移民的兴起和新规范化过程进行广泛的考察。该部分的四个章节分别侧重于探讨前现代的规范、全球移民模式、对亚洲契约劳工的监督以及管理的集中化等问题。由此衍生了六个相关主题：（1）亚洲移民如何被遗忘，如何通过在整个太平洋地区建立边界，将他们置于世界历史进步潮流之外，从而掩盖了全球化中的等级关系；（2）简化多重的监管场所，以便强化国家边界和集中管控；（3）个人及其家庭作为自然迁移单位的特权；（4）创建

以“自由”移民为主要管控对象的制度；（5）打击私营组织，而不是那些与政府密切合作的机构，这些机构在发展新的国家管控形态方面具有重要地位；（6）自由放任理念的兴起，以及与之密不可分的国际体系的形成和管控权的集中。总而言之，第一部分认为，“自由”移民的大规模迁移与新管控形态的出现密不可分，权力脉络从有关世界秩序和不平等的意识形态中蔓延出来，通过慈善组织、运输公司、经纪商和移民公司扩展到国家边界，再进一步延伸到个体规训，影响我们对社会身份和个人身份的最深感受。

第二部分讲述了现代移民管控的原则是如何在 19 世纪末限
16 制亚洲移民进入白人移民国家的过程中产生的。该部分首先讨论了 19 世纪中叶最初对中国移民实行行政、政治和意识形态管控的各种困难。不同的国家、部门和个人在如何释法及谁有权释法的问题上存在分歧。19 世纪 80 年代末，多国与中国在移民和赔款问题上持续发生国际危机，而白人移民国家的中央与地方执法机构之间不断发生争斗，结果产生了第一批明确的法律裁定和外交政策，在自由主义意识形态话语下为边境管控提供了法律证成。国家和“文明”取代了个人，成为“普世”权利的场所，而边界标志着这些权利需要得到承认的范围界限。这部分使用的许多档案文件都是人们熟悉的，出自各个国家排华的具体史实。本书并非要重现排华史的每一个历史细节，而是要将叙事构建为一个国际进程，并强调正是从这些具体遭遇中产生了一般性原则。

第三部分分析了 19 世纪与 20 世纪之交美国通过实行排华法来实施边境管控新原则的情况。美国尤为重要，因为与英国白人自治领不同，它是一个独立的民族国家，直接与亚洲国家打交道，并一再被迫在国际体系内为其移民管控政策和做法进行辩解。结果，美国法律也被迫对某些种类的人群做出最明确的区分，以说明允许哪些人移民而不允许哪些人入境：那些体现相互交往中的进步期望的人可以移民，那些有可能破坏自由制度的人则被禁止入境。该部分强调了五个过程：（1）将个体从其人际网络中抽离出来，并重新植入新的行政管理类别和可交互印证的档案中；（2）设立驻华领事机构，阿里斯蒂德·佐尔伯格（Aristide Zolberg）恰如其分地称之为“远距离管控”；[30]（3）美国国内和世界其他各国实行的程序标准化；（4）移民管控一而再、再而三地失效，未能实现其既定目标，以及管控失败的原因；（5）边境上的接触、碰撞对于维护国家和等级制下的国际秩序具有象征力量。

总的来说，第二部分和第三部分共同描述了，在一个由国家和个人组成的世界中建立现代移民管控制度的轨迹。这一制度的建立过程有以下一些突出的特点：

第一，官僚程序是利益和权力的纽带。若谈到身份证件和移 17
民管控，很容易陷入这样一种分析的论调，那就是把国家权力和干预性的官僚机构与个人的自由和权利对立起来。关于国家移民管控政策的传统叙事，常常呈现了残酷无情、不负责任的官僚机构逐渐削弱民主权利的一段历史。但事实上，在应对国内和国际多重压力时，民主和公众机构往往比官僚和行政机构更想置移民的权利于不顾。即使是维护移民最后那么一丁点儿的权利，人们最终也都认为，有必要参与国际体系并协商调和多种诉求，这比起宪法保护和法治更加重要。

实际的移民程序产生于多种利益关系的相互博弈，也产生于世界各地无数的决定、碰撞、压力和因应之策。参与者包括那些逃避规则、利用漏洞、挑战程序或要求照章办事的移民和律师；也包括那些日常做决策的办事员和中层官员；还包括了那些建构定义、编写法规并赋予政策合法性的部门官员，坚持认为有必要实行管控且也能察知更广泛的国际关切的外交官员以及抗议的民众和哗众取宠的媒体，这些媒体专门报道政府执法不力又违反人道的官僚作风案例。所有参与者都抱怨程序令人费解、效率低下，但为了自身的眼前利益或更长远的可预测性，他们坚持严格遵守这些程序，从而起到了不断强化的效果。无休止的争论和妥协下产生的程序不符合任何一方利益，却成为影响进一步互动可能性的竞技场，即使官僚化本身，也成为对所有人的共同惩罚和替罪羊。

第二，亚洲是一个难题。现代移民管控制度的建立需要对非官方的身份来源和移民组织进行系统性的打击。这也是一个无休止地规训公务员和移民本身的过程。但官员们将移民管控一直难以奏效归结为与腐败的中国政府和文化之间斗争的失败，而不是因为自身无力应对国际网络，监管失效，公务员玩忽职守。因此，文明国家和非文明国家之间的鸿沟被视为全球交往和法治的主要障碍。

18 第三，移民管控是一种仪式。复杂和技术性的程序从未在哪一个案例上达成查明“真相”并确定“权利”的既定意图，反而让欺诈行为站稳脚跟，屡试不爽。官员们知道这些缺陷，但他们的改革又恰好继续强化了最初导致欺诈的流程。这是因为身份认证程序所取得的主要成果不是证实身份，而是提供身份。如此一来，取缔“欺诈行为”和验证“真实”身份，远不如迫使移民使用并不断重复生成新身份的过程重要，而移民的新身份是由可交互印证的监控网络系统来确立的。这不仅是一个机械性的流程问题，也是将移民置于新的社会关系和等级制度中的象征性行为。因此，这些程序越具有仪式化甚至程式化的性质，就越有效。移民程序是社会关系的一种实在性兼象征性意义的编排整合，这种整合将参与者置于彼此的相对关系中，也置于与更大“真理”——关于法治和全球秩序的实质——的相对关系中。

第四部分着眼于20世纪初这些原则和实践在全球的传播。即便是反对移民法的社会运动，如1905年中国的抵制美货运动和甘地在非洲领导的非暴力不合作运动，也强化了移民管控的普遍原则，而只是诟病某些具体内容。他们通过身心和智力上的积极动员来促进普遍原则的内化，使保护国家边境转变为有关个人和集体自我规训的实践，有关纯洁度、程序平等和国家复兴的行动。最终，他们反对移民法时提出的主要观点是，移民法不应羞辱合法移民，也不应在移民入境后以任何理由对他们实行歧视，除非其入境身份可疑。这些反对意见在进一步完善和扩大移民管制方面发挥了重要作用。到了20世纪头十年，移民管控的标准化模板开始在全世界范围内传播，部分是迎合国际认证标准的需要，但主要是因为各国力图表明其采用现代国际机制的能力。

本书的结论部分，讨论了这些原则和程序如何继续影响着当代移民管控和改革的可能性，但人们渐渐遗忘了产生这些原则和程序的历史根源。书中没有对未来提出什么建设性的建议。

第一部分

转型中的边境

许多人断言，这个故事并没有赋予任何人权利来对那个门卫作评判。无论他在我们看来是什么人，他依然是法律殿堂的仆役；那就是说，他隶属于法律殿堂，因而不是人类能够评判的。

还有一种解释，认为受骗者实际上是门卫……其论点是，他并不知道法律殿堂里面的情况，只知道通向殿堂的道路，他在那里就是来回巡逻而已。持此论点者认为门卫对殿堂内部的想法很幼稚，是他自己害怕其他的守护者，而把这些守护者当作魔鬼放在了那男子的面前。事实上，他比那男子更害怕里面的人，因为那男子即使听说法律殿堂内有可怕的守护者还执意要进去。

门卫也被自己与乡下人的相对关系误导了，其实他不如那人，自己还蒙在鼓里。首先，奴隶总应低于自由人。而这个乡下人是真正的自由人，他可以去他想去的地方，只是法律殿堂对他关闭了大门，而且有一个人禁止他进入法律殿堂，这个人就是门卫。当他坐在门边的凳子上，在那里度过余生时，他是自愿而为的，故事中并没有提到他受到任何强迫。可是门卫却被其职责束缚在自己的岗位上，不敢离开到乡下去，他显然也不能越雷池一步进入法律殿堂内，即使他很想入内。

——卡夫卡：《审判》

第一章

固化身份，16—19 世纪

护照和对人口迁移的监管在世界历史上并不新鲜。至少从 21
有文字记载开始，国家和非国家的机构就以语言、文化、职业、地位、财富、家庭、财产、种族、宗教或其他素质为基础，强迫、促进或阻碍移民迁移。当代的管控方法是建立在这些历史实践基础上的。但自 18 世纪以来，以往形形色色、各不相同的手段和身份，已被提炼为两个基本原则：个人原则和国家原则。其他类型的管控依然存在，特别是在健康、家庭、财富、职业、种族和政治取向方面的管控。但与以国家和个人为原则的管控不同，其他类型的管控不断受到挑战和质疑，批评者和捍卫者都将个人权利和国家利益作为改进监管规范的缘由和目标。

移民监管的变化，明显体现在运用什么样的资料来评估迁移。19 世纪以前，制定法规的目的包括保护贸易和职业权益，控制劳工，征税，限制对当地公共财富的使用，保护私有财产，区分阶级，以及监控流浪汉、土匪和其他颠覆分子。因此，对移民的了解来自提货单、契约合同、贸易执照、城镇登记册、家谱、船运名册、徭役名册、引渡档案、流浪拘留记录、安全通行证和推荐信。到 19 世纪中叶，移民几乎完全成为跨越国界的产物而且免不了要与国家政府打交道。移民统计数据是由位于交通枢纽的政府官员编制的，他们对移民个体进行统计，并将他们按国籍、健康状况、职业和种族等预设类别进行分类。这些统计数
22 据和档案一直为早期管控所用，但关于权利和特权的争论越来越多地围绕着这么一个问题：在什么条件下个人可以跨越国界并且需要记录在案。多样而复杂的族裔身份、亲属身份和社会关系网络中的身份变得越来越无关紧要。

19 世纪中期以后，移民监管的简化源于两方面历史发展背景：国家的集权和自由迁移理念的兴起。民族国家和维护自由的机构齐心协力，利用反奴隶制法、契约劳工法和主仆法等手段，打击了地方势力、社群特权和私营劳工组织。个体迁移的自由化，重新将移民牢固地置于公共机构而非私营机构的管辖之下。到 19 世纪 60 年代，随着旧形态的管控制度最终在大西洋沿岸被废除，新形态的管控制度建立起来了，如边境健康检查、对运输代理商的监控、对公民和外来者的区分与种族排斥，所有这些措施都必须以维护自由的名义制定并予以法律证成。在这一渐进过程中，与其说是加强或减少了监控，不如说是管控和身份认证发生了方法上的转变。领土边界和公民—外来者的区分已取代了重叠交错的管辖权、社群特权和经扩展的个人保护，这些成为监管的主要方面，所有这一切都以个人自由和国家利益这两套相辅相成的语言系统为基础。

国际公法中的移民问题

19 世纪以前，欧洲国际公法的著述都是在自由个体权利与民族共同体的恰当关系的基础上讨论人口迁移问题的。最强烈地表达出国家必须尊重自由迁移这一项自然权利的言论产生于 16 世纪。随着时间的推移，稳定的政治共同体已确立，而且该共同体已在可接受范围内实行了管制，以防止移民无约束地迁徙。在这种情况下，具备了更细致地讨论如何行使自然权的条件。到 18 世纪末，国家自我保护的需要在很大程度上压倒了自由迁移的权利和善待移民的责任。然而，这些原则几乎难以应用到移民和管控的实际操作上，更多的是陈述事情**应该**如何实行，而不是 23
如何得以实行。但许多为自由移民和管控提供正当性的构想都具有相当强的生命力，远超出构想所产生的时代背景。到了 19 世纪中叶，国际公法的词语已普遍运用到世界各国的外交和法律关系中，但其背后的初始推论已被遗忘或抛弃了。

16 世纪，伴随着欧洲向亚洲和美洲的扩张，一系列关于自由迁移和自由贸易的自然权利的学术观点应运而生。弗朗西斯科·德·比托里亚（Francisco de Vitoria）在 1539 年对西班牙征服美洲的评论中提出了最具影响力的主张之一，那就是在人类有法律之前就存在着自由迁徙和自由通商的基本权利。他一开始就强调印第安人跟所有欧洲民族一样拥有真正的自我统治权，西班牙人无权仅仅因为他们是野蛮人、无信仰者或罪人就对他们发动战争。但另一方面，如果印第安人否认西班牙人有权在他们地盘内和平旅行和居住的话，那么西班牙人确实有正当理由发动战争。比托里亚借用《圣经》篇章指出，这些权利是神圣律法的一项内容，因为上帝要求人们以礼对待客旅。这些权利在人类法律和习俗中也有先例，不论是在法国和西班牙之间还是野蛮国家之间，事实上都实行自由迁移的做法，这些都可以得到证明。然而，比托里亚是从自然法的角度阐述他大部分论点的。这意味着自由迁移的权利植根于：（1）从全人类利益最大化的方面推想，从而得出结论，“无特殊缘故而虐待陌生人和旅行者，都是不人道的行为”；（2）对他人无伤害或无危害的一切事物均合法的基本思想；（3）人类在创世时就拥有天赋自由，于是可以引申出，“只要万物共理相通，每个人都可以行访他想要去的地方。这项权利显然不能因为土地产权分割而被剥夺”，任何禁止和平享受这一自然权的人类立法“都是非人道和不合理的，因而无法律效力”。[1]

西班牙学者何塞·德·阿科斯塔（José de Acosta）在其1588年问世的著作《新世界的大自然》（*On Nature In the New World*）中，将同样的逻辑延伸到中国。他写道，中国对无朝廷许可令入境的外国人判处死刑是不公平和不人道的，并补充说，“没有什么比对学习的热爱和体验新事物的权利更深刻地铭刻在人性中”。[2] 1608年，荷兰法学家胡果·格劳秀斯（Hugo Grotius）开始撰写他的著作《海洋自由论》（*Freedom of the Seas*），
24 这是一场反对葡萄牙人对印度洋贸易垄断权的论战，他声言自由贸易和旅行的权利是“国际公法中最明确、最无懈可击的公理……其精神是不言而喻、永恒不变的”。这一公理可以从上帝的箴言中经验性地观察到：

> 上帝自己通过大自然的声音发出了这样的圣言；大自然不能为每个地方都提供所有的生活必需品，这并非“主的意志”，因此主赋予不同的国家以不同的优势，各有千秋。为什么这是主的意志，无非是主希望人类能够在需求和资源的互补中建立友谊，如果每个人都自认为完全可以自给自足，那么他们就会独来独往，变得与众不合。[3]

这些关于自由迁移权不可剥夺的宣言大多由扩张型的新政体来书写，是对以往既得权益的挑战。在接下来的两个世纪里，随着国际公法越来越关注欧洲的国际关系，它更加注重建立一个稳定的政治共同体，作为人类福祉的源泉。有关自然迁徙权的主张越来越受到限制，因为人们开始关注个人对国家的效忠以及个人和国家间的相互义务，这种关注压倒了一切。自然法传统的威望继续与日俱增，但人们发现假定的自然状况，与公民社会进行自我保护的需求相比，变得不那么重要了。只有在国家保护下促进社会友好交往及和谐合作，从而抑制个人肆无忌惮地满足私欲，个人的长远利益才能够得到最好的实现。正如塞缪尔·普芬道夫（Samuel Pufendorf）在1688年发表的《自然法与国际法》（*Of the Law of Nature and Nations*）中所解释的那样，国家是为了人类的安全而建立的，如果人类在不承认这一主权的情况下来去自如，那么国家就会受到威胁。因此，“可以这样理解：作为所有国家的共同法则，任何人进入任何国家的领土，尤其是还希望享受其好处，那就要认定自己已放弃天赋自由，并将自己置于该国主权之下”。[4] 从此时起，国际公法的任务就是发掘国家间和谐与稳定的最合理的秩序。

尽管普芬道夫坚定地支持自然法的理念，但他明确表示并不赞同比托里亚关于国家必须准许所有外国人入境进行贸易和旅行的观点，认为以礼待客的责任应被视为免费赠送的礼物，而不是法律义务。他承认，一个国家准许外国人入境并为他们提供住
25 所及予以款待是人类的责任。但这种责任更多地基于交往能给该国带来好处，而不是基于不可剥夺的迁徙权。各国完全有权拒绝那些“不体面的人或无必要理由离开母国者”、其身不正者或无力支付住宿费用的外来者（3:3, § 9）。他承认人拥有天赋自由，可以随心所欲地迁徙，并像苏格拉底那样成为“世界公民”（8:11, § 2）。但他认为，大多数人不会选择这条道路，除非他们所居住的国家不能向他们充分地提供福利。此外，如果一个国家的人民不想造访其他国家，那它就没有义务去接待无正当理由来访的外国人。以这样的思路，他并不赞成其同时代人的看法，当时的人都认为中国的排外性政策是傲慢、无情和过于保守的。[5] 有些国家“不希望其古老的习俗因观光客的来访而遭到破坏”，中国和斯巴达就是这些国家的典型代表，它们对好客是自然法的一部分提出了合理的怀疑（3:3, § 9）。

克里斯蒂安·沃尔夫（Christian Wolff）在 1764 年完成的著作中，将这一逻辑发展为一种更强烈、更明确的立场，支持国家有权以其意志排斥外来者。他再次以中国为主要案例。一个国家促进通商和移民的责任，完全建立在这种交流可以增进本国利益和财富的基础上，中国朝廷很开明地关心人民的福祉，在这方面

堪称典范，而且拥有自给自足的资源，因此，它没有什么义务去促进交流互动，可以将全部精力用于自我保护：

> 中国人希望尽其所能建立一个最好形态的国家，因而不断予以完善，并保持其民族道德的纯净和高尚，禁止与其他国家进行一切通商活动；即使他们有大量适合与其他国家进行贸易的东西，也不准许外国人进入他们的领土。也不能说他们这样做违反了国际自然公法，因为如果消除这些障碍的话，可能会妨碍他们的自我完善，使他们达不到应有的状况。[6]

瑞士法学家埃默里克·德·瓦特尔（Emmerich de Vattel）1758 年出版了《万国律例》（*The Law of Nations*），借由外交官和律师的不断引用，它将上述思想引入了 20 世纪。瓦特尔清晰地论述了移民问题，在自由迁移与国家权利两种诉求之间选取了一条中间道路。他本着同时代人的精神，在其著作中体现了以下几 26
点基本原则："公民社会的目标是为其公民提供生活必需品、舒适的环境和生活的乐趣，总体上是为他们提供幸福生活；确保每个公民和平享有其财产，并且拥有实现正义的可靠手段；最后，保护整体不受外部暴力的侵害。"因此，公法在道义上"必须保护共同实体的存在"。[7] 他认同比托里亚和格劳秀斯的基本观点，即大自然"就是要让地球成为人类的栖息地"，然而：

> 如果在理论层面，这项权利是一项必要和完全的权利，那么必须注意到，对每个国家而言，它并不完全；

因为，从另一方面来说，每个国家都有权拒绝外国人进入其领土，一旦准许外国人入内，就可能会使国家面临危险，或给国家造成严重的麻烦。这项权利是基于对自身安全的关注，因为国家要对自身安全负责。由于拥有天赋自由，每个国家都有权决定接受还是不接受外国人。（1: § 229–30）

19 世纪主张限制移民的人经常引用瓦特尔的主张："领土拥有者可以禁止任何人进入其领土内，也可以在他认为有必要的情况下，设定条件，授予进入的特权。"（2: § 135）但他们很少承认瓦特尔随后还讨论了领土拥有者在运用这些限制权时也应负有义务和"良知"。在没有具体或重要理由的情况下禁止外国人入境和居留是滥用排斥权。一个国家也有义务为外国人提供住宿，公平对待和接待他们。"每个公民这样做，是履行其对人类的义务，同时是为国家服务。荣誉是美德的必然回报，善意下的善行会结出善果，这对国家非常重要。"（2: § 139）他还坚信，给予其他国家权利而不给予某一国，"是一种歧视，将构成伤害，因为这种歧视只会是源于恶意或蔑视"（2: § 137）。总之，瓦特尔主张的法律理由多少有些模棱两可。按照他的观点，每个国家都要自己决定如何在荣誉和主权实体的特权之间取得适当的平衡。

法学理论家对外来移民的权利兴趣不大，远不如对迁出移民的权利的兴趣，即瓦特尔所说的"著名问题"①。迁出移民的权利更直接地与界定社会契约和公民社会的紧迫问题联系在一起。所

① 即一个人能不能离开他原本所属的国家和社会。

有理论家都承认各国做法不一。大多数人赞同，最好的国家政策就是要求移民获得批准才可出国，但批准须唾手可得，除非是国家处于危机时期或个人还有尚未偿还的债务。沃尔夫的观点更激进一些，他支持完全限制迁出的权利，认为在国家形成之前，迁出权并不作为一项自然权利而存在，因为个人可以从中迁离的公民社会在自然状态中并不存在。[8]本杰明·富兰克林（Benjamin Franklin）和托马斯·杰斐逊（Thomas Jefferson）等北美政治思想家则转向另一个极端。他们主张，人们应可以不经批准而自由移民，以便选择最能给予他们福利和自我保障的国家。[9] 27

瓦特尔又一次采取了中庸立场，支持约翰·洛克（John Locke）的观点。洛克提出人人生而自由，而且认为每个人在达到理性年龄后，可以自己决定“是否适合加入他出生的那个社会”。[10]瓦特尔解释说，选择离开的移民会有一种感恩之情，会为曾经得到的保护和教育而回报国家，这种选择一定不会危及社会福祉。然而，一个体面的人如果不到放弃绝对权力的地步是不会永久移民出国的，比如，无法谋生，国家没有对他履行责任，或者国家未经他同意改变了社会契约。从国家视角来看，准许移民在没有理由或没有充分理由的情况下自由离境，是不符合国家的福祉和安全的。这种特定权利“只能存在于一个没有资源、无法满足其居民需求的国家。在这样一个国家里，社会必定是不完善的”(1: § 222)。换言之，准许自由离境的国家是一个无能的国家，这种国家的人民就应该有权自由离境。

国际公法的著述者通常在论述移民活动时，要么将其视为个人为了经商、学习或出于好奇心而临时出行和迁居，要么将它与流亡或效忠相关联。他们不认为19世纪大规模的劳动力迁移是移民，甚至近代早期那种劳工移民、季节性迁移或自主的贸易移民都算不上移民。格劳秀斯认为，大规模移民是非法的，“因为如果允许这种移民，公民社会就不可能存在了”。[11] 普芬道夫不同意这一观点，理由是“一个（公民社会）的毁灭就是另一个（公民社会）的创立，一个公民社会的衰亡会导致另一个公民社会的兴起。人类繁衍之后，大自然希望人类能进入公民社会，但她从未命令这个或那个国家要永远存续和繁荣”(8:11, § 4)。
28 这两种说法都不能解释20世纪人们对大规模移民迁入的恐惧，认为外来移民对接收国的威胁要大于对输出国的威胁。1788年，格奥尔格·弗里德里希·冯·马滕斯（Georg Friedrich von Martens）提出了移民管控问题，强调其时代的基本假定。他认为，主权国家有权禁止所有人入境，不过当时还没有任何欧洲国家拒绝外国人通行，而且大多数国家甚至不需要入境许可。这种管控制度之所以可行，是因为“治安管理的一个主要目的就是阻止过大规模的国民迁移出去”。[12] 国家主要关心如何通过国内管控和限制出境来规范政治共同体，在这样的世界里，对于外来移民控制问题的讨论实际上只局限于以礼待客、高尚美德、旅行住宿以及观光客和行为不端的个人可能造成的危害之类事情。

瓦特尔将迁出移民定义为“带走家人和一切动产”(1: § 224)的人，这与当代对迁入移民的理解相呼应。例如，《布莱克法律词典》(*Black's Law Dictionary*）现在将迁入移民定义为“抵达一个国家并打算在那里永久定居的人”。[13] 上述两种定义都没有抓住大多数迁移的临时性和不确定性本质。如果只看到两种定义的相似之处，那么就会忽略它们各自产生时的具体背景。瓦特尔的定义源于他对流亡、效忠以及维系公民纽带和福利等问题的压倒性关注，这些方面可能会因公民恣意离境出国而出现混乱。自19世纪以来，这些关切日益受到抨击，变得无关紧要，这一定义本身却一直留存下来，被写入了移民法，并成为认识什么是“真正的”移民或“传统的”移民的常识，由此流传于世。该定义同时表明，临时起意的移民“不受欢迎”或者“移民劳工”处于边缘地位。瓦特尔的定义更加宽泛，足以在现代民族身份政治中发挥重要作用，但在释义过程中，它被抽象化为对移民活动本身的描述，与政治关系无关。这一去政治化的定义既界定了监管规范的对象，也界定了监管规范的对应产物。这种变化正是发生于这样一个背景下：自然状态、社会契约、荣誉、义务和流亡等观念逐渐被遗忘——这些观念原本催生了移民概念，而主权、自我保护、社会利益、交往、契约和同意等密切相关的概念却逐渐取而代之。这又最终导致移民的甄选、同化和边境管控等新词汇出现，这些新词汇是现代世界移民问题的最佳表述，而在这个现代世界里，是国家而非迁移被视为理所当然的存在。

身份认证网络

国际公法描绘的是一个由国家和个体组成的理想型移民世 29
界，几乎没有提到移民活动和监管规范的实际操作。非国家团体往往最为活跃，如行会、宗教团体、贸易型离散族群和宗族，在规范其成员身份和迁移活动方面，它们也起着最至关重要的作用。这些团体控制着社会资源和物质资源的渠道，也掌握了成员身份认证所必需的整套手段。正因如此，对许多前现代移民的身份认证和监管，其实是职业、地位、阶级和财产监管的重要组成部分。一个人如果没有能力在血统、生养、职业或学识方面建立社会关系，出外旅行是很困难的，所有这一切都可以根据技能、着装、举止和个人介绍等记录在案。准备移民者如果不具备这些技能或社会关系，就必须与拥有这些技能和社会关系的人搭上关系。这包含了所有情形，从生来属于某一贸易型族群，到加入一个宗教团体，再到找到一个有头有脸的担保者，他愿意提供旅行证明，或是成为一户家庭的成员或用人，或者作为契约劳工或奴隶迁移。

短途迁徙或季节性流动最有可能通过商人、工匠、专业技术人员和家庭网络这些渠道进行。在亚洲、欧洲、非洲，甚至在受农奴制束缚的俄国，有技能的移民，包括牧民和其他游牧群体，是通过市场、城镇、牧场和庄园的专业化移民圈迁移的。他们还共享（或保护）有关新市场、担保人和自然资源的信息。往往整个村子专营某种行当，例如银行业务、石匠技艺、写信或特定产品的贸易，他们派遣成员从事跨区域、跨海洋和跨大陆贸易等方面的活动。到16世纪末，这种网络遍及世界各地，从马尼拉到阿姆斯特丹然后返回本国。对这些网络的管理可以通过行会和贸易协会进行，或者通过更加非正规的贸易型离散族群。在这些族群中，相对封闭的亲属和族裔网络使得相互信任度更高、保密性更强。寻找工作的移民要获得成功，就必须接受某一社会关系网络制定的规则，这一过程很可能会延续好几代人。距离往往会削弱这种责任和控制力，但可以使用其他机制来建立多层次的信任和责任保障。商人们会利用收养和联姻策略招募可靠的经理人，并建立与当地的社会关系。宗教皈依可以进一步加强这些联系，
而且也能帮助在当地社会中确立身份地位，不管他们是通过信奉 30
当地宗教获得关照和保护，还是通过信奉外来宗教进一步脱离当地社会义务。矿工、土匪和商人为远途探险集资时，也都使用契约、宣誓和仪式这些方式来建立信任和控制。[14]

在所有这些网络中，可以通过他们的工具、语言、衣着、举止和学识来区分谁属于、谁不属于某个身份认证网。这些标记通常对应着当地社会中的阶级和地位。这意味着移民依然保留了一些痕迹和习惯，能够向外界表明其身份，也能够让同伴们辨别出他们的身份。商人身份通常可以从他们的族群差别及无须承担许多当地义务来识别。使节、权贵和官员的身份，则可以通过他们的随从、举止、衣着、对族谱的了解、与同侪的私交程度以及是否擅长运用职权等方面来确认。知识工作者，如基督教教士、伊斯兰律法学者和中国官员，不仅都具备玄秘知识，而且还掌握拉丁语、古阿拉伯语、波斯语或古汉语等专门语言，可用这些特征来向地方统治者表明其身份，或者彼此间表明身份。朝圣者则常常行走于既有的路线，一般会成群结队，既自我保护，又向外界表明他们的身份。

旅行证件有介绍信的功能，是身份的证明。证件由谁签署，由谁携带，这些同样重要，它将持证者植入社会关系网中。证件列出了旅行者的具体情况，关注的重点不是个人特征，而是船

主、商队人员或随员之类的身份地位，并记录所有随行物品、动物、衣服和随从。这种对外在事物的强调，完全可以取代对外貌体征的描述，而常见的误认身份或国王隐姓埋名旅行的故事，说明一个人有可能改头换面，变成另一个人（但要装成一个技艺高超的工匠、学者、商人或贵族，要付出较大的代价和努力）。[15]

对许多人来说，契约和销售单也起着旅行证件的作用。对于长途旅行这种既昂贵又高风险的事情，不管人们是否愿意，只有屈从于一些有资源又能为其旅行提供资金的人，才有可能成行。这通常意味着，富商、地主、贵族和国家机构官员为移民提供资助，将他们作为雇员、契约劳工、奴隶、士兵、强迫制劳工或者负有其他形式债务或劳动义务的人。商人和国家不仅拥有支持这
31 一迁徙活动的必要资源，而且还可以从总成本效益的角度评估他们的投资，他们能比个体移民更好地掌控风险，因为对个体移民来说，昂贵的长途旅程可能要么是全赢要么是全输的结果。投资人会采用各种法律和政治保护手段，如垄断、合同和主仆法，进一步降低他们的风险。[16]在所有这些情况下，当国家和私营机构进行合作或结合为一体时，对移民的促进和控制是最为有效的。

国家与人口迁移

人口监管往往牵涉国家的定义问题。对人口流动的关切通常被认为是为了维护国家安全、繁荣或财政收入。为此，国家实施人口普查、税务登记、注册制、旅行许可制、入籍制、继承法、农奴制以及各种权利和特权分配措施，这些措施往往对个人迁移

产生重大影响。但国家只是紧密相连的机制网络中的一环。有效的迁流控制还依赖当地精英、社群和上述其他机构的合作。即使是相对强大和中央集权的国家，如俄国和中华帝国，也将大部分监管和身份认证之责交给庄园、乡村、宗族、宗教机构和其他商业团体。[17] 管控的执行权错综复杂，以至于通常很难划分国家、地方和私人等不同层级对迁移的监管（更不用说不同层级的管辖范围模糊不清了）。

不仅国际公法注重国家与流亡者和商人间的关系，国家也插手更为复杂的大规模迁移活动，如重新安置被征服的人口，将人口撤离敏感地区，促进人口迁往人烟稀少的地区，驻防戍边，组织劳工团，引进奴隶和仆役。其中一些移民活动是由武力直接推动的，但要想最有效地实施长期迁移计划，需要与商人、土地所有者和其他当地精英合作，甚至直接向移民本身提供激励机制。这种合作可以采取不同的形式，产生不同的效果。例如，17 世纪中叶中国改朝换代，清朝取代明朝，社会遭受严重破坏，导致许多迁居中国大西北的移民计划都交给了商人主导的当地民间机构。移民区形成了广泛的小土地占有经济，这体现了整个帝国范 32
围内迁徙更容易、更加商业化、更多地对个体户征税的一种大趋势。[18] 相比之下，俄国南部边疆则是一个兵荒马乱、战争频仍的地区。国家的扩张依赖于与军事权贵的合作，他们可以得到土地分封和劳动力控制权作为回报。领土扩张对于巩固农奴制有着重要的作用，但在 18 世纪末，俄国也通过提供贷款、土地和临时免税的方式，全力吸引更多具有商业和手工技能的自由移民群体。由于大多数欧洲国家都实行限制人口外迁的政策，后一种方式只取得了部分成功。[19]

各国依靠地方机构和精英来管治地方社会，因为他们对当地情况最为了解，也最有影响力。无论如何，很少有国家具备单方面管控移民的能力，他们只能管控那些与中央政府有直接联系的少数个人和团体。与地方机构合作有助于分担费用，并让它们对行为不当的个人承担责任。反过来，地方团体也乐于有国家作为后盾来监督其成员。另外，权力下放也为地方机构创造了一个空间，以保护其下属，索要特权，并开辟一些有计划、有步骤又有利可图的途径来规避国家的监管规范。在这种情况下，人们不管是违反或遵守了国家规定，都会以规定为重，这也就不足为奇了。当国家、地方和私人利益一致时，三者的合作最为有效，如商人、殖民地种植园主、非洲统治者和西欧产权组织把非洲奴隶输送到大西洋彼岸。

在长距离的人口迁移中，国家和最高统治者还可以在上述的众多移民网络中发挥作用。官方使节、贵族、商队和船只经常携带致外国官员的文件，要求予以自由通行，并为一段行程提供保护。这种文件的效用取决于签发者的威望和权力。具体的个人是否得到恰当的认证并不重要，重要的是有一个人能够担保持证者的身份地位和品行并且在其文件上加盖适当的权威印章。一个典型的实例是1688年西藏签发的通行证，详情如下：

> 法轮，来自高贵的拉萨，致通往远方雅利安人之国或印度旅途上的所有人，致僧侣、施主、贵人、凡夫、
> 33 圣教法区、世俗民区，致城堡内各民户、管事、总管，

致蒙古人、藏人、突厥人和沙漠中的帐篷居民，致南来北往的信使和使节，致各驿道的守护者和养路人，致各首领、臣民及文武百官，以上所有人听令如下：有四位来自拉萨地区平措江洛金（Phun-tschogs Lcang-lo-can）的基督商客，已办理完生意之事，准备取道归国，将携16匹满载货物的牲畜同行，所经之处，务必予以所需相助，特别是驮货的马匹，不可设障、盗取、掠夺，许他们平安通行。善人必有菩提运。[20]

1805年，康涅狄格州州长向耶鲁大学教授本杰明·西利曼（Benjamin Silliman）签发了一份证件，与上述证件目的相似，但采用了不同的文化规范。证件列出了西利曼的头衔和职位，提到了他的“体面家世”，指出：

兹向所有国民和国家介绍这位西利曼教授，他有可能到贵国旅行或路经贵国，希望他像所有国民一样得到安全保护并被准许通行。——尤其是他将前往几个国家和地方拜访或暂住，特此通告，敬请所有文理学人关注并给予协助。[21]

在请求通行和提供保护方面，西利曼教授可能不得不依赖各地东道主的善意。大多数这类文件既是权威的宣示，也是一种承诺，一旦持证者受到不当对待，将予以报复（或者，在西藏的例子中，承诺善待者将得到精神上的福报）。这些持证者就是统治者的一则活告示，统治者通过他们来表明自己是全境安全的最终保障者和惩罚的最终实施者。[22] 地方官和领主通常也签发类似的文件，但其有效性只限于广阔领土内的小范围。当然，统治者的权威并不总是能扩展到持证者所到之处。那么，持证者就不得不依赖东道主的善意，他们也要评估该证件背后的武力威胁。事实证明，东道主的支持及其他保证，要比仅仅持有那张文件纸更能确保持证者的安全通行和寓居。[23]

34 许多国家要求国际旅行者在边境上将外国证件换成国内证件，这些证件是出示给当地官员看的，上面标明预定旅行路线，但这种情况一般只适用于有钱的大车队人马、满载而来的货船人员和外国使节，并不适用于劳工或小商贩，因为这些人不构成什么威胁。入境常常被限制在数量有限的几个口岸和边境小镇，这样，在旅客获得进一步深入内地的许可之前，其活动可以被限制在这些城镇范围内。各国入境条件各异。在朝鲜国，外国贸易商被限制在有围墙的院子里，人员的生活费用由政府支付。[24] 在其他地区，比如 19 世纪 30 年代，在归附了清朝的中亚浩罕汗国，商人境遇就不同，当地首领得到默许实行自治，并向所有外国商人征税。[25] 1689 年和 1727 年俄国与大清国签订的条约[①]是更为正式的约定，双方同意建立边境贸易城镇，还订立了细则——俄国商人可以在边境向中国官员出示护照，然后换取中国证件，按预定路线前往北京。返回时，俄国商人必须携带俄国驻北京领事官签发的通行证。惹了麻烦的俄国人将被立即遣回，接受其国内法庭的惩罚。[26] 其他国际条约则承认外国首脑签发的证

① 指《尼布楚条约》和《布连斯奇条约》。

件，无须在边境交换证件。例如，1670年丹麦和英国双方签订了友好通商条约①，该条约以首先正式使用“护照”一词而闻名，它规定了船只须携带文件，并得到两国官员的认可。[27] 到18世纪末，这些做法在整个欧亚大陆日益标准化，各国通过条约和惯例，规定外国商人须遵守自己的法律，并派出首领与地方官员打交道，这通常意味着遵循商人群体的习俗，而非遵行国家的习惯做法。[28]

使用证件来规范内地的旅行，需要与当地精英合作。例如，僧侣和商人抵达宋代中国（960—1279年）的沿海边境时，需要由两名中国担保人提供保证，以补充他们从原籍国带来的身份证明，且要知会沿途官员他们即将抵达，以便获准通行。[29] 15世纪，朝鲜国授予附近对马岛（Tsushima）上的一个日本家族向所有日本船只签发通行证的权力，绕过了许多拥有更大势力的日本权贵家族。[30] 在大西洋，西班牙禁止外国人进入西属美洲，该禁令主要由塞维利亚商会负责执行，该行会通过保护西班牙臣民、
垄断殖民贸易获取巨大的利益。他们决定哪些商人有资格获得通 35
行证，实际上，他们运用职权，只将与自己没有利益之争的商人界定为西班牙臣民。[31]

亚洲和大西洋周边的许多国家实施流浪法和济贫法，在监管国内移民方面与当地社区找到了合作的基础。[32] 对当地社区来说，流浪行乞者和贫民是不能合法获得当地资源的人；而对国家来说，他们是潜在的强盗、巫师、逃税者和闹事者。监禁是一种常

① 指《哥本哈根条约》。

见的惩罚，但代价高昂。在一张巨大的流浪法网之下，驱离他们是更具吸引力的选择，这样可以引导流浪行乞者返回有义务照顾他或她的原籍社区。北欧城镇和教区有时会尝试将罪犯和穷人流放到北美殖民地，而这些殖民地很难再把他们送回家园。城镇、行会和贸易型离散族群中面对面的现实关系，使得认证流浪者和穷人的身份成为可能。没有契约合同、没有可靠的介绍人、无财产或无技能的人，都会被视为社区潜在的负担。即使在 18 世纪的波士顿这样一个大城市，负责“警告”贫困移民离开的机构也几乎认识所有当地的居民，处于“卑微状况”的非居民一经发现，会被勒令“迅速离开”。“警告离开”之后很少会紧跟着实际的驱逐行动，但密切监视会促使人们寻找工作或自动离开。[33]

当社会压力和威胁失灵时，通常很难执法。一些北美殖民地曾要求外国人只要居住三周以上就须申请许可证，并要求接待外来人的户主向城市有关当局报备。但大多数法律条例关注的是那些船主是否输入了穷人和罪犯，而不是移民本身。[34] 例如，1676 年马里兰州的法律禁止重罪犯和被判刑的人入境，但“后来有船长、商人、水手和其他人，将这些重罪犯和其他犯人从普通监狱中提出来，输送到本州，然后在该地将他们作为仆人出售或处置，对本州良民造成极大的损害，也引起民愤”。[35] 法律要求船长登记乘客名单，公布债务契约，还让他们承诺不会出售任何罪犯。理论上，船主拥有更多的既得利益，在口岸更容易受到监控。但实际上，他们只要在通行费上增加担保费及可能产生的罚款，就万事大吉。即使届时真要罚款，市政当局也很难向这些高度流动的人收取，而且诉讼费也使很多试图打官司的想法无法付诸实施——同样的问题至今仍然困扰着政府的移民管控。[36]

在所有这些情况下，设置领土边界和外国人身份认证基本上 36
都不是最常见或最有效的移民控制形式。事实上，移民管控与其说是监管的主要目标，不如说是力图多征税、分配权利和特权、歧视等的副产品。差别税、土地税、济贫法、主仆法、归化法、财产权、军事义务、宗教信仰，给予贸易垄断权，开征田赋税，并设立其他专门办事处等，都属于多管齐下的监管措施，能对人口迁移产生一定影响。区分臣民和外国人只是分配权利的多种可能方式之一。在 19 世纪末之前，很多国家还界定不了谁是外国人。就获得的权利和资源而言，游牧民族或邻近城镇的居民可能与主权管辖范围以外的人一样，都是外来的。与地理来源无关的界定标准（如血统、职业、贸易、身份和家庭关系），通常在旅行特权的分配中起着最重要的作用。围绕这些权利所进行的斗争，也是国家、地方和其他团体之间互动的关键场域。

移民监管可以巩固各地方和各团体的政治权力。在中世纪英格兰的集市日期间，国王派的大臣会在镇上设立收费亭并主持开庭，为往来于各个集市的国内外商人提供统一的机制来解决纷争，这不仅为国王赢得了一笔可观的收入，而且有利于促进整个英格兰岛的商业发展。随着集市贸易在 14 世纪衰落，国王开始向个体商人颁发特许状，以保证商人在王国内拥有某些权利和自由，换取他们对国王的拥戴和效忠。这些证书通常只重新肯定商人已经拥有的自由，不过由国王或议会来规定归化入籍的资格，为从行文上区分外国人和本地人打开了一扇大门。[37] 与此同时，跟其他许多国家一样，招募那些跟地方势力没有瓜葛的外国人并准予其归化入籍，不过是一种让忠于中央政权、不太可能反叛的人为国效劳的方式。这种做法甚至可以扩展到招安土匪和边境掠夺者上，其逻辑是，这些人如果获得了土地和其他特权，就会终止掠抢活动。[38]

国内管控和地方利益之间构成紧密的关系网，事实上成为管制外国人入境的一种方法。无论不同群体之间存在什么样的斗争
37 和差别，所有人在限制外来人抢夺资源方面存在共同利益。然而，在管制向外迁移方面却很难找到共同利益，这可以从国际公法著作中对移民迁出管制的持续讨论中看出。有时，国家和地方利益团体会担心人们逃避债务和劳动义务。奴隶制、农奴制和主仆制都是限制人口逃离的常用方法。但在 17 世纪，即使是自由人，也很难离开弗吉尼亚，须先在教堂门口张贴准备迁移的公示，这样债权人才有机会向欠债的迁徙者收回债款，在连续两个周日公示后，迁徙者才可以获得出行证。[39] 认为无须管控移民外迁的观点也引发了很多国家担忧，但此观点没有得到广泛认同。他们尤其担心，如果不将臣民置于国内监管范围内，一些人可能会策划叛乱，成为土匪，从事宗教异端活动，并消耗国家财富。国家还通过法律，限制那些从事关乎国家福祉的职业的人员出境。这种担忧常常与行业协会和贸易组织的利益相抵触，这些地方团体倾向于自我掌控广泛的人脉关系。18 世纪的欧洲国家将所有担忧都汇聚成一种共同担忧，即人口是国家财富的一部分，不应让人口向外迁移，从而造成国家财富的流失。但到 19 世纪中叶，马尔萨斯（Thomas Malthus）提出了担忧人口过剩的人口论，自由主义思想也主张自由移民、自由迁出的权利，严重挑战了官

方将移民视为背弃者和不义之人的说法。[40]

由于缺乏共同利益，管控向外移民难以实施。例如，清朝官员一再告诫，华商出国后会蓄发（不再剃头，不留长辫，也就失去了大清臣民的身份），与外国国王勾结，加入外国军队和海盗团伙，向外国人出售大米和船只，而且不履行孝道义务。但管制移民外迁困难重重，屡遭挫折。从 1664 年到 1683 年，明朝忠臣在台湾岛集结军队，于是清朝颁布迁海令，在南方沿海地区将人口内迁 20 英里。这种极端的军事化行动虽然有效，但很难维持，而且从长远来看是不可取的。清朝收复台湾后，便放松了海禁，但从 1717 年到 1727 年间实行南洋禁海令，导致移民永久出洋不能回国、海盗猖獗、走私泛滥，地方官员怨声载道，因缺乏对外贸易，当地经济也受损。1727 年规定，长期旅居海外的华民，若立即回国，可获特赦；1728 年的新法令准许向信誉良好、目的地明确、有担保人能保证他们回国的商人颁发短期出洋贸易许可证。政府通过向特殊商人组织——商行发放执照，建立了与私商 38
的合作，以监管对外贸易，并确保私商循规蹈矩。但这一规定更多促使地方官员与商人利益集团勾结，狼狈为奸，而不是执行帝国律例。[41] 在解决长期存在的系统性移民管控问题上，大清国的措施不见得比北美各地口岸的办法更奏效。

从小镇到国家

鉴于国际公法的关注重点是政治共同体，其中对移民迁徙的理解有些不切实际，这也不足为奇。但即使是在恰当的范畴里讨论政治共同体，其概念也不是很清楚。自然法在强调社会契约时总是围绕着个人选择、责任和恩义的理念展开，这些理念在地方环境中最为突显。事实上，地方共同体最容易就移民和成员身份事项做出决定。不过从主权远被的大国角度来解读国际公法要容易得多，因为大国需要以律法和抽象忠诚来治国。这两种类型的共同体在整个近代早期世界都业已存在，但到 19 世纪末，大国政府从地方和私营组织手中夺取了对其成员和移民的控制权。18 世纪中期以后，世界各地的政体中都出现了政府集权的现象，其领土、权力和社会认同也相应发生改变。[42] 以下将利用与国民身份和移民控制的演变相关的广泛研究成果，集中讨论大西洋世界的问题。

国际公法有助于为大西洋世界的转变指明方向。但许多关键的发展变化都建立在不可剥夺的自由、平等和自主理念上，而国际公法越来越将这些理念贬低到一种无关紧要的地步。此时，在大众国家的框架内，人们日益诟病特权问题，故而重提这些理念。在整个发展过程中，公民和外国人的对立取代了特权问题，成为法律和政治上分立的根本因素。领土而不是身份地位或效忠问题日益成为定义国家管辖权的内容，因此对国家边界内人口流动的限制也逐渐放松，但在那些新设防的边境地区，如果人口可以无约束地跨界迁移，那么它往往有着更加复杂的历史。

事后看来，法律面前人人平等、领土主权、边境管控、国内自由迁徙以及国家监管优先于地方管制等因素之间的关联性有一
39 定的逻辑关系。但具体结果是很难未卜先知的。不断尝试并出现
不确定性，这是 19 世纪管控外来移民的主要特征，甚至是否需

要监管都存在争议。最重要的是，地方共同体可以比国家政府更容易、更令人信服地运用平等、自由和自主理念。地方势力反对国家试图认证公民身份和控制移民的做法，认为这是侵犯本应属于地方的权限。尽管如此，国家政府还是不断夺取界定的权力和属于地方的职权，到 19 世纪末甚至垄断了执行环节。

19 世纪初之前，中央政体和地方共同体经常在成员的身份认证和监管方面展开斗争，不是那么激烈，但持续不断。例如，在西班牙，人们援引亚里士多德对共同体和共有权（*jus commune*）的理解，以此捍卫共同体的权利，强调它有权决定谁是自己的公民，个人也有权决定自己选择哪个共同体，这是赋予所有人的自然权利。地方成员身份是基于情感和当地人际关系确定的，而不是根据法律或王权。他们认为这些公民资格的基础在有国王的法律之前就存在了，并且经常以此来质疑国王是否拥有准许不属于当地共同体的朝臣和商人归化的权利。总的来说，王室政府遵循当地确定成员资格的惯例来决定臣民身份地位，认为服从共同体义务与否最能体现出一个人是否具有关键的臣民资格，即效忠国王和遵纪守法的意愿。[43] 在英格兰及其殖民地，地方成员资格认定机制牵涉更多法律规定，通常以“自由人”为中心，他们可以通过各种方式获得完整的成员权利，如学徒身份、救赎活动、担任公职、继承遗产或获得特别授予。具体情况因地而异，但都大同小异，足以形成一种英国共同传统。[44] 同时，正是“自由”和自主思想的价值观定义了这一传统，使得地方和个人对中央政权侵权的抵制具有正当性。例如，议会和国王试图影响北美殖民地的归化法和移民法，这引发了北美殖民地强烈的不满，从而导致了反叛。[45]

18世纪，法国国王在管制人口流动和外来移民方面拥有比其他西欧国家君主更大的权力。法国中央集权制为大革命政府控制人口流动提供了基本框架，这经常被认为是现代护照的起源。鉴于现代护照是发给其他国家看的国际文件，革命护照并不符合
40 这一情况。从1788年到1792年，革命者曾短暂地取消了对人口流动的所有控制，但后来改进了旧制度下的措施，如限制人口出境、由地方官员控制国内人员流动以及向入境的外国人发放护照。控制流浪行乞者并保护国家免受密谋分子颠覆之害，这些仍然是国家内部实行监控的重要公共理由。[46]但这场大革命之所以重要，是因为它为18世纪的中央集权趋势注入了新的政治价值；在革命中的法国，不能再让君主利用其官僚机构来经营混乱的不平等特权、私有土地和派系势力；它应该是一个由公民组成的国家，每个公民在法律面前都是平等的。因此，护照是归属国家的官方文件，而不是半私人性质的推荐信；国家是塑造“我们”和“他们”的一个关键标准——但这个标准更多是根据对革命的忠诚来定义，而不是以领土来定义。即便如此，到19世纪末，定义“我们”和“他们”的标准仍然模糊不清。事实上，需要记录在案的“他们”很可能正是指那些工人和流浪汉，他们与外国人没什么两样。[47]

德意志各国及其对福利保障制的关注，虽然乏善可陈，但为现代护照演变成一种国际文件做出了更大的贡献。在德意志各个小司法管辖区，将流浪行乞者从一个共同体驱逐到另一个共同体尤其麻烦，一些日耳曼人国家每年都要驱逐数千人出境，导致遣

返和反遣返此类混乱不堪的局面。1816 年后，许多国家开始订立相互遣返条约，规定缔约国须承诺接纳需要贫困救济的公民返乡。19 世纪 60 年代后，整个西欧都签订了类似的条约。这些条约是否得以有效实施，取决于被遣返者的公民身份能否得到可靠的证明，如果能，原籍国必须接收这些公民。条约还要求个人在旅行中须携带证件。[48]

无论是出于国际谈判的需要、对疾病和穷人的忧虑、革命意识形态或对革命意识形态的恐惧，北大西洋地区的国家在 19 世纪之初都普遍将公民与外国人区分开来。通常，大城市和小城镇都首先根据公民的身份，重新制定其传统的成员资格标准。1787 年的美国宪法和 1796 年的荷兰宪法是最早将这些地方管辖权整合到国家权力领域里的法律，这些国家大法赋予公民同样的平等权，但这种整合是在地方和中央政府之间进行权力重新分配，而
不是废除地方职权。在其他地方，公民的权利来源于法国征服欧 41
洲后推行的《拿破仑法典》。还有一些国家制定了国家边境管控法、遣返法和注册法，以保护自己的权力不被革命者颠覆。跟法国的情况一样，所有这些举措都不一定意味着认定臣民身份和控制人口流动的方式发生了决定性转变。《拿破仑法典》通常要求劳动者和工匠须携带写有其就业履历的工作证件，从而将人口流动与雇主和行业的需求直接联系起来。“流浪行乞”也日益成为一个公共话题。无论这一时期流浪行乞的人数是否真的激增，但济贫院、贫民院以及被拘留和遣返的流浪行乞者数量的确都呈上升态势。这些机构需要大量公共资金，从而引发了人们对移民身份认证系统化的更多关注。原来简单地区分公民和外国人的方

式，逐渐细化为公民、居民、入籍者和临时居住的外国人等不同级别，这些类别决定了他们能否获得社会福利，也决定了什么人会被遣返。[49]

区分外国人、发放工作证件或实施遣返，这类法规的实际执行环节往往五花八门，随心所欲。各种令人眼花缭乱的法规、文件和告示都是由形形色色的地方官员发布和监管的。这些地方官来自不同的司法管辖区，能力千差万别，而且还有频繁受贿之嫌。可以在边境地区、国内检查站或旅馆登记处执行这些法规，也可以在道路上由警察或军人随机抽查。雇主和同情他们的当地居民经常会帮助外国人规避法律，并提供救济服务，以免他们被遣返。官方要加强对下层阶级和潜在革命者的监控，但许多富裕阶层人士对携带证件出行感到不满，特别是有些证件还标明了他们的外貌体征，他们认为这些证件只应适用于流浪汉或那些声名狼藉的人。到了 19 世纪 30 年代，随着政府对革命颠覆的恐惧消退，大多数贵族精英可以不用携带护照旅行了。[50] 到 19 世纪中叶，更快捷、更廉价的运输技术出现后，监控变得更加困难。此时，一个充满旅游欲望的中产阶层崛起，他们跟贵族阶层一样，希望旅行能无拘无束，而中产阶层的出现又模糊了富人和穷人之间的差别，这种差别曾经使阶级定性成为一种有效的执法手段。与此同时，四处寻找劳动力的企业家推动强大的自由放任思想，谴责对移民流动的全面限制。

一切管制人口流动的新法律，都必须从人道主义的关切出发，或从健康卫生的角度加以论证。边境管控之所以取得了许多重大进展，是因为要在亚洲和欧洲之间建立一道屏障，以抵御医学传染病的威胁。18 世纪 70 年代，俄国凭借其在国内人口流动控制方面的优势，率先在黑海地区建立了全面的封锁线，以防止瘟疫和后来的霍乱从奥斯曼帝国传入。到 19 世纪 30 年代，多瑙河沿岸都建立了一连串的监控站，实施系统的监督，例行检疫，要求出示健康证书。[51] 跟大多数人口迁移控制的结果一样，它从长远来看也不奏效。到 19 世纪 90 年代，日耳曼人深感有必要在俄国和波兰之间协防，沿边界加强巡逻，以阻止霍乱流入德意志，该边界最初是为了限制来自俄国的移民入境。英国和美国从 1803 年至 19 世纪中叶实施客运法，规范客船上的生活条件，它也为政府干预私营企业提供了法律依据。即使在 19 世纪中叶的英国——自由放任思想占主导地位且公众担忧政府财政开支过大，实施客运法也导致该国建立了第一个专业性官僚机构，它常常肆无忌惮地干预托运商和经纪商的私营业务。在纽约，同样出于这些担忧，政府于 1855 年设立了由其运营的城堡花园移民站（Castle Garden Immigration Station），为移民提供帮助，使他们远离那些不择手段的走私偷运者。[52] 42

但总的来说，19 世纪下半叶是一个边境管制有限的时代。1848 年的革命风暴在西欧掀起了监控移民的短暂高潮，但从 19 世纪 60 年代到 80 年代，大西洋沿岸国家取消了护照要求，也废除了大多数国内证件检查措施。玻利维亚、厄瓜多尔、墨西哥、秘鲁和乌拉圭的宪法甚至规定外国人无需护照即可入境自由旅行。[53] 到 19 世纪末，就连俄国这个经常被视为专制政权监管缩影的国家，也开始放松对国内迁徙的控制。[54] 这并不意味着证件已不必要了。在美国，有色人种的自由人通常需要携带护照和介绍信出门，以保护自己免受地方官员的骚扰。[55]在欧洲，较贫穷的旅行者需要出示护照以避免被征兵役。中产阶层的旅行者甚至发现护照处处有用，哪怕只是到当地邮局取包裹。但其他旅行者发现，不携带证件能够避免遭遣返，因为越来越少有国家会接收国籍不明、无迹可查的遣返者。事实上，即使边界线取消了，在比利时和德意志等一些国家，驱逐出境的事情还是屡见不鲜。[56]这一历史时期的自由迁徙，与其说是取消了管制，不如说是身份认证权从地方重新上交给中央行政管理机构，是一段中场调整期。

第二章
全球移民，1840—1940

19 世纪至 20 世纪初的大规模移民是一种世界性现象。从北 43
大西洋到南太平洋，移民足迹几乎遍及每一个角落。这些地区的移民在数量和组织上都很相似，都是通过现代工业和全球化进程联系在一起的：新的运输技术；边疆屯戍；原材料和制成品的生产、加工、装运和销售；食品、住房和服装的生产，以供给在这些工业和分销网中工作的人们。这是一个真正的全球化进程，与以国家为主体的国际体系的不断巩固同步发展。

大多数历史叙事都将大规模移民描述为一种跨大西洋现象。如果有人想起大西洋以外还有移民的话，通常是叙述数量有限的契约劳工，被迫为欧洲人效力。这种历史记忆不是偶然的，而是全球最广泛认同的基础，不论东西方或南北方，第一世界还是第三世界，现代国际体系中的自由区还是非自由区，均是如此。这种历史记忆完全是把欧洲移民描述为开拓边疆和建设新国家的移民先驱，认为他们的个人奋斗和进取精神引领了世界历史。相比之下，亚洲人在人们的记忆中是落后保守的农民，他们无力加入现代历史发展的大潮，只是在外部动力的推动和强制力的干预之下作为贫困者被迫旅居海外。[1] 但事实上，亚洲移民与大西洋移民的数量相当，也有类似的组织网络。19 世纪中叶，前往美洲和大洋洲的亚洲人中有很大一部分具备创造全球移民模式的潜能，这种模式是一种星罗棋布的网络，将东西半球联系起来。然
44 而，到 19 世纪末，只有一小部分亚洲移民能够离开亚洲。国家干预和受种族主义影响的移民管控在太平洋地区建立了一道屏障，促使世界分割为不同的移民区域。

虽然移民背后的经济力量在世界各地产生日益融合的作用，但移民模式仍按区域划分。控制亚洲移民的机制强化了形象和意识形态的差别，这两方面正是最初激发移民迁入国控制亚洲移民的缘由。停滞落后、固守一隅的亚洲形象将亚洲移民从历史记忆中抹去，至今仍影响着人们对他们的看法。这一切的作用是将亚洲置于全球化历史之外，使不平等现象看起来是亚洲人自身孤立和文化差异的结果，而不是互动和国家干预的产物。但事实上，世界分隔成不平等区域的过程与一体化进程密不可分。

移民记忆

在一些移民史的著作中，很容易发现作者们往往认为跨大西洋系统具有得天独厚的优越性。其中许多著作都只陈述了移民数量问题，例如他们认为，“不管出于偶然还是选择，这些世界旅居者中几乎有一半人定居于美国”。[2] 有些人进一步声称，跨大西洋移民在质量上也有所不同，比如认为：

> 19 世纪至 20 世纪，正是北美洲和南美洲为上演移

> 民戏剧提供了大舞台，使得移民呈现出非凡的规模。对于其他大陆来说，移民则是一种将剩余人口转移到荒无人烟的地区，从而缓解人口压力的手段，而在北美洲和南美洲，如何找到劳动力到亟待开垦的广袤土地拓荒才是一个问题。[3]

其他关于跨大西洋独特性的叙述旨在强调当代移民日益全球化的特点，例如有观点认为“虽然国际移民不完全是欧洲人，但绝大多数移民来自该大陆……1925 年之前，85% 的国际移民来自欧
洲，但自 1960 年以后，欧洲在世界移民迁流中所占比例越来越 45
小”。[4] 在《大规模移民的时代》（*The Age of Mass Migration*）中，哈顿（Timothy J. Hatton）和威廉森（Jeffrey G. Williamson）论证了他们只关注北大西洋移民的理由，他们提出，“现在的第三世界国家”因其固有特质而脱离全球化历史进程，直到最近才发生了改变，这些第三世界国家“因歧视、语言和习俗而被隔离，也因距离遥远和移民成本高昂而被分隔，那些劳动力过剩的地区也因贫困而与世隔绝，这些地区一穷二白，以至于有意愿移民的人根本没有经济能力，来负担他们迁徙到兴旺发达的经合组织（OECD）劳动力市场的路费”。[5] 他们将大西洋以外的移民置于全球化之外，因此其关于全球化导致经济趋同的论点变成了一种重言式判定：全球化导致经济趋同，因为只有趋同的地方才被视为全球化的场所。

这些引述数据不足，完全可以反驳，但人们还是欣然接受这些对亚洲移民的假定，这是无知的基础。这些移民史著作除了证

实其基本假设，并且收集数据来构建其研究框架外，很少会关注大西洋以外的地区。这可以从彼得·埃默（Pieter Emmer）的比较研究中看出，该研究将远距离移民分为洲际移民和非洲际移民。他对洲际移民的研究，包括了俄国人跨越乌拉尔山脉和法国人迁往阿尔及利亚的案例，却不包括中国人迁移到新加坡，或哈德拉米人（Hadhrami）前往爪哇。据他统计，1800 年至 1960 年间有 500 万至 600 万非洲和亚洲移民属于洲际移民，之后得出结论：“此移民研究是欧洲扩张与收缩过程的一部分，研究清楚地表明，欧洲人比非洲人和亚洲人更广泛地参与了洲际移民过程。”[6] 这一区分随后成为定性判断的基础。在他的论文《移民带来的好处何在?》中，他将全球移民划入温带种植园和热带种植园两种体系，后者几乎完全由亚洲契约劳工和非洲劳工组成。他接着指出，“鉴于国内外移民数量相对较少”，提出亚洲移民是否带来好处这样的问题，是没有多大意义的，这导致他在理解全球进程时忽略了世界很多地区所具有的相关性。[7]

埃默对移民的区分可能看起来很粗糙，他的基本假定是亚洲人不向外移民，那些迁移的也几乎完全由欧洲人主导下的契约劳工组成，这贯穿于论文的大部分内容。对于印度移民而言，这种
46 假定在某种程度上是成立的，因为在大英帝国内印度移民的组织相对严密，他们都在欧洲人拥有的种植园劳作。但把中国海外移民都定性为契约劳工，这就令人困惑了，而且西方学界一直低估了中国移民迁出的数量，认为它在 200 万到 800 万不等（我们将看到，这一数字不到中国移民实际总数的一半）。[8] 大部分数字可以追溯到陈达、陈泽宪和阿诺德·马尔（Arnold Meagher）的三

项研究，所有这些研究都只统计了契约华工移民。[9] 即使费伦齐（Imre Ferenczi）和威尔科克斯（Walter Willcox）的《国际移民》（*International Migrations*）提供的是不完整的中国移民数字，仍然是最被广泛引用的统计来源。该研究认为，从 1881 年到 1915 年，前往英属海峡殖民地的中国移民共有 550 万人；从 1876 年到 1901 年有 370 万人离开中国各口岸；从 1900 年到 1924 年则有 240 万人从香港出境。仅在一段时间内，中国移民总数就已经达到了 800 万，还不包括其他统计中的契约华工（大部分是在 1874 年之前出国的）。[10] 如果不是假定中国人不向外移民，那么从这些数字来推断，中国移民的数量可能会更多。

最近出版的一部全球移民史著作将中国人移民海外或迁往满洲归因于“中华帝国的管理不善、暴乱不断、人口过剩和自然灾害以及殖民入侵”。[11] 关于欧洲移民的研究（正如它们的作者在其他地方论证的那样）一直认为，前三个原因（如果有的话）很少能解释欧洲稳定型移民模式产生的根源。当然，“殖民入侵”这个原因在欧洲不存在。这种解释给人的印象是，中国人的移民过程与欧洲人截然不同。如果没有欧洲的介入，亚洲人仍然是受传统束缚、固守土地的农民，只会服从于亚洲专制统治，受制于马尔萨斯人口论那样的残酷压力。总体结论是，亚洲移民与跨大西洋移民属于不同类别，后者曾是现代世界的熔炉。遗忘也发生在世界其他地方。例如，中国学者普遍认为向满洲迁移是一种内部迁徙运动，与全球移民比较研究无关。[12] 在这种情况下，国界无助于从更广泛的角度来理解全球移民模式，并强化了停滞的东方形象。

远距离移民

47 与其从不同系统的独特性假定开始谈起，不如让我们从移民数据开始分析。来自世界各地的港口和海关统计数据表明，从1840年到1940年，至少有1.5亿人次远行，遍及全球大部分地区（见表2.1）。[13]这一数字主要统计的是三类移民：一是乘坐客船三等舱或统舱的乘客，二是被归类为“迁入移民”“迁出移民”或“劳工”的人员，三是加入官方推行的拓殖计划（如从俄国迁到西伯利亚和中亚）而登记在册的移民。返程的移民数据不太容易获得，因此，与大多数移民统计一样，这一估计数包括了单个人的多次往返行程，但不包括那些由陆路或乘坐客船头等舱出行的人，也不包括那些逃避边检和统计的人。通过比较移民迁出港和移民迁入港的人数，可以明显看出这些规避行为颇为普遍，出入人数有时相差20%或以上。[14]因此，这样的人数估计只能描

表 2.1　全球远距离移民，1840—1940

目的地	主流移民的原籍	人数（百万）	其他移民的原籍
美洲	欧洲	55—58	250万人来自印度、中国、日本和非洲
东南亚、印度洋沿岸、大洋洲	印度、中国南方（华南）地区	48—52	500万人来自非洲、欧洲、东北亚和中东
满洲、西伯利亚、中亚、日本	东北亚、俄罗斯	46—51	

资料来源：Adam McKeown，“Global Migration，1846—1940”，*Journal of World History*，15（2004）：156。

述总体趋势，但仍然可以作为大致的比较基础。

这些远距离迁移大部分可以按三大系统进行分类，这三大系统在移民数量上不相上下，并且连接着主要的移民接收地和输出地：其一，从欧洲到美洲的跨大西洋移民；其二，从印度和中国南方地区向以东南亚为中心且延及印度洋和南太平洋沿岸的地区迁移；其三，从俄国、中国华北地区和朝鲜向从俄罗斯大草原到西伯利亚和满洲的广阔北亚地区迁徙。这三个移民目的地是现代世界广袤的边疆拓殖区域。较小规模的支流移民跨三大系统，但 48
不到总移民人口的 5%。

跨大西洋移民

欧洲人向美洲的迁移是所有人口迁徙中最为人所知的一支。近 65% 的人去了美国，其余大部分人分别前往阿根廷（外国出生居民比例最大）、加拿大、巴西，还有一小部分人到了古巴和乌拉圭。[15] 19 世纪 70 年代以前，这些移民中超过一半来自不列颠群岛，其余大部分来自欧洲西北部地区。19 世纪 80 年代，随着新交通技术的发展，移民不断增加，迁流密集的地区向南、向东扩展，直至葡萄牙、俄国和叙利亚。前往美洲的移民中多达 250 万来自南亚和东亚，他们主要是到北美的西部边疆地区，或加勒比地区、秘鲁和巴西的种植园。有一半亚洲移民是在 1850 年到 1885 年间迁移的，此后契约劳工招募减少，排斥亚洲移民的法案出笼，并开始生效。

东南亚—印度洋移民

有 2900 多万印度人、至少 1900 万中国人和大约 450 万欧洲人向东南亚及印度洋和南太平洋沿岸地区移民，其中大部分欧洲移民是到澳大利亚、新西兰和南非。大部分印度移民迁往大英帝国的殖民地。近400万印度人移民到马来亚，800多万人前往锡兰，1500多万人移居缅甸，约100万人迁到非洲或东南亚其他地区及整个印度洋和太平洋的岛屿。尽管印度契约劳工问题臭名昭著，引起广泛的争论，但从印度迁移到遥远的美洲、非洲和斐济的总人数中，只有不到8%的人是在出境前签订了契约的，大部分人是在1908年之前移民的。大多数到东南亚的印度移民确实是在欧洲人的种植园里劳作，他们一般是通过当地的“康卡尼招工制”（kangani）或“梅斯特里包工制”（maistry）①以某种形式的补贴或借债被招聘而来的。多达200万人以商人或旅行者的身份移民，他们并没打算当劳工。[16]

绝大多数中国移民来自华南省份广东和福建。多达1100万人从中国前往新加坡和槟城，其中超过三分之一的人从这两地再转往
49 荷属东印度群岛、婆罗洲、缅甸和更西边的地区。近400万人直接从中国前往暹罗，约200万到300万人到法属印度支那，超过100万人直接到荷属东印度（如果包括从新加坡转运而来的人，总数达400多万），不到100万人去菲律宾，大约50万人到澳大利亚、新西兰、夏威夷和太平洋及印度洋的其他岛屿。[17]鉴于招工形式和借钱方式五花八门，而且许多移民受训告诉边检人员他们没有签订什么契约合同，很难确定持有劳工契约的移民人数。与欧洲雇主签有契约合同的中国移民不到75万人，其中包括1874年前到拉丁美

---

① “Kangani”源自泰米尔语，意指19世纪印度、锡兰、缅甸和马来亚的海外劳工；“Maistry”源自葡萄牙语，意指包工头。

洲和加勒比地区的 25 万人；19 世纪 80 年代至 20 世纪头十年，前往苏门答腊的中国移民有 25 万，有一小部分人前往矿山、种植园，以及马来亚、太平洋及印度洋的各岛屿。从 1881 年到 1913 年，776457 名中国人预支路费前往新加坡，在华民护卫司面前签订了劳工合同，其中大多数人是到矿山和种植园为中国雇主做工。[18] 许多中国人（如果不是大多数的话）自己支付路费或向亲戚朋友借钱。另一些人则在“赊单制”下由有钱的中国人支付他们最初的旅费，虽然还款条件各不相同，但赊单移民不一定必须为债权人工作。无论如何，迁移的组织过程基本上不在欧洲的监管规范下，但与欧洲中心的全球经济扩张有着深刻的联系。

北亚移民

人员迁往中亚、西伯利亚和满洲地区，已有数百年之久的历史，但规模非常小，直到 19 世纪 50 年代清政府才逐步放松对迁往满洲的限制，1861 年俄国解放农奴并开放西伯利亚。19 世纪 80 年代，两国政府都以宅地政策积极鼓励移民迁入定居，试图制止对方侵占领土。19 世纪 90 年代的铁路建设进一步加速了移民迁流，至少有 1300 万俄国人迁入中亚和西伯利亚。20 世纪 20 年代，随着地方政府出台政策限制俄国移民的到来，这一趋势发生了短暂性的逆转，但到了 20 世纪 20 年代中期，中央政府的三令五申压倒了地方政策，以往常见的移民东进模式又恢复了。[19] 还有 2800 万至 3300 万的中国人以及近 200 万朝鲜人迁往满洲和
西伯利亚。另有 250 万朝鲜人移居日本，特别是在 20 世纪 30 年 50
代，200 多万日本人到朝鲜和满洲拓殖。此外，多达 100 万中国

北方人、朝鲜人和日本人迁往不同地方，包括美洲、夏威夷、东南亚、南非和欧洲的大部分地区。[20]

总的来说，这些移民导致世界人口分布重新大调整。三大移民目的地区域都经历了大幅度的人口增长，从1850年到1950年，其人口增长了4到5.5倍（见表2.2）。这些地区的人口增长率是全世界人口总增长率的两倍以上。相比之下，移民输出地的人口增长率低于世界人口增长率，不到移民接收地区的一半。这三大移民目的地区域的人口在1850年和1950年分别占世界人口的10%和24%。美洲和北亚的人口增长速度比东南亚更快，因为东南亚地区面积较小，地处热带，本地人口已枝繁叶茂。尽管如此，从1870年到1930年，大约有3500万移民迁入了410万平方公里的东南亚地区；相比之下，有3900万移民迁入了980万平方公里的美国。

表2.2　世界人口增长，1850—1950（单位：百万人）

	1850年	1950年	年均增长率（%）
移民迁入地			
美洲	59	325	1.72
北亚	22	104	1.57
东南亚	42	177	1.45
移民迁出地			
欧洲	265	515	0.67
南亚	230	445	0.66
中国	420	520	0.21
非洲	81	205	0.93
世界	1200	2500	0.74

资料来源：Colin McEvedy and Richard Jones, *Atlas of World Population History*（London: Penguin，1978）。

乍一看，相较于意大利、挪威、爱尔兰和英国这些小得多却 51
输出了数百万规模移民的国家而言，中国的 1900 万外迁移民和印度的 2900 万外迁移民并不算多。[21] 但如果我们将比较重点调到面积和人口相当的地区，那么比率是非常相近的；在欧洲移民高峰期的 20 世纪头十年，比率是每 1000 人中，意大利有 10.8 人向外移民，挪威有 8.3 人移民，爱尔兰有 7 人移民。[22] 相比之下，中国南方广东省的年平均海外移民率在 20 世纪 20 年代的高峰期至少为 9.6‰。广东省的地理面积略大于意大利，人口略少于意大利。同期，河北省和山东省（满洲移民的来源地）移民率甚至更高，为 10‰。[23] 从更广泛地区内的人口来看，从 1846 年到 1940 年，欧洲迁出移民占 1900 年欧洲人口的 15.4%，而中国为 11.3%，南亚为 10.4%。这一种差异并非无足轻重（鉴于我们对区域内部和陆路移民缺乏了解，这只是初步的结论），但肯定不能说明不同区域的移民数量和质量存在着类别差异。

其他移民

这三个系统中的越洋迁移只是冰山一角。其他移民则在非洲和中东地区等主要远距离移民系统衔接的夹缝处来回往返。陆路移民和区域内移民，大部分都在主要的移民输出地和接收地范围内发生，也通常逃避了边境统计和边检网络的监管。也许全球范围内绝大多数移民都是季节性或临时性地迁移到附近的城镇、工厂、采矿区、农耕区和未开发的地域务工和居住。

大西洋移民还包括迁徙至北美西部边疆的 1300 多万人，他们首先跨越整个美国，然后进入加拿大西部平原。这一过程还迫使大批美洲原住民迁离，20 世纪初又迫使 250 多万墨西哥人迁往西南部的农业区。美国东北部的工业中心也吸引了 250 多万加拿大人，20 世纪初则吸引了 100 多万非裔美洲人和墨西哥人的到来。[24] 在美洲
52 其他地区，大量安第斯人和其他民族迁往沿海种植园和城市，30 多万加勒比人迁往中美洲和古巴的种植园、巴拿马运河区和美国。[25] 移民也在东南亚和南太平洋地区内流动，其中包括多达 50 万爪哇人前往苏门答腊岛和东南亚半岛地区的种植园，还有超过 30 万美拉尼西亚人和密克罗尼西亚人在整个东南亚地区的种植园劳作或从事海员工作，这可能是有史以来该地区最密集的外迁。[26]

大规模的区域内迁徙也发生在远距离移民的主要输出地。在欧洲，爱尔兰人来到英国工作，东欧、南欧和比利时的移民迁往西北欧的工业区，特别是法国和德国。在俄国境内，移民迁徙到新兴城市和南部农业区。[27] 在印度次大陆内，他们迁往南部和东北部的茶园、孟加拉的矿山和纺织工业区，以及整个次大陆新开垦的土地和城市地区。[28] 在中国，他们迁移到经济发展较快的沿海城市，也前往因太平天国运动而人口不足的长江流域，还迁到西北和西南边疆地区，其中包括前往缅甸的陆路移民。[29] 上述每一个地区都至少产生了 2000 万人次的移民运动。

非洲出现了完全是输入型的跨洋移民，但人数比起其他主要目的地要少得多，来源也广泛得多。这些移民包括进入北非的 300 多万法国人和意大利人，还有多达 100 万的其他欧洲人、叙利亚人、黎巴嫩人、阿拉伯人、印度人和中国人，遍布整个非洲大陆。[30] 19 世纪末，跨大西洋奴隶贸易结束，导致越来越多的奴

隶涌入苏丹西部、中东和印度洋沿岸地区。19 世纪末到 20 世纪，迁往非洲南部和非洲中部种植园和矿山的劳动力有所增加，向西非、东非农业区和沿海城市的迁移也不断增长。数以百万计的人参与了这些移民运动，其中一些人被强迫或以其他方式被带到欧洲人的企业工作，但其中也有不少人自谋职业。[31]

中东地区和前奥斯曼帝国的领土也位于上述主要远距离移民的夹缝处。苏伊士运河和埃及棉花种植等开发项目吸引了大批当地移民，而黎巴嫩和叙利亚的海外移民率是世界上最高的。因奥斯曼帝国解体而发生的冲突也产生了难民和国家推动下的移民 53
迁徙，这成为 20 世纪日益普遍的移民进程的先兆。截至 20 世纪 20 年代，在土耳其与巴尔干半岛和俄国之间，人口相互流动，有 400 万至 600 万人背井离乡，基督徒向北迁移，穆斯林向南迁移。大约 100 万亚美尼亚人被驱逐出土耳其，流离失所，迁移到世界各地，20 世纪初近 40 万犹太人移居巴勒斯坦。[32] 第一次世界大战和俄国革命后，难民大规模流动扩展到欧洲其他地区，而后有 300 万俄国人、波兰人和德国人离开了苏联。在另一种不同性质的人口流动中，数百万人前往麦加朝觐，络绎不绝，其中包括 19 世纪 70 年代后来自荷属东印度群岛的近 70 万人，这是 20 世纪远距离旅游爆炸式增长的开端。[33]

除了移民和劳工的迁徙外，商人离散群体继续熙来攘往。19 世纪之前的几百年里，这些离散族群网是远距离移民运动最典型的代表。随着工业化带来的经济变化和新的劳动力迁移，他们的重要性被削弱或改变。犹太商人网融入欧洲都市的商业活动中，亚美尼亚商人网则因遭到种族灭绝性的重创而瓦解。但其他不管是新兴的还是古老的离散群体仍然欣欣向荣，他们往往纵横驰骋于信贷和贸易网络全球扩充的前沿，他们能随机应变，调整悠久的商业组织模式，以适应新经济发展的需要。他们经常以“中间商”的角色为人所知，但他们的活动创造了前所未有的市场和社会关系，而不仅仅是嵌入先前存在的社会缝隙之中。例如，华商的商业网通常处于不断扩张的世界经济的领先位置。他们将劳动力输送到整个东南亚，从遥远的亚马孙橡胶林到南太平洋港口，再到婆罗洲河流上游等地，都有他们开创的纵横交错的商店网络和销售网络。他们还向世界各地种植园和城市社区的其他移民和劳工提供服务。印度商人同样将贸易网扩展到中亚、非洲和东南亚。来自南印度的仄迪人（Chettiars）跟随英国人进入缅甸，巴斯人（Parsis）则利用他们赚取的一些资本在印度建立纺织厂，促进与中国的贸易。来自现巴基斯坦海得拉巴的信德沃克商人（Sindworkies）遍布全球，从日本到巴拿马运河再到火地岛都有
54 他们的商业，他们为国际游客开设高档“古玩”商店，也成为荷属东印度的日本人对外贸易的主要运输者。其他商人离散群体，如来自也门的哈德拉米人、西非的豪萨人（Hausa）和黎巴嫩基督徒也加入了全球网络，将日益扩张的工业企业与世界各地的个体生产者和消费者联系起来。[34]

历史趋势

世界各地同时出现移民潮并非巧合（见图 2.1）。快速廉价运输的兴起、全球市场和工业化的发展、国内移民管制的放松以及

世界各地边疆的拓展都在滚雪球效应中相互强化。这是一个人口迁移的世界，人们涌向工厂、建筑工地、矿山、种植园、农垦边疆和全球商业网。缅甸的水稻种植户、马来亚的锡矿工人、婆罗洲和亚马孙橡胶园的割胶工及满洲的麦农，与匹兹堡的钢铁厂、古巴的糖厂、加尔各答和新加坡的商人以及北美和阿根廷平原的牧场主一样，他们都是全球经济的一部分。边疆不论远近，都为工业中心、贸易转口地和采矿区日益增长的移民提供了食物和资源。19 世纪 50 年代后，廉价的轮船横渡世界各大洋，铁路横穿北美和北亚。这反过来又吸引了更多的移民，他们生产更多的商品，促进更大规模的贸易和人员流动，提供更便宜的运输价格，也使世界各个农业地区受到更具破坏性的商业化影响，从而再产生更多的移民。在大众交通没有延伸到的地方，往往有代理商，他们提供信息和获得产品的渠道。所有这一切都通过世界范围的

55

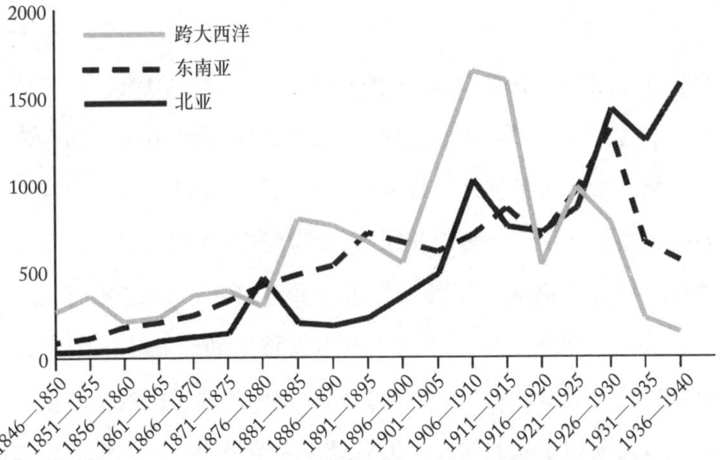

图 2.1　全球移民变化趋势，1846—1940（单位：千人）

资料来源：Adam McKeown, “Global Migration, 1846—1940”, *Journal of World History*, 15（2004）: 165。

经济全球化和产业转型联结在一起。

这些移民的增长速度超过世界人口的增长。19 世纪 50 年代，移民占世界人口 0.36%，19 世纪 80 年代上升到 0.96%，20 世纪初再上升到 1.67%，20 世纪 20 年代则下降到 1.58%。短时段的区域性移民潮涨落与商业周期和就业机会相对应，却不时打断长距离移民运动的总体增长。19 世纪 70 年代末北美经济萧条之后，跨大西洋的移民活动高涨，并首次明显超过了来自亚洲和亚洲内部的移民活动。移民热潮表现为移民更集中于城镇里的工业和贸
56 易业，这一模式在北亚要滞后十五年到二十年。来自中国南部的移民与跨大西洋移民同时期增长，但印度移民在 20 世纪之前都一直没有进展，除了 19 世纪 90 年代初出现过一次小高峰。在东南亚，农村人口继续快速增长，超过城市人口增长速度，但亚洲移民越来越多地成为个体贸易商、小业主和工匠，而不是劳工。

19、20 世纪之交，世界各地的移民方兴未艾，在 1900 年后的十年间翻了一番多，达到每年 300 多万人。1913 年，跨大西洋移民达到了 210 万人以上的惊人高峰，而从 1911 年到 1913 年，前往东南亚和北亚的移民也达到了每年近 110 万的前所未有的高潮。第一次世界大战导致全球移民数量下降，对大西洋地区的打击最为严重。但全球移民在 20 世纪 20 年代末再次出现每年超过 300 万的高潮；亚洲移民也达到了新高，1927 年有 125 万人迁徙到东南亚，1929 年有 150 万人移民到北亚。1924 年跨大西洋移民人数恢复到 120 万，但此后美国的移民配额制严重限制了来自南欧和东欧的移民。世界经济大萧条中止了大批的移民运动，但计划经济下的日本和苏联例外，因受到胁迫，加上政府推动，两国每年产生了高达 180 万的移民。

全球移民的区域化

随着经济全球化，移民遍布全世界，但他们越来越多地按区域区分。19 世纪中叶，全球移民模式朝着单一全球体系的趋势发展。到 19 世纪末，世界各地的短时段移民周期越来越相似，这表明影响移民的经济力量日益一体化。但此时，移民的模式已经被分隔为三个不同的系统。全球化使世界走到一起，也使世界产生了差别。

短时段移民的周期和回流率与就业周期密切相关。海外就业机会越多，回流率越低。到 19 世纪 90 年代，中国南方地区、印度和欧洲的移民回流率已开始趋同，不仅在时间而且在绝对数值上都很接近（见图 2.2）。影响移民迁流的全球经济显然正变得更

57

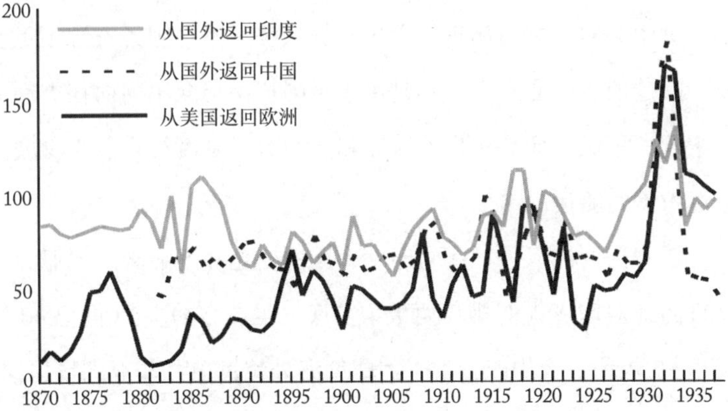

图 2.2　回归移民占外迁移民之比例，1870—1937（单位：百分比）

资料来源：Susan Carter et al., *Historical Statistics of the United States*（New York：Cambridge UP，2006）；Kingsley Davis，*The Population of India and Pakistan*（New York：Russell and Russell，1951），100；Adam McKeown，“Global Migration，1846—1940”，*Journal of World History*，15（2004）：186–189。

加一体化。

58 但与此同时，尽管短时段周期变得越来越一致，移民的模式和目的地却变得越来越高度分离。这种日益分化的现象在亚洲移民的分布中尤为明显。19 世纪 50 年代，至少有 22.7 万名来自华南的移民前往美洲和澳大利亚。这一时期前往东南亚的中国移民数字是推测出来的，但来自华南的移民中，前往亚洲以外目的地的至少占总数的 40%。契约劳工移民主要是前往古巴和秘鲁，约有 9 万人。剩下的 13.5 万人主要去了美国加利福尼亚和澳大利亚的金矿，仅在 1851 年到 1855 年间，就有近 5 万中国人去了加利福尼亚。这些淘金移民是由华商出资和组织的，而且倚赖中国的采矿技术。虽然中国移民不断增加，但前往亚洲以外地区的移民活动一直停滞。19 世纪 80 年代末，前往亚洲以外的中国移民占总移民的比例下降到 6%，并在接下来的五十年保持在这一水平（见图 2.3）。之后出现的移民停顿状况并不是因为资源不足或安土重迁的农民心态，也不是由于中国移民与众不同而在类别上异于欧洲移民，而是排斥性法律和契约劳工制度终止后缺少廉价直达拉美的船运的结果。

迁移到亚洲以外地区的印度人比例变化并不显著，但亚洲以外目的地对印度人的排斥要更为彻底（见图 2.4）。19 世纪 40 年代至 50 年代，大约四分之一的印度海外移民前往非亚洲目的地，其中大部分是契约劳工。此后，迁往亚洲以外的印度移民稳定在每年约 16000 人的平均水平，直到 19、20 世纪之交契约劳工开始减少。至 19 世纪 80 年代，印度人向亚洲以外地区移民的比例已经下降到其总移民的 5% 左右。与中国移民情况不同的是，在

59

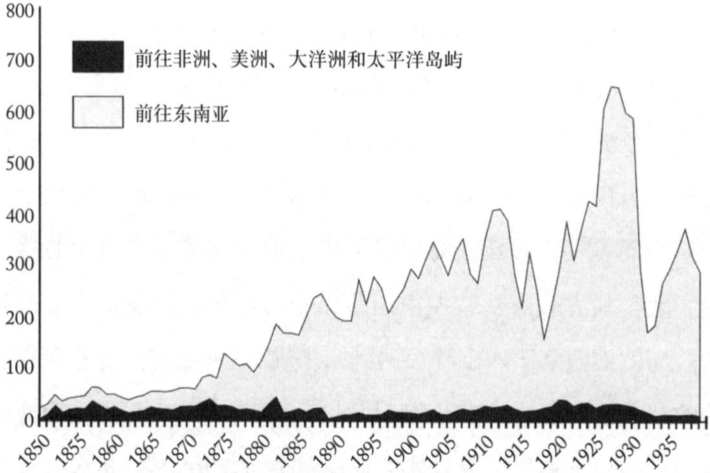

图 2.3　中国移民变化趋势，1850—1940（单位：千人）

资料来源：Adam McKeown，“Global Migration，1846—1940”，*Journal of World History*，15（2004）: 188–189。

60

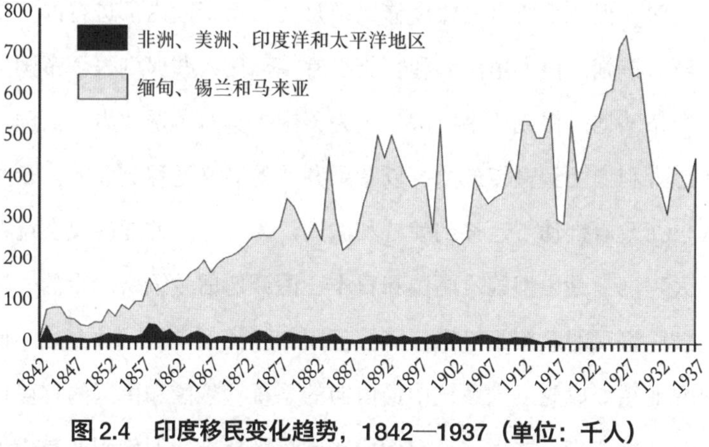

图 2.4　印度移民变化趋势，1842—1937（单位：千人）

资料来源：Kingsley Davis，*The Population of India and Pakistan*（New York：Russell and Russell，1951），100；其中一些修正基于 Frank Heidemann，*Kanganies in Sri Lanka and Malaysia*（Munich：Anacon，1992），99–110。

1908 年限制契约劳工、1920 年废除契约劳工之后，印度人移居亚洲以外地区的绝对数量也在下降，几乎微不足道。大多数印度契约劳工被输送到一些岛屿的种植园，那里除了种植园，几乎没有其他经济发展机会，这降低了对新移民的吸引力，要建立移民网也相当困难。20 世纪初以后，能够移居北美的印度人数量较少，在北美实行排斥亚裔移民措施之前未能建立起强大的移民网。北美地方政府从管控中国移民和日本移民的经验中汲取教训，高效地限制了印度移民的到来。在 20 世纪初，南非和东非的欧洲人殖民地是拥有印度移民社区、拥有经济发展机会而能够
61 吸引更多印度移民的仅有的非亚洲目的地。但 1900 年起，南非实施排斥性立法，也对印度移民关上了大门。

加强对边境的监管和防守一方面阻止了移民迁移，但另一方面也促进了移民迁移，而且具有导向作用。尽管遇到白人自治领的反对，但几乎所有的印度移民都是在大英帝国内部进行的。作为应对措施，白人殖民者和官员经常推动白人移居到整个帝国的各个拓殖地，但成功率有限，因为美国更具竞争诱惑力。法国人和意大利人受到宣传鼓动，以帝国利益的名义迁移到北非，日本人也在政府推动下迁移到朝鲜和满洲。事实上，北亚移民系统在很大程度上是由俄国、中国和日本三国政府的政策所决定的，这些鼓励移民的政策是三国伸张、巩固和拓展领土的一种方式，使得北亚系统成为三大系统中最内向的系统。俄国和中国的移民计划常常被遗忘，这也许是它们成功的最大标志。西伯利亚和满洲现在成为移民原籍国不可分割的一部分，移民运动被纳入国内民族史研究而非国际史研究中。

区域移民的动力

从全球比较的角度来看，世界各地的移民模式和组织方式大致相似。每一地特定的移民迁流都存在于与全球共同力量的特定联系中，各种力量汇聚在一起，产生了特别但又广泛共有的移民迁移经历。[35]没有什么证据可以证明，大西洋地区和亚洲地区存在很大的差别，并非大西洋地区不断进步而亚洲地区故步自封。亚洲女性的低移民率和亚洲移民的高回流率往往被用来证明，亚洲人只是寄居者，而不像那些跨越大西洋并融入新兴国家的开拓性家庭。[36]定量证据并不能证明这一差别，尤其是按时间段分析而不是根据百年平均值来看。但这确实表明，长期以来，跨大西洋移民比其他地方的移民更具活力，移民输出地更多元，回流率和女性移民率的长时段变化也更大。大西洋世界显然是一个转型中的地区，亚洲的移民系统则没有那么活跃。全球化既导致趋同，也产生了差异。

在欧洲，1840 年到 1940 年间，主要的移民来源地从欧洲的 62
西北部向东南部大面积转移。亚洲则没有出现类似的变化。在中国南方地区和印度，虽然城乡之间发生了局部变迁，但 19 世纪 50 年代的主要移民输出地，到了 20 世纪 30 年代仍是主要移民输出地。在中国，从 19 世纪 70 年代到 20 世纪 20 年代初，从不同口岸离境的移民比例几乎保持不变，此后从香港离境的移民数量开始略有增长。

总体上前往东南亚的女性移民比例远低于前往美国的比例，但起伏波动也小得多，表现出稳定增长而不是变化的态势。19

世纪初，每年移民到美国的女性比例低至20%。19世纪60年代这个比例上升到40%，直到1900年又突然下降到30%，到1914年一直保持在这一水平，到20世纪30年代末又逐渐上升到54%。相比之下，从香港离境的女性比例从19世纪60年代的6%上升到20世纪20年代末的18%，到1930年底又翻了一番，达到了36%，反观这时期欧洲较低的数据，上述比例还算是有所增长。[37]印度女性移民的数据不太容易获得，但在20世纪30年代之前，印度女性移民的比例很少上升到20%以上。在19世纪90年代各地的回流周期普遍趋同之前，从美国回流的印度移民也比从东南亚返回的移民波动更大（见图2.2）。

唐娜·加巴西亚认为，欧洲的女性移民和回流移民发生变化，部分原因可能是来自大家庭居多的地区的移民外迁数量增加。[38]欧洲西北部是19世纪中叶大多数跨大西洋移民的来源地，在该地区核心（小）家庭占主导地位。夫妻相互依赖以维持生计，许多妇女都有参与市场活动的经历。相比之下，来自南欧和东欧以及中国和印度的移民倾向于维系多代父系大家庭。个别成员的迁移和工资收入是维持这种大家庭结构的一项投资。妇女往往要留守在丈夫的家庭里，继续为这个大经济单位做出贡献，而不能只顾自己的小家庭。男性出国谋生是一种投资，期望他们能将大部分收入汇回这个大家庭单位，最终自己也回归家乡。东南欧的移民回流率确实要高得多，从南部意大利人、希腊人和斯洛伐克人的50%至60%到保加利亚人和塞尔维亚人的90%不等。

63 但家庭形式的差异还是让人们注意到欧洲内移民来源地的动态变化，来自东北欧的移民最终减少了。亚洲人的迁移仍然维持一种多代人的策略，在一个多世纪的时间里，同一个乡村和城镇中的移民规模不断扩大。来自欧洲某些地区的移民迁流量下降，其中一个原因是大西洋两岸工资收入水平趋同。但在亚洲，收入不但没有趋同，反而可能在某些地方还拉大了差距。[39]中国和印度的农村虽然已高度商业化，但仍然一成不变，东南亚的职业结构也是如此。相比之下，欧洲移民模式则随着工业化和城市化在整个美洲和欧洲的日益扩大而发生转变。

在移民接收国一方，由于边疆拓殖、城市化发展以及越来越倾向于男工而非女工的工业职业等条件的变化，女性移民比例及从美洲返乡的移民比例都发生了相应的改变。北欧人是 19 世纪中叶移民的主流，到世纪末其回流率和男性移民比例也变得更高。[40]相比之下，19 世纪末女性在向西欧城市的短距离移民中占主导地位，与 19 世纪中叶移民到美洲的爱尔兰女性一样，她们在西欧城市中可以很容易地找到服务行业的工作。[41]移民从加拿大返乡的比率，还有从巴西返乡的比率，往往高于美国，因为那里的经济发展机会较为有限。由于英国和澳大利亚政府鼓励家庭移民，自澳大利亚返乡的比率也发生了巨大变化，从 19 世纪 90 年代的 60% 下降到 20 世纪头十年的 20%。[42]相比之下，在此期间东南亚的城市化程度和经济发展水平都很低。[43]随着时间的推移，最初作为农业无产者的中国移民逐渐转向手工业、商业和交通运输相关的行业，但这更多地强化了掌握更丰富资源的移民网，而没有促成重大的结构变化。这些职业大都不接受女性。只是到了 20 世纪，随着中国小型家庭零售业的崛起，中国女性移民的比例才有所增加。[44]

迁往处在工业化过程中的北亚的移民情况，跟迁往美洲的移民情况大同小异。历史事实表明，早年移民到北亚温带农业边疆
64 地区的妇女比例相对较高。俄国官方鼓励家庭移民到西伯利亚，而整个家庭前往满洲的场景也经常见诸评论，特别是 1876 年至 1879 年华北饥荒时期的悲惨情景。到了 20 世纪 20 年代，随着边疆逐步开发，采矿工作日益普遍，移民不断增加，19 世纪 90 年代以后迁徙到满洲的移民中男性占 80% 到 90%，回流率超过 65%。与大西洋地区一样，该地区的回流率也经历了不稳定的波动，但这些波动与美洲和东南亚并不一致，这可能是因为国家对移民和经济的干预力度要大得多。[45]

通常将美洲和东南亚之间定居率的差异归因于移民回流和女性移民的不同。但满洲的回流率与华南地区相同，而且前者的女性移民率甚至更低。移民能够繁衍后代的一个更为重要的原因是，热带地区具有复杂的原住民社会，种植园经济也较发达，而温带边疆和城市地区的原住民人口基本消失。几乎所有移民海外的中国南方人和印度人都是去往热带地区，定居于具有悠久传统的原住民国家内部或周边。但在某些地方，他们的后代仍占当地总人口的 30% 以上，例如现在的马来西亚、斯里兰卡以及世界各地的岛屿，如果加上与当地人通婚和同化的人数，占比还会更高。相比之下，欧洲移民在热带地区的境况要差得多。哥斯达黎加、古巴、委内瑞拉和哥伦比亚是仅有的欧洲裔人口较多的热带国家，可与东南亚和热带美洲的亚裔和非裔人口相提并论。

当然，这既是一段关于数量和物理环境的历史，也是一段有关权力的历史。正如邱立本在批评中国同侪的中国中心主义时所

指出的那样，中国移民对现代世界的影响远远小于欧洲移民。20
世纪 90 年代初，在世界各地可以找到 3000 万华人及其后裔，但
与全世界范围内的欧洲移民后裔数量相比，真是微乎其微——事
实上只不过稍多于加拿大的欧洲后裔人口。邱立本认为，中国人
和其他亚洲人确实到过世界各地，但世界现代史仍然是欧洲人和
西方资本主义的历史。[46] 斐济和海地的亚洲商人、东南亚和非洲 65
的矿工和农民，以及西伯利亚、满洲和加利福尼亚的铁路工，都
是在欧洲人和日本人掌握着金融、政治和军事力量的背景下做工
赚钱的。中国人并没有大规模取代美洲和澳大利亚温带边疆的原
住民族，因为他们未掌握权力来制定和创造有利于他们发展的法
律及机会——这与在满洲不同，满洲的早期移民阶段是由政府主
导的。边疆的建立者设定了评估移民的叙事和标准。他们的叙事
成功地描述了亚洲和大西洋移民之间的区别。这表明，过去的研
究机制在生产关于移民现象发生在哪里、是什么以及应该是什么
等知识方面取得了巨大成功。这本质上是关于全球秩序的知识，
还有不同民族在这一秩序中的作用的知识。

第三章
创建自由移民制

66 弗兰克·萨金特（Frank Sargent）在 1902 年至 1908 年间担任美国移民局总局长，是现代移民管控的主要设计师之一。他视自己的工作为行善，而非压迫，他认为自己是在执行人道主义法律，维护国家利益，同时保护自由移民免受贪婪资本、无良经纪商的剥削，免遭旧世界政府的压迫。他为《美国政治与社会科学院年鉴》(*Annals of the American Academy of Political and Social Science*）撰写了一篇文章，其中说道，移民法的主体“不像商品一样是无生命的，他们是人类。他们有抱负，充满希望和恐惧，也很懦弱”。为了他们的利益和国家的利益：

> 本国政府的既定原则是，反对外国以及利益相关的个人和机构企图将穷人、道德败坏者、身心不健全者、游手好闲者带到美国，给美国增添负担。这些人都是被某种贪婪自私的诡计蒙骗而背井离乡，不是出于他们自己的独立意志或自然志向，去寻求更大、更有前途的个人事业。这些企图要么是为了占本国某些阶层人民的便宜，要么是为了其他不正当的目的。[1]

到20世纪初，“自由人”已成为衡量一个人是否符合移民条件的基本标准。自由移民是一个自主的个体，在没有外来义务或胁迫的压力下做出个人选择。自由移民的含义及其好处对许多拥护者来说是不言而喻的。然而，自由与人类实际迁移活动之间存在怎样的关联仍然难以确定。很显然，两者之间是存在矛盾关系的，即使萨金特本人也声称需要政府干预，以筛选出不受欢迎 67
的移民，同时保护受欢迎移民的“独立意志”，使其不受“自私的”“利益相关的”私营移民组织者的诱惑和虐待。能否实现自由移民，取决于对某些迁移活动的压制。

19世纪中叶，自由迁徙的理想，产生于非洲奴隶贸易的废除以及自由贸易与交往原则的兴起。两者都认可个人选择和自由意志，但如何最好地实现这种选择和意志，彼此可能存在矛盾分歧。废奴主义者的论调建立在奴隶制与自由的彻底对立之上，几乎没有中间道路可走。在追求绝对自由的过程中，许多（但不是所有）废奴主义者发现，对财产权和契约权持自由放任态度，是对个人自由不可接受的侵犯。反过来，自由贸易的支持者也坚持反对人道主义者和劳工组织经常提出的由政府实行监管的做法。各自由派之间的争论可能会变得相当激烈，但很少会扰乱争论者的信念，即移民可以自由，也应该是自由的。

在亚洲移民问题上，对自由移民的承诺变得特别复杂，难以实施。19世纪30年代后，奴隶贸易的式微导致对亚洲契约劳工的需求增加，他们一般与美洲和印度洋岛屿的种植园签订多年的合同。这只是亚洲移民的一小部分，但契约劳工群体主导了欧洲人和亚洲人双方对亚洲移民性质的想象。关于亚洲移民是否“自由”的争论缺乏逻辑且自相矛盾，然而，这些争论在塑造亚洲人落后贫穷的形象方面却起了至关重要的作用，他们认为亚洲人根本不知道自己的权利，如果没有强制力的推动或契约的助力，亚洲人就无法流动。鉴于这种情况，大多数观察家最终同意，一定程度的政府监督是必要的，以遏制私营者的虐待行为，并保证一定程度的自由。这种监督在大英帝国的范围内普遍实行。然而，契约华工产生于一个不易受监管规范的国际空间里。表面上可以将缺乏监管规范理解为一种自由宽松，但英国人认为这导致了虐待和压迫，以致他们不得不带头取缔在道德上遭谴责的契约华工贸易。

对亚洲契约劳工的监管规范，不仅是区分东西方的制度结构
68 的重要组成部分，而且最终也有助于达成谅解并塑造机制，进而形成对全世界移民的管控。特别是关于亚洲契约劳工的报道，引起了人们对那些胡作非为的中介机构、招工人员和运输公司的质疑，认为它们是破坏自由的罪魁祸首。因此，种植园主和船主的自主权逐渐受到限制，而胡作非为的经纪商、族群内的招工者、非正规的信贷机构甚至乡村和家族的社会关系网都涉嫌违法，被迫转入地下。取而代之的是政府机构，力图将决策者个体列为监管的对象。自由移民个体是政府对人员迁移的组织过程进行广泛干预的产物，而绝不是在完全没有政府监管的情况下产生的自然现象。

自由合同，自由劳工

18 世纪，移民主要被当作商品而运送到大西洋彼岸：奴隶、

契约佣工、出卖劳动力的罪犯，以及其他那些像货物一样被扣押在船上的乘客，他们要等到亲属或有意的雇主（这些人有时被称为“自由意志者”）支付他们的旅费后方能上岸。[2] 将移民作为商品进行买卖的活动在 19 世纪中叶衰落，这是围绕自由公民和自由劳工的含义展开更广泛争论的结果之一。批评者抨击雇主、船长和其他企业家可能滥用了权力，他们在财产法的掩护下利用自己对他人的权力而为所欲为。一个自由人是一个有权支配自己劳动的人，而且只有自由人才能成为一个自由国家的基础。同时，合同也从一种服从和附属的工具转变为个人自由和个人同意的代表。有效的劳动协议不再意味着在雇工与雇主之间建立等级关系，以劳动形式进行所有权的转移，而是意味着平等者之间的协议，每个人都有履行自己承诺的自由。[3] 尽管自由合同和自由劳工的理想建立在相似的基础上，两者却成为 19 世纪全世界意识形态和政治斗争的一个主要焦点。

在 19、20 世纪之交，欧洲的一些债务契约制捍卫者声称，他们是以家长式的仁慈对待契约劳工的。他们认为债务契约制为勤劳的贫穷移民提供了一个机会，以免他们在抵达后成为公共负担，并且能够让他们逐渐融入当地社会。早在 1835 年，亚历 69
山大·埃弗里特（Alexander Everett）就在《北美评论》（*North American Review*）中发表文章，反对汹涌而来的爱尔兰移民，这是当时社会广泛抨击爱尔兰移民的文章中的一篇。他写道，债务契约将移民嵌入一个相互负有义务的关系网中，保证每个移民为社区服务，也为他们脱离贫困提供保障。而愿意让自己置身于债务契约中，甚至能成为筛选勤劳移民时的一个有利因素。于是，在雇主与移民签有债务契约期间，“契约劳工马上有了工作，而且不得不直接顺应美国社会的习惯、特征和风格，相当于每个劳工都能接受一种国民教育，获得真正的合法公民身份，在许多情况下获得财产权和人身权的好处”。[4]

这至今都是一种狡辩，在反奴隶制论点的驳斥下无法立足。反奴隶制观点认为，自由是政治参与的先决条件，能够掌握自己的劳动是自由的关键标志。1830 年，公众舆论阻止了将 5000 名欧洲契约劳工引入牙买加的计划，谴责这是“白人奴隶制”。[5] 一个人签约放弃自己的部分自由，即使只是一段短暂的债务契约期，他也会被视为私人财产，比奴隶好不了多少。一切不完全的自由都根本不是自由。但由于对合同含义产生新的理解，埃弗里特的立场也变得无关紧要了。那些支持延长劳动合同的人，都将合同理解为自由意志和同意的表达，而不是父权制或控制社会的工具。履行合同的能力既是衡量个人掌握自由和权力的标准，也是它的结果。即使是临时的债务契约合同，如果是在知晓并评估自身利益的基础上订立的，那就是合理的。合同的优点在于互利，而不是社会融合。通过禁止债务契约来限制合同的潜在范围，就是在对人身自由施加限制。

人们普遍认为合同应该是表示许可和法律平等的工具，但到了 19 世纪中叶，人们开始激烈地争论如何认定合同自由或非自由的性质。在 19 世纪初大西洋英语世界中，约定条款不同则结果不同。如果合同是双方自愿订立的，没有胁迫，并且完全知道后果，则合同是自由合同。但还存在另一种解释，特别是在美国北部各州和工会中，这种解释侧重于条款的执行。如果运用人身

约束或刑事惩罚的方式来强制执行合同，那么就会使合同变为非自由合同。如果一方受到的是刑事惩罚，而另一方只受到民事处 70
罚或罚款，那更能说明它是非自由合同。合同期限也是界定非自由合同的常用标准，但很少被纳入法律定义中。到 19 世纪 70 年代，北大西洋沿岸的大多数国家都已经开始禁止使用民事处罚或罚款之外的方式执行劳动合同。[6]

在欧洲人与非欧洲人之间的劳动关系中，理解和使用合同的方式并没有发生这种变化。关于亚洲人债务契约问题的基本分歧（至少在欧洲人之间）与北大西洋地区大致相似。到了 19 世纪 60 年代，这些分歧最终形成了一套相对稳定的劳动合同法律和规范，但条款与欧洲劳动合同大不相同。长期的债务契约合同在亚洲和非洲很常见，合同通常可以在未经劳动者同意的情况下在雇主之间转让，合同的自由性质依旧由雇佣条款而不是执行方式来衡量。大多数法律规定可以强制执行亚洲人的债务契约，这些法律直到 20 世纪上半叶才被废除或修改。合同制度的差异缘自人们共同认定“亚洲人”本身存在差异。不管是赞成还是反对债务契约的公共评论家，都认为亚洲人在停滞的专制统治下被束缚于陈规旧俗，因而不能完全自主，当然也就不是自由的人，指望亚洲人自己行使“自由”，虽然不能说完全不可能，但还为时过早。仅凭亚洲人一直愿意屈从于债务契约的事实，就可证明这一点，不管是因为他们太无知、太卑躬屈膝而缺乏争取个人自由的渴望，还是因为他们缺乏享受个人自由的物质条件。

支持或反对债务契约的社会活动家都声称，他们可以改善亚洲人的境况，但他们在债务契约能否有效地帮助亚洲人获得解放这一问题上发生争论。支持契约的公共评论家强调，移民迁徙为个人逃避国内暴政和贫困提供了机会。债务契约可以迫使移民勤劳致富，而不是游手好闲。反契约者同样对亚洲国家无所作为且缺乏发展机会感到失望，同样认为亚洲人没有能力解放自己。但他们不相信有奴隶制历史污点的种植园主和招工者能够成为解放劳工的代理人，提供教育和传播基督教是一个更好的解决办法。但争论双方都认为，实行政府监督以保护契约劳工移民的权利是
71 正当合理的，他们都认为亚洲人无法理解和保护自己的权利。

关于亚洲契约劳工制的好处和状况，人们在过去 170 年中一直争论不休，各执己见。他们的讨论仍局限于亚洲人契约制的条款内容本身，而不是质疑这些条款的合理合法性。[7] 关于契约条款是否协商一致、达成共识的讨论尤其占据了相关研究的主导地位。由此表明，一种特定的契约制度在一定程度上有其合理性，因为它有助于自由个体不受蒙骗，不受胁迫地做出自己的决定，然后去争取自己预期的利益。劳工是否被胁迫、绑架、欺骗或陷入债务？他们是否完全理解达成的协议？政府的监管规范是否有效？债务契约的收益和成本是什么？他们获得了更好的工资待遇吗？他们是否受到过分的惩罚？死亡率是多少？用历史学家玛丽娜·卡特（Marina Carter）的话来说，这些问题的背后反映了这样一种信念，即“将死亡率降至最低点就是一种方式，可以避免劳工的一次‘自由’迁徙沦为一种‘**苦力**贸易’”。[8]

总的来说，这些研究和调查没有为解决此类问题提供明确的答案。由于两派举证不同，或者是移民活动缺乏透明性，很难将契约劳工移民归入自由与不自由的二元关系结构中，契约移民能

够享有多少“自由”仍然存在争议。试图对债务契约做出符合自由或非自由范畴的描述，结果只会产生极端自相矛盾的表述，其中最具体的就是“变相奴隶制”的标签。[9]人们尽管在债务契约的性质和政府监督的效果上存在不同看法，但似乎一般都会认为，就保障自由而言，官方对合同、运输和劳动条件的监督是必要的。享有多少自由才最合适仍有待讨论，但至少种植园主、人道主义者、官员和移民本身都一致表示，希望移民健康、强壮，被招募时没有受到欺骗，从而没有什么理由发生暴动。换言之，不管是不是采用自由放任的言辞，政府的介入可以约束私营行为体的胡作非为，这被视为移民权利和活跃的劳动力市场的主要保障，是“自由移民”的必要条件。但除此之外，对什么是自由的理解仍然存在争议，其内涵充满矛盾。

招募印度契约劳工

1834 年大英帝国废除奴隶制后，新移民计划立即付诸实施， 72
那就是招募印度契约劳工前往印度洋和加勒比盛产甘蔗的殖民地。对这些招工计划的批评同样迅速出现。支持或反对契约劳工制的两派都赞同自由、进步和实现帝国更大利益的理想。支持派的社会活动家鼓吹契约劳工对于帝国各地的进步和繁荣多么重要。合同和现金预付方式“解放”了贫困移民，使他们可以在帝国各地迁移流动，到他们能够最有效地获取自身利益和为雇主牟利的地方务工。契约劳工制还可以缓解印度的贫困状况和人口过剩问题，同时缓解产糖殖民地缺少劳动力的问题，使英属种植园能够再度与古巴和巴西等奴隶制殖民地的种植园相竞争。如果压制印度人自由迁徙和签订合同的权利，那就是对英国理念的破坏。1838 年，加尔各答一家与移民业务利益相关的公司写信给孟加拉总督府说：

> 这是一个涉及英国臣民（原则上是**所有**英国属民）是否有权利将他们的体力劳动运用到最具生产力的市场的问题……其他一切政治学说，虽然目前实际上只适用于某一特定阶级，但显然一定会扩展，以同样适用于所有阶级；因此，在这种情况下，提出这一主张，将为宪政自由开创一个最危险的先例。[10]

反对派借鉴了反奴隶制运动的理念和制度。他们反对契约劳工合同中对人身自由的限制，认为它类似于奴隶制。给予部分人身自由的中间立场是不可接受的。招募契约劳工，就是侵犯了自由，从而侵犯了人性、家庭和基督教。他们认为，帝国有责任保护和确保其殖民地臣民的福祉。对于那些由于无知或受到胁迫而无法保护自己免受投机商或自私自利的资本家侵害的人来说，情况尤其如此。

在早期实行契约劳工制的尝试中，私营公司几乎被赋予了在印度招工的充分自由，只需将准备移民的人带到当地治安官面前，治安官确认他们是自愿离开的即可。几乎所有人都诟病这些
73 公司的经营活动。只有印度洋的毛里求斯岛能够获得稳定流入的劳动力资源。但即使在这个地方，种植园主也抱怨无法挑选劳动力，他们不得不接受“印度集市的垃圾”。[11] 反奴隶制的社会活

动家指责诸如绑架、欺骗和航程中高死亡率等现象。这使社会议论纷纷，啧有烦言，以至于 1838 年英国陆军及殖民地部宣布暂停招工活动，等待对毛里求斯和印度情况的调查（同年，一个先遣委员会也被派往加拿大调查大西洋移民运输情况）。调查委员会成员和身处伦敦的陆军及殖民地部官员也产生了分歧，大致分为赞成和反对契约劳工制两个阵营，在撰写最终报告的过程中，各方很大程度上都在强化自己的论点。拖延了几年之后，1842 年新法规出台，将招工活动置于政府监督之下（同年，为了加强对大西洋贸易的监督，政府颁布了一项经重大修订过的客运法，它经受的争议要小得多）。契约劳工移民最初仅限于前往毛里求斯，但由于英国逐渐取消了其殖民地糖类关税优惠制，加勒比种植园主更加渴望得到廉价的劳动力，于是十年之后，契约劳工移民扩展到加勒比和马来亚。

随着契约劳工制成为一种惯例，反对的力量越来越弱，一定程度上是因为反奴隶制派和反契约劳工运动者，在如何恰当地应对优惠制遭到取消和建立自由贸易制这些问题上发生了争执。奴隶制结束后，一些产糖殖民地衰落，削弱了他们声称自由劳工具有优越性的主张，而且他们发现大多数获得自由的奴隶（和被殖民的亚洲人）不愿意接受“文明”和基督教的公序良俗。[12] 但更重要的是，随后的调查报告和官方态度在一定程度上为争论定了调，它们倾向于对契约劳工制进行规范。赞成派提出的论点是，让契约制和市场来“解放”潜在移民者有很多好处，这是结构性真理。反对者意见不一，但都指责存在一系列“滥用”契约劳工制的问题，不过可以通过监督和规范来加以限制。到 1864 年，过去实施了近二十五年的法规被合并为一部法律，并在19世纪80年代经过多次修订。该法律规定：由殖民地政府授权的机构和“保护官”进行监督；在口岸设立站点，用以审查移民的情况并管制移民的分配；对移民进行体检；治安官根据签订的合同查
74 明移民的状况；合同须列出具体的条件；招工代理须持有执照；对船上的食宿条件实行监管；在获准接收移民之前，目的地殖民当局须订立具体的法律条例。早期涉及契约劳工的法律法规与英国客运法同步实施发展，重点针对在利物浦发生的任意侵权行为，但适用于大西洋地区的法律最终只是对经纪商发放许可证，检查船上的食宿条件，而未能扩展监管范围，而且只是由一群官员自行负责，官员数量还不断减少。进步主义国家首先关注的是亚洲。[13]

这些法律规范并没有催生一套政府直接干预的制度，未能设定可接受的健康状况、自愿原则、义务责任和透明度等标准。在这一空间内，可以最大程度减少虐待行为，参与者可以被视为自由和自主的行为体。正如孟加拉副总督对驻扎在印度的移民保护官所指示的，“保护官不应主动采取行动，其权限只是制止任何恣意侵权行为：确保有效的法律条例得到适当的遵守；同时保护劳工免受欺凌……（目的地殖民当局）官方机构应注意维护殖民地的利益，而保护官则应保护劳工的利益”。[14]这一立场被正式定义为“善意中立”，其观念是政府发挥适当的作用，实行温和的监督，以确保公平竞争，所有参与者都不得侵犯彼此的自由或破坏市场的自由。这促使后来的辩论重点放在这项法律的有效性上，而不是契约劳工本身的合法性上。政府允许契约劳工制的正

反两方加入委员会，拥有发言权，而政府充当不偏不倚的调解人。多轮的官方质询只是确保了政府监督的“客观性”。只要这场辩论局限在奴隶制或自由非此即彼的框架内，任何有关契约劳工制的新设想就难以产生，而政府支持自由的一切行动只是维护了辩论的前提，即契约劳工制不是新形式的奴隶制。

1875 年，印度殖民政府简要地探讨了官方如何能以更直接的方式鼓励移民和管理移民问题。印度事务大臣重新支持契约劳工制，以证明政府有效管理移民对所有人都有好处：

> 从印度人的角度来看，如果移民受到适当的管制，就业得到保障，有钱可赚，受到公平对待，那么这应是一件人道的事情，应予以鼓励，以增进较贫穷阶层的福祉。我们也可以从帝国的角度来考虑，在气温较高的大
> 英属地引进移民，必然会带来巨大好处，那里自然资源 75
> 丰富，只是缺少人口，而这些属地的气候非常适合既聪明又勤劳的民族定居。[15]

对这一提议持有异议的官员们，有些人是彻底反对移民，有些人是担心海外殖民地会与印度的茶叶和咖啡种植园争抢劳动力。一个更普遍的反对意见是，对移民进行管理只会使印度移民永久处于一种从属地位，而不是“解放”他们，让他们有机会向上流动。官员们最终选择了维持现状。1877 年，印度殖民政府解释说，它不想参与到在殖民地实施合同制的事情中，因为“这种制度会令（移民）一直处于无助的状态，而要依赖政府的干预，他们在这个国家已对政府的干预习以为常，移民活动最理想的一个

结果就是将他们从这种习惯中解放出来”。[16]一个受到适当监管的自由市场，能够提供经验，引导印度脱离从属地位——但没有人会思考这么一个问题，即印度的从属地位究竟在英国强化监管规范之前就存在，还是强化监管的一个结果。

当然，政府的监督还是成功地遏制了那些为非作歹的行为，并促进了自由市场的规范化，但这并不能使所有人都感到满意。目的地殖民地相互间竞争日益激烈，由此又助长了印度代理商的招摇撞骗，规避监管规范。出国移民经常成群结队地出现在治安官面前，死记硬背的面试者有之，替身应试者有之，在如此情况下，要对他们的合同条件进行实质性调查，这看起来是多么的荒谬。即使殖民地契约劳工法可以达到印度要求的标准，也不意味着能得到有效的实施。移民保护官和治安官常常公然拒绝执行这些法律，或从种植园主的利益出发释法。殖民地还有其他法律对“流浪者”进行管制，建立征收高昂的登记税和通行费用的制度，限制印度劳工在债务契约到期后从事商业活动或持有财产，这些都使得亚洲人很难以其他身份留在国外，只能是契约劳工，或者可能成为罪犯。

一些批评家一直强调，应该将这些问题归咎于贪婪的资本主义，但大多数人则赞同殖民政府的观点，将责任归咎于印度人自己，认为印度人不仅有钩心斗角、自相鱼肉的倾向，而且无知和羸弱使他们无法了解和保护自己的利益。印度的招工人员和分包商被普遍认为是“最恶劣的人”，他们纯粹是为了逐利而欺骗自
76 己的同胞，原本应听从于政府却对政府隐瞒自己的恶劣行径；他们以任何官员都无法理解的错综复杂的方式运作；他们对本地人

的情况和需求了如指掌，因而能够将准备移民的人置于其掌控之下；他们还利用欠债者陷入困境的时机，帮他们偿还债务，提供预付款，从而盘剥他们。但正是因为他们狡猾如狐，诡计多端，所以能在招工中变得如此不可或缺。欧洲代理商认为，如果没有这些当地招工人员的帮助，他们根本无法渗透到风土人情浓厚、人际关系复杂的乡村和城镇中。[17] 关于是否有必要监管或取缔这些招工人员，一直争论不休，毫无结果，这只能让观察家们相信，大部分恶行都是印度人自己的责任，而不是契约劳工制的问题。

虽然通过非正规的招工网出国打工的印度移民人数是印度正规移民的数倍，但从官方报告、辩论、描述和历史分析的角度来看，对契约劳工的关注远大于对自发组织移民的关注。事实上，1883 年的移民法将海外契约劳工写入了移民的定义中，该法对移民的定义是，“根据协议，印度本地人通过海路离开英属印度，在印度以外（不含锡兰岛或海峡殖民地）的一些国家从事雇佣劳动的人”。前往锡兰咖啡园和茶园的移民主要由“康卡尼招工制”的包工头负责，这些移民在 1893 年之前的官方信函中几乎没有被提及，直到 1901 年才有相关立法，但这部分移民的比率比契约劳工移民要高出四倍多。[18] 这类移民缺乏监管的局面，不仅仅是两地文化相似和物理距离相近的结果。19 世纪 60 年代，印度东北部阿萨姆邦的契约劳工条例，几乎都是在急需移民的时候才制定的，19 世纪 70 年代缅甸的招工许可法也是如此。[19] 显然，所有监管和组织形式都可以产生令人满意的劳动力市场。当劳动力流动无法满足需求时，一切都可能成为人们批评的对象。例如，马来亚的种植园主在19世纪末鼓励“康卡尼招工制”方式下的移民，认为他们比契约劳工移民更“自由”、更“进步”，然后在1904年，当劳动力供应再次出现短缺时，他们试图让政府出面招工，以取代当地人招工，但没有成功。[20]但对印度移民的认知、自由移民的含义，以及描述和批评亚洲各种形式移民的话语，肯定都是在契约劳工制盛行的背景下产生的。

招募契约华工

77 直到20世纪初，印度契约劳工制一直在大英帝国内蓬勃发展。在中华帝国内招募契约华工的尝试却没有那么成功。19世纪70年代，正当印度契约劳工制得到巩固加强之时，契约华工移民却因招工者为非作歹、臭名昭著而受到严格限制。英国人和美国人将大部分招工恶行归咎于中国政府的无能，还有非英语国家的招工人员刁滑奸诈、贪得无厌。但最大的问题是，契约华工制并不是在帝国的监督下进行的，而是跨越多条边界，从中国内地、澳门和香港通向各类目的地，包括夏威夷、秘鲁、英属殖民地、荷属殖民地、法属殖民地和西班牙殖民地。在这样的国际背景下，私人招工者可以更容易地规避监管制度，选择更有利的交易平台。对劳工的国际竞争也促使国际社会一波又一波地指责和曝光契约劳工问题。在这个全球舞台上，英国和美国的外交官放弃了“善意中立”，转而谴责“苦力贸易”，并与中国合作制定一套更具限制性的法规制度。[21]

由于农村经济商业化且人口稠密，中国与印度一样，似乎是一个有利于招募劳动力的地方。但从19世纪头十年到40年代中期，几次偶尔的招工尝试基本上以失败告终。政府对外商的限制使欧洲招工人员难以在中国内地开展业务，而且难以与华人招工者竞争，这限制了欧洲人的招工活动，甚至在新加坡也是如此。1842年鸦片战争后，香港和其他口岸城市开埠，在中国内地的招工重新开始。1851年，英国官员开始探讨从华南地区招募契约劳工到加勒比地区务工的可能性。各种渠道的报告让英国人了解到，在过去的数百年间，已有大规模的中国劳动力自发向东南亚各地的采矿区和农业区迁移，而且普遍存在赊账行为，以此提前支付旅费，劳工移民则以一年的海外劳动偿还债务。[22]他们经常将这种迁移描述为“自由”移民，甚至将其与欧洲移民相提并论。迟至1876年，加利福尼亚州对中国移民状况展开了一次调查，美国驻北京公使威廉·威廉姆斯（William Williams）①在回答相关提问时承认，许多移民因迁移而负债累累，但他认为这是市场力量的积极作用，也是中美两国对此进行政治约束的积极结 78
果，与欧洲的贵族、农奴和流放犯相比：

> 中国人没有种姓等级，没有特权阶级，也没有分头衔的贵族，因此，没有人可以要求对农奴或奴隶那样的权利；结果是，社会不存在那么一部分人，手中掌握固有的权力，可以将不务正业者、罪犯、穷人或无用的仆役运送到异国他乡，从而驱逐这些人。抵达加利福尼亚州的中国人都是自由人，他们确实贫穷、无知、落后，

① 原文有误。1876年美国驻北京公使是乔治·西华。

但易于管理，也根本不想捣乱，只是希望靠劳动多赚点钱……清帝国政府已无法控制其臣民的移民活动，也无法将他们控制在自己的国土内，就像我们的总统无法限制我们的公民迁徙流动一样；这两种政权都无法控制或限制外迁和旅行。[23]

1853 年，英国外交部询问其驻华南沿海地区的领事官，该用什么办法诱使华工前往西印度群岛，是签订合同加上预付款还是让他们“完全自由、不受约束”地迁移。领事官们一致认为，要让中国人迁移到一个陌生的国度，签订合同、预付现金是必要的。[24] 问题不在于中国人贫困，他们也并非对移民海外一无所知，而是已经有了发达的移民网络和精明的商业头脑。若要招募华工到西印度群岛，必须具有竞争力才行。

英国人在厦门做了首次招工的尝试，他们选择该地作为未来长期招募劳工移民的地方。但这次招工不仅缺乏竞争力，还引发了打砸西人招工公司的暴乱。当地人反感的是，这些公司聘用的中国招工人员都是外地人，他们使用绑架和欺骗的手段。[25] 事实上，这样不择手段的做法可能是必要的，因为在提供的条件远不如前往东南亚的情况下，要招募华工到陌生之地相当困难。招工的竞争对手四处散布谣言，对他们造成不利影响，这一点也不容忽视。英国人只好退到香港，在接下来的十五年里，尽管一再努力，但他们从未顺利地建立契约劳工招募制，只能使用“暴虐的手段”。

对许多欧洲人来说，中国政府是妨碍他们建立顺畅的自由移民机制的一大桎梏。他们认为它过于专制，反对人民自由交往，但又没有能力实施自己的律法来限制对外移民。在这个问题上确实很难与中国官员沟通，因为官方禁止移民，要讨论移民监管问 79
题会令其尴尬。从厦门撤离后，英国殖民地部饬令香港总督宝宁（John Bowring）① 通知各驻华领事官，要求他们不要协助招募劳工活动，但“如果中国臣民出于自己的自由意志，宁愿冒触犯法律而受惩罚的风险……那么你们无须加以阻止，也不要公开认可这种行为，因为执行法律是中国政府的职责”。[26] 但事实证明，这种态度不足以将劳动力从中国内地或澳门的招工竞争对手那里分流出去。实际上，要在任何一个不受政府严格监管的国际领域中获得稳定的“自由”移民供应源，都是难以实现的。1853 年，“殖民地与移民委员会”专员的一份报告表达了担忧，认为如果香港加强移民监管，那么就会驱使招工者前往澳门，也会促使移民迁到大英帝国以外的目的地。但在提及中国时，他们还担心，该国政府“似乎难以处理外国在招募移民出洋时发生的虐待华工问题，因为它拥有一套自己的政治和司法制度，而且非常警惕外人对其制度的干涉”。[27]

与此同时，生活在香港的中国人，虽然不受中国政府的管控，但并不一定拥有自由。相反，这一情况又产生了新的不自由移民，成为他们遭受暴虐的缘由。早在 19 世纪 40 年代，香港官员就担忧他们能否牢牢控制香港岛，认为像中国人这样没有自我克制习惯的民族，一旦摆脱了政府的专制统治，就很可能会堕

---

① 也译作包令。

落为盗匪或违法乱纪者。移民迁移就成为这些人的一个选择。英国驻香港的中文秘书郭士立（Charles Gutzlaff）①在 1846 年写道："那些堕落、游手好闲、本性恶劣的人自然会从相邻的内地蜂拥而至，因为本地有钱可赚。这是一帮四处流窜的人，只要没有法律惩罚，就会打家劫舍，无恶不作，可以说难以教化，视行情好坏自由来去。"[28] 港督宝宁借用了这一印象来解释厦门暴动的缘由，认为厦门已形成海外移民的传统，因此留在该地的人多是"好逸恶劳、放荡不羁"之徒。他还说，由于受到贪婪的西方招工人员的鼓动，这里已无法建立"一个安静、稳定、不断完善的移民体系，可以让人有时间慢慢地甄选合适的移民，并设置适当的华工招募机构"。[29]

80 英国官员也指出，中国的风俗习惯和经济活动容易导致往海外移民的过程中发生侵权虐待行为，尽管这些风俗习惯看起来与自由合同的基本原则相似。西印度群岛的种植园主坚决要求鼓励女性移民，这样才不会使劳工群体那么"堕落"。中国移民代理商詹姆斯·怀特（James White）认为，只有向那些愿意携带女眷一同移民的男性提供奖励金，才有可能实现。他认为，中国文化并不鼓励女性移民，而且在中国社会贩卖妇女和儿童相当普遍。怀特认为，婚姻和市场买卖之间没有太大区别，奴隶制与掌控家庭的父权制也没有什么差别。要使得女性移民，只能入乡随俗，与当地人合作。[30] 这引发了一些学者进行民族志研究并发表报告，他们争论中国是否存在真正的婚姻。"殖民地与移民委员

① 也译作郭实腊。

会”专员最终认可了怀特的观点，还说道：“我们必须指出，无论人们如何看待这种道德状况，都要将妇女从中国人统治下的奴隶状态提升到英国法律下的自由状态……我们还希望，这些考虑能够促使怀特先生建议的行动计划在施行时与奴隶贸易有实质性的差别。”[31]然而，港督文咸（George Bonham）①反对怀特的计划，认为它“无疑会导致……与奴隶贸易没有什么两样的结果”，他认为“提供奖励金，且不经官方核实，在中国人这种见利忘义、唯利是图的民族身上做此种尝试，是很危险的事情”。他补充道，如果要实施这样一个计划：

> 英国当局应仔细调查每一桩婚姻的实际情况；应将当事人双方带到官员面前；在登船出海之前应对该妇女进行仔细和严格的检查，还要由她本人作出声明并签名，表明她是自由、自愿移民，是自由、自愿地嫁与现任丈夫，没有人强迫她，也没有什么机构诱使她。如果没有这种性质的官方管控，这项计划会变得十分糟糕，提供奖励金，且不经官方核实，在中国人这种见利忘义、唯利是图的民族身上做此种尝试，是很危险的事情。[32]

最终采纳了一个与文咸的计划类似的解决方案，该计划被认为 81
“与我们的自由观念没那么格格不入，又不那么容易引发暴虐行为”。[33]从各个角度看，在没有英国干预的情况下，中国都被认为处于堕落和奴役的状况。事实上，商业化已使契约制逐渐变得

① 也译作般咸。

文明一些，但又成为中国出现腐败的根源。

从 1855 年开始，香港参照印度和英国的客运法，通过了一系列客运法律，以更好地规范契约劳工贸易。这些法律要求港务官确保所有乘客都是自愿出行的，所有经纪商都持有执照。1858 年后还规定英国船只不得将移民带出大英帝国范围。正如“殖民地与移民委员会”专员所预料的那样，大部分措施导致的结果就是将招工活动推向澳门，特别是前往古巴和秘鲁的招募活动。“亚罗号战争”（也称第二次鸦片战争）期间，英军在 1858 年至 1861 年间占领了广东省城，创造了一个良机，官员们认为这将为“以公平和人道原则推动中国人移民出洋提供巨大便利”。[34] 欧洲人与中国当地官员合作，建立了一种类似于印度的监督制度。1859 年 4 月，两广总督劳崇光向地方官发布告示，严惩所有拐匪诱骗者，以确保出洋承工者均了解他们合约内的全部条件，并向移民出洋者保证，只要双方同意，政府准许他们与外国人一同离岸。10 月，设立了口岸招工公所，要求华工至少停留 48 小时，在此期间，华工将接受中国官员和移民代理商的联合审查，并给予华工在签约前再三考虑的机会。同月，两广总督公布了招工章程，明定条规，说明出洋谋生者必须是“情甘自愿的，与拐匪掠卖同胞完全不同。为了制止拐卖恶行，向世人昭示招工出洋与拐卖诱骗截然不同，明确两者区别，应将调查和审核作为一种手段”。[35]

合作监管移民并不一定意味着达成了共识。在章程的谈判过程中，总理衙门（相当于中国外交部）的恭亲王还坚持要区分劳工移民与其他移民，“他们尽管受雇于外国人，按月领取工钱，
82 但并非将劳动力出卖给外国人，应视为中国将劳动力租借给外国

使用。因此，即使他们离开了祖籍国，仍然有权得到中国政府的保护”。[36] 这种新的监督制度在欧洲人看来意味着政府对移民的自由提供保障。但在中国方面看来，这是面对其他强权国家的压力时，宣示政府的行政权及对移民本身拥有管辖权的一种方式，那些未经政府核准而出洋者无权得到保护。

这些协议规定的移民出国合法性在 1860 年《中英北京条约》的一项条款中得到承认，该条款宣布：“以凡有华民情甘出口，或在英国所属各处，或在外洋别地承工，俱准与英民立约为凭，无论单身或愿携带家属一并赴通商各口，下英国船只，毫无禁阻。”一些地方官继续指控外国人绑架拐卖的恶行。一份调查报告指出，当地官员怀疑欧洲人会用乳液来涂白移民的皮肤，给他们烫卷发，然后强拉他们进外国军队中服役。[37] 但北京方面似乎对新协定感到满意，并开始与英国和法国进行谈判，试图订立一项国际公约，使其正式化。中国、俄国、美国和普鲁士于 1866 年批准了该公约 ①，但法国反对其中两条规定：“承工年限不准逾于五年，期满如欲回国，彼处必将合同所注水脚路费若干，按数备全交付，便船送回中华”；“通商各口均准设所，仍须地方官与领事官会议监理，方为按例兴办，设若某口内外各官无从会理，该商理应不准开所招工”。法国人试图说服英国人，拒绝批准该公约，但中国方面坚持中国境内的招工都要按照公约条款执行。

---

① 指《续定招工章程条约》。

国际监督

在华南沿海地区国际化的状况下，很难实行监督。中国的招工公所多为闲置，因为经澳门招工完全可以绕过这一监督制度。葡萄牙当局确实颁布了与印度和中国类似的法规，但大多数观察家声称，执法只不过是演戏。到19世纪60年代末，在香港的欧洲人和中国人经常抗议澳门的招工活动。由于英国船只被禁止运载来自澳门的移民，英国人并没有积极支持移民争取在任意港口离岸的自由。在这种情况下，有关中国契约合同的报道绝大多数是负面的，它们将契约劳工贸易描述为对个人自由肆无忌惮的
83 侵犯，并呼吁政府进行干预，印度殖民政府式的善意中立远远不够，政府要发挥更大作用。

1867年，香港立法会非官守议员惠托尔（James Whittall）声称，即使是严格监控下的移民出洋，香港也应禁止，因为这有损本地的声誉。英国法院也应宣布契约制无效，因为“契约制将悲惨的苦力遭拘禁的责任从绑匪身上转嫁到了官方部门……让真正自愿的移民，从中国无拘无束地移居出国吧，就像爱尔兰移民一样，但如果英国臣民有协助、教唆或以任何方式迫使劳工屈从于劳役合同达数年之久的行为，也应给他们定罪”。[38] 伦敦官员担心这会牵连印度的契约制，因而驳回了这些反对意见。身处伦敦的香港代理辅政司司长亨利·约翰·鲍尔（Henry John Ball）回应说，在现有制度安排下，中国移民知道自己会有什么后果。他将问题归咎于现行法规太过严厉，甚至希望“有一种统一的合同形式，可以比1866年的条款更公正地解决种植园主的问题；

条约的签订已导致几乎所有合规合法的公开移民活动都停止了，于是移民贸易落入了不道德的人手中；他们无视中国政府的监管，也不遵守公约规定，从而实际上助长了本要打击的罪恶”。[39] 殖民地事务大臣白金汉公爵则以更温和的言辞补充说，中止从香港移民会使国际复杂问题更难以解决。他坚持认为，英国政府只要确定移民是自愿签署合同，并理解自己的决定，即履行了其对移民的义务。[40]

香港方面的舆论没那么容易抚平。19 世纪 70 年代初又发生一系列丑闻，导致英国和中国牵头，国际社会共同施压，试图终止澳门的苦力贸易，特别是终止输往古巴和秘鲁的苦力贸易。1870 年，法国的“新佩内洛普”号轮船运送契约华工离开澳门，途中契约华工发动暴乱，杀害了一些水手。随后，这艘船停靠在香港。治安官后来宣布，运送这些移民出洋违背了他们的意愿，其反抗是正当的。尽管如此，法国领事官还是向中国方面提出要求，即使暴乱者本身不受惩罚，也应赔偿受害船员。英国法官表示反对，认为禁止奴隶制的法律应是普适性的，法国人和中国人都应尊重这些法律，但最后他表示，他对中法关系并没有裁决权。中国方面最终同意支付赔偿金。[41] 但同年，从澳门出港的“多洛雷斯·乌加特”号轮船再度上演类似事件，同样发生骚 84
乱，促使多个国家的官员采取了针对澳门的行动。香港总督严禁本地的所有船只前往澳门搭载中国乘客。1873 年，两广总督瑞麟试图封锁澳门，北京还向古巴派出了一个使团，调查华工移民状况。澳门总督作了回应，谈及本地许多工作都依赖于移民业务，他承诺将审查和改革许可证批准程序。[42]1874 年，中国乘客从秘鲁船只“玛丽亚·卢斯”号逃到停泊在日本横滨港的一艘英国船只上。日本当局成立了一个法庭，听取英国和秘鲁代表的辩解，以确定是否应将这些华工送回“玛丽亚·卢斯”号，双方各执一词。法庭援引了双方同意的“普适法”，也依据日本反奴隶制的法律规定，最终裁决：不应违背中国人的意愿，强迫他们重返秘鲁船。多位欧洲驻日本领事官（英国和美国除外）抗议这些诉讼程序不规范，认为日本人不享有裁决权，但这一裁决并未被推翻。[43]

这些事件引起的公众关注和外交压力，导致澳门和香港取缔了契约劳工制。中国也很快与秘鲁和西班牙签署了友好通商条约，允许国家之间自由移民。但在1900年之前，几乎没有中国移民从中受益。中国虽然继续允许契约劳工出国，但前提是双边国家必须达成协议，协议的条件苛刻，以至于变成国际关系问题，而不是国家对财产和私营者进行管控的问题。对日本来说，处理“玛丽亚·卢斯”号事件是其“脱亚”并成为一个文明国家的漫长历程中的重要一步。日本法庭掌握了区别奴隶制和自由的裁定权，而印度和中国仍然依赖外部的监督。

移民活动模糊化

在指控与反诉、既得利益与推卸给“客头”（亚洲当地的招工者）和分包商的责任之间，很难知道招募劳工移民的实情是怎么样的。移民的实际情形被各种说法掩盖，根本无法简单地归类为自愿移民或强迫移民。招工者被迫模糊化他们的招工组织模

式，以应付官方对其招工是否符合自由原则的调查。这又进一步加深了人们对所有亚洲移民尤其是中国移民的偏见，认为这些移 85
民在某种程度上是非法、不自由的，甚至人们不知道中国移民竟然还有非契约劳工的形式。

1854 年，香港港务官写道，自由移民和苦力“是两个完全不同的概念，前者是自费出行的一类人，后者则是有人按照协议先为他们支付旅费的一类人”。[44] 但也许绝大多数移民都是从亲戚、朋友、公司和“客头”那里借钱，以支付前往加利福尼亚、维多利亚或新加坡等目的地的旅费，没有正式合约。这些交易大多不会让官员察觉到。事实上，在苦力事件和监管问题发生之后，香港官员的官方立场是，对劳工的迁移状况不闻不问，就像中国官员此前不愿讨论移民出洋问题一样。1881 年，澳大利亚要求报告中国移民是否属于自由移民，作为回应，香港律政司司长只说他已多次查阅过契约移民的含义及其与债务的关系。他的回答是，他只会对具体案例具体分析，而不作假设。[45] 一直到 1910 年，香港才正式承认，许多中国人参与了“康卡尼招工制”下的移民海外活动，在这个过程中，回来一个移民就帮助带出一个新移民。[46]

确定移民出国是否“自由”这一做法本身，迫使组织移民的实际活动地下化。例如，1862 年美国法律禁止美国船只参与苦力贸易，此后领事官必须检查每艘驶离香港的美国船只，以确保所有乘客都是自愿的。起初，领事官对他们的职责感到困惑。1869 年，在处理 200 多名被招募到美国南方糖业种植园务工的华工问题时，美国领事官致函国务院，询问“什么是自由自愿移民？”。国务院无言以对。[47] 到 1871 年，领事官们发展出一套仪式化的交流模式，类似于在印度和澳门使用的方法，旨在证明移民是自由的。领事官会在船只离岸前登船查验，然后向每位移民询问以下问题：

> 问：是谁诱使你去的？
>
> 答：没人。
>
> 问：你为什么要去？
>
> 答：因为我想多赚钱，做一个自由人。
>
> 86 问：谁卖船票给你的？
>
> 答：大哥。
>
> 问：你是否签了来美工作合同，以此支付买票钱？
>
> 答：没有。
>
> 问：你是否已经签了到加利福尼亚后的务工协议？
>
> 答：没有。
>
> 问：那你可以无条件地声明，你对任何人都没有任何责任义务，没什么会迫使你在美国为某些人务工吗？
>
> 答：可以。[48]

浸信会牧师拉塞尔·康韦尔（Russell Conwell）记录了这一交谈，他声称出洋移民实际上都是通过经纪商从当地官员那里购买船票的，并保证其家属可以还款。随后经纪商会教移民如何正确回答问题。[49] 确保移民自由的举措就是这样把移民迁徙活动变成了规避监管的行为，而不管每个移民者的实际身份地位如何。

经纪商和招工人员在相互竞争中操纵“苦力”和“自由”等

字眼，并试图逃避监督，这进一步加剧了移民活动的模糊性。例如，1876 年夏威夷政府授权火奴鲁鲁的两家华人公司为糖业种植园招募契约劳工。到 1878 年，香港和广州的中国人公开谴责来自夏威夷的招工者是奴隶贩子。香港官员拒绝批给他们招工许可证，广州官员逮捕了其中两人。与此同时，契约华工乘坐中国人营运的轮船招商局的包船从黄埔港出发前往夏威夷。朝廷饬令驻美公使陈兰彬和两广总督刘坤一进行调查。刘坤一称，所有的移民都是自费出行，都是在协议安排下离岸出洋的，与前往旧金山或新加坡的移民没什么不同，但他没有明确这些协议安排的具体内容。然而，香港和夏威夷有媒体指责中国轮船招商局操纵舆论，与当地官员勾结逮捕其竞争者。最终，没有人知道谁在保护谁的利益，也不知道这些劳工是如何招募的，只知道他们最终签 87
了在夏威夷务工五年的契约。[50]

在新加坡，官员、种植园主和城市商人在大规模引入劳动力方面有着更直接的利益，而苦力贸易丑闻事件最终推动立法，它旨在监管自治的华工组织而非契约制本身。从 1868 年开始，新加坡立法机构提出了几项对乘客和移民实行注册制的法案，都遭到否决，主要原因是认为这些法案将增加一笔无用的开销，会干扰当地日益增长的劳动力需求。然而，辩论的各方，包括要求加强移民保护的城市里的华商，都同意有必要约束“秘密会社”和不受监管的经纪商对移民的控制权。1873 年，欧洲种植园主提交了一份请愿书，强调自由市场是最好的保护，因为只要脱离了秘密会社的影响，“对劳动力的竞争会相当激烈，这样新移民反而可以得到安全保障，避免被敲诈勒索或陷入不公平的劳动力交易当中，唯一可能遇到的危险是，他们在抵岸前后就被诱骗到本海峡殖民地以外的国家务工，在一无所知的情况下被送到我们的法律无法影响和保护的地方”。[51] 另外，华人经纪商更希望借助契约形式和招工公所来防范劳工出逃。1874 年，一个受命调查招工问题的委员会最终并不能确定现行制度中是否存在任何严重的暴虐行为，但仍然对缺乏政府监督感到担忧：

> 政府对华工的事情知之甚少或一无所知，他们是海峡殖民地产业的支柱；而绝大多数华工对政府的管辖也一无所知。我们知道，每年都有一大批中国人抵达，还有一大批人离开；但他们会待多久，有多少人会再次回来，他们所欲所求是什么——这一切，我们都一无所知……我们相信，来海峡殖民地务工的绝大多数中国佬，到返乡时都肯定不太清楚他们是否曾经受到政府的管辖。[52]

立法机关最终在 1869 年通过了一项禁止秘密会社的法令，并在 1877 年设立了华民护卫司署，该机构将负责管理移民公所，专门监督债务移民签订劳动合同。然而，招工所都外包给了私
88 营经纪商，而且只有不到 10% 的移民是通过招工所招聘而来的，大多数人都照例声称旅费自付。后来在 1890 年进行了一次调查，虽然调查报告再次得出结论，“人们只是感觉当前制度存在弊端，它并不是真实存在的”，但仍然强调，中国政府的干预及经纪商肆无忌惮的行为扰乱了真正自由市场的运作，这些经纪商是“品质最坏的一群人”，用花言巧语欺骗移民。[53] 调查报告声称：“劳

工应是一个自由的行为体，拥有自由来选择自己喜欢的工作和国家，这一点很重要。”[54] 为此，调查报告提出，建立一个从中国直达新加坡的招工公所体系，由政府运营，涉及范围广泛，这样可以使劳工移民在中国签订合约后，便被直接运送到目的地。

在这些辩论中，“自由”市场或“自由”劳工的真正含义变得和迁移活动一样模糊不清。但在某种程度上把中国人描述为自由路上的障碍，这一点越来越不容置疑。这一理解成为一些国家要建立实际边界的主要理由之一，它在地理上将世界划分为自由移民和苦力移民两大区域。大卫·贝利（David Bailey）曾是美国驻香港的领事官，因被指控禁止妓女离境而被调驻上海。1879年，当时正在辩论契约制和买卖妇女儿童的问题，他便从中选取材料，写了一篇专题文章，长篇论述中国奴隶制和纳妾制，并将此文章提交给美国国务院。他认为：“如果中国人带着奴隶制或半奴隶制、纳妾制的习俗不断移民到美国，而且人数日益增加，就会持续繁衍，传播其所有的文化特征和组织形式，以致成为美国现行体系中不可分割的一部分，那么美国政治家是否应该对此感到忧虑并关注一下这个问题呢？”[55] 无论怎么看，奴隶制都是中国社会内在的特征。

到此时，已不再需要人们苦口婆心地说服美国各委员会和政界人士，在白人殖民地的公众文化中，受束缚的亚洲苦力形象已不可磨灭。他们相信，中国社会的本质使得中国人不可能成为自由的移民，由商业交易定义的自由，可能足以满足殖民地种植园主和资本大亨的需要，但不足以让他们居住在一个自主平等的文明国家里。官员和种植园主发现，为了保证最低限度的自由，必

须对亚洲人进行监督，这进一步促使人们将亚洲人标识为天生无法独立行使自由的人，不是“真正的”移民。时至今日，自由与
89 奴役的二元对立关系仍构成了西方移民国家将亚洲人写入其移民史的基本框架，只不过是改头换面，让他们变成自由的个体，憧憬定居生活，渴望自由，释放压抑已久的能量，并“冲破传统习俗的牢笼”。[56] 如果将他们描述为负债劳工、寄居者或被束缚于重重契约下的其他角色，而不是拥有个人主义自由的人，那就要“将他们从美国移民史上绝对排除了”。[57] 在苦力与自由自愿的移民定居者之间，许多其他选项已被悄然抹去，在非法和难堪的氛围中变得模糊不清。[58]

第四章
移民管控的国家化

19 世纪 70 年代通常被认为是环大西洋地区（如果不是全世 90
界的话）自由放任移民时代的顶峰。但即便直接限制移民的措施处于最低点，前半个世纪的实验最终也奠定了现代移民管控的基本框架。自由移民的理念取代了商业移民的理念，而国家成为身份认证和管控的唯一合法来源。在亚洲，推行自由移民的机制已牢牢地建立起来，以防止专制政权滥用权力，不择手段的经纪商虐待移民。在大西洋世界，私营移民组织越来越不合法，除非愿意接受官方的监督。19 世纪 70 年代，不仅仅是政府有限干预的时期，而且在此阶段确立了私营者和官方双方可接受的监管规范形式，两者之间也划清了界限。

国家集中管理身份及控制移民迁流的演变史，归根结底是以国家为中心的国际体系建立及现代公民崛起的大历史中的一部分。该历史与移民管控直接相关，涉及：同地方监管和公司管制之间的法律和政治斗争，现代护照的兴起，打击跨国移民机构和网络，支持大型运输公司和正规机构作为最合法的私营组织形式而存在。在所有这些情况下，实施国家管控背后的理由都是强调移民最终是一个国际问题，故此应由国家政府而不是责任感较低

的地方机构来管理。中央集权管控非常成功，到了20世纪20年代，距离、成本和地方机构等因素都不是阻拦移民迁移的障碍，
91 国界才是主要的障碍。主权民族国家既成为全球一体化的基石，也成为全球一体化的一大障碍。

国际公法中的移民概念

19世纪70年代也是国际法的思想交流达到顶峰的时期，尤其是英语国家的法学家之间交流频繁。19世纪初时，人们普遍认为交往是指国家间贸易和外交的交织关系，但到19世纪中叶，通商和移民已成为交往的核心。政治关系与其说是交往的一个方面，不如说是将交往的传统和习惯转化为条约和法律的过程（如果政治不开明，这一过程就会受到破坏）。将交往表述为先于法律的自然现象，是对交往的重新概念化，与自由放任的理念非常吻合，但国际法学家并不提倡监管的缺位，而是将交往理解为国际成文法的一个渊源，交往习惯一旦被发现，即可用于完善进一步交往。许多法学家认为，由于有国家间交往的存在，国际法才有可能产生。但这样的形成过程暗含的意思是，国际法最终更依赖于一个由独立、平等的主权国家组成的共同体的存在，主权国家才是国际法的基本主体。的确，国家的存在被视为一种必然，交往的惯例和相关立法则被视为一项不断发展的事务。这一发展进程永无止境，到19世纪末，人们对主权国家的崇尚在很大程度上已超越了交往的诉求——其中许多诉求未能实现。[1]但是，仍然需要从交往的好处和必要性方面，对主权国家新的特权加以论证。

19 世纪，国际法学家至少在两个方面逐渐与前人分道扬镳：
一是越来越不将个体作为权利来源和法律对象予以关注，二是用
实证主义方法取代自然法。国家保留了 18 世纪时获得的中央集
权地位。但是，国际法学家日益将自己的论述局限于国家之间的
互动，因此，早期对个人与国家之间适当关系的关注，此时已降
到国内法的范畴。具有讽刺意味的是，国际法学家越来越强调实
证主义方法，这实际上使他们更难以探讨国家间互动的具体问
题。实证主义法学家的任务就是观察国与国之间的实际活动并
据此编成法典，也就是说，关注国家做了什么，而不是**应该**做什 92
么。真实情况和秩序问题要在现实经验中才能找到，而不是在自
然法的奇思妙想中。对国际法的需求仍然基于与自然法基本相同
的原则：妥协、和谐互动和稳定，以符合每个人的长期利益。但
同意、互惠、反制、进步的必要性，取代了责任、荣誉和义务这
些古老的词汇，成为法律行为的来源。建立良好的先例和协议是
实证主义国际法的重要组成部分，可以用具体的法律准则来充实
交往的一般性原则。但在一个充满变化和不确定性的时期，几乎
没有成熟的移民监管模式，只有各式各样的国家和地方法律。最
终，国家立法及其推广就成了唯一可识别的共同习惯。

复兴实证主义传统的先驱格奥尔格·弗里德里希·冯·马滕斯于 1788 年撰文，阐述了通商问题，其逻辑为后来讨论交往和移民问题提供了框架（而且言简意赅，后来的讨论中再也没有这样的特点）：“人类天生就有互相帮助的义务，因此在进行贸易时他们之间存在着一种一般性义务。然而，这种义务只是一种不完全的义务，并不妨碍一个国家在采纳某些条件或限制时提出自

己的利益诉求。”[2]到19世纪下半叶，移民越来越多地被列为通商的一个方面，可以独立于贸易来予以思考。但与18世纪相比，关于移民的讨论实际上有所减少，而且当面临经验和理论上的困难时，冯·马滕斯一般原则之外的具体原则依然难以确定。人们几乎一边倒地强调国家权力，已很少讨论流亡者和旅行者的自然权利。对于出境自由，法学家们几乎缄默不语，只是偶尔提及这是一个国内立法问题，或者提到出境限制似乎正在减少。[3]他们对入境问题稍显热情。大多数人同意，排斥和遣返外国人的权利是国家主权的一个基本条件，但实际上也需要对其加以限制，以获取交往的好处，并避免他国的报复。[4]

耶鲁大学校长西奥多·伍尔西（Theodore Woolsey）在1860年首次发表了《国际法研究导论》(*Introduction to the Study of International Law*)①一书，其中提出了一些问题，主要指出，如果同时强调主权和交往的重要性，会造成领域范围模糊不清：

93 严格意义上的主权，赋予了国家权力，来限定与外国人交往的条件，甚至有权将全人类拒之其国门之外。如果保护性关税或禁止某些物品入境算不上侵犯权利，那么很难说一个国家可在多大程度上拒绝与另一个国家进行通商贸易。如果外国侨民可以被置于监管之下，或者可以拒绝给予他们公民享有的各种权利，那为什么不能把他们排除在领土之外呢？如果有人说，独立国家的命运就像独立家庭的命运一样，彼此分开是为了互相

① 中文版书名为《公法便览》。

> 帮助，完全孤立是不可能的，那么要在多大程度上进行交往，还需要由相关方来自行判断；如果一个国家判断错误，非要尽其所能自我封闭，那么是否就要强迫该国改变其政策，而不仅仅是要求其修改关税保护措施呢？然而，与邻国的某种交往是自然而然的，必然与这些邻国的立国根基和法律渊源相伴而生；如果拒绝交往，往往会造成极不人道的结果，因此交往非常必要；如果非正义战争可以迫使各国相互开放，那是因祸得福，这对人类的进步也是非常重要的。毋庸置疑，没有交往就不会有国际法。[5]

伍尔西寻求中间立场，首先崇尚国家主权，但将问题限定为自行选择而非义务的结果：

> 交往，无论是旅行者还是商人带来的交往，都受到各国自由主权的管制。不论国家是否有护照制度、关税保护措施、对外国侨民的特殊监管，不论国家是否会给予一国优于另外一国的通商优惠，简言之，不论国家是公平、自由的还是自私、垄断的，它都必须自主决定自己的事务，就好像任何私商或一家之主为自己做主一样。国际法在这一点上不干涉各个国家的意愿。(89)

但伍尔西跟他之前的自然法理论家一样，提请人们注意违背既定惯例的糟糕选择会带来不良后果，故而需要限定自由行动的范围。如此一来，一个国家不能在没有明确理由的情况下排斥友好国家的良民。在很大程度上，这只是出于避免遭到报复并从交往

中受益的实际需要。但伍尔西以进步和发展的词汇表达了对功利
94 主义盘算的支持。他奚落那些拒绝国际法的人，威胁说他们会被文明进程抛在后头，“不交往或限制交往，正在迅速从世界商业布局中消失，对外国侨民的嫉恨正在从东西方所有文明国家的头脑中消失”(89)。威廉·霍尔（William Hall）坚定地相信各国负有“社交责任”，他同样写道：“行使（排斥）权必然会受到现代文明事实的约束。一个国家如果排斥所有外国人，意味着将退出文明民族的友爱大家庭；没有正当理由或连借口都没有而排斥外国人，可被视为无理取闹和压迫行为。”[6]

尽管有这样的说法，社交和互惠在实证主义国际法中仍然没有牢靠的基础，这需要争取才能实现，而不能坐享其成。1905 年，当时博采众家的著名法学家拉萨·奥本海姆（Lassa Oppenheim）写道：

> 所谓交往权所产生的一切后果，根本不是一项权利所产生的后果，而是国家之间的交往成为一种条件的后果，没有这种条件，国际法就不可能存在。文明国家之所以构成一个国家共同体，是因为它们被共同利益和增进利益的各类交往紧密联系在一起。由于彼此之间的交往及共同利益的增长，国际法在文明国家中得以不断发展。在没有交往的地方，就不可能产生一个共同体，也不可能有为这样一个共同体而制定的法律。[7]

一些法典注释者引用了这一段说法和类似的文字段落作为证据，证明实证主义者是如何将国家权利置于一切之上的。但也可以将

此进一步理解为实证主义论证具有更宽泛的一面——探讨能将国
际社会联合在一起的适当法律。正如主权个体可以成为完备的国
内法主体——其实质是培育而不是压制主权个体的自由，主权国
家也可以成为国际法的主体，它旨在加强而不是侵犯国家的主
权。但在缺乏最高司法权力机构的情况下，制定国际法有赖于一
些艰苦的工作，如仔细观察现象、精心编纂法典以及不断说服公
众等。对奥本海姆来说，这已是一项正在进行的工作，在他写作
的时期，移民问题方面，只能说国家没有义务准许所有无异议的
外国人进入其领土，但不能“将外国人完全排斥在其领土之外， 95
而不违反国际法精神或危及其在国际大家庭中的成员身份”。他
强调，这一说法的依据是“没有哪个国家可以真正地将外国人完
全排除在外”，尽管所有国家都有权这样做。[8]正如我们将在下
一章中看到的那样，这一表述只有在“国家大家庭”内才是可能
的，而“国家大家庭”与“文明”的修辞一起，共同确立了可以
排斥外国人而不受惩罚的边界。

很少有法学家愿意在移民问题上进行比上述内容更具体的阐释，尤其是在缺乏公约、条约和广泛共有的实践活动的情况下，这些都是实证主义国际法的支柱。这给自由裁量权和模棱两可的做法留下了很大的空间。政客、学者、行政管理者和移民在这个空间里各抒己见，从主张几乎绝对的自由迁徙权到几乎绝对的排斥权，各执一词。法庭和政治辩论的参与者都很喜欢从支持某个极端观点的国际法巨著中引经据典。事实上，大多数被引据的权威经典都认为，这两种极端观点都是正确的。迁移流动不是一项权利，但如果一个人属于国际大家庭中的一员，迁移流动就是必

需的。以这种方式来限定，本身就是为了将两种极端观点作为问题两端不能再简化的锚定点，然后再提出折中的替代方案。这其实只会让该问题变得越来越固化和棘手。

即使交往作为国际法一个强大的动因在逐渐弱化，这个问题也仍然一直存在。19 世纪 70 年代后，在讨论国际迁移时，国家间互惠的修辞已逐渐取代了交往概念，这一点可以从奥本海姆的引述中看出。第一次世界大战后，实证主义方法论和主权高于一切的观点受到冷遇。20 世纪 20 年代的新国际法，只强调了建立国际制度来创建和规范国家间的协定，以此完善国家在交往方面的特权。[9]此时，交往的概念已经完全分解为国际关系、通商和移民几个组成部分。贸易作为一个通常受制于国际公约和协定的主权特权议题，在这种大变迁中没有受到影响。但移民管控已被视为主权不可分割的一个方面。在 20 世纪 20 年代和 30 年代，从出入境管制方面可以很明显地看到，移民管控日益扩大。到了 20 世纪下半叶，移民管控的伦理问题依据迁移的方向进一步
96 分化。自由迁出和国内迁徙现在已被认为是普遍的准则，而且往往与个人权利有关。然而，一个国家可以随心所欲地控制移民入境，这一权利几乎从未受到质疑。[10]

从通商到移民

国家对迁移和身份认证的控制权逐渐加强，与商业化移民的衰落密切相关。从结构上讲，这源于国家扩大了对个体公民的直接管控权，由此需要压制个人对地方的认同，抑制私营者将个人

当作财产进行控制。但实际的历史发展并非如此径行直遂，一蹴而就。尤其困难的是要将自由重新归为国家所有，而不属于地方自决或财产范畴的问题。这种转变在美国发生得尤为剧烈，美国关于奴隶制、个人自由和自由交往的意识形态信念相互冲突，而且都根深蒂固。意识形态之间的斗争往往表现为中央与地方的权力冲突。州和镇一级的地方自治是共和自由的支柱，但也仍是奴隶制的堡垒。各州声称，管控移民的权利是维护社区治安的一部分，应该归属最直接处理移民问题的当地社区。但联邦政府声称，对移民的权力是宪法赋予其通商权力的一部分，并且有必要集中权力来处理与国际交往和国际条约有关的事务。当时支持各州的权利与支持奴隶制紧密相连。在此背景下，许多废奴主义者发现自己处于一种尴尬的立场：不知如何应对联邦政府通过将移民迁移定性为人类通商的一种形式，来为其扩大移民管控而辩解。19 世纪中叶，美国客运法规定对交通运输状况实施监控，该法一直将迁入的移民称为“进口劳务”(imports)，尽管有人反对，认为这个词不适用于自由自愿的移民。如果给他们贴上其他标签，可能首先就会让人质疑联邦政府制定这项法律的权力。将通商和移民纳入交往的广义范畴，有助于促进联邦政府实行监管。但直到 19 世纪 70 年代蓄奴州在美国内战中遭遇军事失败，国家对移民的管控权才最终尘埃落定。

19 世纪上半叶，对于移民的管控权问题，美国法学界观点不一，体现出一种试验性和不连续性，这与欧洲的移民管制情况一样。[11] 在 1824 年的吉本诉奥格登案（*Gibbon v. Ogden*）中，最 97
高法院最后确认了联邦政府对通商的权力，并且裁定纽约州授予州内客运垄断权属于违宪。作为裁定的一部分，首席大法官约翰·马歇尔（John Marshall）为联邦政府的通商权提供了更广泛的解释，他将通商不仅仅定义为“商品买卖或商品交换……还有更多的内涵：它指交往。通商形容国家之间的商业交往，因而是国家事务的一部分，通商的各个组成部分都是如此，并且通过制定交往的规则加以规范”。[12] 威廉·约翰逊（William Johnson）大法官在其裁定意见中提到了宪法第一条第九款的规定，即“现有任何一州认为应予接纳的人员移居或入境时，在 1808 年以前，国会不得加以禁止”，以此证明“人员和货物的运输，不仅是通商监管权的附带问题，实际上也是其本质问题”(231)。他为联邦政府的通商权辩护，强调商业的持续扩展是现代文明的重要组成部分，“通商，在最简单的意义上意味着商品的交换；但在社会的进步中，劳动力、运输、才智、监护及各种交换手段都成为商品，并进入商业领域”(229)。

即使约翰逊如此写下自己的意见书，但这种意见在现实政治领域中还是遭到了挫败。1823 年他在巡回上诉法院任职期间，曾宣布南卡罗来纳州的一项法律违宪，也违反条约，该法律要求船只抵港后须将所有黑人海员扣押在当地监狱隔离。但南卡罗来纳州官员拒绝执行他的裁定。英国政府诉至华盛顿，美国国务院回应称，此类治安法属于州管辖范围，因而拒绝干预。虽然英国政府无法与南卡罗来纳州政府进行正式谈判，但英国领事官最终还是通过协商在该州达成了一项担保协定，允许黑人海员留在船上，而不是被扣押在当地监狱里。[13] 但基本的管辖权问题尚未解决，而且这些问题过了近半个世纪都依旧存在，法院和法学家们都在充分利用通商与移民关系中的许多模糊性进行争辩。

马歇尔和约翰逊主张联邦政府有权监管客船，但如何监管入境人员留下很大的解释余地。州政府认为对入境移民进行隔离的权力是地方治安权的一个方面，这一权力从未受到挑战。在1837年纽约市诉米尔恩案（*City of New York v. Miln*）的判决中， 98
最高法院还明确了州有权收集所有入境乘客的信息，因为考虑到如果他们成为受州监护的人就需要提交担保。法院辩称，收集信息并没有侵犯通商权，更重要的是，乘客一旦抵岸便从商业物品转变为受当地法律约束的人。国际法普遍承认外国人应遵守当地法律。作为自我保护措施，州的担保要求是合理正当的，为防止人体传染病而实行隔离，与“预防穷人、流浪汉和潜在的罪犯带来道德传染病”是一致的。[14]

1841年，格罗夫斯诉斯劳特案（*Groves v. Slaughter*）涉及向密西西比州输入奴隶的一项合同是否有效的问题，该州的法律明文禁止引进奴隶来贩卖。在如何定义人员运送方面，此案的情况更为棘手。法院认定买卖合同有效，因为如果没有明确的立法，宪法不能自动执行。但这种狭义的解释依然导致法学家和法官在移民与通商两者间的关系问题上众说纷纭，莫衷一是。北方废奴主义法学家认为该合同之所以有效，其中的原因是密西西比州的法律违反了联邦政府的通商权，属于违宪。反对派的法律顾问罗伯特·沃克（Robert Walker）则认为，奴隶的确属于财产，受当地法律管辖，但与此同时，奴隶不是无生命的动产，他们是活生生的人，正如米尔恩诉讼案例所裁定的那样，一旦入境，就不能算作通商物品。沃克指责废奴主义者的论点“前后矛盾，莫名其妙”，因为废奴主义者提出：“人不是财产，也不可能是财产……也正因如此，各州之间涉及人员的通商活动或许应由议会并且仅由议会来进行监管规范。”[15]

多数意见书中回避了联邦的通商权问题，但废奴主义大法官约翰·麦克莱恩（John McLean）与众不同，重点讨论了这个问题。他辩称，通商权的确包括管辖客船的权限，但奴隶既不能算作商品，也不能算作乘客。他认为，联邦掌握通商权是为了确保州与州之间的自由贸易，这使得议会不能通过一项法律，禁止某一些州的通商权，而不禁止其他州的。然而，奴隶制在一些州是被允许的，在另一些州则不被允许，因此奴隶制显然不会被纳入联邦通商条款内。如果将其纳入，那么包括俄亥俄州在内的一些州就不能通过禁止贩奴的州宪法条款。对此，麦克莱恩以社区治
99 安的传统权力为俄亥俄州宪法辩护：“每个州都有权保护自己不受奴隶贩子贪欲的侵害；有权保护其公民不受奴隶人口所带来的不便和危险。一个州行使这一保护权的权利，要高于联邦宪法，深于联邦宪法……其防范或纠偏的力量取决于法律的自我保全；法律对每个社区都至关重要，对一个主权国家尤为重要。”（508）反对者罗伯特·托尼（Robert Taney）与大多数法官一道，在一份附加意见书中不作任何解释地声明，联邦政府对州际之间贩奴问题没有管制权。只有一个支持奴隶制的法官亨利·鲍德温（Henry Baldwin）与北方法律界站在一起，支持联邦对贩奴拥有管制权。他认为，奴隶在国际条约中被认定为通商对象，在密西西比州宪法中也被描述为潜在的买卖“商品”，因此，不可否定，他们须受联邦的监管规范（512–513）。

在 1849 年的“乘客案件”① 中，各种观点继续针锋相对。虽然大法官们意见不一，但约翰·麦克莱恩坚持联邦政府对移民迁移拥有管制权的主张，负责撰写了多数意见书，否定各州有权对所有移民征收人头税，不管它们是否希望拥有这样的权力。他辩称，这不是米尔恩诉讼案中特别针对治安或隔离的行为，而是对所有乘客全面征税，不论他们是否对社区造成威胁。他指出，社会越来越普遍地抱怨，人头税阻碍了移民自由流动到人口稀少且渴望得到移民的西部各州，同时以支持贫穷移民为由将收入留在沿海各州，实际上移民并不会留在这些口岸，由此为联邦管控移民迁徙的权力辩护。罗伯特·托尼不同意这种观点，他认为，既然税收被用于建立基金以支持贫困移民，那么这仍是各州的权力范畴，以防范穷人、罪犯和流浪汉在州内肆虐。作为补充说明，他还反对麦克莱恩追随大法官马歇尔的观点，试图以交往代替通商，从而将私人迁移纳入更受限的商品流动中。[16]

支持奴隶制的法官彼得·丹尼尔（Peter Daniel）持不同立场。他明确指出，麦克莱恩的意见书中一直隐含了一个观点：“乘客”和移民都是一种交往形式，与贩卖奴隶截然不同（但马歇尔将自愿和非自愿的乘客都同列为“交往”）。丹尼尔还公开描述了种族特征的差异。然后，他借用废奴主义者的说法，坚决反对将白人移民归类为“通商”：

> （通商）仅适用于贸易商品本身，包括货物、动产、 100

---

① 指 1849 年的史密斯诉特纳案（*Smith v. Turner*）和诺里斯诉波士顿案（*Norris v. Boston*）。两起案件结果类似，联邦法院判定，各州无权根据特定类别的乘客数量，对离岸或靠岸的船只征税。

> 其他财产，是性质被动且没有意志的主体，不适用于迁移是其意志结果的人，没有人自身的合作就无法实现移民，他们的迁移既是自己的行为，也是他人的行为；不，应该说更多是自身的行为。因此，不可否认的结论是，外国乘客，只要是有理性的人，是将自己深思熟虑的意图付诸实施的自由人，绝不能被归类为可买卖、交易或贩售的主体，换句话说，不能被归类为进口商品。(504–505)

联邦对移民管控的司法权问题最终由枪杆子解决。美国内战期间，国会更大程度上介入移民事务，于1862年通过了禁止美国参与苦力贸易的法律，1864年又通过鼓励移民的法案（1868年废除），该法案是国务卿威廉·西华（William Seward）促进劳动力输入计划的一部分。[17]1866年国会的一项决议还抗议欧洲将穷人和罪犯驱逐到美国的行为，称其“不友好，不符合国际礼让”。[18]即使在加利福尼亚州，州最高法院也否决了每月向中国人征收人头税的州立法，认为这侵犯了联邦监管移民的特权，但这不是加利福尼亚州最后一项此类立法。[19]

在战后最初几年里，国会曾改变这种管辖权的主张。但由于州立法重新争夺对移民的管辖权，1876年3月20日，联邦最高法院明确承认联邦对移民各个方面都拥有权力，在亨德森诉纽约市长案（*Henderson v. Mayor of New York*）和志龙诉弗里曼案（*Chy Lung v. Freeman*）中，大法官都达成一致意见。前一案推翻了纽约州的一项法律，该法律允许将担保要求转换为对所有乘客统一收费，后一案则推翻了加利福尼亚州的一项法律，该法律赋予海关官员广泛的自由裁量权，可以要求“淫荡”的中国女性提交担保。两案的意见书都言简意赅，罔顾过去案例的复杂性。在亨德森诉讼案中，法院援引了马歇尔法官将通商视作一种交往的定义，认为联邦司法管辖权包括对乘客和货物的入境方式进行监管的权力。[20]法院承认米尔恩案可能存在不同的解释，但认为随着历史时期的不断变化，运送欧洲乘客已具有了前所未有的经济意义：

> 它已经成为我们与外国贸易的一部分，对本国具有 101
> 巨大的利益，对于那些来到我们中间，在我们境内寻找愉悦和家园的移民来说，也具有巨大的利益。除了其中一些人能带来财富之外，他们更多的带来了为我们开耕土地、修建铁路和开发国家潜在资源的劳动力……一部为船只从事（移民运输）制定规则的法律就是一部对这一通商部门实行监管的法律，这一点还要怀疑吗？[21]

除了赋予海关官员高度的自由裁量权外，被志龙诉讼案推翻的加利福尼亚州法律与米尔恩案确认的担保法律没有太大区别，它只要求那些可能被当地社会视为负担的人提交担保。但此时，法院可以运用第十四修正案中所有人得到平等保护的规定，宣布该法律违宪。志龙诉讼案还突显了移民管控的国际影响，特别是授予海关官员广泛的自由裁量权如何与 1868 年同中国签订的条约相冲突，该条约保障了移民自由：

> 很难想象，会有这么一个处心积虑制定的法规，将权力交到一个人手里，由他来禁止从事对外贸易（比如

> 对华贸易）的船只搭载乘客，或强迫乘客接受最恶劣的蓄意勒索……如果本国政府的公民如中国皇帝的臣民一般，在外国遭受这般法律虐待，那么没有哪届政府可以承受得了公民要求政府匡正的大声疾呼。[22]

法院辩称，根据这些法律，“一个愚蠢、固执或邪恶的海关官员就可能会给整个国家带来耻辱，使一个强大国家对本国产生敌意，或让国家失去一个同样强大的朋友”，而联邦政府对此束手无策，并可能遭国际谴责。[23]

国际交往是一种特权，同时是一种主张，即共同体规模适当、能够自我保护，这应该是国家的事务，而不是地方的事情。联邦政府的权力被假定用来对抗那些设置障碍的地方法律，但实际上更具限制性的国家法律很快就会出台，还会采取更加协调统一的措施，集中行政决定权，规避国际问责。事实上，加利福
102 尼亚州的参议员早就料到志龙诉讼案的裁决结果，于是他们在1875年引导国会通过了一项法案，禁止非自由自愿而来的罪犯、妓女和东方人入境。执行这项法律的大部分责任都委托给驻香港的美国领事官，他们在没有任何直接监督或无须承担任何责任的情况下随意制定自己的程序。[24]归根结底，维护一个民族共和国边境安全的任务要比维护当地社区治安的任务更具争议性，更有难度。

护照

身份转由国家掌控的一个最广为认可的标志是，将护照变为

国际标准化的公民身份证书。19 世纪初，在世界各地，护照是国家管控国内移民的手段，或者是公民出国使用的证件，要求予以安全通行。现代国际护照制创立的同时，地方对移民的控制受到削弱，国家在征兵、遣返和海外侨民方面的权力扩大。所有这些活动都引发了国家间的争端，迫使各国明确谁是它们的公民，他们将如何受到保护，并且怎样以其他国家可以接受的方式进行。简而言之，现代护照是国家对其海外侨民个体负有责任的国际公认的证明文件，在大多数国家将护照视为入境的必要条件之前，甚至在签发国广泛承认它为公民身份证明之前，这种做法早已存在。

在 19 世纪 60 年代大西洋两岸全面取消护照管制之前，护照的使用和认可度仍然很不统一。护照由五花八门的地方政府、部门机构或达官贵人签发和监督，通常只在特定目的地有效，或只适用于某些航程，通常根据条约或其他互惠优待权而定。[25] 直到 19 世纪 60 年代，美国和英国的国际旅行护照依然由市长、地方执法官、治安官、州政府和其他名流签发，面向的对象也是形形色色，包括政府、私人个体及机构。护照也经常发放给非本国国民，用于在签发国及第三国旅行。在 1858 年之前的英国，许多
离开该国的旅行者更喜欢从法国或驻英格兰的其他领事馆购买护 103
照，因为英国外交部签发的护照价格昂贵，而且只发放给外交部大臣或政府官员认识或推荐的人。[26]

19 世纪 60 年代之前的国际法文本很少提及护照，只会提到作为战时安全通行的证件。因为护照通常被认为是国内证件，而不是国际证件。但在 19 世纪下半叶，国际法学家开始提出需要

一种新的护照，既可以作为一种国家公民身份的证件，也可以作为一种促进国际交往的工具。理查德·达纳（Richard Dana）曾对亨利·惠顿（Henry Wheaton）死后出版的《国际法原理》（*Elements of International Law*）①1866年美国版本（原版发行于1836年）进行注解，当中他讨论了和平时期护照的"理论和实践"，将护照描述为转变中的文件：

> 每个国家，都是其国内体制的一部分，可以掌控外国人通过其领土的过境权。准许外国人通过其领土的证件就是护照；严格来说，外国人必须在每个国家的边境获取新护照，每个国家的权力机构都可能会对他进行审查，以确定他的特性和公民身份。为了避免这些不便，采取了一种制度，根据这个制度，公民离开自己的国家前往另一个国家，须从本国政府领取所称的护照，政府这么做，是尊重公民离开自己国家的权利；但是，就外国而言，这更像是一份公民身份证……护照最大的功能是，要求外国政府承认持照者享有外国公民的特殊待遇和义务。显然，一名驻外的外交官员不能给那些与该官员所在国没有什么关系的人发放护照，只能给公民或臣民发放护照，也许还可以发给有雇佣关系的人。[27]

尽管达纳看起来是在描述，但面对仍然混乱不堪的实践和理论，它实际上是一种游说，希望得到某种特定的理解。他的参考

① 中文版书名为《万国公法》。

文献都取自 1857 年在伦敦出版的惠顿《国际法原理》威廉·劳伦斯（William Lawrence）版本。然而，劳伦斯只是引述律例，而没有对其进行归纳总结，对于谁可以签发护照、护照发给谁、护照是否有允许入境或出境的权限、护照是国籍证书还是自由通行的个人推荐信等问题，他并没有去弥合分歧。[28] 但达纳的阐释并不是自成一家。惠顿的巨著是 19 世纪全世界最广泛使用和翻 104
译的国际法著作之一，达纳的版本很快成为权威版本，尤其是在美国外交官眼中。在护照使用率不断下降的世界里，美国官员最积极地推广护照作为一种公认的国籍证书和有限责任承诺书的新角色。

即使大西洋国家普遍取消了持护照的要求，美英两国仍在 19 世纪 50 年代末开始统一签发护照。美国官员希望更好地监控公民离境的情况，因为担心美国人到国外后会归化于其他国家，并规避其公民义务。相比之下，许多欧洲国家则越来越多地允许公民自由出境并入籍他国，这样他们就不必担心要为公民提供外交保护，或处理公民归国时一贫如洗的问题。[29] 美国官员尤其担忧已归化的美国公民在探访其祖籍国时被当地征召入伍。[30] 1856 年，国会通过了一项法律，规定只有国务院才可以签发护照，但州政府官员之后仍在签发护照，直到 19 世纪 60 年代才停止。1873 年，国务院收紧了和平时期的政策，只向宣誓效忠、未加入外国军队或未被外国政府归化的申请者发放有期限的护照（大多不超过两年）。[31] 在英国，外交部在 1858 年降低了护照价格，使护照更容易领取。这是由一起丑闻引发的。在这起事件中，一名刺客持法国签发的证件出境，谎称自己是英国臣民，导致法国政府下令法国领事官不再向英国臣民签发护照。[32] 越来越多人持地方政府签发的护照在国外遭拒绝入境，这也让地方官员不愿再签发护照。于是，中央政府统一签发的证件得到国家政权的支持和保障，在日益扩大的交往中成为一种共同的通行证。

在中央集权的体制下，领取护照变得越来越非个人化，文案工作取代了面对面接触的人际关系，也产生了新的问题。政府官员担心，邮寄护照或由掮客代领护照，会使它落入不负责任和不诚信的人手中，他们会将护照作为赚钱工具。1893 年，美国国务院暂停了海外护照续期的做法，因为“一些不择手段的人会从国外把他们的旧护照寄给本国的代理商，代理商就会把护照拿到
105 国务院要求续期，提供的往往是虚假说法，使国务院确信原护照持有者申请续期时就在国内”。[33]

在政府加强国内对护照的控制权的同时，美国官员还向其他国家施压，要求它们视美国护照为无可争议的国籍证明。从 1893 年到 1895 年，美国政府向奥匈帝国提出几次抗议，称其地方政府拒绝将美国护照视为国籍和公民身份证明。1893 年，美国国务卿约翰·格雷沙姆（John Gresham）① 致函奥匈帝国的外交大臣，称：奥匈当局拒绝“尊重由美国合法机构正式签发的护照并将其作为持证人公民身份的初步证明，也因此而拒绝持证人享有条约规定的权利”，这一问题事关重大。他继续说，外国官员可以自由地调查证件的有效性和真实性，但不能自作主张地认为护照本身是无效证据，也不能自行对公民身份进行调查；这种

① 原文有误。1893 年，美国经历了三位国务卿，任职时间最长的是沃尔特·格雷沙姆（Walter Q. Gresham），不包含此处的约翰·格雷沙姆。

行为“完全不符合普遍承认的原则，即国家才是判断其属民是否具有公民身份的唯一和最终裁定者，在其主权范围内，完全有能力来证明事实”。[34]

国际纠纷促进了美国国内更大程度的集权。1895 年，国务卿理查德·奥尔尼（Richard Olney）建议，地方法院之间的归化入籍证件应进一步统一，这样有助于避免未来发生类似的国际事件。[35]19、20 世纪之交，对旅行者进行资料记录并归档、更详细地界定公民与外国侨民的需求显现，这在世界各地引发了新一波国籍法改革。日益严格地规范公民身份意味着，到 20 世纪初，大多数国家都要求将护照作为入境的先决条件，但都坚持认为护照只是对公民身份的初步认定，从而削弱了护照在甄别入境者方面的作用。接收国此时已几乎无法拒绝护照的权利声索，如果拒绝，很有可能引发国际事件。

由于越来越难去质疑护照，对入境的监管留给了签证程序。1866 年，达纳把加盖在护照上的“签准”（visé）印章解释为“同意持照人通过”，从而避免了在边境签发新护照的麻烦。累积的签证也使官员方便查看持照人的旅行记录。[36]1898 年，美国护照办理人员盖拉德·亨特（Gaillard Hunt）贬低了签证所具有的监察作用，认为它只是为一些国家签发的护照背书，“表明护照经过审查，真实无误，可准许持照人继续旅行”。[37] 与审查护照一 106
样，美国官员承认发放签证的权利，但这只是证明文件真实性的一种手段。这类审查须避免对某些国籍或个人实行任何“无理的歧视”。1895 年后的近二十年里，美国官员抗议俄国领事官对美国人的种族和宗教进行盘问，以此拒绝向犹太人发放签证，甚至以此为借口在1911年终止了一项贸易条约。[38]但即便亨特所写的无误，在中国，美国领事官在签证发放方面出现了行政管理上的变化，这很快将引致签证向一种证明文件转变，签发官除了核准护照外，还自行独立审查入境申请者。于是签证成为移民控制的主要工具，致使种族、财富、地位和职业上的歧视现象有可能发生。

然而，在较短的一段时间里，美国掀起了歧视中国人的狂热，这也导致了1905年美国移民局公开反对将护照当作公民身份证明，但这是美国官方最后一次提出反对意见。移民局不相信国务院能对公民身份申请进行充分调查（国务院对移民局的调查提出了同样的质疑），因而拒绝美国华人将护照作为其美国公民身份的初步证明。为了从法律上证明这一立场的正当性，移民局辩称，护照只是一种政治文件，不足以证明公民身份权利：

> （护照）是一种文件，从其性质和目的来看，用于照会外国政权，请求允许持照者安全、自由地通行，因而应视之为具有政治性质的文件，据此文件，持照者在外国被承认为美国公民，并根据国际惯例和国际法，此文件可被视作事实证据。但这与法庭的标准截然不同，法庭调查的是公民身份是否属实的问题。因此，这只能是一份片面的证明，如果依据的是提交给国务卿用以确定公民身份的证据，那么应在法庭上提交审理该证据，以此作为更高权威、更有说服力的证明。[39]

经过几番争论，国务院同意只向已通过移民局审查的华人发放护照。

到1906年，约翰·巴西特·穆尔（John Bassett Moore）已 107
可以在《国际法文摘》（*Digest of International Law*）中胸有成竹地断言，“护照是国际上公认的国籍证明”，曾经以“护照”名义四处盛行的各式通行证或推荐信，只适用于战争状况或其他特定情况。[40] 尽管如此，移民局1905年反对意见的基本前提仍然成立。护照只是出于国际礼节而被视为公民身份的证件。这些证件在国际法，甚至在许多国家的立法中，几乎没有正式地位。许多国家仍然保留专断权，可以决定向什么人发放护照，或拒绝承认护照作为公民身份证明的性质。[41] 国家通常都选择认可护照，这一事实表明，即使是不负责任的主权国，也在一定程度上以国际体系的规范为基础。

错综复杂的执法

到了19世纪70年代，各国政府也逐渐退出协助移民迁徙的事务，不论是在当地为贫困移民和罪犯移民提供资助，还是为移民在殖民地之间重新定居提供财政支持。在很大程度上，这是一个财政节流的问题，政府不愿承担移民的交通费或对贫困移民负责。但政府的退出也是有道理的，因为自由贸易的观点就是，移民活动这样的社会过程在自我运作机制中可以达到最优平衡。英国官员明确表达了这两方面态度，为19世纪60年代后政府放弃协助移民迁徙至殖民地的计划辩护。[42] 他们认为，如果交给自愿和互助的私营社团，社会援助会最为有效。

这并不意味着允许私营的移民组织自行其是，随心所欲。相反，这意味着新的监管浪潮兴起，它将继续约束私营组织，并且为个人意志下的迁移活动提供帮助，同时意味着大公司和大慈善机构监管的兴起，这些组织将配合政府进行监管。但即使是大公司和大慈善机构，也经常受到公众的质疑，人们怀疑它们不正当地引诱和组织不受欢迎的贫困者向外迁移，如果顺其自然，这些人可能永远都不会背井离乡。移民监管的目的，越来越注重促使这些组织的活动更有节制，更加透明。最终，只有愿意配合政府
108 监管的私营机构才被接受，甚至得到鼓励。这通常意味着私营机构的活动被限定在慈善或互助的框架内，此外还有拥有良好公共关系的大型运输公司。慈善组织、互助团体和劳工招募之间的实际区别往往相当模糊，多由主要官员的公共关系和官方关系来界定，而不由运作中的绝对差异来决定。但严格区分私人监管和官方监管，是现代移民管控的一个基本特征。

至少从 17 世纪开始，世界各地就有社团向移民和拓殖者提供援助和信息，也保护当地人免受流浪者的危害。在美洲，经常建有私营社团，为新移民提供信息和帮助。在 19 世纪中叶的巴尔的摩，甚至有一部分移民人头税分拨给日耳曼人和爱尔兰人社群，专门用于此目的。[43] 在欧洲，志愿者协会有时承担起促使罪犯和穷人离境的责任。例如 1860 年至 1880 年维滕贝格的“德意志囚犯援助协会”，它资助获释囚犯向外移民。[44] 从 1850 年到 1887 年，欧洲的摩门教徒建立了一个“永久移民基金”，为迁往美洲的移民提供贷款并募捐。[45] 1851 年，在移民出海港汉堡，当

地知名人士成立了“移民保护协会”，专门提供有关住宿和船票的信息，这种援助模式没有那么直接。由于担心骗子会蒙骗没有经验的移民，还担心该市的穷人和罪犯数量成倍增加，该协会说服政府禁止走私者和叫卖小贩到火车站活动，并帮助调解移民和旅馆老板之间的纠纷。[46]

许多社团是由移民自己组织的。他们的活动包括移民互助、经商监管和慈善事业。世界各地的华人商会、同乡会、宗亲会和兄弟会经常募捐集资，提供写信、汇款、临时住宿、扩散就业信息和遗骸返乡等服务。有时，这些社团也从事招工和商业监管等活动，由经济精英主导，他们从持续不断地输入移民劳工中获利。有时候，它们发挥慈善机构的作用，为医院、养老院、贫困移民遣返、法律支援、学校教育、救灾以及中国的抗日运动组织募捐活动。一些较大的社团也参与更为正规的监管规范。例如， 109
19 世纪旧金山的华人“六大公司”与太平洋邮轮公司协定，不得向无“六大公司”出具的证明的中国乘客出售船票，以确保他们已经偿还了所有的债务。[47]

监管活动可以扩展为与政府的正式合作。“六大公司”和檀香山华人联合会等庞大的组织，在中国政府正式派驻外交代表之前，充当中国政府的非正式代表。他们的活动通常包括签发中国国内外官员认可的身份证件。19 世纪 70 年代，香港东华医院董事会和保良局（一个致力于保护年轻女性的组织）负责派员到离岸船上查看，以确保移民（尤其是妇女）是自愿迁移的。随着 1875 年美国《佩奇法》(*Page Law*）的颁布，美国领事官制定了一份申请表，要求妇女的身份须由东华医院负责人进行审查。东华医院董事会还配合两广总督，遣返被绑架的中国移民。他们将遣返费用的账单送交香港注册官，然后注册官会向那些被指控最先诱拐移民的出租屋主收取费用。[48] 在合作不太愉快的情况下，“六大公司”的律师作为中国邮轮公司的股东，能够成功地利用该公司的影响力，反对美国政府任命某些移民官员。[49]

这样一些社团迟早会引起官员的疑惧，他们担心这些组织会助长不良移民活动。提供给穷人、罪犯和摩门教徒的移民基金最终在官方压力下取消了。地方政府也越来越害怕华人社团的非正式权力，称这些组织为“市政厅”或“国中国”。到了 19 世纪 80 年代，东华医院董事会的活动不得不收敛，因为香港的白人居民对其日益增长的影响力感到越来越不安，甚至政府资助的招工活动也受到怀疑。美国（1864 年到 1868 年间）和加拿大（1889 年到 1906 年间）试图通过私营公司（分别是美国移民公司和北大西洋贸易公司）引进外来移民，这在欧洲各国政府中引起了极大的疑忌，移民也对恶劣待遇和欺骗行为怨声载道。事实上，加拿大的移民安排可能还与许多国家的移民法相冲突，这迫
110 使加拿大代理商只能以近乎隐蔽的方式行事，而且其活动只限于提供咨询和信息。[50]

社团可以进行自我调整以满足官方的期望。犹太移民协会往往会主动采取自行限制移民的措施来获得官方的认可。19 世纪 80 年代，在向英国所有移民援助协会申请援助的人中，多达四分之一被遣返回原籍国，这些协会中有许多是犹太人的协会，它们将其援助项目扩展到面向所有移民。[51] 到 19 世纪末，慈善救助已使犹太协会在全欧洲和大西洋地区建立了广泛的人际网

络。许多人只关注到他们救助犹太人离开俄国，但他们的工作实际上还包括：派遣代表在边境城镇和口岸迎接到来的移民；帮助移民寻找临时住所，并购买前往美洲的船票；确认他们是否满足移民的限制条件，是否拥有资金、技能或亲戚，能让他们在国外独立生活；遣返那些不具备条件的人。他们甚至向移民的家乡派发宣传品，劝说不适合迁徙的移民留在家乡。[52] 他们在阿根廷和加拿大组织了集体开垦活动，为符合条件的移民提供住房、劳动工具和牲畜，但也对这些移民进行广泛的调查，以核实他们的移民资格。1902 年，为英国皇家委员会调查这些协会的埃文斯 · 戈登（W. E. Evans-Gordon）少校说："人们意识到，如果允许不够资格的移民漂泊到阿根廷，那里的定居点很快会变得拥挤不堪，生活状况恶化，体面而有能力的定居者就会倒霉了。"[53]1907 年，美国移民委员会认为，这些协会应为准备移民者提供咨询，而不是资助或鼓励他们移民。[54] 通过援助和限制双管齐下，犹太社会形成了自己的运作模式，与国家利益并行不悖。

英国和美国对移民实施调查，都属于建立新的边境管控的初步阶段。然而，在选择边境管控作为监管手段之前，19 世纪的大多数移民法都侧重于管制航运工具。虽然有时是为了减少移民，但这些法律条规主要是为了遏制"无良的"经纪商或承运商为非作歹。制定者还希望，这样可以使一些特定的口岸在移民运输竞争中更具吸引力，但施行这些法律需要税收，这往往抵消了优越条件所带来的优势。[55]

1803 年英国的客运法是对移民迁移进行监管的开创性尝试。 111
虽然在接下来的半个世纪里进行了多次修订，管理也得到了完善，但事实证明，这些法律在19世纪70年代蒸汽轮船航运公司兴起之前是难以有效施行的。蒸汽轮船航运公司为保证稳定的客运量而进行较长期投资，这对终止那些恶劣的暴虐行为有所帮助。与此同时，还制定了一些规范港口经纪商和出租屋的法律条例，这进一步增强了客运法的法律效应。其中最著名的一项法律于1848年在纽约通过（由客运诉讼案引发），以应对逃离饥荒的贫困爱尔兰移民的激增。该法律要求出租屋须有执照，须设立隔离医院，设立移民隔离区，不允许掮客入内，并授权任命代理商，助以告诫移民不要从事不道德的活动。许多承运商的回应方式是将乘客运送到加拿大，相反的情况亦有之。航运游说集团力促修订客运立法，以更好地协调不同口岸的做法，无论是大西洋沿岸的港口，还是运送朝圣者客船前往麦加的港口。[56]

19世纪下半叶的移民法越来越注重对经纪商的管制。法国（1854年）和比利时（1876年）率先制定了法律，规定移民代理商须领取执照，这是为了不让移民从德意志港口出行。随着时间的推移，法律越来越具干涉性。1888年的瑞士移民法是第一部禁止移民机构做广告并且对其实施相应处罚的法律，该法律还要求移民机构确保乘客拥有适当的证件而不至于在抵达口岸时被拒。瑞士移民法后成为1896年日本《移民保护法》、1897年德国移民法和1901年意大利移民法的范本。意大利移民法规要求所有移民携带护照，规范运费，在国外设立官方移民机构，并与美国海军医院管理总署（U.S. Marine Hospital Service）在意大利的代理合作执法，以更好地确保意大利移民顺利通过美国的健康检查。所有这些法律的目的都不是限制移民，而是为了让健康的、无犯罪记录的个人有序地离境，这样的移民会与家乡保持联系，并在国外为祖国树立良好的形象。[57]1903 年的匈牙利移民法是这种趋势的顶峰，该法将移民置于政府的直接控制之下。法律的制定者解释说，比起在国外依靠慈善救助度日，移民在国内可以受到更好的保护，免遭压榨剥削。这样的监管还可以确保移民不是铤而走险，而是真正地“寻找工作”，既防止移民前往“危 112
险有害的”国家，又使“他们继续保持着爱国主义精神，并以一切可能的方式确保他们可以返回祖国”。[58] 虽然有着崇高的理想目标，但批评人士声称，这主要是一种垄断移民税收的手段。每招募一名移民，政府公务员都可得到一笔佣金，他们被指控从事比私营代理商更不堪的欺骗和腐败勾当。

在 19 世纪，新法律和私人监管之间出现了一种不断变化的协同效应。最成功的私营组织一般都很乐意配合移民法的执行。事实上，合作有助于这些私营机构日益扩大其控制的市场份额。但问题是试图配合政府的私营机构并不总能承担得起越来越大的责任。例如，1886 年托马斯·库克父子旅行社（Thomas Cook & Son）被授予专营权，以取代“无良掮客”，负责安排从印度到麦加的朝圣贸易服务。事实证明，该公司无法胜任这项任务，七年后不得不放弃专营权。而德国承运商则要高效得多，这既表明了合作需要巨大成本，也证明了合作能带来更大的利润。[59]

德国承运商从 1892 年开始参与移民法的施行，当时德国官员担心离开俄国的贫穷犹太人越来越多，会导致霍乱疫情蔓延。于是官员们在汉堡设立了移民招待所，并派遣健康检查员到俄国边界实施移民检疫措施。赫伯（Hapag）和罗埃德（Lloyd）两家轮船航运公司由于担心失去乘客，便向政府请求，允许它们在俄国边界出资兴建与运营消毒站。两家公司还负责确定移民是否有足够的资金购买离开德国的船票以继续行程，然后负责安排移民搭乘直达火车前往汉堡和不来梅。这两家公司因拥有德国政府授予的移民专营权而蓬勃发展，生意兴隆。1901 年，两家公司在汉堡建立了一个庞大的移民站，包括隔离宿舍、各教派的教堂或寺庙，还有配备管弦乐队的犹太洁食餐厅和非洁食餐厅。健康检查用以确保移民符合其目的地移民法的规定，从而避免了遣返问题和可能遭受的惩罚。一些人甚至指责德国边境官员拒绝持经法国出境票证的移民入境，由此助长这种垄断。不管是什么原因，其他竞争的航运线路几乎被摧毁了，尤其是那些经由英国的
113 航线，因为这些航线没有提供健康检查，乘客经常在美国口岸遭拒绝。[60]

在 1902 年的调查中，埃文斯·戈登少校坚持认为，汉堡之所以能够提供这样的便利，是美国法律直接导致的："经常有观点提出，美国限制性法律无用且无效，这种观点站不住脚。很明显，虽然美国拒绝的人数可能很少，但那完全是因为从一开始移民就采取了周密的措施，以防止被拒绝入境。"[61]1907 年美国移民委员会不仅对汉堡的措施印象深刻，而且也赞赏法国、瑞士和匈牙利当局制定的检查程序（但匈牙利移民仍然更喜欢途经德国出境）。美国移民委员会根据美国口岸的拒绝入境率认定，驻意大利的美国公共卫生检查员执行美国法律的效率甚至不如大多数外国政府和航运公司（斯堪的纳维亚移民虽然没有接受离境前检查，但在美国口岸被拒绝的概率仍然最低）。[62] 由于要对移民进

行审查，派驻卫生官员到外国导致外交纠纷的情况层出不穷，但移民局声称，航运公司一直以官方检查为借口，逃避运送不合格移民的处罚。鉴于这种情况，1909 年驻日本、香港和俄国里堡港（Libau）①的美国公共卫生官员被召回。移民局后来声称，自从承运商承担了对移民进行离境前健康检查的责任后，在美国口岸就连亚洲沙眼病例都有所减少。[63]

建立非自由移民网

一些与移民有关的组织蓬勃发展，但也有不少机构被迫转入地下。由外力协助迁移的行为遭人怀疑，认为这类迁移者本身某种程度上就不受欢迎。透明度较低的组织会被污名化，通常是将它们具象化为邪恶的人、毒贩、流氓和不负责任的移民钱庄，指责这些人利用文化联系和他们同胞的无知来牟利。这是从多方面对移民活动中有可能发生的情况进行抨击。如果没有招工人员、朋友和家人提供信息、机会和其他资源，移民迁徙通常是一件代价高昂、极为冒险的事情。打击这些移民网只会将他们进一步推
向地下，让人们更加相信他们有不可告人的秘密。最终，这演变 114
成一场关于谁有权控制移民并从中受益的斗争。

一些移民运动确实呈现出“经典的”个人与家庭单向迁移的模式。大多数移民活动创造了复杂的跨国空间，由地域上四处分散的家庭、商业和其他团体构成。[64] 移民通常是一种家庭投资，

① 现为拉脱维亚的利耶帕亚港（Liepāja）。

与其说是个人流动的机会，不如说是留在家乡的家庭的一个收入来源。商业、社团和同乡的社会关系网络是财富和移民成果转化为身份目标、物质支援及家乡其他投资的渠道，如果没有这些网络，一切努力都是毫无意义的。最终，一些移民及其家庭完全融入了新社区。但对另一些人来说，移民是一种经济策略，需要世代重复，由此创造出一个由乡村、家庭、信息和迁徙构成的大循环，其范围远超一个地域。

这些网络在创造机会的同时也限制了机会。它们传播信息并提供援助，使移民迁徙得以进行。但一旦建立起来，这个稳固的网络就很难再触及新的就业机会和新的移民目的地，移民只需要有基本的新技能，就能获得很高的经济效益。这些网络会产生出与自然地理不一致的社会地理。一个有意向移民的人可能对遥远的槟城、鄂木斯克或芝加哥的了解更胜于对附近集镇的了解，因为那里是他的叔叔和表亲所在的地方。但也许更重要的是，许多移民精英企图掌控及限制信息和机会，以加强自己对这些资源的垄断。这些精英分子利用他们拥有的过境技巧，对交通、通讯和就业机会的了解，以及跨越多条边界进行运作的能力，来赚取利润并赢得声望。移民本身就成了这些精英分子的生计和自我再生产的来源。反过来说，经纪商会力阻其移民同胞掌握类似的知识和技能。契约加诸劳工的权威，如果真的存在的话，是由家庭关系、个人义务和讲求义气这些因素赋予的。正是这些紧密且多数不易监管的关系，使得经纪商的活动看起来对社会具有威胁性，对个人具有潜在的剥削性。

移民经纪商往往是移民法监管的目标。除了针对移民代理人的法律外，还制定了禁止以契约或其他赊账形式输入移民的法律，这也有助于抑制移民掮客的活动。这些法律通常在拥有广泛选举 115
权的国家颁布实行，以保护国内劳动状况不受无底线的资本运作的影响。其他国家，包括许多移民迁出国，则鼓励将契约作为招募、控制和保护移民的有效手段。然而，国家不论是支持还是压制，往往会导致同样的结果：边缘化、妖魔化那些规避监管和大资本的非正规小微招工者。1894 年意大利驻美大使明确地表达了这种看法，当时他敦促美国政府采取更有效的措施来实施其 1885 年反契约移民法，以打击“帕德罗尼”(padroni)① 契约劳工制，称它使得“意大利移民自愿将个人自由交给图谋不轨的人，以换取金钱，支付他们前往美国的旅费……从而沦为私人奴隶，为贪婪者所控制，这些人掠夺了他们大部分的劳动成果”。[65]

但美国法律的实施过程中充满了矛盾和困难，使移民迁移变成了欺诈和逃避法律的行为，尤其是难以将这项法律与遣返穷人的原则相协调。用美国产业委员会 1901 年报告的话说：

> 其结果是，移民必须运用所有的聪明才智和狡诈诡计来避开两个极端。他既要想方设法地证明有能力养活自己，又要千方百计地证明不知道哪里有工作可以养活自己。如果他不能养活自己，就会被遣送回国，因为他很有可能沦为靠政府救济为生的人。如果他事先做好了自力更生的准备，那么也会被遣送回国，因为他很有可能夺去美国工人的饭碗。因此，移民检查官陷入了一种

① 意大利语中，“Padroni”有老板、主人和包工头的意思。

> 奇怪的困境。他们必须首先查明移民是否身心健全，即他是否竞争得过美国工人，能独立谋生。如果是的话，他们可以接纳这个移民。其次，检查官必须查清，他是否真的有可能找到工作，从而与美国工人竞争。如果他提供充分证据，证明他真的竞争得过美国工人，那么官员就会把这个移民遣返回国。[66]

法庭定罪也很困难，因为许多法官并不愿意废除自由人签订的合同，而且也很难从移民那里取证推翻合同，他们都接受过培训指
116 导，否认签有合同。使这个问题更棘手的是，口头协议、对工作的模糊承诺以及亲朋好友的帮助在什么程度上应被视为协助移民呢？[67]

经纪商和招工网的作用也远远超出任何一个政府可管控的范围。经纪商可以很轻易地教会移民对移民官应该说什么，什么样的书面材料不要携带在身。因此，监管产生了各种规避形式，为进一步质疑和妖魔化经纪商提供了理由，也固化了移民作为走投无路的无知受骗者的形象。正如美国财政部部长约翰·卡莱尔（John Carlisle）在回应意大利大使时所解释的那样：“这些合同是在意大利与几乎赤贫的文盲签订的，他们愿意以个人自由为交换条件，以便获得必要的手段前往美国改善自己的生活状况。”[68]

突出移民受害的特征，往往表达了一种同情，但人们同时利用移民受欺诈蒙骗的事实证据，以表明他们不受欢迎。美国特别移民调查官马库斯·布朗（Marcus Braun）抱怨，船运公司、经纪商、移民共同创造了一种“非自然的移民活动”，它“由穷人

和受资助的移民构成，是大量的代理商及其分支机构进行肆意、贪婪的活动而诱导和促成的结果，这些机构在美国和国外都有着体系完善的关系网”。[69] 许多并未订立契约的受欢迎的移民可能经常被当作契约劳工遣返，因为这些“不幸的移民在抵达之前被他收到的各种建议和指示弄得稀里糊涂，以至于不得不相信他从未打算说的话”，这一切都使得问题更为复杂。[70]

包工头和其他非正规招工人员经常被描述为前现代劳动组织形式的残余，专门利用个人忠诚和文化人情。但是，正如马库斯·布朗所调查的那样，经纪商与船运公司之间存在着密切的关系，这实际上是 19 世纪和 20 世纪工业经济和大规模移民的产物，它在乡村与有劳动力需求的现代工业区之间的夹缝中发展壮大。船运公司经常否认与移民经纪商有联系，这促使我们将这些组织形式定性为适应环境的结果，其中几乎没有法律或政府的监管。更能钻营的经纪商还会设法借助其合作伙伴的某些合法性，为自身牟利，但这可能会随着政治际遇而迅速改变。历史学家冈瑟·佩克（Gunther Peck）举了一个事例，说到 1902 年意大利劳工经纪商弗兰克·科尔达斯科（Frank Cordasco）计划向加拿大太平洋铁路公司提供意大利劳工。[71] 起初，铁路公司官员称这 117
是一种开创性的就业模式，很“时兴”。他们相信科尔达斯科可以为他们提供灵活的劳动力，还能承担劳动组织和后勤供应的许多责任。1904 年，这项协议化为了泡影，之后科尔达斯科起诉铁路公司没有履行承诺。在法庭上，内情曝光，原来科尔达斯科的招工活动远超出了加拿大国界范围。于是铁路公司尽量减少与科尔达斯科的合作，因为意识到这样做违反了 1897 年加拿大的

《外国劳工法》(*Alien Labor Act*)，该法规定，除北美贸易公司外，任何人招揽和引进外国劳工都是非法的。科尔达斯科还让移民前往瑞士基亚索（Chiasso）签署协议来规避意大利移民法。科尔达斯科曾经被冠以“劳工之王”，现在却被诟病为一个不择手段的“帕德罗尼”，收取非法费用，藐视法律。科尔达斯科的身败名裂，也说明了他在政治和公共关系斗争中的失败。刚获得意大利政府资助的蒙特利尔“意大利移民援助会”，协助指控科尔达斯科。但攻讦科尔达斯科的一个关键人物是他的主要竞争对手阿尔贝托·迪尼（Alberto Dini）。结果发现，该援助会虽得到官方赞助，但本身也深度参与了将失业的意大利人从蒙特利尔送往加拿大乡村地区的活动，从而与科尔达斯科争夺同一群劳工。并不是所有招工人员都是“帕德罗尼”，它只适用于那些未能得到公众尊敬的招工者。

对移民招募活动的这种质疑一下扩大了范围，国家法律控制之下和控制之外从事移民相关活动的机构，都得不到公众的信任，包括移民钱庄、公证部门和侨汇机构。19、20世纪之交，美国联邦和各州一直针对拥有过度影响力的移民钱庄展开调查，认为它们“未经授权涉及移民事务，为私人所有，管理不善，很少受到有效的监督或检查”。[72] 他们谴责这些机构的管理者要么是一帮不负责任的家伙，要么就是彻头彻尾的骗子。官员们尤其感到不安的是，本应该分开的职业混为一体，杂乱无章，酒馆老板和杂货商也充当钱庄老板、运输代理和邮递人员。他们认为这是一个不受监管的空间，将移民与社会隔离开来，使得移民与祖国的联系永久化，而不能融入美国社会。[73]

各种慈善或非慈善的社团都参与其中，这表明移民从来都不是一种无监管的活动。监管不仅仅是指国家设置障碍来限制人员自由流动。自由移民的观念，本身也包含对某些加诸他者的机制 118
和做法的认同。在整个19世纪，除了核心（小）家庭和大型运输公司之外，大多数移民网络和机构都被认为危害了秩序和自由。应该将受欢迎的移民从这些网络中分离出来，将他重新塑造成一个有自由选择权的个体，并受到有效监督机构的约束。他还应该成为一个可同化的移民，一个接受治安法规和社会管理的人，这些法规和政策应由国家来制定，而不是地方或特殊的隶属机构制定。这种情况下的移民网络很少出现在官方档案中，出现的都是走私者、人贩子、剥削者、无良掮客、“奴隶”贸易商、包工头以及其他各种令人厌恶的犯罪分子。

所有的移民群体都曾在某个阶段遭受过这些指责，但很少有像亚洲人那样经常被抹黑的。对许多西方官僚来说，“东方人”或“华人”一词就足以涵盖移民的所有不良品质。19世纪50年代后，白人移民国家对亚洲移民的排斥，是在自由放任理念日益高涨的背景下进行的。为边境管制辩护并付诸实施的终极方案，对于将自由移民和非法移民的区分变为法律现实，将起关键的作用。在整个过程中，官僚机构与移民网络之间的斗争将被重塑为西方与东方、白种人与黄种人、文明与非文明、自由的地区与受压迫的地区等二元对立的斗争。

第二部分

想象边境

“门卫骗了那个人。”K说。

“不要太急于下结论，”神甫说，“不要未经检验就接受别人的意见。我是照圣典的箴言把这个故事说给你听的。里面没有提到欺骗二字。”

“可那是明摆着的呀，”K说，“门卫只是当救赎信息没用了才把信息告诉他。”

“那个人之前没有问过他这个问题啊。”神甫说。“这个故事有两句关于准入法律殿堂的重要申明是门卫说的，一句在开头，另一句在结尾。第一句是，他当时不能让那个人入内，另一句是，这扇门专为那个人而设。如果两句之间存在矛盾，那么你说得对，可以说门卫欺骗了那个人。但两句话并没有矛盾呀。相反，第一句话甚至还暗含了第二句话的意思。几乎可以这么说，门卫向那男子暗示未来有可能可以进去，但已逾越了他的职责范围。当时，他的职责本来是禁止那个人入内的，可他竟然还提出了暗示，许多法典注释家都对此感到诧异，因为门卫看起来像是一个十分忠于职守的人。”

——卡夫卡：《审判》

第五章

边境管控的尝试，1852—1887

从 19 世纪 50 年代开始，太平洋沿岸的白人定居者即使没有将中国人完全排除在外，也力图将中国人排挤到其共同体的边缘。他们有时以特殊许可证、税收和居住隔离等古老方式歧视华人居民。他们还试图以检疫隔离、人头税、担保以及每艘船限载乘客的方法来限制中国人入境，尽管是基于 19 世纪初客运法的规定，但设定低限载量并且重点排斥来自中国的船只，无疑表明其主要目的就是限制中国人，而不是为了乘客健康或控制流浪汉入境。围绕这些法律的斗争，在太平洋地区引发了关于地方、州、国家和殖民地法律间的关系，帝国利益，国际条约以及国际交往需求等问题的辩论。植根于地方大众政治的政党和立法机构，比一些精英和精英机构更具侵犯亚洲人权益的倾向，后者更关注国际关系和财产保护。他们从国际义务、自由放任思想和司法权斗争出发，提出反对意见，最终导致许多早期法律被废除。 121

19 世纪 80 年代，新一轮法律条例出台，其重点在于阻止移民入境，而不是歧视已经在境内的中国人。到 1885 年，太平洋沿岸的英语移民国家已在其周围建立起一道排华的防护屏障。这些新法律条例的失败，与公众的强烈抗议一样引人注目，而最初正是公众的强烈抗议导致政府实施这些法律条例的。边境仍然存在巨大漏洞，存在无数悬而未决的问题。如何界定和核实来自其他主权国家的个人的身份和法律地位？应该如何评估外国政府签发的证件？可以拒绝承认吗？谁会因违法而受到惩罚？如何实施
122 制裁？官员们如何能检查每一个跨越宽阔陆地边界的人？禁止入境是否包括剥夺过境权、贸易权或一般程序性权利？执法官员、当地民众、移民、经纪商、律师、政客、法院以及从伦敦到北京的外交官，都声称在处理这些问题方面拥有发言权。他们之所以采取措施，都是因为受到了媒体耸人听闻的报道煽动，报道称中国人偷越边界持续对本地社会造成威胁，也有报告称，体面的中国移民遭受腐败无能的边境官员不公正对待。用美国最高法院大法官斯蒂芬·菲尔德（Stephen Field）的话说，执法“带来巨大的窘境”。[1]

1882年美国的《排华法案》开创了新措施，直接拒绝中国劳工入境，而不是在卫生和税收方面实行限制，但执行起来比之前的法律更为困难。刘殷才案（*Low Yam Choy*）是《排华法案》出台后的第一个案件，加利福尼亚州巡回法官奥格登·霍夫曼（Ogden Hoffman）在该案中叙述了围绕这项法案的争议问题：

> 众所周知，审议中的法案遭到了广泛而激烈的反对。人们抨击该法是向叫嚣的沙地党人（the Sand Lot）① 低头；使我们与中国的商业关系充满了危险；违背了我们国家的政策；阻碍了基督教的传播，不仅违反

① 沙地党是加利福尼亚州一个鼓吹排华的党派。

> 了条约，而且侵犯了人的固有权利。支持法案的人则认为它对维护我们的社会和政治制度，甚至对我们的安全都是绝对不可或缺的。反对法案者会更加满意，因为该法案的实施过程可以充分证明它不合理、不公正和具有压迫性……我感到满意的是，这项法案的支持者尽其所能提供合理和公正的解释，这符合该法律的精神和意图，也符合条约的庄严承诺，没有使该法案受到谴责，变得声名狼藉。[2]

“合理和公正的解释”依然难以确定。大多数法官都不是中国移民的朋友，但霍夫曼的最终裁定只是19世纪50年代至80年代初世界各地众多裁决中的一个，这些裁决宣扬自由迁徙和个人权利，同时坚持对不受欢迎的移民采取审查程序等，之所以这样做，是因为那些不受欢迎的移民会带来霍夫曼所说的“邪恶”，会对“我们的文明”造成极大的负面影响。[3]然而，为施行这些条款，在法律、政治和行政上付出了大量努力，到19世纪末，逐渐形成了有利于边境管控的契机，从而确立了边境管控的基本 123
原则和做法，这成为现代自由政治的一个组成部分。

排华的思想意识

在太平洋地区，排斥亚裔人的种族主义中夹杂着平等或自治的精神，这同时是公众对大资本和精英机构不信任的结果。特定的表述可能会千差万别，但整个太平洋地区的种族主义总体框架和词汇大同小异。[4]种族主义想象是反华情绪的基础。但这种种族主义被赋予了具体的政治形态，它坚信自治社会应该决定自己的成员资格，担心不受约束的资本会使劳动者陷入更糟糕的境地。这些执念被转化为反华信念，指责中国人拒绝同化，认为他们已被灌输了与自由社会格格不入的极权主义文化，他们愿意接受低工资的工作，而且将钱寄回老家，而不愿定居当地或在当地投资以改善工作条件。简言之，中国人被资本主义利益集团操纵了，这些利益集团想要获取主导权，降低工人的生活水平，而不是建立一个平等、自治的社会。对中国人肮脏、受奴役、异教信仰、卑躬屈膝和狡猾形象的描述，为上述指责增添了情感色彩。

反亚裔情绪源于英语世界一种悠久的传统，也就是赞美他们的共同体及其共同价值观，将其作为民主和自治的基石。在 18 世纪的欧洲，移民活动与维护稳定的自治共同体之间存在着对立关系，这通常体现为人们担心移民外迁不受控制。早期的美国政客们，一心想让自己的国家人口增加，为移民自由外迁的权利写下了雄辩之词，但他们同样振振有词地反对自由迁徙，担心不受管控的外来移民会带来不良社会政治影响。例如，本杰明·富兰克林在一篇文章中，为自由迁出的绝对权利和外来移民对美国经济的有利作用辩护，但也告诫说要小心谨慎地引入移民，他提出了一系列关于移民自由迁入的担忧，这些忧虑成为接下来两个世纪里主张限制移民者的争论要义：外来移民有可能造成福利负担，带来格不相入的政治传统，拒绝学习英语并拒绝同化，会压垮盎格鲁–撒克逊白人文化，破坏政治稳定。[5]同样，托马斯·杰斐逊
124 在 1782 年的《弗吉尼亚笔记》(*Notes on the State of Virginia*) 中

也反对不断输入外国劳工，认为这对自治社会所必需的社会和谐构成威胁。他认为，美国政府是基于英国宪法中最自由的原则建立的：

> 它与绝对君主制的原则截然相反。然而，我们估计绝大多数移民正是来自这些地方。他们会将故国政府的规则带来，他们年轻时已深受其濡染；或者，即使能够脱胎换骨，那也会变成放荡不羁的人，通常都是从一个极端转向另一个极端。如果他们可以变成恰如其分的自由人，那就是一个奇迹。这些规范原则，连同他们的语言，都会代代相传。以其人数比例来说，他们会分享我们的立法权。他们会将原有的精神注入其中，扭曲法律的方向，使它发生偏离，变成一种异质的、杂乱的、乌七八糟的东西。[6]

到了19世纪中叶，排华煽动分子又用批判大资本家的言辞来补充这些社群主义观点，认为招募亚洲移民是想降低工人的劳动条件，引入不公平竞争。中国人每天只吃一把大米，生活在最不卫生的环境中，这破坏了劳动人民的尊严，创造了一个不平等的种姓社会。对“苦力贸易”的抹黑宣传正好强化了中国人受束缚、受奴役的劳工形象，无论他们是为欧洲资本家务工还是为其他中国人劳作。

在中国移民人口较少的地区，资本企业家和自由派精英则主张个人权利的普适性，强调自由交往在伦理和经济上的益处，宣扬中国劳工对开发边疆的效用。他们把反亚裔的倡导者形容为无知的煽动者，受非理性的不安全感驱使，无法理解现代社会进步和国家荣誉的大局。切斯特·霍尔库姆（Chester Holcombe）是传教士、商人、美国驻华公使馆前秘书，他在 1904 年写道：“与我们的人口相比，中国移民历来就是一小撮人，微不足道，而我们对待他们的方式就好像充满了恐惧，如临大敌。在这个问题上，我们丧失了智慧，失去了全部的自我控制力，低看了自身的气度，对待每一个到来的中国人，就好像对待某种巨大而可怕
125 力量的化身，一旦登陆我们的海岸，我们就无法应对，或无法掌控。”[7]

反亚裔的积极分子轻易地反驳了这些暗讽。1905 年美国劳工领袖塞缪尔·冈珀斯（Samuel Gompers）在一篇文章中，指责亲华宣传人士是“卑鄙的逐利贩子”。他辩称：“我们不会假惺惺地用崇高理念为排斥中国人辩护……自我保护历来是第一自然法则。”[8] 此时，冈珀斯之流的言论淹没了霍尔库姆这些人的声音，支持中国移民的观点在反华声浪中渐渐消失。事实上，亲华的活动家也很少质疑人们对中国人的感性认识，即把他们描述为一个卑躬屈膝、腐朽堕落的异教民族。随着亚洲人逐渐退出种植园和修筑铁路的工作，转而从事小商贩和工匠的活动，资本家于是更支持政府实行严厉的流浪者监管法规。少数政客和学者仍然坚持认为，英语国家的宪法传统应该保障个人权利，且不分种族，但这种观念越来越受制于社会状况和理性化倾向，甚至受到直接挑战，有言论认为接纳中国人会不可避免地导致社会对抗，无论这种对抗是否正当，都必然导致种族的结构性四分五裂，从而破坏民主运行。因此，最好的办法是，从一开始就把他们挡在门外。

为此，专门设立了机构来执行普遍的排斥亚裔的法律条例，它拥有前所未有的权力，可以无视民主程序，由此成为解决种种执法难题的唯一手段。[9]因此，保护平等主义的社会，最终还是要靠“专制”机制，这种机制与那些进步民主国家声称厌恶的制度也没什么两样。然而，正如我们将在后续章节中看到的那样，程序上的技术细则和国际压力最终成为一种制衡力量，冲抵了大众立法的要求，从而保留了一丁点个人权利和自由交往。

征税和吨位制

早期限制中国移民的尝试并不具有特别的创新性，通常是将长期实施的移民活动监管方法调整为歧视性的策略。有时突发奇想地用检疫法规来阻止特定的一批中国人登岸入境。更系统的管控措施包括征税、实行许可制和颁布客运法，客运法条例按船舶吨位来限制搭载移民的数量，通常规定船主对搭载而来但被拒入 126
境的移民负责。这些法律条例能发挥切实有效作用的少之又少。歧视性的征税和就业法律条例也不断受阻、被废除，这既有宪法依据，也因为有条约保障自由交往权。但限制入籍、剥夺参政权的法律最为成功。基本观点是，共同体有权按自身意愿限定政治成员的资格，这与自治共同体剥夺外国侨民或亚洲人的法律平等地位相比，争议要小得多。涉及移民法的问题更难统一看法，因为这些问题处于个人权利、条约权利、社会治安和边境管辖的夹缝中，错综复杂，结果也证明，围绕这些问题的争论比其他歧视性法律条例的更为持久。

美国加利福尼亚州和澳大利亚的淘金地区是最早颁布实施排华法条例的地方（见表 5.1）。1852 年，加利福尼亚州对所有外国矿工都实行征税制，这可能是所有早期法律条例中最成功的（从限制主义者的角度来看）。对所有外国人同等征税的做法避免了违宪，但实际上，此类税收的 90% 来源于中国移民。1870 年之前，中国移民的税收占加利福尼亚州税收的四分之一。[10]1855 年，太平洋两岸都通过了相关法案，但都不太成功。美国加利福尼亚州对“凡不能成为公民”的乘客课以 50 美元的移民税，澳大利亚维多利亚殖民地设立了“华民护卫司”，将华人限制于隔离营地，后来改为收取年度居留费。维多利亚还对每一个抵岸的中国人征收 10 英镑人头税，并将船舶吨位载客量限制在每 10 吨

127 **表 5.1　太平洋地区有关中国移民的法律条例，1852—1888**

年份	地　点	法律条例	法律结局
1852	加利福尼亚州	对外国矿工征税	1870 年《民权法》使之无效
		船主若搭载不可归化的乘客到岸，须缴纳 500 美元保证金	1872 年被加利福尼亚州最高法院废止
1855	加利福尼亚州	50 美元人头税；搭载无公民资格的移民到岸者罚款 450 美元	1857 年被加利福尼亚州最高法院废止
	维多利亚	隔离营地	1859 年废除
		10 英镑抵岸税，且限船舶每 10 吨载 1 名中国乘客	1865 年废除
1857	维多利亚	居留税	1862 年废除
	南澳大利亚	10 英镑人头税 船舶限每 10 吨 1 人	1861 年废除

（续表）

年份	地　点	法律条例	法律结局
1858	加利福尼亚州	禁止蒙古人种入境	1862 年被加利福尼亚州最高法院撤销
1859	维多利亚	4 英镑陆路入境税	1865 年废除
1861	新南威尔士	10 英镑人头税 船舶限每 10 吨 1 人	1867 年废除
1862	加利福尼亚州	征收“每月人头税”以阻止中国移民入境	1862 被加利福尼亚州最高法院撤销
	美国	禁止美国公民参与“苦力贸易”	
1870	加利福尼亚州	禁止引进妓女和苦力	1874 年修订
	美国	禁止亚裔人归化	1943 年废除
1874	加利福尼亚州	某些移民需要保证金	违宪
	不列颠哥伦比亚省	华人被剥夺参政权	1947 年废除
1875	美国	拒绝重罪犯、妓女和亚裔契约劳工入境	被 1882 年和 1891 年的两个法案取代
1877	昆士兰	10 英镑人头税 船舶限每 10 吨 1 人	1884 年修订
1878	不列颠哥伦比亚省	征收季度税	1878 年被判违宪
1879	美国	每艘船限 15 名中国人	1879 年被否决
1881	新南威尔士	10 英镑人头税 船舶限每 100 吨 1 人	1888 年修订
	新西兰	10 英镑人头税 船舶限每 10 吨 1 人	1921 年废除
	南澳大利亚	10 英镑人头税 船舶限每 10 吨 1 人	1888 年修订
	维多利亚	10 英镑人头税 船舶限每 100 吨 1 人	1888 年修订

128

（续表）

年份	地　点	法律条例	法律结局
1882	美国	排斥华工	1943 年废除
1883	夏威夷	每年 2400 名中国人入境的配额及须持有返回护照	1884 年修订
1884	不列颠哥伦比亚省	禁止入境及实行注册制	1884 年被否决
	夏威夷	每艘船限 25 名中国人	1888 年废除
	昆士兰	30 英镑人头税 船舶限每 50 吨 1 人	1890 年修订
	美国	排华法得到加强	1888 年修订
1885	不列颠哥伦比亚省	禁止入境	1885 年被否决
	加拿大	50 加元人头税 船舶限每 50 吨 1 人	1901 年修订
	夏威夷	劳工不得返回	1893 年修订
1886	西澳大利亚	10 英镑人头税 船舶限每 50 吨 1 人	1889 年修订
1887	夏威夷	返回护照实行新规	1890 年修订
	塔斯马尼亚	10 英镑人头税 船舶限每 100 吨 1 人	1889 年修订
1888	澳大利亚各殖民地	一致规定船舶限每 500 吨 1 人	1901 年至 1902 年废除
	夏威夷	排斥所有中国人	1890 年修订
	美国	《斯科特法案》（*Scott Act*）禁止劳工返美	1894 年废除

注：该表并未包括 19 世纪 70 年代至 80 年代实施的许多针对非移民活动的歧视性法律。

1 人，比其他排华法的限制更严厉：香港客运法案规定每 2 吨可搭载 1 人，而同一年通过的美英客运法案规定每 5 吨 2 人。[11] 加利福尼亚州移民法很快被州最高法院判为违宪，以维护 1847 年美国最高法院对客运诉讼案的裁决。维多利亚殖民地的法律也很快被规避了，14000 多名中国人在附近的南澳大利亚桂辰湾（Guichen Bay）上埠，然后步行 500 公里进入维多利亚的金矿区。1857 年南澳大利亚殖民地同意实施一项类似的吨位载客量限制法，随后 1861 年新南威尔士也实施同样的限制法。于是，中国移民进入澳大利亚的旁门都关闭了。[12]

伦敦方面反对澳大利亚通过的几项法律，尤其是在 1860 年签署《北京条约》后，该条约赋予中国人出国旅行并与英国臣民交往的自由。1861 年，殖民地事务大臣纽卡斯尔勋爵向新南威尔士总督表示，英女王政府“不会对中国移民的独特性及其伴随的道德罪恶视而不见”。他反对诉诸歧视性征税或禁止入籍之措施，认为这是“不必要、不明智的”。吨位限制措施更可取，因为“要想阻止中国人移民的权利得到认可，那么较好的方式应是直接阻止中国移民抵岸，这比在他们到达后对其进行阻拦或骚扰更好一些”。除了希望遵守条约中的承诺之外，伦敦方面还对帝
国内部的种族关系持有一种更为世界主义的观点。中国人在澳大 129
利亚的存在本身并不令人反感，问题在于这一移民群体的特殊性，纽卡斯尔勋爵认为这与苦力贸易有关。他认为，吸引中国女性移民可以缓解中国移民的“道德罪恶”问题。让中国人归化也是可取的方式，因为那些选择定居下来的人都是最聪明的，而且“最倾向于接受基督教及其思维习惯”。如此做法可摆脱限制性移

民法的污名，人们认为这些法律“主要是出于一些人对中国人的嫉妒，他们担忧中国人作为劳工或生产者会与之竞争”。[13]随着淘金热的结束，中国移民人数相应减少，澳大利亚各殖民地在伦敦的压力下也做出了妥协。到1867年，大多数歧视性法律已被废除，伦敦方面认为结果“非常令人满意”。[14]

加利福尼亚人在歧视中国人方面更富想象力，花样百出。从19世纪50年代到70年代，通过的法律有：禁止所有“蒙古人种”入境，要求每月缴纳“治安税”，禁止蓄长辫，不许在人行道上挑扁担，对不使用马匹送货的洗衣店实行许可证制，要求宿舍达到一定的立方空间，禁止引入亚洲妓女和苦力，禁止加利福尼亚州法律特许下成立的公司雇用中国人，并规定所有中国人只能居住在城镇区之外等。几乎所有这些法律都被地方或联邦法院以违宪为由推翻，其中一些法案因为具有歧视性而被废除，另一些法案被撤销则是因为妨碍了条约和联邦政府对通商的控制。越来越清楚的是，任何法律想要成功，都必须在联邦一级颁布实施。在华盛顿的加利福尼亚州参议员们最终力促通过了1875年的《佩奇法》，该法禁止被定罪的重罪犯、妓女和亚裔契约劳工入境。对后两类人的排斥几乎在全州内实施，这项法律实际是从旧法规过渡到新的集中管控范畴，从保护当地社区免受道德邪恶威胁，减轻其负担，过渡到以种族和职业来界定集中管控的对象。

移民问题中的地方政治

在19世纪60年代自由放任的氛围中，反华情绪在整个太平洋地区有所消退，其时也恰逢中国移民出国率走低。但是，需要大批劳动力的铁路项目竣工，经济放缓，而中国人再掀移民热潮，这些因素都促使 19 世纪 70 年代反亚裔运动卷土重来，至 80 年代达到顶峰。当时北美和澳大利亚的工人运动都在相互借 130
鉴经验。[15] 尽管有着共同的起因和联系，但各地的具体政治结构影响着限制性立法的形式和时间。在距离边疆遥远的首都，国家政府更倾向于满足大企业和国际交往的需要。在移民热门的边境州和市，地方政府更关心的是保护白人劳工的权利和塑造他们的新生社群，而在昆士兰、西澳大利亚、纳塔尔和夏威夷地区，强大的种植园主利益使得反亚裔立法延后。[16] 在美国和加拿大，中央政府起初反对针对中国人的地方立法，但最终都在国家层面上推行排华移民法。在澳大利亚，排华立法在大多数殖民地政府中已扎根，彼此间协调排华法的愿望是澳大利亚建立联邦制的重要动力，也是从伦敦方面争取更多自治权的重要动力。无论是采用强制、巩固还是隔离的方式，国家的空间都与排华和自治的空间相互交融。

排华立法在澳大利亚东南部的新南威尔士、维多利亚和南澳大利亚等殖民地轻而易举地找到了立足点。在这些殖民地，中国移民是普遍存在的问题。殖民者尤其关心如何克服其囚犯出身所带来的耻辱自卑感，因此他们通常将中国人描绘成实质上的奴隶，使之与白人殖民者间的平等伙伴关系形成对照。[17] 到 19 世纪 70 年代，当地的殖民政治中一直充斥着这种情绪。伦敦相距遥远，无论英政府再怎么强调外交需要和法律面前人人平等，面对中国移民威胁的紧迫性，这种观点都变得黯然失色，无足轻重。昆士兰和西澳大利亚多由种植园主控制，他们抵制了第一次排华浪潮。然而，当昆士兰的金矿开始吸引大批自由的中国移民到来时，立法机构议员开始参阅 1876 年加利福尼亚州针对中国移民的调查报告。1877 年，昆士兰成为第一个恢复征收 10 英镑人头税并限制船舶每 10 吨载 1 人的殖民地。[18]

19 世纪 70 年代末，抵达澳大利亚各地的中国人增多，官员担心香港会将其罪犯转移到澳大利亚各个殖民地。1880 年，新南威尔士总理亨利・帕克斯（Henry Parkes）向澳大利亚各殖民地政府发出告诫，声称美国和其他国家都将制定排华法，这会使中国人迁往澳大利亚，而他们“在很大程度上受某种未知权威的束缚，并不是真正的自由者”。他征询各殖民地政府的意见，召
131 开一次殖民地会议，制定统一的法律来应对这一威胁。[19] 由于得知西澳大利亚刚通过了一项鼓励契约华工移民的法律，澳大利亚各殖民地于 1881 年 1 月匆忙召开了会议，并向伦敦的殖民地事务大臣提交了一份请愿书，建议他不要反对澳大利亚针对中国人的统一立法，强调“西澳大利亚政府（尚未成为自治殖民地，受伦敦方面直接控制）的行动违背我们这些殖民地的共同利益，不利于社会进步”。[20] 会议的结果是，新南威尔士、维多利亚和新西兰将在未来一年颁布新法律，规定中国移民入境须缴纳 10 英镑人头税，并限制船舶每 100 吨载 1 人。他们还威胁西澳大利亚，如果不废除引进中国劳工的法律，将终止与它的所有往来。西澳大利亚迫于压力，于 1886 年颁布了限制华工的法案。随后，塔斯马尼亚于 1887 年也颁布了限制法案。面对这种一致的排华情绪，伦敦方面只表达了温和的反对意见，而各殖民地则同意了

英国殖民地部的要求，不将英籍华裔列入限制范围。

不列颠哥伦比亚省也试图将其排华情绪转化为立法，但并不成功。加拿大各省根据 1867 年的《英属北美法案》(*British North America Acts*) 已实现统一。1871 年不列颠哥伦比亚加入时，它正是那几个与渥太华离心离德的省份之一。在渥太华，倡导自由贸易的人和大企业利益的支持者更倾向于在移民问题上听取伦敦方面的意见，而总督（由伦敦任命）可以提议否决省级法律。这项权力很少被使用，但当西部省份通过了歧视亚洲人的法案并干扰了省际铁路的建设时，总督行使了这项权力。[21]1864 年和 1872 年，不列颠哥伦比亚立法机构并未通过对中国移民征收特别税的法案，但 1875 年成功地通过了剥夺华人参政权的法案。随着更多中国移民的到来，1878 年又通过了一项对华人征收居留税的法案，但由于其歧视性内容违背条约承诺，渥太华否决了该法案。下议院的不列颠哥伦比亚省议员开始鼓动英国与美国合作，修改与中国的条约。[22] 加拿大政府回应说："就自治领而言，通过一项法律来防止世界某一个地方的移民到来，这将是一种史无前例的行为，与其他国家的政策不符。" [23]

1884 年，中国驻伦敦公使刘瑞芬反对不列颠哥伦比亚省通过的一项新法律，该法律拒绝中国人入境，强迫华人注册，并禁止他们在加拿大拥有土地。就在他提出抗议时，加拿大最高法院 132
已裁定这些法律超出各省的权限，总督已予以否决。司法部部长 J. A. 坎贝尔（J. A. Campbell）解释说，尽管《英属北美法案》规定，每个省都可以制定自己的农业和移民法律，但该权力是为了促进移民而不是限制移民。"阻止任何国家的人民进入某一个省的法律，不属于地方性或私人性的法律。恰恰相反，这涉及自治领甚至是帝国的利益。”[24]

不列颠哥伦比亚省立法机构虽然预计到最后会被否决，但仍通过了那些法案，其目的就在于，以此手段迫使渥太华更认真地对待地方省的不满情绪。[25]伦敦方面照会加拿大总督，殖民地部已表示不干预1881年澳大利亚的法律，认为这属于澳大利亚的内部立法。加拿大议会事实上还于1884年派遣了一个皇家委员会，调查不列颠哥伦比亚省和加利福尼亚州的情况。在此鼓舞下，1885年2月，不列颠哥伦比亚省满怀希望地通过了一项排斥中国移民的新法律，但该法律再次遭否决。加拿大司法部部长参考美国最高法院的裁决，坚称省级移民法干涉了自治领议会对通商的监管权。[26]然而，这一裁决并不是为了阻挠排华法，而是为自治领获得广泛的立法权铺平道路。随着主要铁路工程建设接近完工，议会在4月通过了一项法律，要求向华人征收50元的人头税，并限制船舶每50吨只能搭载1名中国人，但游客、商人、外交官、学生和加拿大居民除外。选择征收人头税而不是仿效美国式的排华法，部分原因是皇家委员会到访过美国，发现针对排华法的层层抗辩造成法庭成本高昂，可能相当于澳大利亚收取的华人人头税总额。[27]

就连夏威夷王国也在1883年开始限制中国移民，但种植园主主导着经济，王室成员又与中国人和种植园主双方都有着密切的私人关系，导致立法史颇为曲折。1875年夏威夷与美国签署了贸易互惠条约，该条约承诺将促进夏威夷蔗糖市场的繁荣发展，于是政府鼓励招募中国劳工。与此同时，来自加利福尼亚州的白人移民也越来越多，带来了他们的排华立场，他们说服夏威夷原住民，称中国商人和工匠会抢夺他们的生计。从 1883 年到 133 1887 年，夏威夷通过了一系列日益严厉的移民法，其中规定每艘船限载的中国人配额从 25 名减少到零，除非持有夏威夷政府签发的可返回夏威夷的护照。[28]种植园主为了补缺便开始招募日本劳工（后来还有菲律宾劳工、葡萄牙劳工和波多黎各劳工）。

政府还与支持种植园主的官员合作，制定出新的法律，将种植园的社交圈与广泛的社会群体完全分离开来。1889 年，内政部部长、外交部部长和财政部部长提交了一份请愿书，以一种渐进的排外主义语气开宗明义地声称：

> 一个不言而喻的命题是，如果社会人口由少数富人和大量无知的非选民外国人组成，那么就不可能有什么代表性的人民政府。在这种人口构成中，寡头政治不可避免，极有可能使夏威夷群岛落入某个外国的控制中。有一个明智的中产阶级的存在，对每个主张自由政府的国家都至关重要。[29]

有些人认为中国人应与其他人一样有权进入夏威夷群岛，对此他们补充说：“在夏威夷，或任何其他国家，一个人不一定会被赋予所有权利，不一定拥有其他人都有的权利，除非与其所属国订立了条约，保障他得到这些权利。”然而，种植园主对中国劳动力的需求不容忽视。请愿书提出了一系列新的法律，这些法律于 19 世纪 90 年代颁布，限定每年引进的中国移民配额，并将这些劳工直接送往有需求的种植园，规定他们在合同期满后须返回中国。1892 年的宪法修正案还禁止华人从事工商业。这种管控十分有效，香港甚至同意放宽对契约劳工前往夏威夷的限制，认为这些劳工的“自由”在夏威夷可以得到很好的保护。[30]

《安吉尔条约》①

与渥太华一样，华盛顿特区远离太平洋沿岸的喧嚣排华中心，而又与伦敦一样，是一个直接与其他国家打交道的独立国家
134 的首都。那里的政客们经常沉浸于废奴的理想主义中，并不总是支持排华运动。1868 年的第十四修正案禁止任何州制定法例来剥夺“任何人”的生命、自由、财产或受法律平等保护的权利。1870 年的《民权执行法案》(*Civil Rights Enforcement Act*) 具体规定，对美国“管辖范围内的任何人”实施歧视性征税、许可证管理、惩罚和征收移民税，均为非法。[31] 但到了 19 世纪 70 年代末，西部各州在竞争激烈的全国大选中成为越来越重要的摇摆州。任何一个政党若不充分支持排斥中国移民，都不可能指望得到西部的选票。[32] 因此，华盛顿的政客们不得不在履行国际义务和理想主义信念与支持民众排华的压力之间寻找平衡。

在这些国际义务中，最相关的是 1868 年与中国达成友好通商的《蒲安臣条约》(*Burlingame Treaty*)，该条约保证“民人前往各国，或愿常住入籍，或随时来往，总听其自便，不得禁阻为是，现在两国人民互相来往，或游历，或贸易，或久居，得以自

① 即 1880 年的《中美续修条约》。

由，方有利益”。国务卿威廉·西华在《纽约时报》上解释该条约时，表达了他对统一往来必要性的认识：

> 中国人向美洲（大陆）自由移民是两国贸易和通商的基本要素。中国移民到美洲大陆将有助于增加所有西方国家的财富和实力；同时，中国剩余人口向外迁移，将在很大程度上扫除目前阻碍西方艺术、科学……宗教进入中国的绊脚石。[33]

在另一边，排华积极分子则认为《蒲安臣条约》的移民条款是“叛国”，这种立场使选举政治越来越与国务院及其他行政部门的关切相对立。1878 年大选后，新一届国会取得的一个最初成果就是通过了一项法案，规定每艘船搭载中国移民不得超过 15 人。总统海斯（Rutherford Hayes）否决了该法案，并解释说，国家的荣誉有赖于信守条约。但他确实提出：“可能需要更周密的方案来取代《蒲安臣条约》的简单条款。”[34] 订立新条约便是答案。同年初，驻华公使乔治·西华（George Seward，威廉·西华的侄子）曾向国务卿威廉·埃瓦茨（William Evarts）
汇报说，如果美国要否认“民人前往各国，或愿常住入籍，或随 135
时来往，总听其自便，不得禁阻为是”，至少应该与中国商讨，以体面的方式进行。[35]1879 年 2 月，驻上海领事官贝利呈交了关于中国苦役制的文章及《大清律例》的译本。在此推动下，埃瓦茨开始着手准备一项新条约，他向新近设立的中国驻美公使馆表示，中国一直未信守自由移民的规定。他援引清朝刑律，“凡谋叛（谓谋背本国潜从他国），但共谋者，不分首从，皆斩”，以此向中国出使美国副大臣容闳证明。容闳回答说，这与移民无关，而与叛国和谋反相关。[36]但总理衙门还是同意了就新条约展开谈判，其中原因是，清朝出于其他政治目的而希望限制移民。

正如埃瓦茨轻易地就将移民问题与背叛国家混为一谈所表明的那样，该条约的特点就是将传统认知应用于现代移民的新过程中，由此制造模糊性。条约准许排斥劳工，但允许商人、学生和官员自由迁徙；不管怎样，条约并没有明确界定这些人的类别。在之后二十多年时间里，这些标签及产生这些标签的谈判一直是争论的焦点。由詹姆斯·安吉尔（James Angell）率领的美国代表团开启了谈判，他们运用埃瓦茨的策略，将外国人在中国境内行动受限与中国人在美国境内享有充分行动自由进行对照。代表团还强调，《蒲安臣条约》的条款只适用于“愿常住入籍”的移民。美国谈判官员炮制出中国寄居者的形象，将他们与流亡者相比照，而流亡者属于国际法保护的对象。美国人声称，中国移民若只想在美国临时寄居，就不应享有条文中给予永久居留者的特殊待遇。“所有其他移民来到美国的目的明确，就是携带妻儿常住入籍，在一代人的时间内便完全融入其归属国。”[37]

虽然辩论主要围绕着契约移民展开，而这正是中国最关切的问题，但中国方面在某种程度上更关心移民当时的实际状况，而不是移民在国际法中的表述。中国代表团坚称，前往美国的中国人不是被绑架、胁迫或受契约所限，而是“像大雁一样自由地飞翔到了那里”。中国代表团还称，中国人在加利福尼亚州兴
136 建“百业”，他们的廉价劳动力对所有美国公民都有利。但眼下，由于“乌合之众”“暴徒”和“爱尔兰党”的影响，美国想要限

制中国人。[38]美国代表团官员反驳说，美国政府“有权自行评估自己政策的目的”。[39]中国方面没有在此问题上施加压力，因为他们也倾向于认为，限制移民是减轻反华情绪的最佳方式。事实上，这也是他们自己在中国境内限制外国人自由流动的逻辑。

美国代表团也不再明确界定什么人属于移民，而是提议禁止所有中国人入境美国，除了“在现有条约中提及、授权和规定的传教、贸易、旅行、学习和游历人等”。中国方面表示反对，认为这是不切实际的，因为“以此方式将这个类别的人群与中国广大属民区分开来，完全不符合我们签订的条约精神”。但这个问题并未得到实际解决。[40]中国人还指出安吉尔委员会的语义混乱，时而要求监管、限制中国移民，时而又要求暂停或禁止中国移民入境，捉摸不定。中国方面强调禁阻中国移民违反了现有条约，因而只能同意暂停华工前往加利福尼亚州，不接受禁止他们前往整个国家。这种暂停措施只应在中国通商口岸实施，而不适用于可能从中国以外的地方前往美国的华人。美国代表同意仅采取临时性限制，但强调需要在美国口岸进行管控。不仅是因为大多数移民是从香港离境的，而非从中国内地，而且因为“如果管控移民由中国方面负责，那就必须制定完备的规章制度，在每个通商口岸任命专事官来执行这些规定。若地方官员未能执行，那就会引起两国政府之间的纠纷”。[41]

1880年11月签署的最终条约同意暂停中国移民前往美国各地。安吉尔委员会建议国会在其立法中使用条约里“中国商民如传教学习贸易游历人等”字眼，允许这类的中国属民前往美国，但委员会表示劳工类别仍不好确定。[42]中国方面坚持认为“劳工”

不应包括工匠，但在谈判中没有提及专业人士、制造人员、办公人员、家庭成员或其他介于劳工与商人和教师之间的从业者。至此，出台新移民法的道路已经铺平。美国总统阿瑟（Chester Arthur）否决了1882年4月4日的最初法案，理由是“很不民
137 主，与我们制度的精神格格不入”，而且违背了安吉尔谈判的“诚意”。特别是，他反对条约中二十年的期限，因为这远远超出了“临时”的限定，反对排斥“技术劳工”，也反对对华人居民实行注册制。他还反对非劳工类中国移民获得护照后才能自由旅行，认为这些规定在欧洲已经慢慢失效了，“广泛的经验表明，这种预防措施是多么的徒劳无功，居心叵测者可以很容易就借用、交换甚至伪造护照”。[43]1882年5月，新版本的《排华法案》最终获得通过，该法案没有规定中国移民必须注册，其有效期定为十年。

分类混乱

制定移民法律条例是一回事，实施这些法律条例又是另一回事。美国第一部排华法是一部无效且充满争议的法律。总统阿瑟对国际纷争和国内困境的担忧大部分都成真了，在《排华法案》生效的头六年，入境的中国人数量并没有显著减少。仅在1888年，至少有18275名中国人离开香港前往美国，只有淘金潮早期和法案出台之前的三年曾超过这一规模。1898年，纽约华人事务检查官托马斯·沙夫（J. Thomas Scharf）声称，《排华法案》的实施“证明了限制性立法并没有限制效果”。[44]

实施排华法的尝试很快在美国法院受到了挑战。许多法官对移民的基本类别感到困惑：哪些人属于被禁止入境之列，哪些人属于被允许入境之列。如何将传教士、海军军官、商人的妻子、戏曲演员、簿记员、杂技演员、厨师、地主和厂主分别归入劳工、商人、教师、学生和旅行者这几个不太全面的类别，这一点也不是很清晰。例如，1882 年，商店经理兼洗衣店老板李益（Lee Yik）以商人身份入境，但他没有《排华法案》第六条规定的由中国政府签发的证件，可以证明其豁免身份（阿瑟提到的“护照”，也就是 1884 年修正案之前第四条规定的证件，1884 年修正案将该条款移到第六条）。俄勒冈州巡回法院法官格林欣然认可了加利福尼亚州早些时候的裁决，即鉴于国会不希望推翻国际条约中的承诺，该证书不是入境的必要许可证，而是“提供了一份无谓的证明”，仅仅是“为了豁免人员的利益和安全”。更让格林困惑的是，李益是否真的属于可豁免的类别。他认为，劳工 138
不仅指做体力工作的人，还是现代工业社会中社会关系语境下的产物：

> 社会上的两大阶级在工资问题上似乎一直彼此对立。我们与中国签订的修订条约涉及移民，其中包含“劳工”一词，它牵涉输入的中国人与工资之间的关系，并且这种关系对那些赚取工资的美国人产生了或可能产生影响。根据本法规和本条约，劳工是指自主或受雇从事体力劳动的劳动者。体力劳动是定义的核心。契约合同也是如此，无论写明了还是暗示的，都是指雇主要向

> 受雇者支付工资，换取劳动……体力劳动本身是一种商品，如果没有对体力劳动者进行（至少是）临时的或有条件的安排，就不存在体力劳动。因为体力劳动者可以说是一个整体，是一个将体力劳动注入其内的载体。法律上的主仆关系必须得到确定，否则就不存在劳工。一个在自己的生意中自食其力的人不是劳工，但如果在他人的生意中出卖劳动或受雇从事劳动，他就是劳工。[45]

格林裁定，既然李益只从事经营商店的脑力劳动，就应该允许他自由出入境。同样，法官马修·戴迪（Matthew Deady）裁定演员不属于劳工，《排华法案》的目的是减少与美国劳工的竞争，戏曲演员“似乎是最不可能产生这种竞争的人”。[46]两人都回避了一个问题：如果移民的身份只有在美国社会关系的语境中才能完全体现出来的话，中国官员如何能判定他们的类别。

然而，1883 年，霍夫曼法官拒绝准许一名 17 岁男孩入境，该男孩持有家族雪茄厂的股份，前来帮助经营工厂。霍夫曼认为，仅仅因为某人在一家企业中占有一小部分股份，就给他贴上商人的标签，这会为各式各样的非商人身份者敞开大门。然而，他对自己的裁决甚感不满，于是建议起诉人向最高法院上诉，以获得更明确的裁决。他后来评论道：

> 139 我不知道一个 17 岁的男孩应该属于什么类别。如果非要选择一个类别的话，他可能是个商人。他当然不是一般意义上的劳工，但目前看起来他是要进入一家经营多年的商业公司工作……也许这个建议会有一定的作

用，尽管他不属于劳工，可能也不是商人，但他应是一个本国居民家庭的成员，因此应该被准许到这里来。[47]

世界各地都存在人员分类问题，彼此间大同小异。到 1909 年，当加拿大提出新的排华立法建议时，移民局局长拒绝将已明确定义为商人类别的人包括在内。他提到美国立法中不符合实际的定义产生了诸多问题。他称："我们正在努力界定那些不可能搞清楚的类别，还有过去一个世纪中曾多次在英语世界的法院里引起争议的类别。"[48] 由于中国商业社会的"特殊性"，这个问题更令人困扰。"他们所认为的'商人'与我们所接受的这个词的含义，还有对从事卑微职业的人的认定，这之间存在着如此宽泛和不确定的层级。"[49]

妇女和儿童也没有进入被排斥的类别中。在美国《排华法案》实施的头两年，妇女被准许入境与丈夫团聚。但在 1884 年修正了《排华法案》后，财政部要求女性必须按照自己的资格条件申请第六条款规定的证件。用巡回法院法官菲尔德的话说："法律对配偶双方团聚的假定不在限制性法案的适用范围内。作为一个独一无二的人，她就必须被视为独一无二的个体。"[50] 为华商辩护的律师们在向总统阿瑟呈交的一份请愿书中抱怨道："中国政府能向妻子们发放什么证件呢？证明她是女性的证件？这大可不必，因为是一目了然的事实。"[51]1889 年，马修·戴迪推翻了这一裁决。他在提到准许商人带家仆入境的条款时称，认为《排华法案》旨在排斥华人家庭成员是一件很荒谬的事情。"为什么没有明文提及（家庭成员）有权获准入境，原因在于妻

子和孩子是随丈夫和父亲定居的……一方的陪伴与另一方的照顾和监护是他的自然权，都不应该被剥夺，除非国会这样做的意图
140 是明确无误的。”[52] 妇女和儿童的身份取决于丈夫的身份，因而家庭附属于个人，成为移民管控的主要对象。戴迪的裁定基于“自然权”的理念，但这个裁定及其他试图界定移民类别的做法，很少基于什么共识或普适性理由，都是那些希望掌握交往权的人与那些主张社区自我保护的人之间进行政治和法律斗争的产物。

规避与惩罚

即使对《排华法案》的含义达成了相对广泛的一致意见（如1888年后澳大利亚的情况），它施行起来也仍然困难重重。在太平洋地区，偷越国境，伪造文件，缺乏有效制裁，维持边境治安难度大，执法权分散，行贿贪污，执法不能持之以恒，管辖权相互冲突等，都阻碍了法律的实施。移民证件很快成为太平洋两岸的稀缺商品。伪造和篡改的证件几乎在原件一经签发时就出现了，而原件在持有者去世后或永久返回中国后就被出售，在很长一段时间内继续使用。[53] 移民官员很难分清中国人的相貌差别，这使得操作起来更为容易。对外表特征的描述往往模糊笼统，很不全面，比如只写“性格开朗”“在此地有名气”“宽脸”和“扁鼻子”等。[54] 甚至连照片和指纹都很难分辨。[55]

在澳大利亚，真真假假的入籍证明可做交易，很快就帮助了一大批移民入境，其数量达到1881年以前的水平。持有入籍证明进入维多利亚的中国人从1882年的317人增加到1885年的

1178 人，超过了自 1855 年以来任何一年的入籍总数，约占所有
签发证件的一半。[56] 后来悉尼的海关税务官员开始认真贯彻禁止
中国移民入境的规定，除非他对入籍证明感觉“完全满意”，认
为它无懈可击，才准许持证者入境，这样才使得中国移民入境人
数减少。[57] 在加拿大，到 1892 年当地官员共没收了 121 张伪造
的离境证件。商务部部长抱怨说，他们“在中国内地的主要口岸
及香港公开地把证明文书当作商品买卖”。[58] 在美国，开办假公
司，建立空头合作伙伴关系，就是为了让公司成员拥有商人身份
资格。1916 年，一家此类合伙公司允许个人注册为合伙人，投
资额仅为 200 美元。每当公司成员需要开证明来申请一张商人回
程证件，或申请家人来美团聚时，都需要向合伙公司支付 35 美 141
元。如果某一位成员不想申请自己家人来美，他可以随意将自己
的名额卖给朋友。[59]

证明签发和验证的监管机制远远赶不上形势。特别调查官斯波尔丁（O. L. Spaulding）于 1885 年进行的一项调查发现，旧金山在早期实施《排华法案》的过程中就出现了严重漏洞。海关人员很快就被评估申请人、填写表格、誊写副本和归档之类的工作搞得焦头烂额。缺乏责任感导致了行贿受贿、工作敷衍了事等状况。一些商人离开前将照片存放在海关，以便他们返回时海关人员可以使用，但斯波尔丁怀疑这些照片是否有助于区分相貌看起来都十分相似的人。[60] 不同口岸的海关都遵循各自的程序，有一些海关断然拒绝接受其他地方的程序和规则。[61]1887 年，许多海关仍然没有记录他们签发的证书。中国人利用这个机会，在几个不同的口岸申请证明，或者是干脆从海关窃取尚未签发的证明，

然后卖给新移民。[62]

很难实施制裁。立法主要是对移民承运商施以处罚，包括罚款并承担遣返费。澳大利亚官员甚至试图要求船长为在港口跳船的中国海员缴纳人头税。[63]但无论随后的立法修正案如何加强制裁措施，最终都徒劳无功。航运公司是最早抱怨这些新法律的公司之一，认为这种做法只会将中国贸易拱手让给其他国家的竞争对手。现金罚款很少得到执行，除非能证明承运商确实存在疏忽，这样的情况很少发生，而承运商需要为被拒入境的移民承担的所有费用，很容易就能通过提高船票价格收回。官员们意识到，船长根本无法确定官方文件是否有效，因而只希望他们能确保移民至少携带一些文件在身（对于那些持有效入境申请但没有文件的移民来说，这是一个问题）。加拿大移民局局长在 1892 年写道：“过于仔细地审查所提交的证件是否有效，显然不符合船运公司的利益。”[64]

在加拿大和澳大利亚，如果移民人数超过吨位载客量限制，那么这些移民是否会遭到遣返——尤其是在移民愿意支付登陆税的情况下，这些问题尚不清楚。悉尼的海关税务官员担心，不征
142 收人头税只会鼓励移民跳船，他在 1886 年得出结论，“吨位载客量限制条例起不了作用”。[65]加拿大移民局局长承认，肯定有超额搭载乘客的现象，这些乘客甚至还试图使用假证件，他认为，大多数乘客都受到了移民掮客的欺骗，这些掮客向他们保证，他们所持有的证件都完美无缺。在这些情况下，被遣返“在大多数情况下意味着彻底毁了无辜的一方，他们好不容易凑够钱来到加拿大，而且……他们真的为此交了这笔钱”。[66]他还指出，大部

分伪造证件出自香港，目前还不清楚是否可以根据香港法律或加拿大法律起诉伪造者，因为这些证件并没有违反香港的法律，而实际的伪造行为又没有在加拿大进行。

加拿大海关官员对自身制度深感失望，19 世纪 90 年代他们研究了美国的方案，然后改革了自己的制度，废除了所有当时生效的证件，而使用新证件，并为此建立了更有效的问责制和信息交互参照系统，参照信息只存储在政府办公室，不允许中国人自己掌握。但美国提供的模式也基本无效。1900 年，两国的官员仍在抱怨执法是多么的困难，因为法规和法院裁定相互矛盾，定义也不明确，让制度外的人遵循官僚程序还有很大的难度。即使努力使程序更加系统化和明细化，厘清法律条文，也会使整个过程变得更加奇怪，难以操作。例如，许多传教士为中国留学生提供了证明身份的文件，但海关官员抱怨说："要获得一份措辞符合法案要求的文件来证明申请者的资格很不容易，因为很少有传教士真的了解需要什么样的内容。"[67]

边境的复杂性

陆地边境巡查缺少基础设施，其难度可与口岸移民管控在组织方面的种种困难相提并论。特别调查官赫伯特·比彻（Herbert Beecher）在 1887 年写道，美国的《排华法案》"是在没有掌握实际情况下制定的。这项法律显然更多地为加利福尼亚州而制定，完全没有考虑到或不了解我们所在的华盛顿地区的情况，它与不列颠哥伦比亚省很相近，具有能让移民规避限制法案

的天然优势”。[68]一时之间，西北部蜿蜒穿过加拿大边界的小径，
143 在阿拉斯加海岸过冬、夏天在加拿大穷乡僻壤辛勤劳作的中国人，还有经常从墨西哥北部越境到美国销售农产品的中国菜农，这一切都变成了问题。[69]海关官员不停地处理应税货物的走私问题，但这完全可以由主要运输线路上的沿线关卡来进行控制，实际上大部分承运商都支付了关税，就是为了使用口岸的基础设施。正如特别调查官斯波尔丁所解释的，“那些有头脑、有行动力的中国佬还是很容易被偷运或自己偷渡到本国来”。[70]此外，口岸对待中国人一丝不苟，决不让他们钻空子，对每一个人都要进行单独盘查和身份识别。

海关官员指出，19 世纪 80 年代，每年都有成千上万的中国人经由旧金山过境前往墨西哥，但只有四五千名中国人是留居在墨西哥的。海关官员声称，许多人已越过边境回到美国，而其他人就在路途中跳火车逃离或由他人假扮替代。财政部尝试了多种方法来阻止这种情况发生：要求过境乘客提交担保，派遣警卫陪同乘客，或者完全取消过境权。各种监管办法都未能阻止这种规避行为，而取缔过境权的做法也被废止，因为中国方面抗议这是对自由迁徙权的侵犯。[71]与此同时，由于铁路线延伸到加拿大和墨西哥各地，不定期轮船航线跨越所有的国际边界，行驶于加勒比地区内，这些交通运输的发展促进了走私偷渡路线的迅速扩展，监控和禁阻机制远追不上这一发展速度。[72]

管控跨境迁徙需要国际合作，这使问题更加复杂。19 世纪 80 年代末，美国海关部门在维多利亚和温哥华派驻了华人事务专员，以检查抵达的中国人，但这并不能阻止他们随后在前往

美国边境的路上被人替换。1890 年 10 月，美国国会通过一项决议，开始与加拿大和墨西哥谈判，以阻止劳工进入美国。[73] 索尔兹伯里勋爵承诺会关注这一问题，但墨西哥并不配合，我行我素。美国国务卿詹姆斯·布莱恩（James Blaine）要求美国大使向墨西哥官方转达，英女王陛下“不可能没有意识到，如果对进入两个邻国口岸的中国人应用不同的法律，将会带来严重困扰”。但墨西哥就是“没有意识到”这种困扰。[74] 墨西哥驻华盛顿大使回应说，墨西哥宪法保障每个人自由进出共和国及在其领土上旅行的权利，无需护照或安全行为证明。[75] 虽然在接下来的二十年 144
里双方进行了间断性的磋商，但美墨之间始终未达成任何协议。1892 年，美国驻加拿大总领事也报告说：“自治领政府不愿承担责任，执行外国政府对其他国籍的人进入其领土而采取的限制措施。”[76] 最终，加拿大铁路公司比政府更唯命是从。这些公司由于担心美国会关闭陆路边界，在 1894 年同意让中国人先交付保证金后再将他们运送到边境地区，而加拿大政府则允许美国官员登上火车进行检查。[77]

“从哪国来就逐回哪国去”，这也是一个棘手的国际问题。1885 年后，试图从加拿大前往美国的中国人孤注一掷，销毁他们的人头税证明。如此一来，如果他们不缴纳新的人头税，加拿大就会拒绝接收他们。因此美国官员很快放弃了将中国人遣返回加拿大的做法。[78]1888 年，随着美国强化排华的法律条例，中国人入境加拿大的数量急剧增加。加拿大官员承认，中国人进入加拿大主要是为了跨境偷渡，并开玩笑说，“我们拿到了钱，你们得到了中国佬”。[79] 在墨西哥边境被抓到的中国人干脆称自已是墨西哥居民。他们被遣返回墨西哥后，过几天又会再尝试偷渡。[80]1891 年，美国财政部试图解决中国移民跨越南北方边境的问题，方法是将中国人遣返回中国，如果被遣返者称他们是中国以外某一国的臣民，那他们自身要进行举证。这种决定产生的一个后果是，不仅遣返费用高昂，而且一些中国人还故意争取遣返，这样就可以免费回家。[81]1910 年，美国官员抱怨说，加拿大铁路公司允许已有担保的中国人支付 500 元的加拿大人头税，一旦在美国边境被拒，他们可以折返加拿大，但之后这些人很容易就秘密越境入美了。因此美国官方要求铁路公司将被拒入境的中国人遣返回中国。但加拿大政府回应说，这些中国人已经履行了法律义务，铁路公司没有责任遣返他们。[82]

权力斗争

国际和国内围绕管辖权的斗争也阻碍了执法。这些矛盾冲突在美国表现得最为激烈，因为其排华法律条例最为复杂，执法机
145 构也最为分散。执法责任分由多方承担，各口岸海关官员互不协调，负责释法和审理上诉案的州和联邦法院意见不一，还要求中国官方机构向豁免类别的中国人签发第六条款中的证明。随后的法律要求美国领事官对第六条款证明实行签证制（1884），并要求国内税务机构签发注册证（1892）。各阶段的执法人员都难逃媒体、上级官员的批评和彼此之间的指摘。解决这些问题的努力，往往导致官员们在细枝末节或技术性问题上纠缠不清。

海关部门和法院之间在程序和释法上的分歧是最棘手的矛盾

根源。移民机构将举证责任推给中国人，让他们证明自身拥有入境的资格。但移民获准针对不利裁决向联邦法院提出上诉，而法院的无罪推定原则又将举证责任推给了政府。因此，在法庭上，华人可以是美国公民、商人、曾经的居民或者他 / 她声称的任何身份，一切都须等到政府官员能够提供无可争议的证据来证伪。这样的证据通常难以获得，而且被拘留在口岸的中国人很快学会了利用人身保护令。从 1882 年到 1891 年，在加利福尼亚州共递交了 7080 份人身保护令申请，其中 85% 以上的人获得了自由。[83] 在内地被捕并被判遣返的中国人也经常被法院释放，因为政府无法收集到他们非法入境的无可辩驳的证据。[84]

执法机构自相矛盾的问题延伸到了中国。起初，中美之间的分工看似简单。1882 年，美国驻港领事官约翰 · 莫斯比（John Mosby）代表跨太平洋航运公司致函驻北京公使杨约翰（John Young），请求他查询中国政府对于地方官员向豁免人员签发证明所作的相关规定。[85] 莫斯比还表示，根据 1862 年法案，他须负责检查美国船只，以确保移民出国没有违反其意愿，既然新法案已取代了旧法案，希望监控移民活动的事情不再是他的职责。[86] 美国国务卿弗雷德里克 · 弗里林海森（Frederick Frelinghuysen）确认，该法案没有赋予领事官任何相关职责或权力，而且第六条款证明的签发完全由中国政府自行决定。他解释说，美国政府“不了解那里的运作情况，实际上，官方层面上说，也不清楚中国口岸有哪些地方机构”。[87] 杨公使回复说，他
不想跟中国官员讨论这个问题，因为这可能是一个很敏感的“小 146
问题”，会使人们分散对外国人在中国口岸的条约权利这一“严

重问题”的关注。[88]

到1883年初，中国确有签发证明，相关做法基于监管契约移民的规章制度，要求移民须携同一名可靠的人前往地方当局报备，以便为其担保，并保证移民有足够的旅费，是自由自愿地出国。[89]1883年，广州贸易监督一共颁发了1141份第六条款证明。加利福尼亚州法院拒绝对此类证明案提出争讼，因为无法得到确切的反证，而财政部则不得不将这些证明视为初步证据，但对持证人的商人身份是否属实仍持严重保留态度。[90]旧金山海关抱怨说，驳回第六条款证明只有一条路，那就是“出现了各相关方在回答其居住地和工作性质等问题时说法不一、自相矛盾的情况”。[91]加利福尼亚媒体很快便议论纷纷。旧金山海关税务官员沙利文（E. L. Sullivan）无奈地说，他面临两方面对立的压力，一方面是大众媒体要求拒绝承认所有的中国证明文书，另一方面是法院和中国领事官要求承认证明文书，使得他左右为难，束手无策。[92]当中国政府决定在11月10日之后不再签发证明时，问题的迫切性得到了延缓。[93]

美国法律中没有规定哪个部门有权为居住在美国的劳工签发返美证明。1882年6月，国务卿弗里林海森对财政部部长查尔斯·福尔杰（Charles Folger）说，由中国领事官协助签发返美证明不失为一个好办法。[94]福尔杰将这项建议转告了沙利文。沙利文表示反对，认为“公众对法案的实施非常关注，如果发现本海关玩忽职守，没有严格执法，或者看起来好像本海关被中国领事馆或华人‘六大公司’主导，那很容易演变成一个具有重大意义的政治问题”。[95]沙利文认为，中国领事官并不想协助办理签发证明的事务，只是要将监督和管控的权利掌握在自己手里。[96] 最终，他还是同意接受由中国领事馆签发的证明作为身份证件，但不像中国总领事所希望的那样，将证明作为一项必要规定。

中国驻旧金山领事馆还为希望返回中国的当地商人签发了证明。这不是法律规定的，只是为了方便再入境。1884 年初，当美国海关开始主动签发自己的证明时，领事馆颇有微词。海关税务官员解释说，他并未签发商人证明，只签发了劳工返美证明，147
不论申请者是什么身份。他说，只有“中国人的总领事，才分得清不同属性的华人居民”。[97] 财政部部长福尔杰认为，既然领事官的商人证明是在中国政府授权下签发的，那么应该予以承认。福尔杰援引了格林法官的一项裁决，即这些证明都只是初步证据，他说，为了方便起见，海关也可以签发自己的证明，美国领事官也可以在中国没有派驻领事官的国家签发证明。但权力和责任的分散也意味着，海关税务官员不必仅凭此证明就准许中国人入境，这一决定使得中国官员和美国领事官在他们签发的证明和签证被拒时都会感到恼火。[98]

1884 年排华法修正案规定，第六条款证明上须有美国领事官的签证，这是入境的必要条件但不是充分的条件。证明本身是否只能由中国官员签发，这一问题一直模棱两可，没有定论。旧金山海关税务官员哈加尔（John Hager）不承认美国领事官和中国领事官签发的证明，并坚持要求所有中国人必须返回中国获取证明。他指出，如果规避入境限制的情况继续存在，那么黑帮暴力就难以避免，因此“政府应该尽一切努力确保法律得到忠实的履行”，[99] 而不是放松法律限制。他的上级部门和法院却不以为然，迫使他接受在没有中国常驻官员的地方由美国领事官签发的证件。[100] 但驻香港领事官莫斯比拒绝接受 1884 年 12 月 4 日财政部发出的通告，该通告责令海关官员接受美国领事官签发的证件，莫斯比称财政部无权将额外责任强加于他。[101] 其他领事官则拒绝签发证件，因为担心海关官员会拒绝承认。驻不列颠哥伦比亚省维多利亚市的美国领事官认为，“我拒绝向眼下正在申请入境旧金山的中国人签发证件，以免破坏领事馆的名誉，这是一种谨慎做法”。[102]

修正案还加强了对伪造证件及冒名顶替的涉案人员进行惩罚和遣返的力度。中国驻美公使郑藻如表达了不满，认为跨越美国边境不是犯罪，而且惩罚违反了双方条约。他强调：“在地球上就找不到其他什么地方会有这种立法。”[103] 美国政府没有迅速做出回应，但 1886 年美国国务卿托马斯 · 贝亚德（Thomas Bayard）向郑藻如坦承，法律的第六条款“含糊不清且有缺
148 陷……尽管目的在于履行两国条约中关于豁免人员自由出入境的规定，但它设定了一种程序，使得在某些情况下申请者即使有豁免身份也几乎行不通”。[104] 他提及国会正在讨论的一项法案，该法案将以船舶吨位载客量限制中国人入境，不分商人或劳工。该项法案后来一直没有通过。

这就是 19 世纪 80 年代中国移民法的执行情况——混乱不堪且充满争议。到了 1904 年，波特兰的华人事务检查官巴伯（J. H. Barbour）将《排华法案》描述为“一连串补丁，这些补丁一层又一层，一个法案接一个法案，一个条约再一个条约，一个法规连一个法规，覆盖在我们社会结构体的屋顶上。虽然做了

所有这些修补，但屋顶仍然漏水，而且这真是一件不光彩的事情”。[105] 这种修修补补的做法反映了国内和国际执法方面的许多挑战，并为世界各地后续法律的发展制定了标准。第一步就是旗帜鲜明地主张管控移民是单方面的主权国特权，从而排除中国官员的干预，随后通过改革逐步限制法院、公众压力和律师的干预。界定清楚政府权力的范围，并限制所有不属于政府权力范围的人员干预，这样才有可能明确移民各类别的基本定义，并更好地迫使移民遵从这些定义。

第六章
文明与边界，1885—1895

149 到19世纪70年代，移民已经从商品转变为人。这种转变部分基于个人权利不可剥夺的信念。但几乎就在移民被视为人之时，他们的权利来源就被剥夺了，重新分配给了国家。起初，这种重新配置缘于交往理念不断扩大和中央集权更好地管理交往的需要。但随着国家权力的日益膨胀，它很快就超出了交往的需要，而正是相互间的交往滋长了国家权力。到了20世纪，世界各地白人移民国家的法院和政治家在讨论移民问题时不再提及条约权利和交往的必要。相反，他们宣扬主权国在移民管控上单方面的特权，用传统的民族意识和自我保护的普适权来粉饰他们的新主张。从相互交往中成长起来的国家权力得到巩固，日渐成熟，并开始自行其是。

19世纪80年代试图限制中国人迁徙至白人移民国家的举措再度兴盛，这是这一转型过程中具有深远影响的事件。新法律越来越重视对国家边境的管控。但在1885年至1888年间，中国人入境后遭受的对待引发了一场涉及中国移民的重大国际危机。这场危机的余波，导致那些声称建立在自由原则基础上的国家都首次明确主张，全面管控移民是一国单方面的权利。美国大法官和外交官率先提出了这一新主张。与英国殖民地的政客不同，美国外交官无法隐藏在错综复杂的帝国体系背后。他们必须在与中国人及后来与日本官员的关系中考虑自身行为的后果。由此，他们制定了管控移民的原则，这些原则日后塑造了后帝国主义时代的国际秩序。这些原则的一个关键点是，将入境权与外国人的权利 150
分离，并将国际秩序的源头从国家间的交往转向国际礼让。以此方式，边境和国家就取代了移民的人身，成为移民权利开始和结束之地。

同一时期，在亚洲捍卫治外法权的需要，很大程度上形塑了现代移民管控的原则。维护在亚洲的治外法权是基于交往和保护的“普世”权利，它还需要持续施压，要求亚洲国家开放其内地的贸易和旅行。很难同时将这些要求与排斥亚裔的需求相协调。因此，美国外交官并不关注交往行为本身，而是关注“文明的”机制是否存在，这些机制提供平等的法律机会，以此作为存在自由往来的基本要求。与抽象化的自然权和交往不同，这些机制提供了实现互动的具体权利和保护措施。但这些权利都在边境之处开始和结束。自由机制的维护甚至取决于边境地区是否有适当的治安保护、能不能防止威胁，有没有建立起一个安全的国家。[1]

治外法权

现代治外法权条约最早是欧洲列强于 1830 年与奥斯曼帝国签署的，1843 年又与中国签订，1855 年与暹罗签订，1858 年与日本签订。这些条约的确切含义直到 19 世纪末才得到确定，条约内容之间则有许多不同之处，但总体而言，是单方面免除当地对欧洲人的司法管辖，而将其置于本国官员或混合法庭的司法管辖之下。许多条约还包括在首都派遣常驻大使，制定关税税率，开放通商口岸，允许外国人在这些口岸自由居住、拥有财产等条款。到 19 世纪 80 年代，从马达加斯加到汤加的世界各地，都有类似的条约在生效。

现代治外法权条约的前身可以追溯到整个非洲—欧亚大陆践行的一些古老惯例，即在一个主权者之下有多个司法管辖区，其中就有外交官和外商的社区，他们被准许依照自己的法律进行自治。这种司法自治一般被理解为当地统治者根据国际关系准则（但这些准则的细节一直存在争议）授予的特殊待遇，而不是一种侵犯主权的行为。这也是各国以最低成本维持秩序的一种方
151 式，但是，当地主权者通常保留审判和惩罚严重罪行的权利，如谋杀罪。一旦外国居民未能维持自身秩序，就会受到法律处罚，或其祖籍国要承担后果。[2]

19 世纪的治外法权条约与这些早期惯例具有不同的含义。虽然亚洲人可能认为这些做法与早期大同小异，但欧洲人更可能将其看作不对等的让权。与任何特定的法律规定一样，订立于战后或战争威胁下，决定了条款是不平等的。治外法权和“投降协定”（capitulation，奥斯曼帝国使用的一个术语）不再随着某个统治者的去世而终止。所有权利和优待都只能根据条约本身来解释，到 19 世纪后半叶，这意味着根据欧洲外交和法律的规范来解释。最重要的是，在现代国际体系中，能否对领土和人口实现政治和法律上的完全控制，日益被视为一个主权国家的基本特

征，如果一国签订了治外法权的条约，那就是在事实上证明这个国家没有资格进入“国际大家庭”。

治外法权是自主自治的另一面。一个有自主自治能力的民族，能够维护自身共同体的边境安全，不会陷入亚洲“专制主义”统治之下。自由的人可以实现自主自治和自我判断。相反，人们认为亚洲法律在实行中是不平等的，标准不一致，并且受制于暴君或专制官僚的武断专横，随心所欲。亚洲的司法系统对上诉人和被告者都施以酷刑，权利不明晰，判决杂乱无章，不注重财产保护。简言之，亚洲各国政府无法维持自由交往所需的自治制度。

尚不清楚亚洲国家的统治者是否立即就意识到这些新条约是“不平等”的。在最早几项条约签署后的短短几年里，中国和日本的官员都是按照当地法律和外交惯例来理解条约的，似乎更关心的是限制通商口岸的范围，限制进入内地的通道，并且阻止设立永久性大使馆，而不是关税自主和对外国人的司法管辖。后两个方面对当时已有的做法影响最小，但后来都被普遍谴责，认为这是国家不平等的最大标志。中国和日本早期履行条约时都是敷
衍了事的。这是在中国发生“亚罗号战争”的一个主要原因，导 152
致 1858 年签订了《天津条约》，1860 年签订《北京条约》。这些条约使得中国打开了大门，开放传教活动，为使团常驻北京提供便利，明确所有外国人持本国领事官签发的护照即可在内地旅行的权利，并要求中国政府对外国人在内地遭受的任何损害予以赔偿。

随着《天津条约》的签订，这些条约所隐含的耻辱和不平等

性对亚洲各国的官员和精英来说日益显而易见。1858年后，日本外交官接受了中国的教训，也了解到暹罗签署的是更为有限的治外法权条约，因而在谈判时极力避免向外国游客开放内地或开放鸦片贸易，不过还是承认使团常驻首都的权利。尽管中国和日本的官员对这些条约越来越愤愤不平，但他们仍努力不折不扣地执行条约的规定。要防止新的军事入侵，就必须遵守这些条约。依据国际法来解释，也可以最大限度地减少西方人提出的要求，特别是西方人按特权最大化的表述阐释条款，而不是按照外国人权利的最低定义。从长远来看，实行条约外交，争取建立有助于废除不平等条约的法律和贸易机制，都是新国际体系强制灌输的理念。[3]

亚洲的国际法

在亚洲建立新的国际体系过程中，国际法扮演着矛盾的角色。派驻亚洲的欧洲外交官精通国际法学说，并运用它们指导自己的行动，说服他人，而且建立亚洲人应遵守的规范。亚洲人自己很快也学会了运用国际法来制定外交政策。虽然期望亚洲人遵守国际法标准，法律本身却并不适用于亚洲。“国际大家庭”的概念是19世纪实证主义方法论的基础，它认为，一个紧密互动的区域最终可以实现从遵循习俗和惯例向遵守法律的转变。在整个19世纪，基督教已让位于“文明”，后者成为大家庭成员身份的关键标准。无论如何，亚洲人都被排除在有法律存在的空间之外。但“文明”的普世化假象还是为亚洲国家创造了赢得微小

外交胜利的机会，最终使日本在19世纪和20世纪之交被纳入了 153
“国际大家庭”。[4]

18世纪的自然法理论家认为他们的观点是普世性的，即使他们对欧洲以外的世界几乎没有什么实际的关注。例如，1764年克里斯蒂安·沃尔夫将“文明”国家定义为“符合理性和礼节标准”的国家。[5]由于高度重视道德和治国能力的培养，中国人“从最古老的时代起就在文明国家中脱颖而出，今天也是如此，但很少人在形而上学或物理学方面取得进步，更不用说在数学方面获得欧洲人那样的声誉了”。[6]然而，到了19世纪初，中国和奥斯曼帝国都已成为日落西山的代表。国际法的司法范围越来越局限于基督教国家。有时，需要承认世界其他地区也许有自己的法律体系，但在整个19世纪进程中，国家遵守与不遵守普世性的科学原则，日益被视为国家之间的等级差别。例如，惠顿的《国际法原理》1836年原版只提出，欧洲文明下的基督教法律是“一回事，而管理东方伊斯兰国家之间的交往及其与基督教国家之间交往的法律则是另一回事，截然不同”。[7]到1857年的劳伦斯版本时，这一说法被一段较长的文字所取代，它将国际法定义为“那些出于理性推定、符合正义、来自社会本质、实行于独立国家之间的行为准则”。这些行为准则逐渐扩大至全球范围，迫使中国和其他亚洲国家放弃其“根深蒂固的反商业和反社会的原则”。[8]

对治外法权的常见解释也在发生变化，原本称它是一种维护基督教法律的方式，后来变为一种维护正义的方式。1860年，西奥多·伍尔西在论及亚洲时抓住了转变的两个方面：“那里的法律和运用与基督教世界有着天壤之别，基督教国家会本能地质疑，认为当地法庭不能主持正义。”[9]到19世纪末，在国际法中，国家越来越普遍地被分为不同等级：从没有建立国家的“未开化”民族，到制度不完善的“野蛮”国家，再到“文明”国家。每个类别的具体内涵一直含糊不清。由于国家的多样性和国家之间关系的多元化，这些不同类别不可能全面适用现有的条约
154 和种种依据。[10]但冠冕堂皇的“文明”二字是一个强大的修辞工具，综合了国际法的观念，既有普世意义，又包含了欧洲文明的独特性。

亚洲人也要参照国际法。19世纪60年代初，在美国传教士丁韪良（W. A. P. Martin）的主导下，惠顿的《国际法原理》被翻译成了中文，后传入日本，随后是伍尔西的《国际法研究导论》。许多从日本归国的中国留学生也自己撰写国际法概要。反应各不相同。许多中国和日本官员拒绝接受国际法，认为这是企图强加外国法律，或是为扩大欧洲权力而做的表面掩饰。但两国的外交官也发现国际法是与外国外交官打交道的有用工具。一些亚洲人甚至十分赞赏国际法本身的条款，尤其是国际法标榜自己是维护世界和平的工具。遵从国际礼让的国家具有广阔视野，与中国传统的仁政相通。在中国的传统中，道德和谐建立在相互谦让的义务基础上。瓦特尔的早期作品就颇为关注外交礼节，也与中国强调礼仪得当具有共性。许多日本法学注释家对更晚近的法学著作（如惠顿的国际法）感到茫然不解，因为它结合了自然法和实证主义法则，如果译本较差就更难理解。一些中国人却能够将自然法和实证主义法则对应到新儒学的心法（根据天性或人性

治理的方法）和公法（根据公共秩序的直接需求治理的方法）的区分上。使用这两种方法，一个施行仁政的统治者可以依照坚实的道德原则使法律适应当前的形势。[11]

最终，当中国人和日本人意识到西方列强在与亚洲国家打交道时根本无意践行国际法的理念时，他们更加感到义愤填膺，认为强国并不希望受到国际法的约束，而弱国要生存下去就必须严格遵守国际法。但即使他们变得愤懑（也许正是因为他们变得愤懑），日本人也还是非常有效地利用了国际法。1871 年，日本与中国签署了一项对等的治外法权条约①，措辞更多地使用传统的清朝律法术语，而不是最新翻译的国际法术语。[12] 但 1876 年，日本人根据国际原则与朝鲜签订了一项单方面治外法权的条约，在取得甲午战争胜利后又于 1895 年与中国签订了一项新的单方面条约。而日本在 1894 年与英国达成协议，将在 1899 年废除与英国的治外法权条约。1905 年日本战胜俄国后，许多欧洲外交官和法学家都认为，日本已被接纳为文明国家大家庭的一员，而且轻易地就接受了日本对“非文明”的朝鲜进行殖民统治。这种态度的 155
转变在很大程度上是对日本军事力量的承认，但日本一直小心翼翼地以严格遵守战争法的方式发动战争，然后还出版了歌颂这种军事成就的书籍，书中附有著名国际法学家的赞美序言。[13]

为了适应日本的加入，“文明”概念正式去除了其欧洲根源，而以普世性措辞重新建构，这些措辞模糊了在融入大家庭的过程中武力的关键作用。拉萨·奥本海姆率先列出了文明程度的标准

① 指《中日修好条规》。

和加入国际大家庭的条件。他列出的三个条件包括：一个国家必须以文明的方式与其他国家进行经常性交往；必须同意接受国际法的约束；现存的国际大家庭必须以该国加入国际公约的方式，同意其成为新成员国。更笼统地说，文明程度标准包括：尊重尊严和财产等基本权利，拥有商业和宗教自由，有一个可以维持国内治安、进行自卫并履行国际义务的中央集权政府，有确保（符合国际法的）标准得到执行的法院和法律。[14]

文明程度的正式标准建立在国际法自身的历史表现形式上，它是一种从欧洲本土逐渐扩展到全世界的东西，并非完全公正，但总体上有善意效果。然而，在实践中，至少自 19 世纪初以来，差异建构一直是界定国际法司法权限的根本因素。设定文明的标准相当于再造差异的过程，虽然它强调的是国家间的平等观，但已从基督教律法的理念，发展为一种强化国际大家庭内外国家间不平等的理念。随着主权国家在国际法中的地位日益重要，法学家越来越多地将拥有真正主权的国家和没有真正主权的国家加以区分。[15] 没有奥本海姆所列举的那种制度的主权国不是真正的主权国。

早在 1860 年，伍尔西就曾提出用武力惩罚一个拒绝交往的国家是否合法的问题。他回答说："如果有一个正当理由，我们可能会向他们开战；但不能因为他们所采取的立场有损人类的利益而开战，因为那仍然是主权范畴内的事。"[16] 然而，自 19 世纪 30 年代以来，迫使亚洲国家"开放"的战争或战争威胁往往基于最没有说服力的"正当理由"。到 19 世纪末，法学家们辩
156 称，文明国家在与非文明国家打交道时不必拘泥于国际法。如果

文明国家遵守国际法，那只是出于荣誉感和自身利益，而不是期待与非文明国家实现互惠或尊重非文明国家不完全的主权。尽管如此，国际大家庭的成员国依然使用条约和其他表明“同意”的证据来记录他们之间不平等的交手。非文明的国家则须遵守这些条约，就像它们是平等国家之间签署的具有约束力的契约一样，一旦这些国家拒绝遵守条款，就会因其野蛮无知和固执而受到谴责。此外，这些条约中的条款使得非文明国家很难行使主权国的控制权，而这是建立“文明”机制所需要的基本条件，由此坐实了国家能力有大小差异的推定。

文明差异论与实证主义方法的结合，有助于解释拉萨·奥本海姆在其著作中所说的（本书第四章进行了引用），“没有哪个国家可以真正地将外国人完全排除在外”。他接着阐述：“当然，如果一个国家只排斥某一个国家的所有臣民，这就构成了一种不友好的行为，对这种行为进行反制是可以接受的；不可否认，一个国家有权采取排斥措施，但实际操作中，这种整体排斥一国臣民的事情永远不会发生。”[17] 在世界各地不断发生排斥亚洲人和非洲人的事件，且广为人知的情况下，这段文字竟一直赫然地写在国际法的各个版本中，直到 1935 年才删除。奥本海姆并没有直接解决这一自相矛盾的问题，但在紧接着展开的有关治外法权的讨论中，他的说法解释了为什么治外法权可以成为外国人应遵守当地法律这一原则的例外。这种例外基于的一个事实是，亚洲国家的法律“由于其文明程度不足，仅部分地适用于国际大家庭成员”。[18] 出于同样的原因，排斥中国人也与移民管控的一般原则不相关。

实证主义的逻辑致使学者们接受了国际不平等现状，包括像美国国务院助理法务官埃德温·博查德（Edwin Borchard）这样的法学家，他在1915年的文章中曾批评治外法权条约，而且避免使用“文明”框架来阐述。他是一个轻“哲学讨论”而重“惯例”的人，因而承认治外法权是一种现行的惯例。这种客观现实导致了对亚洲国家的能力进行事实上的推定。在讨论政府对暴民针对外国人的暴力行为是否负有责任时，博查德坚持认为，政府如果已尽力制止暴力行为的话，不应承担责任，但在像中国这样“通常不稳定的国家”，尽管可以证明政府已尽其所能，但还是须支付赔偿金，因为要使中国认识到它“负有保护外国侨民安全的
157 实际责任”。[19] 他以重言式逻辑解释道：“事实上，像中国、摩洛哥和其他远东、近东国家这些软弱无能的政府，都应对暴民暴乱造成的伤害高度负责。因此，可以得出的结论是，如果有一个足以防止此类事件发生的稳定的政治组织，那么政府就不必承担责任，这是基本条件。”[20] 在爆发暴乱之前，西方国家就已推定亚洲国家政府无法尽其所能，这是国际不平等关系的一种先入为主的效应。

石泉镇屠杀惨案

1885年，28名中国人在怀俄明州石泉镇死于暴徒之手，赔偿问题在中国和美国内外引发了近十年的辩论，争论的主题是外国人的权利和管控国际移民的合法性。[21] 这不是在美国发生的第一起针对中国人的集体暴力事件，但此事积聚了自19世纪60年代以来中

国在赔偿和在华外国人待遇问题上的长期怨恨，从而成为争执的焦点。这些争辩最终导致美国发表正式政策声明，称不予赔偿及在边境的移民不享有权利。该事件还导致移民问题和保护外国人的问题彼此分离，这是将边境变成移民权利开始和终结之地的必要条件。所有这些争论都是为了区分文明国与非文明国，其结果是，经过持续不断塑造的移民管制，已远离了其产生的语境。

多年来，在华外商一直激烈抨击中国政府限制其在内地自由流动，认为这是专制统治的一个现实例证。但一旦外国人在中国内地遭受暴力袭击或财产损失，案件通常会通过外交干预和中国政府的现金赔偿迅速得到解决。从中国人的角度来看，治外法权和外国人不受当地法院司法管辖，使得允许外国人在通商口岸之外自由通行变得危险和不切实际。如果允许他们自由行动，调查和赔偿每一起财产损失事件都会耗费政府的资源。因此，护照是必需的，有必要对确实要在内地旅行的外国人进行追踪，并给予特别的保护。总理衙门有时会提出，所有外国人，如果同意遵守中国法律，可以在没有护照的情况下自由通行，但这种提议经常遭到拒绝。[22]

美国驻华外交官对治外法权的保护与管控移民之间的关系有 158
着清晰的理解。1874 年，美国驻福州领事官德拉诺（M. M. De Lano）① 抱怨说，根据国际互惠原则，在华传教士应享有在内地的行动和居住自由，如同在美华人享有的权利那样。但美国驻华公使艾忭敏（Benjamin Avery）解释说，这种基本的不平等实际

① 也译作戴兰那或拉诺。

上体现了美国制度的优越性，也是美中关系的一个关键部分：

> 正如您所说，“我们的人民**应该**与在美国的中国公民享有同样的权利，能够在内地居住和持有财产”，这是公平的合理主张，但不会成为官方解释和执行条约条款的行动指南。事实上，在美国的中国人享有的许多重要优待权并不是条约给予的，他们之所以享有这些权利，只是因为我们的制度和人民具有宽容和自由的特性。在未对现有条约进行修订，以明确包括一切此类权利的情况下，我们政府并不赞成公使和领事官以对等义务为由，为在中国的美国人争取这些权利。[23]

美国的自由制度也意味着，中国人不能诉请美国政府给予特殊保护或赔偿。1880 年，中国驻美副公使容闳提出请求，鉴于西海岸暴力威胁日益增长，需要向中国人提供特别保护。但美国国务卿埃瓦茨回应说，现有条约并没有给予在美中国人超越美国公民权利的特别保护。[24] 同年晚些时候，丹佛发生了暴乱，中国人损失了价值超过 5 万美元的财产，而埃瓦茨又向陈兰彬公使进一步解释了美国不会赔偿中国人损失的宪法依据：

> 政府直接干预的权力受到美国宪法的限制。据宪法的规定，联邦政府不得干预联邦内各州的政务或市政法律的实施，除非有宪法的明确规定……只要科罗拉多
> 159 州的公民可以得到补偿，丹佛的中国居民就同样可以得到。这也是国际法原则和国家礼让惯例的要求。[25]

陈兰彬指出，《安吉尔条约》规定美国将尽全力保护在美华人。根据宪法，国际条约是该国最高级别的法律，丹佛暴乱应该被视为一起国际事件，而不仅仅是一个国内政务问题。联邦政府应该承担更多责任，因为丹佛市政府没有尽其所能镇压暴徒，没有将罪犯绳之以法，也没有向受害者提供赔偿。[26]然而，在丹佛市政府同意支付赔偿后，他便不再争论此问题了。

1885年9月2日发生的石泉镇大屠杀是一个更为严重的事件，在中国引起了广泛的关注。在对同案犯的审判中，所有犯罪者，还有当地官员，最终都被判无罪。驻美公使郑藻如向国务卿托马斯·贝亚德提出了抗议。他认为，虽然国际法没有要求美国必须予以赔偿，但按照“国际礼让惯例”理应赔偿。他表明，为了西方国家的福祉，中国愿意根据《安吉尔条约》限制对外移民，但美国方面应承担更多的责任，保护居住在美国各州内的中国人。他在信函最后附上了一份详尽的清单，列出了中国曾经赔偿外国人的所有明细，细致到一名美国公民被偷了73美元后也得到了补偿。信函结尾写道：“不敢相信……美国要求中国不要——用国务卿菲什（Hamilton Fish）的话来说——期望欧洲国家或美国遵守文明国家间的平等交往原则。”[27]

12月，美国总统格罗弗·克利夫兰（Grover Cleveland）在国会咨文中承认，“怀俄明州当局未能将犯罪方绳之以法，也未能向受害者提供索赔的公正渠道，这一点彰明较著，有损信誉”，此事之后，有必要争取与中国保持友好关系。他还解释说：“种族偏见是引发骚乱的主要原因，这种现象广泛存在于我们的很多领域中，危及我们国内和平，破坏我们努力与中国保持的良好关

系。”但他从该事例得出结论，认为解决问题的答案就是阻禁中
160 国人入境，而不是改变人们的种族情绪。“即使在没有条约对此问题做出规定的情况下，一国政府也有公认的权利，防止危害国内和平与安全的人员涌入，这是不容置疑的。”[28]

针对郑藻如提出的观点，即在华美国公民既然能索得赔偿，美国也应负有对等义务，克利夫兰认为有必要“非常断然地驳回他认为存在此类责任的结论，否定中国政府所主张的权利”。[29] 国务卿贝亚德进一步向郑藻如解释说：“在两国政府各自体制不同、性质不同的情况下，（条约）不可能是对等的，也不打算让它对等……现在美国管辖范围内的中国属民已享有比以往任何时候都多得多的优待和豁免权，除非也让（在华）美国公民享有更多的优待和豁免权。”[30] 贝亚德辩解道，尽管怀俄明州在联邦领土内，但那里是“一个位于文明世界边缘地带的共同体，还处于粗野的初始阶段……（那里的）治安组织和司法机构都很不成熟，不完善”，但怀俄明州拥有基本法赋予的地方自治权，该法“适用于地方当局，对所有居民的效力都是同等的”。[31] 中国人自愿前往那里，所要承担的风险跟美国公民一样。如果向他们提供赔偿，就相当于给予他们更多的追索权和比美国公民还要多的其他权利，他最后说：

> 我代表的是政府与公民间关系所依据的坚实原则，这样做意味着我的失职……对于那些被准许自由出入本国管辖范围内的人，我不会断然否认（美国）负有向个人提供赔偿的责任，不论是哪个种族或国家的人，只要

> 他在违反公法的事件中遭受了损失，但我同样强调，上述公正和充分的机会，属于那些遭受不公平待遇并通过司法渠道寻求赔偿的人。[32]

1891 年，贝亚德在《论坛》（*The Forum*）杂志上发表了一篇文章，进一步阐述了美国制度的性质使其不必赔偿的观点，认为拒绝中国人索赔，不只是国际礼让的问题，更是维护自主自治原则和国家权利的问题。“目前提出的诉求，一旦获准，意味着行政和立法部门侵犯了司法职权，而且将会以意志政府取代法治政府。”[33] 推翻地方法院的裁决将“混淆和破坏行政权和司法权之
间的基本界限”，并助长“我们的制度走向集中、权力进一步巩固 161
的危险趋势”。[34] 贝亚德没有直接回应反面案例：为什么美国公民在中国法律面前不必放弃赔偿并承担与中国属民相同的风险？的确，还有什么事例比在中国行使治外法权更好地说明外国人提出赔偿要求会造成多大的麻烦呢？但这种状况正是因为中国没有公法为所有人提供“公正和充分的机会”。贝亚德不仅声称主权国拥有司法管辖权，而且还阐明了司法管辖权在何种条件下应该或不应该得到国际社会的承认。

1887 年 2 月，国会勉强批准了对石泉镇大屠杀的赔偿，用总统克利夫兰的话说，“要清楚理解，这样的决定绝不能成为先例，它完全无正当理由，纯粹是用慷慨大度的精神来对待那些走投无路的人”。[35] 地方官员也日益意识到，即使在其管辖范围内采取行动，也会产生国际影响。比如 1886 年 11 月，华盛顿州州长要求联邦军队帮助镇压排华骚乱。但中国政府要求采取防范措

施的权利被断然拒绝了。

在3月7日对鲍德温诉弗兰克斯案（*Baldwin v. Franks*）的裁决中，最高法院确认了移民保护的单方面性质。[36]在当地白人将中国居民赶出加利福尼亚州和俄勒冈州的城镇后，代表华人的律师依照1871年和1875年的《民权法案》提起了上诉。《民权法案》规定，凡阴谋剥夺他人获得平等保护权，均属犯罪行为。这项规定在1883年已被宣布违宪，因为该规定是对个人行为进行立法，而涉及个人行为的立法应由州而非联邦负责。但华人的律师辩称，情况有所不同，因为华人不是公民，联邦政府必须履行其庄严的条约承诺，给予华人“所有权利、优待、豁免和责任免除”。将保护华人的权利下放各州是荒谬的，因为各州并未参与签署条约。俄勒冈州和加利福尼亚州巡回法院同意这些论点，但只能要求美国最高法院给予更明确的意见。高等法院选择回避主要问题，它承认联邦政府可以通过法律来惩罚那些侵犯条约权利的人，但1871年的《民权法案》没有使这一权力合法化，因为相关条款已经被宣布违宪，而且也没有足够的理由为此另外释法。简言之，最高法院承认与国际交往相伴而生的中央权力，但
162 认定中央权力只能通过国内政治来施行，而不能自动顺应外国人提出的要求，至少在美国不能。

自禁华工

石泉镇惨案引发了中国官员三年多的激烈辩论。辩论的内容起于1886年1月20日郑藻如上呈皇帝的奏折，该奏折提议中

国自禁华工移民，这一计划的目的在于，一方面缓解国际事件造成的尴尬局面，另一方面对海外华民实行更严密的控制。郑藻如称，美国中央政府没有能力阻止普通民众的暴动，这些人无法无天，残暴不仁，对华民充满嫉恨。“其国法律太宽，地方官之权不能尽行于百姓，中央政府之权又不能尽行于地方官。”美国签发的华工返美证明，与中国签发的外国人入内地旅行护照不同，政府对旅行者不提供任何保护。此外，美国官员无法禁阻持假证件入境或偷越入境的华民，让三教九流非安分之民得以入境，滋生事端。美国民众见华民愈众，仇恨益深，这种仇恨由华工延及华商，从而产生更多的屈辱事件。郑藻如以 1883 年成功阻止美国要求提供第六条款证明之事为例，说明中国自禁移民要比美国采取措施更有效。进一步采取自禁移民的做法还将表明，中国比美国更有能力维护条约和保护其国民。

> 从今之计，欲免华工后祸，似非先杜绝来源不可。欲杜来源，似非中国自禁不可……今日拟禁，非为美民助虐，实为吾民救灾耳！但此种华民，美国尚未禁其再来，我国乃先禁其再往，似类于自弃条约，故必显揭美国未能保护之咎，历叙华人迭次受害之惨，申明不得不急筹拯救之故，然后吾之自禁乃为有名……在其国，方 163
> 将自省，未必复设苛法，以重招万国之议。[37][①]

① 此段翻译采自中文原文《使美张荫桓奏美约中辍请设法补救并述前使草约及美国新约折，附前使郑藻如议略草议未成约稿及美国现行新例》，王彦威，王亮辑编；李育民，刘利民，李传斌，伍成泉点校整理：《清季外交史料》（卷 79，光绪十五年），湖南师范大学出版社，2015 年版，第 1647 页。

郑藻如最后建议在更严格的制度下再度签发第六条款证明，并建议中国驻外领事官规范回籍证明的签发。

在大多数方面，郑藻如的提议符合克利夫兰和贝亚德的逻辑，社会秩序混乱的根源就是中国人来到了一个种族主义国家，因而应该从根源上杜绝这种混乱。根据国际法或条约，美国没有义务支付赔偿，但不赔款又违背国际礼让原则，有损颜面。唯一的分歧在于，美国政府是维护法治的机构，还是暴民动乱的工具。陈兰彬当时是总理衙门大臣，他支持郑藻如的自禁之议，文人郑观应和蒋同寅也在支持之列。[38]

1886 年初，新任驻美公使张荫桓上任，获授权进行新移民条约的谈判。在启程前，他与地方权臣、粤督张之洞作了一番商议。张之洞经常通过旅美华民的电报及与他关系密切的香港东华医院，关注着美国华工事件。二张都认为，与美国签订自我限禁移民的新约是更广泛举措的一部分，以保护海外华民，也确保他们效忠。[39]3 月 30 日，他们联名上奏皇帝，建议在海外设立更多领事馆，并派遣考察团，以了解更多海外情况。[40]张之洞接着又呈上一份奏折，力陈中国人在美国经历的千辛万苦。他陈述了广东本地人的公愤，还称洋人传言中国无法保护其海外属民。他总结说："该国（美国）匪党过多，美官难免袒护（保护暴民而非华民）。若非朝廷极力责让，则彼亦遂听其自然。"[41]

1886 年 8 月 3 日，张荫桓和总理衙门向美国国务院和驻京公使查尔斯·田贝（Charles Denby）递交了相同版本的条约草案。在草案中，中国提议禁止华工前往美国，包括返华的寓美华人，禁勿再往，唯有在美已有财产和眷属的人除外。就在同一

天，总理衙门还照会英国政府，要求香港当局禁止所有轮船搭载
华工前往美国各埠，并特别提到了早些时候对禁止移民前往古巴 164
和秘鲁予以相助之事。与此同时，东华医院董事会也同意尽可能
不鼓励华工前往美国。[42]

谈判旷日持久。张荫桓逐渐软化了对美方的立场，同意将移民监管权交给美国。正如他在给总理衙门的一份报告中所写的那样，这不是一份自禁移民的协议，是“两国希望建立相互友好和尊重的规则，不使任何一方受制于另一方的权力”。[43]随后，张荫桓将注意力转移到了保护在美华民的问题上。1887 年 3 月，也就是鲍德温诉讼案裁决的十二天后，他向国务院提交了一份照会，建议新约规定联邦立法须保障寓美华民的安全。但国务卿贝亚德拒绝在条约中加入这样的条款，认为保护外国人是国内事务，与移民问题完全是两回事。在中国体制下，才需要对外国人实行特别保护，但在美国，这相当于“要求我们变革制度”。[44]张荫桓回应说，对在华外国人的保护远远超出了条约规定，“（在旧约中）没要求美国做出对等规定，那是因为中国对其朋友的诚意有信心，并相信其政府和法律体系足以确保入其领土的中国人得到保护”。[45]遗憾的是，最近发生的事件打破了这种信任，故要求明确规定。但贝亚德只同意给予中国人与所有最惠国公民同等的保护。双方最终于 1888 年 3 月 12 日签署了一项条约，确认了美国大多数现行的排华法案。该条约主要的不同之处在于，规定在美国拥有财产或家眷的华工，才能在回中国探亲后可以返回美国。然而，两个国家都花了很长时间才批准了条约。

1888 年

由于澳大利亚掀起了一波排华浪潮（见表 6.1），中国延迟了批准条约的时间。[46]虽然受到 1881 年法律的限制，但迁徙至澳大利亚的华人数量仍在继续增长，伴随而来的是新的公众争论。澳大利亚增添了新的忧虑，那就是对中国政治意图的担忧。1887 年初，前驻英公使曾纪泽（曾侯）发表了一篇广为转载的文章[①]，宣称中国正在从长期沉睡中觉醒，意欲修订不平等条约，
165 并更好地保护其海外侨民。[47]4 月，张荫桓和张之洞在前一年建议派遣的考察团结束了为期一年的南洋之行，中国军舰也访问了澳大利亚。澳大利亚官员和媒体热情接待了中国来客，但公众开始争论中国是否会有更加咄咄逼人的企图。

在同一个月，伦敦举行了第一次殖民地会议。会上，澳大利亚殖民地代表极力推动英国外交部与中国谈判，达成一项限制性移民条约。但没过多久，中国考察团便向北京报告澳大利亚已实施歧视性法律和征税政策。英国外交部不但没有开始与中国展开条约谈判，反而在 12 月 12 日向澳大利亚殖民地政府发出通告，要求各殖民地对中国驻英公使刘瑞芬转达的中国政府的不满作出回应。[48]澳大利亚各殖民地代表十分恼火，一致反对伦敦的拖延态度。11 月，新南威尔士总理亨利 · 帕克斯向澳大利亚其他殖民地政府发送了一份信函，就进一步限制中国移民征询意见。他清楚地表达了自己的观点：过多的中国移民入境会使殖民地产生

---

① 指在英国伦敦《亚洲季刊》(*Asiatic Quarterly Review*) 上发表的《中国先睡后醒论》。

阶级差别，有害无利，他认为“这是一个首要的政策问题，只有同一的信仰和法律原则、同一语言和学识下的潜移默化以及同一的民族日常生活习惯，澳大利亚社会才能团结在一起”。[49] 各殖民地比 1881 年的时候更快地达成了共识，认为有必要采取更严厉的限制措施。与此同时，帕克斯和维多利亚总理邓肯·吉利斯（Duncan Gillies）获悉美中之间签署了条约。此事让他们相信，地方立法不足以处理一个本质上是国际性的问题，故帕克斯越来越激烈地批评伦敦未能保护澳大利亚各殖民地的利益。[50] 其他殖民地政府也渐渐对伦敦作出了回应，它们都强调一国有权保护自己的领土，故要求伦敦为此与中国签订一项条约。[51] 帕克斯本人在 3 月 31 日致殖民地事务大臣的电报中表现了更强硬的态度。他坚称，如果伦敦认为向澳大利亚殖民地提供所寻求的保护会产生国际利益冲突的话，那么“澳大利亚议会就只能利用公众舆论的力量来采取自我保护措施”。[52]

4 月 27 日，“阿富汗”号轮船抵达澳大利亚维多利亚的霍布森湾，搭载了 268 名中国人。海关官员不准许他们下船，声称那些返澳人士所持的证件是假的，而且新来的移民人数超过了每 100 吨 1 人的限制。这艘船后来驶往悉尼，在那里与“济南”号、“格思里”号和“门缪尔”号会合。在巨大的民众压力下，海关官员一律不准中国乘客登岸入境，总计 580 人，不管他们是否持有入籍证明或愿意支付人头税。中国人聘请的律师向每个殖民地的最高法院都提交了人身保护令申请。新南威尔士的法官们提出了冗长的意见，他们对于一个国家是否有权排斥友好国家的属民，或罔顾本国法律以拒绝愿意纳税的外来移民入境等问题存在分歧。然而，他们一致同意，排斥移民是英女王专有的特权，女王并没有将此权授予殖民地，因此法官们下令准许中国人下船入境。大多数法官都强调，对待个人，不论他们是否外来者，都必须依据英国法律实行一律平等的原则。[53]维多利亚的最高法院法官们在考虑是否批准张祥才（Chung Cheong Toy）的人身保护申请时，并没有十足的把握，他们对澳大利亚宪法法案做了细密的解读，以确定自治和王室授权的范围。有两名法官裁定，殖民地确实有权排斥其要排斥的人。但他们毕竟占少数。[54]

166

表 6.1　1885—1889 年间排华大事记

时　间	事　　　件
1885 年 9 月 2 日	石泉镇大屠杀
1886 年 1 月 20 日	驻美公使郑藻如奏议自禁移民
3 月 2 日	美国总统就石泉镇事件的赔偿作出指示
3 月 30 日	张荫桓和张之洞奏议保护海外华民
8 月 3 日	中国向美国提出签订“自禁移民”的新约
1887 年 4—5 月	中国考察团访问澳大利亚；澳大利亚在伦敦殖民地会议上建议订立新条约
11 月 8 日	新南威尔士总理亨利·帕克斯向澳大利亚各殖民地政府发出信函，征询对限制中国移民的看法
12 月 12 日	驻英公使刘瑞芬对澳大利亚国内种族歧视表达不满
1888 年 1 月 23 日	英国殖民地部调查澳大利亚的歧视性法律
3 月 12 日	美国与中国签订移民新约
3 月 31 日	澳大利亚各殖民地总理要求伦敦与中国谈判新约
4 月 27 日	“阿富汗”号轮船抵达维多利亚
5 月 5 日	“阿富汗”号轮船抵达悉尼
5 月 7 日	美国参议院批准条约修订案，限制华工返回美国

（续表）

时　间	事　　件	
5月16日	中国驻伦敦公使抗议在“阿富汗”号问题上不公平对待华民	
5月17日	新南威尔士最高法院准许“阿富汗”号船上拥有豁免证件和愿意缴纳人头税的中国人入境	
6月6日	“阿富汗”号船上最后一批中国人上埠入境	
6月12—13日	在悉尼召开的澳大利亚殖民地会议最终建议制定限制中国人入境的统一规定，即客运船舶每500吨限载1人，并请求英国与中国订立移民条约	
6月26日	英国驻华公使华尔身 (John Walsham) 向中国方面提议以美中新约为范本签订英中条约	
7月11日	新南威尔士通过了客运船每500吨限载1人的限制中国人入境新规	167
7月20日	张之洞及其他大臣奏议，反对批准与美新约	
7月25日	总理衙门照会美国驻华公使，尚不能批准条约	
8月27日	中国方面向英国方面提出意见，反对客运船每300吨限载1人	
9月1日	伦敦《泰晤士报》（*Times*）错误地报道中国拒绝批准中美新约	
9月3日	美国国会提出了《斯科特法案》，禁止所有华工返美	
9月6日	美国驻华公使田贝电告批准条约一事延迟	
9月13日	美国在新约基础上通过排华法案	
9月14日	澳大利亚各殖民地获悉英国与中国拟议条约	
9月17日	总理衙门多位大臣拜访公使田贝，反对条约修正案	
9月18日	《斯科特法案》在国会得到通过，禁止华工重返美国	
9月21日	中国正式拒绝批准与美国订立的新约	
10月1日	总统克利夫兰签署了《斯科特法案》	

（续表）

时　间	事　　　件
12 月 8 日	南澳大利亚实施客运船每 500 吨限载 1 人的限制中国人入境新规
12 月 22 日	维多利亚实施客运船每 500 吨限载 1 人的限制中国人入境新规
1889 年 5 月 13 日	美国最高法院在谢成平案（*Chae Chan Ping*）中确认了《斯科特法案》

168 悉尼海关官员仍然拒绝让一些乘客下船，认为他们持有假证件。新南威尔士总理亨利·帕克斯支持海关官员的决定，并向法官们宣称："我才不管你们的豁免许可令，一点都不在乎你们那些复杂的技术性法律；我只遵守一条法律，那就是新南威尔士的社会保护法，这远远高于授权你们颁发许可令的法律。"[55] 首席大法官强令海关官员，只要华人缴纳了人头税，就应该允许他们下船，大法官提醒海关官员："法律明确规定，一个被非法剥夺自由的人如果只有通过夺人性命的方式才能获得自由，那么这种方式就是正当合理的。在这种情况下，杀人不算凶杀犯罪，而是正当的。"[56] 在这种威胁下，中国人终于获准上埠入境。随后议会通过了一项特别法案，免除海关官员可能受到的任何惩罚。

尽管在司法上遭遇挫折，但在伦敦和亚洲面前，这是澳大利亚强化身份认同并巩固政权的决定性时刻。帕克斯发表了一系列煽动性的反华言论，他的这些言论，在接下来的二十多年里在整个太平洋地区不断被引述。他将排华行动直接说成澳大利亚人在面对不合理的帝国要求时加强自身团结的做法。"不管是面对女王陛下的战舰还是女王陛下的代表或者是殖民地事务大臣，我们都决不会背离我们的目标，那就是永远制止中国人在这里的海岸登陆。”[57]他修饰了一下昆士兰总理塞缪尔·格里菲思（Samuel Griffith）的一份声明，以一种稍缓和的方式强调，他“不希望看到，无权享有任何豁免权、优待权或公民权（平等婚姻、平等救赎的权利）的种族，与早已定居此地的最优秀、最诚实的种族 169
共处一地”。[58]

澳大利亚殖民地会议再次迅速召开，以制定统一的法律，并在面对伦敦时形成统一战线。会议于6月12日和13日在悉尼举行，总理们同意禁止殖民地之间的迁徙活动，并限制轮船载客量一律为每500吨1人，外交官和海员除外。他们还请求伦敦方面与中国签订一项限禁华人移民的条约。英国殖民地部犹豫不决，建议澳大利亚最好在一般意义上限禁外国劳工，而非专门歧视中国人，但英国外交部同意起草一份条约，该条约于6月26日由公使华尔身提交给总理衙门。考虑到中国人更愿意遵循中美条约的先例，起草者提议拒绝劳工入境，但准许特定的豁免人员入境，以此取代吨位载客量限制。与此同时，新南威尔士根据殖民地会议制定的指导方针修订了针对华人的移民法。同年下半年，南澳大利亚和维多利亚也跟随其后修订了移民法。西澳大利亚和昆士兰分别在1889年和1890年先后制定了新的排华法。[59]

美国参议院终于在5月7日批准了美中新约，修正案增加了华人居民返回美国的难度。中国官员密切关注澳大利亚的事态发展，眼下有了新的想法。张之洞和总理衙门收到了大量来自世界各地的华民请愿书，这些请愿书批评了拟议中的条约，并谴责草拟条约的张荫桓。[60]旧金山、悉尼、香港和广州的华商署名呈交了《商务刍言》，众多中国官员都收到了这本小册子。《商务刍言》申诉，排斥华工将损害海外华商的利益，寄往沿海地区的侨汇就会终止，从而导致经济凋敝，失业率上升，也加剧社会秩序的混乱。中国人满为患，华民需要出洋谋生，就好比欧洲国家的移民。对这一需要的承认，涉及国际礼让，“通商和好，百姓当此往而彼来，我任其来，彼拒我去，按之公法，质之天下，各国决无是理”。[61] 该小册子补充道，美国新例专禁中国人，其他国家闻讯后必会效尤而要求签订类似条约，这样会进一步孤立中国人而使之不能参与世界事务。

170 7 月 20 日，张之洞及其他几名官员上奏皇帝，重申了其中许多论点，反对批准中美新约，特别强调该条约有损华商的财富回流中国。[62]7 月 23 日，此前对移民几乎漠不关心的李鸿章也加入了反对批准条约的行列。他指出：“外国报纸没有一天不议论（此约），反映了英人最渴望什么，华商最害怕什么。如果我们批准了中美新约，英国也会如法炮制，很难做到准许一项条约而不准另一项。”[63] 考虑到移民可能给中国带来的经济利益，李鸿章改变了他此前对移民出国的鄙弃态度，提出了一个新方案。如果只有商人能出洋，反华风潮就不会如此之盛。他表示，华商最希望避免的是美国式的排华和歧视性征税，比如澳大利亚的登陆税，或者最近菲律宾和西贡那里征收的居留税和执照税。因此，客运船吨位配额限制是最佳解决方案。继此之后，总理衙门于 8 月 27 日向英国公使华尔身递交了一份反对意见，要求取消登陆税，取消船只每 300 吨限载 1 名中国人的规定，而且此规不应适用于华商。[64]

总理衙门继续拖延批准中美新约。9 月 1 日，伦敦《泰晤士报》错误地报道了中国拒绝批准该约的消息。这一消息不胫而走，传到了美国。9 月 3 日，参议院提出了《斯科特法案》，以禁阻所有已离境的华工返回美国，包括那些在美国有财产和眷属的华工。与此同时，国会要求公使田贝调查这一拖延情况，并根据未经批准的条约通过了一项法案。9 月 17 日，总理衙门几名大臣拜访了美国驻京公使田贝，要求将条约中限禁中国人入境的期限从二十年缩短到十年，并准许由中国领事官签发返美证明。他们解释说，推迟批准条约的原因是，“在条约史上第一次有民众提出了抗议”。[65] 翌日，美国国会通过了《斯科特法案》，中国则于 9 月 21 日正式拒绝批准中美新约。

前国务卿埃瓦茨对国会说，这是美国外交史上第一次立法机构在外国通过条约之前就对它进行干预，这是对那一国家的严重冒犯。[66] 但美国民众也提出了抗议。当克利夫兰总统于 10 月 1 日签署该法案时，《旧金山纪事报》(*San Francisco Examiner*) 的头版头条写道：“他不敢违抗人民的意愿。”[67] 克利夫兰解释说， 171
该法案是必要的，因为“事实证明，贩卖华工的各利益方，唯利是图，贪得无厌，导致（现行）法律无法公正实施”。如果同意由中国领事官签发返美证明，那就使得条约的施行超出美国的掌控范围：“每一个政府都有公认的、至高无上的权利和义务，将任何阻碍国家繁荣或损害其人民身心健康的一切外国人排除在境外，这种权利和义务必须被视为国际法和国际交往的公认准则。”[68]

海关署欣喜若狂，认为不必顾忌国际法就相当于拿到了许可，可以无拘束地严格执法。《斯科特法案》通过后，在太平洋地区，搭船而来的劳工在抵达旧金山时一律被拒入境，也不能转运至墨西哥。财政部赋予地方官员很大的回旋余地。在回答入境所需的文件种类时，助理国务卿回答说："此类证明的性质和形式完全由海关税务部门自行决定。"[69] 旧金山海关税务部门也停止向已在当地居留的华商签发返美证明，并要求他们提供第六条款证明。[70] 他辩称，签发证明是中国政府的责任，巡回法院大法官洛伦佐·索耶（Lorenzo Sawyer）曾推翻这一立场，称这"实际上等同于完全拒绝他们返回美国"。[71]

从自禁到自控

中国官员对新情势感到震惊。从 1888 年到 1893 年，中国驻美各公使都向国务院递交了备忘录，谴责《斯科特法案》，至少有十份之多。如果不是被提醒美国违反了条约，美国公使田贝不会登门造访总理衙门。[72] 但中国官员因交涉失败而争论不休，相互推诿责任，结果未能制定出有效的策略来应对单边排华行为。最终，他们只能批评美国法律的歧视性内容违反其自诩的文明国家原则。他们还重新制定了郑藻如的自禁计划，进一步强调移民需要道德自律，以创造更好的国际形象。他们没有强调普世性的
172 交往权利，而是把重点放在需要改革国家机构和性质上，以此在国际体系中争取地位。这实际上等于接受了主权国的特权主张。

由于张之洞和其他官员反对 1888 年的条约，张荫桓感觉被人出卖了。1889 年 1 月，他上奏皇帝，称张之洞和许多华商最初都同意自禁之议是最好的方法。大多数问题源于美国无力执行

自己的法律，这使得美国官员在要求制定更严厉的法律时态度强硬，并抹黑中国人的名声，以此证明他们歧视中国人是有正当理由的。难以执行也是海外华人抗议张荫桓草拟的条约的根本原因。几乎所有寓美秘密会社和华商（比如那些撰写《商务刍言》的幕后者）都从有组织的欺诈性移民入境活动中牟利，如果限禁措施更有效，他们就无利可图。这些私营利益集团才是美国和中国南方地区的真正麻烦制造者。[73]

作为回应，张之洞怒斥张荫桓将郑藻如的自行限禁改为相互限制。[74]他坚称，华商抗议是基于他们对国际礼让的期望，而不是出于他们的个人利益。他还指责张荫桓将对华工的保护和赔偿事项作为条约谈判的一部分。美国官员有义务保护在美中国人，这是一种国际礼让，无需条约规定。张荫桓的谈判让人觉得中国方面是在用自禁政策换取美国方面的赔偿承诺。张之洞提议，对《斯科特法案》进行报复，从华商那里募捐，以退还蛇河屠杀事件①和石泉镇惨案的赔偿金，然后将所有美国人驱逐出中国。该提议未被采纳，这颇为明智，但没有人提出更好的建议。中国官员都不赞同签署一项给予美国单方面移民控制权的条约，但他们也考虑到，不签约事实上是对这种单方面权利的妥协让步，会鼓励其他国家以同样的方式破坏国际礼让原则。

《斯科特法案》并不能遏止欺诈行为或偷渡入境美国的活动。1892 年 1 月，旧金山总领事黎荣曜向驻美公使杨儒提出，如果美国发现排华或遣返那么多中国人的代价太高、太过难堪，那可

① 指 1887 年俄勒冈州地狱峡谷的蛇河（Snake River）地带华工被残杀的事件，当时数名白人先后枪杀了 34 名淘金华工，然后抛尸河中。

能就会准备签署一项同意中国自禁的条约。[75] 但恰恰相反，美国国会在 5 月通过了《吉尔里法案》(*Geary Act*)，要求所有华工进行注册，否则遣返回国，从而将那些无居留证的外来者视为违法
173 者。但随后该法案遭到一系列法律质疑。其间，美国国务院知会杨儒，称如果他能够力促华工注册，国务院愿谈判一项新条约。由此产生的《中美华工条约》① 于 1894 年 3 月签署，并很快得到批准，与贝亚德和张荫桓 1888 年谈判的条约类似，增添了允许华民假道美国前往墨西哥的条款，而且双方达成妥协，美国允从中国政府的要求，规定在华境内的美国人一律注册。[76] 杨儒也同意美国国务院坚持的立场——将保护华民问题与移民问题分开，不纳入条约。在很大程度上，该条约只是确认了美国有权随心所欲地颁布排华法律而已。但国会还是废除了《斯科特法案》，准许在美拥有财产或家眷的华工返美。美国国务院的立场和中国民众的抗议活动使两国恢复了象征性的国际礼让。

那年晚些时候，杨儒向皇帝禀奏，该条约以郑藻如的自禁华工草约为底本，但与此前六年美国实行单方面管控移民的屈辱性条约有所不同，该条约允许中国自定禁例，在其与美国打交道时让与体面。[77] 不过杨儒解释说，该条约只是解决更大的移民问题的第一步。中国现在必须更多地关注这个问题的根源和枝节。鸦片、赌博和帮派暴力等恶习和罪行是反华情绪的根源。对海外华民的恰当保护应包括消除他们的这些恶习。驻外的中国官员“多费唇舌向外国官员提出抗议，但很少有人教化子民……若不认真

① 即《限禁来美华工保护寓美华人条约》，又称《葛礼山—杨儒条约》。

引导子民，蒙受耻辱的状况将持续下去”。杨儒建议，中国外交官和当地华人社团应大力宣扬皇上的圣训和谕令，建立类似于中国乡村契约的双方约束。这“将使华工华商知廉耻，相互劝诫（以至行为得体）”。[78]普遍存在的移民欺诈行为是移民问题的枝节。商人的身份认定和档案记录需要改革，这有助于解决上述问题，而且可阻止美国颁布苛例。杨儒称，他已采取这方面的措施，撤换了哈瓦那领事官谭乾初①，他肆无忌惮地向不合条件的华工兜售第六条款证明。

通过这种方式，中国官员也开始从规范族群社区的角度来认识移民和国际礼让问题，而不仅仅将其视作条约和交往问题。从某些方面来说，这是回归了中国长期以来实行的治理方式——对
民众进行道德教化。然而，将道德教化扩展到那些已生活在远离 174
道德社会的人们，这一措施超出了初期担忧安全的范畴。道德教化不再主要是为了维护国内秩序，而涉及参与国际体系。当然，要被教化的海外移民并不这么看。他们会进一步抨击美国排华法中对华人的固有歧视，也反对中国官员将华人遭受苛例对待的责任推到他们头上。但在 19 世纪 90 年代之后，中国方面很少责难美国在边境单方面管控移民的权力，只是批评管控移民的方式。

从交往到边界

在 1888 年之后的六年里，美国法院和政府官员炮制了一整

① 原文为“Tan Qian”，乃有误。

套的法律和决策模式，以证明《斯科特法案》及对排华法作狭义释法是正当合理的。普遍认为，《斯科特法案》违反了《安吉尔条约》和《蒲安臣条约》，更不用说西方列强试图强加给中国的自由交往准则了。中国内地和香港的外国媒体嘲讽澳大利亚和美国的行为“自私自利”“专制武断”，而且屈从暴民的压力。[79]但这些决定最终都成为单边移民管控的基本原则。具体内容则与他们在中国对治外法权的辩护密不可分，其本身都植根于“文明”的地缘政治之中。

1889年之前，联邦大法官在审理许多华人诉讼案时，通常会做出有利于华人的裁决，反对执行或狭隘地执行歧视性法律。加利福尼亚州巡回法院大法官奥格登·霍夫曼和洛伦佐·索耶以及俄勒冈州的大法官马修·戴迪都做了不少这样的判决。所有这些大法官都反对无限制的移民，没有哪一个是华人的好朋友。但他们也不是“沙地党人”或科尔尼派（Kearnyites）的好朋友，而认为这些人是排华立法的幕后黑手。面对公众的强烈批评，他们都支持保护财产和个人自由，这比选民的意愿更重要。戴迪在公开演讲中更进一步贬低民意，认为它是“从法国大革命的火山中奔流出的要求平等的狂怒”。[80]内华达州参议员威廉·斯图尔特（William Stewart）提出了1870年《民权执行法案》的增补条款，以明确保护华人的目的。虽然他也反对中国移民，但在向国会解释原因时，斯图尔特较有分寸地表达了其理念：“我们以
175 国家荣誉发过誓，准许他们前来，会给予他们保护。二十年来，本应对这些人承担的人道责任、公平义务以及恪守的公共礼仪，每一项都遭到某一阶级的人践踏……这是交给本届国会承担的庄

严职责，要确保这些人受到保护，确保他们受到法律的平等对待，尽管他们是外国人。”[81]

在所有参与过华人诉讼案的大法官中，史蒂芬·菲尔德的经验最丰富，最具广泛影响力。他曾于1857年至1863年在加利福尼亚州最高法院任职，然后在州巡回法院和美国最高法院任职，直至1897年。人们对菲尔德印象最深的是，他倡导契约合同自由权和“实质性正当程序”，以保护人身和财产的自然权利不受政府干预。据此，他经常将第十四修正案解释为保障个人和公司的广泛经济权益的法律。[82]他最初将移民权利建立在条约和交往的基础上，但他逐渐发展出一种更加微妙的方法，以便在主权国和相互交往的声索产生矛盾时能够游刃有余。他的基本观念是，应由宪法适当保障国际礼让和交流，而不是让国内法一味服从国际条约。宪法保障可以减少主权国任意提出的极端主张，“文明”机制也使这类宪法保障成为可能。如此一来，矛盾问题就可以终止于边界。

在对华人的第一份裁定意见书中，菲尔德不赞同加利福尼亚州最高法院关于1862年人头税属于违宪的裁决。他反对多数派将马歇尔的交往概念延伸到一个应该由地方立法机构自行裁定的问题上。[83]然而，十几年过后，随着他在联邦法院的阅历增加，与富商巨贾的交情不断加深，他对国际交往和地方立法自治权限的看法发生了变化。在非裔美国人的民权诉讼案中——其中许多涉及政治参与和私法管辖权问题，他一直都坚决捍卫州立法权。但在华人移民及其遭受歧视的诉讼案中——这些案件往往与国际贸易和当地经济权有关，他却多次助力推翻州立法。[84]

1872 年，菲尔德无缘无故地（当时并非在审理华人诉讼案）向加利福尼亚州大陪审团解释说：“只要本国需要与亚洲国家签订条约来扩大贸易，而且以承诺在本国保护他国公民来换取他国保护本国公民，那么政府就有义务行使权力，必要时行使其全部
176 权力，来履行这方面的责任。”如果公共政策要求将中国人排斥在外，那就“让中央政府来制定这样的政策，并公之于众”。如果没有这样的政策，那么他们完全有权移民入境，给予他们不公对待既“下作又懦弱”。[85]1874 年，菲尔德得到了一次机会来将其新思想付诸行动。他在一例诉讼案中推翻了加利福尼亚州担保法，该案后来以志龙案之名上诉到美国最高法院。在他看来，联邦政府对“交往”握有权力，一项法律若超出当地治安权的合理限度即违宪。如果移民对州法律构成威胁，“补救办法在于更强有力地推行法律，而不是排斥当事方”。[86]他驳斥了早些时候与此相反的裁定，认为奴隶制结束后这些裁定不再适用。在接下来的几年里，他根据宪法第十四修正案中规定的权利，并出于合理解释移民法以避免违反国际条约的需要，在巡回法院写下了更多有利于中国人的裁决书。

菲尔德在 1884 年周鸿案（*Chew Heong*）中提出了反对意见，达到了他站在维护国际条约立场上释法的极限。该案涉及一名华工的入境权，该华工在《排华法案》颁布之前已前往夏威夷，但无法获得返美证明。虽然 1884 年修订的《排华法案》规定，此类证明是华工可重新入境美国的唯一证据，但法院裁定，国会不能拒绝像周鸿这样拥有合法权但不满足证明要求的人入境。菲尔德认为，这一次法院做过头了，为了遵守条约，损害而非维护了法

律权威。他称，这项新法律是专门为填补漏洞而设立的，这些漏洞已使得堵漏的加利福尼亚州法院以伪证罪指控无数中国人。[87]条约的确属于本国的法律，但不能超越国会的立法，而且条约可以被后续法律取代（就在同一天，法院对“人头税案”的裁决确认了联邦政府对移民征收人头税的权力）。[88]但菲尔德的大部分反对意见都在说明他改变态度的理由，那是因为他后来了解到中国方面并未遵守互惠条约的规定。“除了在某些指定的口岸，美国公民都不能在中国享有任何重要的优待权、豁免权或责任免除，他们只能在指定口岸进行贸易，而不能前往其他任何地方。”(567）相比之下，中国人却可以在美国行动自如，并享受当地制度的好处。即便如此，他们还是不愿同化，融入社会，而是生活在自己的制度和法律圈子内，其中许多都违反了条约所称的“自 177
愿移民”，而是将移民置于“包工商的束缚——苦力奴役制之下”(568)。

菲尔德按照这一逻辑在1889年谢成平案中拟定了意见一致的判决书。为了证明《斯科特法案》的正当合理性，他断言，一个国家拥有根据自己意愿来排斥外来者的“充分权利”，这是主权的一个基本属性，无须在宪法中明确列出。入境权和再入境权均由政府决定，可随时撤销。“如果（国家）不能将外来者排除在外，那么它在某种程度上就受制于另一个国家。”[89]这一判决呈现了自由放任的两个矛盾的方面，与在国际交往中国家集权的趋势非常一致，认为“为了地方利益，联邦之下可以存在多个州，但为了国家利益，在涉及我们与外国的关系方面，我们只有一个民族、一个国家、一个权力机构”(606)。如果说有必要为了促进交往而制定集中的规则的话，那么为了防范交往的危险也有必要这么做。

谢成平案被归为行使自我保护权以免受外国侵害的范畴，“无论是源自外国民族特性的侵害行为，还是大批外国民众涌入我们群体带来的侵害”(606)。但正如菲尔德和其他法官对地方歧视性立法的影响作出的预判一样，在谢成平案之后，新政策和新民意取得了压倒性胜利，迅速将防范某特定威胁的自我保护权转化为和平时期全面监管的一般性规范。1891 年 6 月，司法部部长威廉·米勒（William Miller）援引谢成平案，确认了财政部一直以来所持的观点：《排华法案》旨在准许一些特别界定的人员入境，不是针对所有中国人，只针对华工。他还解释说，被豁免的中国人属于“优待类别”，他们无须取得必要的权利，也无须举证来证明自己理应享有入境优待。[90]1891 年 3 月的移民法案设立了联邦移民局，并拒绝许多传统上不受欢迎类型的移民入境，包括那些可能成为公共负担的移民，该法也以谢成平案为基础，规定行政部门的决定是最终决定，不能再向法院上诉。这一点在次年 1 月的西村案（*Nishimura Ekiu*）中被确认为合乎宪法，日本女性西村因可能成为公共负担而被拒绝入境，且不得上诉。[91] 然而，中国人却没有被纳入移民法案的规范内。在当月月底，法院同意审理刘阿彪案（*Lau Ow Bew*）。法院承认虽然刘
178 阿彪未持有第六条款规定的证明，但入境合法，这在很大程度上是因为法院认为，他之前寓居美国，加上他作为商人有条约保护，所以他享有在严格的证件要求之外的外国侨民权利，不在排斥之列。[92]1894 年，这一漏洞被堵上了，拨款法案的附加条款禁止中

国移民向联邦法院提出上诉，从而结束了人身保护令的作用。

《吉尔里法案》要求中国劳工进行注册，否则会被遣返，此权限从边境扩展到内地，远远超出了菲尔德的本意。在1893年的方耀庭案（*Fong Yue Ting*）判决中，最高法院确认《吉尔里法案》合乎宪法，是谢成平案判决的合理延伸。法院认为，遣返的判决是一个“政治问题”，而不是一个可以由法院决定的法律问题。[93] 菲尔德写了一份异议书，表达愤怒，甚至私下写道，国会应强制重新审议此案，并扩大法庭庭审规模，以确保做出“恰当的”决定。[94] 与其说这标志着自谢成平案以来发生了一种思想转变，还不如说自19世纪70年代以来，由菲尔德发展起来的关于保护个人权利免受政府公权侵害的多种（往往是错综复杂的）思想观念达到了顶峰。

从1879年到1882年，菲尔德率先推翻了歧视性的旧金山法律。此类举动在1886年美国最高法院对益和案（*Yick Wo*）的裁决中达到高潮。法院判定旧金山警察检查并关闭华人洗衣店的歧视性执法行为不合法，认为中国人不仅应受到1888年条约①的保护，而且还应受到第十四修正案的保护，它适用于“本国领土管辖范围内的所有人，不论其种族、肤色或国籍”。[95] 然而，1880年，对于推翻禁止黑人参加陪审团的州法律及其实施的三项裁决，菲尔德表示反对，认为这是一个属于地方自治范畴的政治权利和私法问题。法院的其他大法官最终接受了菲尔德的推定，也倾向于推翻联邦民权立法，而支持歧视性的州立法。不

---

① 原文如此。裁决发生于1886年，这里似逻辑不通。疑本应指1880年的《安吉尔条约》。

过，菲尔德在1887年却反对鲍德温诉弗兰克斯案的判决。该判决显然利用了菲尔德的推定，拒绝承认联邦政府有义务保护被驱赶出俄勒冈州城镇的中国人。他认为，如果联邦政府有权与外国政府签署条约，那么也应该有权保证条约的执行，而不是将这种保护权交给各州。在没有具体立法的情况下，保护外国侨民的条约应自动适用。反对保护中国人权利的阴谋者都知道中美签订的条约，“他们的目的就是要废止该条约”。[96]他辩称，法院如果做
179 出容忍这些行为的决定，会对所有外国侨民的待遇产生影响，这将严重损害国家为维护条约而作出必要保障的权力。

如果说在联邦政府层面上菲尔德似乎更关心保障中国人的权利，而不是非裔美国人的权利，那么这种关心更多是出于在国家领土范围内维护“文明”制度的需要，而不是基于平等国家之间交往的需要。菲尔德在罗斯案（*In re Ross*，1891）中代表了多数意见，他支持美国领事官在日本行使治外法权，在无陪审团的情况下判决罗斯犯有谋杀罪。菲尔德广泛援引国际法，称宪法制定者“充分意识到，如果要与非基督教国家的人民进行商业往来，我们的领事官必须在这些国家行使司法权”。他们也一定知道，在国外实现所有的宪法保障是不可能的。虽然“一方面，在（东方）国家被控犯罪的美国人会被剥夺宪法的保障权，受到不公正指控和不公平审判，但另一方面，他也获得了好处，因为他脱离了这些国家的审判程序，它们的法庭往往是专横的、压迫性的，有时还会使用极其残酷和折磨的手段”。[97]当然，菲尔德心知肚明，即使是“某些同胞”的审判，也未必能保证公民的权利，之所以在美国是否有能力保护中国移民的问题上发生外交纠纷，其

根源就在于不公正，更不用说参加陪审团的权利了，他甚至乐见州立法将非裔美国人排除在权利享有者之外。但地域决定了一切差异。在文明国家的背景下，陪审团审判是自治的具体表现，无论它的构成如何。而在文明世界之外，那就是一种奢望。

菲尔德的这些思绪在其审理方耀庭案时汇集在一起，结论是，需要对本国境内的外国人提供法律保护。从他提交的异议书中可以看出，菲尔德早期对中国移民的裁定，其出发点并不是国际交往和条约，而是基于对外国居民的看法。他认为，与边境上的外国人不同，寓居者已进入了政治社会，可以要求安全保障，这是一项权利，而不是特殊待遇。《吉尔里法案》针对的不是那些违反现行法律的个人，而是一类已征得政府同意入境美国的整体人群。该法案开创了一个先例（谢成平案也是如此），即个别的自卫行为如果那么轻易地扩展到“可恶的中国人”整体，那么“明天此举也会针对其他类别的人和群体”。[98] 菲尔德还超越了宪
法，将宪法权力和所有相关权力置于友好国家之间的国际礼让语 180
境内。他在多数意见书中批评了滥用国际法的做法，认为所引述的法学家观点只论证了排斥外国人的正当合理性，但并没有说明可以任意遣返那些获得寓居美国许可的外国侨民。在友好国家之间的人员流动中，“没有明确反对即意为同意”。[99] 菲尔德希望将外国侨民的权利视为一种受到必要法律保护的权利，而不是政治特权，以防止国家过度干预。如此一来，他用互惠承诺取代交往准则，由各个有边界的国家负责，以此作为移民权利的主要来源。他比较了《吉尔里法案》和专制的“亚洲”法庭的做法，认为这种国际礼让正是源于国际大家庭成员所必需的文明制度。[100]

菲尔德的大部分思想轨迹都可以从他反对"针对某类别人群的立法"的角度来理解，他既推翻了针对中国人的州立法，也推翻了他认为有利于非裔美国人的联邦立法。但这并不能解释他为什么在鲍德温案中提出维护外国人权益的联邦立法要求。国际礼让的需要是同样重要的原因。大法官大卫·布鲁尔（David Brewer）和鲁弗斯·佩卡姆（Rufus Peckham）同样以执着于自由放任的立宪主义和"实质性正当程序"而闻名，这种执着已近于教条的地步。1907年，面对日益增多的司法限制移民权利的诉讼案，他们成为少有的反对者。布鲁尔早在西村案（1892）中就已提出了异议，他反对在边境上取消西村案的司法复核权。也许最让他名扬四方的事情就是，那一年他在圣三一教堂诉美国案（*Church of the Holy Trinity v. United States*）中宣称美国是一个"基督教国家"。[101] 这一声明也是在一个移民案的背景下提出的。布鲁尔在该案件中称，1885年的法案禁止契约劳工移民从事"任何形式的劳务"，怎么可能适用于排斥一位基督教牧师呢？在后来几个华工案中，他都提出了反对意见。他经常评论说，多数判决意见，为在美国建立专制制度敞开大门，这会给来自中国的到访者留下不良印象，破坏在华传教事业。[102]

在洛克纳案（*Lochner*，1905）中，佩卡姆拟定了代表最高法院多数意见的判决书，他也因此而赫赫有名。该判决书支持契约合同自由权，裁定州劳动法的限制属于非法。[103] 那年，奥利弗·温德尔·霍姆斯（Oliver Wendell Holmes）走上了与佩卡姆相反的道路，他在洛克纳案中持强烈的反对意见，但之后发生了一百八十度的大转弯。他在朱才案（*Ju Toy*）中撰写了多数意见书，撤销了移民入境案的司法复核权，即使是以美国公民身份入境也不例外。[104]“坚定的反对者”约翰·哈兰（John Harlan）也同样在华人案中始终与大多数人站在一起。凡是推翻民权法规或支持种族隔离的裁决——例如洛克纳案中废除工作场所的规 181
定，或者认为不应将宪法权限扩大到美西战争后新占领土地的诉讼案，他都一律持反对意见，由此声名大噪。在所有这些案件中，哈兰始终表明自己是为了社会公正而坚定支持联邦政府加强干预。他对联邦政府维护公正的信心，也体现在他为林满胜案（*Lem Moon Sing*，1895）和山田案（*Yamataya*，1903）所写的多数意见书中，这两个案件进一步导致曾经受条约保障的寓美居民和移民在边境上就被剥夺了司法复核权。他同样反对黄金德案（*Wong Kim Ark*，1898）的判决，该案承认了美国土生华人的公民身份。[105]正如他向其夜校学生宣讲的那样，国家对漂洋过海被带到美国来的非裔人负有责任，但如果一个“对我们来说完全不相干”的种族，仅仅是因为恰好出生在这里，就要给予他们公民身份，这会导致美国丧失对归化法的控制权。更宽泛地说，他反对的是那些“在专制下出生的移民，而不是在像英国这样的国家制度下出生和长大的移民，这些人才能理解生命、自由和财产的意义；而专制下出生的人一辈子都习惯于向权贵卑躬屈膝，不知道什么是自由，他们来到这个国家，还把自由误认为特许，把特许又误认为自由”。[106]哈兰维护第十四修正案的决心和对美国宪法的神圣使命感，一点都不亚于菲尔德或布鲁尔，但这些努力产生出不同的维护民权的道路。显然，与建立在经济自由之上的基督教国家利益相比，一个民权国家的边境和种族构成更需要得到国家严格的防护。

后遗症

谢成平案开启了剥夺中国移民入境权的先例。但如何对待寓美外国侨民，仍然存在着激烈的争论。在实际操作中，遵循方耀庭一案中菲尔德异议的比遵循多数意见的更为常见。早在1896年，法院在黄荣案（*Wong Wing*）中就坚持认为，一名因无证明而被判遣返的中国人，在未经陪审团审判的情况下，不得处以苦役监禁。[107]1922年吴凤河案（*Ng Fung Ho*）给予在内地被捕并声称拥有公民身份的移民以司法复核权。至少自此案以来，最高法院逐渐削弱了行政部门的遣返权（但经常受阻于新立法），并增加了寓美外国侨民获得权利和诉讼的机会。[108]政府专断的权
182 限范围被限制到边境为止，其遣返权也受到严格的约束。

然而，在20世纪初，只有外交官和其他关心国际关系的行政官员才会捍卫外国侨民的权利，也只有文明国家的政府才会为他们提供应有的保障。查尔斯·海德（Charles Hyde）1922年出版了《国际法：美国的解释和应用》（*International Law, Chiefly as Interpreted and Applied by the United States*）一书，他正是引用了方耀庭案来说明国家对遣返移民拥有绝对主权。但此书接着引证了19世纪90年代国务院的其他信件（完全与中国人无关），认为遣返是一种"极端的治安手段"，采取该手段应有充分的理由，并且应尽可能少地对个人的安全和财产造成损害。由此，海德得出结论："遣返可能带有滥用权力的意味，除非遣返的判决建立

在一种**善意的**信念之上，即某个人继续居留于其疆域内会对国家产生邪恶的影响。”[109]

但是，只有严格控制边境，才能保证境内的安全。可以发现，托马斯·贝亚德1891年在《论坛》上发表的文章正表明了这一立场。贝亚德称，联邦不承担赔偿责任是基于文明自治制度，它给予了外国侨民平等的机会，他接着说：

> （如果）各级法院已宣布了法律原则及其实施安排，这些法律原则又是符合宪法规定的，而且对维护个人自由至关重要，但由于在我们境内居住了外国臣民……若要在令他们满意，或者令他们的政府满意的前提下弥补他们个人的过失，同时不能损害和扰乱我们的制度，这就必定会使我们的公民不能祥和地拥有和维护个人自由，使个人自由无法被认可为我们政府的基础，那么美国是时候行使不容置疑的主权了，以成文法来决定准许哪些人进入我们的大门，哪些人要被排斥在门外。[110]

换言之，如果中国人的存在会导致暴乱、歧视性的法律和令人难堪的事件发生，那么最好的办法是从一开始就将他们排斥出去。虽然宪法权利是美国文明政府的基础，但在边境地区，这样的权利是可以被忽略的，所产生的影响也是有限的。正如1916年商 183
务与劳工部助理部长路易·波斯特（Louis Post）① 所描述的：

① 原文有误。美国商务与劳工部在1913年即分为商务部与劳工部两个部门。波斯特担任的是劳工部助理部长。

> 寓美的外国侨民，无论在美国的居留时间有多长，若靠近加拿大或墨西哥边界线，那得小心了，不要脚趾踢到边界线而摔到另一边。摔倒后要是后退了一步，踏入非授权入境的口岸，都会构成非法入境，一旦被抓获，将被遣返回原籍国。[111]

要将国家边境纳入权利载体内，就必须将移民问题与国内权利保护问题分开，这样才可以使国际秩序建立在特定的机制基础上，而不是以交往本身为基础。

到1907年，鉴于中国发生了抵制美货运动，日本外交官也就移民问题据理力争，西奥多·罗斯福（Theodore Roosevelt）总统和威廉·塔夫脱（William Taft）总统都采取了进一步措施，不仅仅是声称美国国内保护人权，也不仅仅是随声附和菲尔德早些时候的关切，即美国没有立法来保护条约中规定的亚洲人享有的权利。塔夫脱在1909年的就职演说中解释说："如果我们明确承诺，保护外国侨民，然后在无法兑现承诺时寻找托词，称责任在各州或各城市，而不在我们政府的控制范围内，这只会让人认为我们的政府胆小怕事。"[112] 埃德温·博查德1915年出版的著作讨论了对外侨的外交保护问题，他在书中也写道："宪法论争不能成为不履行国际义务的托词，但美国政府经常如此。"[113] 博查德还认为，普遍的交往需要是这些国际义务的基础，他同意奥本海姆的观点，强调虽然各国拥有正式权利，能单方面决定哪些外国元素可被视为危险因素，但大多数国家都无限制地给予外国人入境权，因为如果不这样做，将会危及其在国际社会中的成员资格。

然而，到了 1915 年，博查德的国际主义观点在边境管控问题上走向了极端。不过美国外交官也不太愿意完全秉持主权国拥有绝对特权的观点，这一立场同样极端，使得他们很难在中国捍卫美国的治外法权，也很难与其他“文明”国家保持顺畅的关系。相反，他们选择了像塔夫脱那样的一种中间立场，认为必须维护文明的人权保护制度，以体现主权特权的正当性。然而，在 184
20 世纪 20 年代，即使是这种相对温和的立场，也要让步于威尔逊（Thomas Woodrow Wilson）的自决原则，并且移民问题被重新界定为同化问题，而非交往问题。[114] 此时，美国移民法的机制已经足够复杂严密，足以区分不同类别的外来者，凡是临时寓居的“非移民”外来者，或规避边境管制的“非法”外来者，都属于未经“国家同意”的类别，他们可能会受到歧视性的对待，而且全部会被遣返回国。就连海德也以温和的言辞说明了他对遣返的看法。他指出：“遣返违反移民法或《排华法案》的外来者，只会被视为执行这些法律的附带行为。”[115] 能够支撑他这一说法的引证就是 1917 年和 1918 年通过的美国移民法案，这些法案赋予美国边境管控以有效的仲裁权，裁决哪些人可在境内得到保护，而哪些人则不应得到保护。

第七章
“纳塔尔模式”与帝国臣民概念的式微，1888—1913

185 英国首相劳合·乔治（David Lloyd George）在 1921 年的帝国会议上向一众殖民地政治家们发表了讲话，他解释说：

> 世界上最大的灾难莫过于世界以种族为界进一步加剧分裂。大英帝国过去在弥合这些裂痕方面对人类做出了杰出的贡献；亚洲人民对大英帝国国王的忠诚就是明证。如果背离这一政策，不履行这一职责，不仅会大大增加国际战争的危险，还会分裂大英帝国自身。决不能按照东西方间种族和文明的差异来确定我们的外交政策。这对帝国来说是致命的。[1]

在这样一个聚会上，这种说辞听起来像是对想象中的帝国传统表达了一种奇怪的礼敬。1921 年英帝国的现实是，内部边境得到强化，以抗拒亚洲移民和非洲移民的到来。二十多年来，白人自治领一直致力于使大英帝国成为自治国家的自愿联合体。在他们看来，自治是英国权力的基石，它与种族隔离密不可分。1903 年，印度总督寇松（George Curzon）勋爵对这一原则深有理解。他在反思“帝国主义的”主张时提出，“帝国的所有公民，不论肤色或出身，都应在同等的基础上自由地在帝国各地生活、劳动，不受种族缺陷或社会和经济局限性的影响”，他所能得出的结论是，“这设定了一种发展方向，目前大英帝国尚未能实现，也可能永远无法实现”。其主要障碍在于，“那些掌握着殖民地自治权的殖民者最希望也最想得到的权利，就是可以批准他们满意 186
的人进入其殖民地，而将不满意的人排斥在外”。[2]

然而，限制移民的具体立法必须同时满足伦敦官员和殖民地居民的要求。前者不仅要维持一个对所有人都一视同仁的帝国政体外表，而且还要避免冒犯英属印度政府和日本政府。1897年，南非纳塔尔殖民地实施了一项移民英语测试法规，从这个“纳塔尔模式”开始，殖民地立法机构和官员相继完善并推广了一系列移民法。这些法律表面上不存在任何歧视，但给当地官员留有很大的释法余地。到1909年，所谓的“加拿大原则”的确立，使上述立法行动达到了顶点，该原则赋予政府官员广泛的自由裁量权，可以根据各自对经济需求的认知来限制移民入境。日本和英属印度最终做出让步，承认这一模式是非歧视性的，甚至同意自行对准备出国者实行护照管制。离散文化国家和边境管控的思维方式已取代帝国概念，成为大规模流动的世界中最具实质意义的政治形式。

帝国的中心与边缘

19世纪80年代末，英国殖民地部的官员们发生了意见分歧，有些人对澳大利亚人维护澳大利亚共同体的愿望表示同情，而有些人则对他们使用保护主义和好战的民粹主义言论来表达这种愿望嗤之以鼻。移民问题尤其棘手，因为它加剧了帝国政体与自治领的紧张关系，而这些自治领又是帝国的主要组成部分。英帝国给予了澳大利亚管控移民的自治权，但又不遗余力地维护英国在华利益，并且确保包括印度人在内的英国臣民可以自由移民到南非共和国，这看起来是那么的虚伪。然而，如果拒绝给予澳大利亚移民管控权，那就会激起他们对伦敦的怨恨，并引发自治运动。最终，正是帝国政治的复杂性，成为最佳的缓冲手段，避免了如美国所经历的各种外交难题。澳大利亚殖民地、英国殖民地部、英国外交部和驻北京公使馆之间都需要广泛的沟通，这为拖延和避免制定明确的政策提供了充足的理由。澳大利亚又避免了与中国直接打交道的尴尬，而伦敦方面则可以声称因为给予了
187 澳大利亚和加拿大自治权而限制了其进行干预的可能性，以此延缓与中国的谈判。[3]

1888 年 9 月，伦敦向澳大利亚各殖民地政府分发了一份中国反对船舶每 300 吨限载 1 人（商人除外）的移民条款的意见副本。在接下来的两年里，才收到了拖拖拉拉的回复。大部分只是简单地称，这个问题已无关紧要，各殖民地已经实施了更严格的吨位载客量限制法规，对商人也不予豁免。[4]中国政府由于与美国方面交涉受挫，没有提出异议，而大家都很乐意不再提起此事。1891 年，由“阿富汗”号事件引发的张祥才案上呈至伦敦枢密院。枢密院简要地宣布了其决定（被方耀庭案援引），认为外来者没有进入英国领土的必要权利，更关键的是，甚至没有权利提出法律诉讼来要求入境权：“拒绝准予外来者入境与国际礼

让原则相抵触，可能会引起其原籍国的外交抗议；但是，对于一个已被英王统治范围内某个自治领拒绝的外来者，如果仍主张他可以在英国法院提起诉讼，那就另当别论了。”[5]

这一说法并没有回应一些法官的主张：愿意支付人头税的外来者不能被视为“被拒绝入境”者。它也没有触及一些长期争论的问题，这些争论一直困扰着维多利亚殖民地的法官们，那就是英国王室拒绝外来者入境的特权及其含义，或者说澳大利亚自治权的范围。它回避了这些问题，声称鉴于被拒绝入境的外来者不能在英国法院提起诉讼，法官不能对这些问题进行裁决。这种不愿正视司法争议问题的态度，造成英国法院和官员难以对移民合法权利形成一致的理解，这比起内战后美国法院的行动要迟缓得多。

这是一场争夺政治地盘和决策权的斗争。自治领的政治家们声称，他们具有当地经验的优势和自治权，因此所有事关他们利益的决策都应以此为基础。伦敦的官僚们则强调，他们是从整个帝国的角度来考虑问题，最终能给所有人带来更大的利益。然而，这些涉及面广泛的问题都会迅速迷失在复杂的法律技术性细则中。例如，英国驻华领事官帕克（E. H. Parker）①在 1888 年提 188
交了一份关于澳大利亚局势的报告，他利用国际法中主权与交往之间的模糊空间来考虑这个问题。他声称，宗主国的普通法已经满足了人员流动的需要：“我认为，普通法赋予了任何外国人在英国领土定居的权利，该权利要服从于安全考虑，或者说，在任

① 中文名字为庄延龄。

何情况下都要服从于议会法案。”但这些惯例和法律是否适用于帝国的不同地区，特别是自治地区，尚不清楚。即使是英国人到访澳大利亚，也必须遵守可能与英国传统格格不入的当地法律。中国人能否以行使条约权利为由，要求即便是英国人都无法在澳大利亚得到的权利呢？“从定居的角度来看，中国人要求在澳大利亚享有像英国人在英国享有的完整权利，似乎是在主张条约高于自我保护措施，而且似乎认为英国赋予他人的权利会多于它自己所保留的权利。”然后，他反驳了这一观点，认为澳大利亚多年来一直对中国移民实施限制性措施，已将移民迁入确立为一项权利。他将这一问题关联到国际礼让和中国条约权利的问题上，指出“在很多情况下，在中国的外国人也只享有类似不确定的权利，如果剥夺这些权利，会显得很不友好”。但从国际礼让的另一角度来看，中国方面很可能不会同意特定的互惠原则，允许外国人在其边疆地区定居。[6]

政治斗争也表现在自由贸易的意识形态中。倡导自由贸易的非自治殖民地官员和政治家比伦敦的官员和政治家更为直言不讳。1881 年，香港立法会就澳大利亚人要求香港协助执行新的澳大利亚移民法进行辩论，当时约翰逊（F. B. Johnson）说，他确信在座的所有人都不赞同“我们澳大利亚兄弟的经济邪说”以阻禁华工。他将澳大利亚的排华运动比作手工织布工人抵制电动织机的运动，并为自由移民与贸易的关系及其对所有人产生的有利影响进行了长时间的辩护。但港督轩尼诗（John Pope Hennessy）回应说，澳大利亚的态度有一定的理由，因为中国移民降低了澳大利亚对英国移民的吸引力，也无助于增加高端商品的贸易。[7]

也许最重要的是，伦敦与自治殖民地之间的分歧根植于阶级问题。帕克赞同澳大利亚关于自治殖民地有权塑造自己共同体的观点，但对澳大利亚人如何将其付诸实践不屑一顾。如果有公平 189
的政府，对移民又以礼相待，那就会让中国人接踵而至，繁荣兴旺，这有损英国在亚洲的地位，这并非澳大利亚所乐见的。他驳斥了认为中国人对澳大利亚构成威胁的观点，指出："虽然我们很乐意看到来自较低阶层的同胞过上比他们通常在家乡更安逸、更美好、更轻松的生活，但我们也不无遗憾地看到，他们想要的太多，贪得无厌，过犹不及，以致滥用权力，挥霍财富。"[8] 他将澳大利亚人与"从容自若、慷慨大方"的中国外交官和商人比较一番，贬低了澳大利亚人，他感慨地认为，澳大利亚没有知书达理的阶层可以"临危不惧，从容不迫地施加某种帝国影响力"。[9] 澳大利亚唯一有文化教养的阶层是资本家，但他们是劳工政治的天敌，而劳工政治在澳大利亚西南部占主导地位，不容易对它施加影响。大多数英国官员并不像帕克那样对中国官员和移民有如此高的评价，但许多人都认同他从阶级出发对构建和谐帝国的理解。

宗主权与南非

由于南非共和国事态的发展，澳大利亚的局势也变得让帝国官员感到左右为难。自 1884 年以来，伦敦一直反对当地某些法规，其中包括向亚洲移民征收 25 英镑的注册税，并且赋予政府权力，将亚洲人集中于限制区内居住。这一年，英国和南非之间签订的《伦敦公约》(*London Convention*) 确立了“宗主权”的条件，即除了外交关系之外，伦敦在大多数问题上都给予南非自治权。该公约第十四条还声称，“除土著人外，所有遵守南非共和国法律的人员，连同其家属，将享有进入、游历或居住在南非共和国任何地方的充分自由”，同时享受拥有财产、经商和不征收特别税的权利。[10] 南非本可以自由颁行外来者须遵守的地方法规，但如果这些地方法规具有歧视性或旨在制约人员流动，该如何处理？国内治安权与受条约约束的国际交往之间的界限并不明确。

到 1888 年，英国殖民地部采取了与对待澳大利亚问题时一
190 致的立场。它承认“如果《伦敦公约》中条款的解释会妨碍合理的立法朝着预期的方向发展（即限制亚洲移民)，那么它无意坚持这样的条款”，但殖民地部明确表示，这只是一种让步，而不是承认南非对亚洲人进行管控的单方面权利。[11] 然而，什么是“合理的立法”？后来事实表明，这在未来十年里是一个具有高度争议性的问题。在南非从卫生预防的角度解释了为什么要让亚洲人进行登记并限制其居住范围后，殖民地部对法律的“合理性”感到满意。印度部则颇有微词，并于 1890 年抗议该法律的实施方式具有歧视性。1893 年，南非制定了新法规，据此法重新安置印度人的商业活动。殖民地部认为这一做法违反了公约和自由贸易权。经过两年的讨论，仍无定论，该案最终交给奥兰治自由邦的法官米利厄斯·德维利尔斯（Milieus de Villiers）进行仲裁。

德维利尔斯认为，公约的字面意思不合理，因为缔约方从未考虑过准许亚洲人入境。这在南非共和国尤其不合理，因为白人

和有色人种之间的不平等已写入宪法。他认为国际法在此处不适用，解释说：

> 每一个欧洲国家或欧洲血统的国家都有不可剥夺的绝对权利，来排斥它认为对其发展和生存产生威胁的外来因素……可以有把握地假定，南非共和国代表并不打算放弃这项权利，而英国方面也不打算坚持要求南非放弃这项权利，尤其是不打算支持那些不被视作国际权利主体的外国有色人种，因为国际法只存在于文明的欧洲种族之间。[12]

他列举了一些其他事例，在这些例子中，“理论上不合理的原则成为实际立法的基础”，以保护一个国家的权益，其中包括反异族通婚法、美国的种族隔离学校，以及澳大利亚、加拿大和美国的排华法案。[13]德维利尔斯得出的结论是，移民和定居的条件应服从于当地法律，由当地主管法庭阐释。只有在被法庭拒之门外或政府不执行其判决的情况下，外国政府才能进行干预。在这种情况下，英国本来是有权提出反对的，称1893年的法规没有维 191
护法律的意图，但最终决定交由南非法官裁决。德维利尔斯的判决与美国的政策和法律裁决遥相呼应，主张国家机构是唯一相关的权利来源，而没有标榜文明制度应维护法律面前人人平等的原则。

不出所料，印度裔居民群情激愤，并抗议该裁决没有解决一个基本问题，即是否可以将国际商业活动合法地纳入国内法系中。[14]对于将该案提交到南非法院审理，他们并不抱什么希望，这是可以理解的。随后一起案件的不利裁决，坐实了他们的担忧。然而，伦敦似乎对德维利尔斯的裁决感到满意。之所以满意，更多的是基于种族考虑，而不是基于法理，这一点越发明显。1896 年 11 月，南非通过了一项新的移民法，拒绝所有无法自食其力的“外来者”（包括英帝国的白人臣民）入境。新移民法还要求在进入南非之前，所有外国人的护照必须由国外领事机构“修订”。不久，又出台了针对贫困外国人的遣返法。此时，伦敦再度援引《伦敦公约》第十四条，坚称南非无权遣返、限制或对遵守共和国法律的外国人施加繁多的限制条件。居住在南非的英国人也提出，该法律将他们贬低到与邻近的纳塔尔英属殖民地的土著和前苦力相同的地位，因为纳塔尔也对这些人实行注册制和通行证制。[15]

南非官员答复：第十四条规定，“遵守南非共和国法律”的人可以自由入境，但这只是其中一项法律。新移民法纯粹是出于对国内问题的关切，一律无歧视地适用于所有外国侨民。[16]南非大臣范博斯乔滕（C. van Boeschoten）补充说，必须根据各国普遍接受的法律原则来解释《伦敦公约》，这些原则包括，每个国家都有权制止外国势力侵入，作为一种自卫。当然，从来没有一个文明国家会为麻风病患者和贫困者入境争取权利。即使是一个英国的贫困者，那他也无理由要求准许入境。范博斯乔滕指出，英国并没有反对美国和加拿大对移民进行限制，护照只是一种普通文件，算不上严苛的限制条件。相反，护照有助于一个国家管控好自己的事务，并为外国人提供便利。[17]

192 但在冗长的辩解之后，范博斯乔滕报告说，护照法（而不是遣返法）已经被撤销。南非政府已意识到这项法规给邻邦居民带来了不便，并决定通过与邻邦磋商来制定法律，这会更为妥当。他不断否认在颁布这样一项法律之前有必要征询英国意见，并建议将该问题提交国际仲裁。殖民地部大臣张伯伦（Joseph Chamberlain）拒绝仲裁，理由是《伦敦公约》不是两个平等国家之间的条约，而是女王的一项声明，在声明中她“给予服从于其宗主权的南非共和国完全自治权”。[18] 这个问题最后随着英国在布尔战争中取得军事胜利而终结。

“纳塔尔模式”

南非共和国的事件表明，大多数伦敦官员对印度人的权利只做了表面上的承诺。但印度人要求伦敦遵守其关于帝国臣民之间形式平等的声明，这个诉求一直没有解决。就在伦敦要求给予英国臣民在南非自由流动的权利之时，邻近的纳塔尔殖民地的白人也在试图排斥印度人。纳塔尔、伦敦和印度三方代表之间后来展开谈判，产生了“纳塔尔模式”，这是一种表面上不存在歧视的语言测试，但为行政自由裁量权保留了很大余地。

自 1860 年以来，超过 6 万名印度契约劳工被引进到纳塔尔的甘蔗种植园进行耕作。令英国殖民者忧虑的是，许多印度人逾期不归，滞留在殖民地。1894 年，纳塔尔殖民地派遣一个代表团前往印度，就强制遣返所有已完成契约合同的印度人问题进行谈判。印度总督额尔金勋爵（Victor Alexarder Bruce）担心印度的人口过剩，希望继续让印度人移民出国，但由于担心纳塔尔会禁绝移民入境，他同意纳塔尔对所有未返乡的自由印度人每年征收三英镑税。纳塔尔还通过了一项法律，禁止给予印度定居者选举权。但殖民地部建议英王否决这项法律，并提醒英王印度人一直是忠心耿耿的。1896 年，纳塔尔立法机构修改了法律，以文明特质而非种族歧视为由，拒绝将选举权给予“原住民或原住民
193 的男性后裔（非欧洲血统者），因为他们的祖籍国迄今为止尚未在议会选举的基础上建立选举代表机构”。印度政府予以反对，认为印度人早已在市政选举中参与投票，但印度政府并未执着于此，认为自己的主要职责只是保护契约移民而已。

尽管已有立法，纳塔尔民众反对印度移民的情绪仍然高涨。1896 年 12 月，“库尔兰”号 (Courland) 和“纳德里”号 (Naderi) 从印度启航，带着 100 多名自费乘客（包括甘地）抵达纳塔尔，引发了当地大规模的反印示威游行。虽然启运港没有任何瘟疫迹象，但纳塔尔海关官员仍扣押了这两艘船只，在德班 (Durban) 外的地方对印度人实行二十六天的防疫隔离，超过法律规定的时间。官方承诺将尽快颁布一项针对亚洲人的新移民法案以安抚公众舆论，这样才最终平息了示威活动，官员在 1897 年 1 月 16 日允许印度乘客下船。[19]

纳塔尔的总检察长哈里·埃斯科姆（Harry Escombe）迅速起草了法案，该法案以新南威尔士、塔斯马尼亚和南澳大利亚刚通过的法案为蓝本，将基于客船吨位限制中国移民人数的规定扩大到所有有色人种。但他很快了解到，纳塔尔总督 11 月就曾表示对这一法案持保留意见，殖民地部也很可能会否决该法案。张伯伦给纳塔尔总督发了一封电报，表示如果内阁不得不同意限制

移民，那么“我真诚地希望，殖民地的立法针对的是贫穷移民或无知的移民，而不是针对种族或肤色”。[20]张伯伦后来解释了他所说的“无知”的意思，是指在没有充分了解国外情况之下被诱骗出国。但纳塔尔已经起草了一项新法案，赋予移民机构权力，禁止任何无法用任一种欧洲语言填写申请表者入境。埃斯科姆（此时出任纳塔尔殖民地总理）在3月25日的法案二读中解释说，该法案是“根据1891年的美国法案”草拟的，它将拒绝某些类别的外来者入境。该法案还受到了密西西比州（1890）和南卡罗来纳州（1894）实行的投票识字测试及美国国会刚刚通过的移民识字测试法的启发，但这些规定在3月就被克利夫兰总统否决了。埃斯科姆解释说，纳塔尔法“更进一步”，赋予移民机构很大的自由裁量权，这些机构可以选择何时进行考试，使用何种语言来考试。[21]

纳塔尔的白人和印度裔居民都对拟议中的法案表示反对。在给张伯伦的请愿书中，印度裔群体指出了立法辩论中的一些说法，其中法案制定者明确表示，语言测试将不适用于欧洲人。他们抱怨说，受过教育的印度人或印度贵族进入南非这样的自治国家比进入纳塔尔英属殖民地都享有更多的权利。[22]白人居民也抱 194
怨说，这项法律很“不英国”，因为里面的歧视规定拐弯抹角，并不明确方向。批评者强调，如此宽松的自由裁量权不可能保证法律的施行。《纳塔尔水星报》（*Natal Mercury*）的一篇社论总结道：“在那些认为该法案不可接受的人看来，这项法案不够直截了当，他们敦促政府通过一项专门针对亚洲人的法案，我们应开展‘长期的宪政斗争’。”[23]埃斯科姆为该法案辩护说：“一艘船遭遇逆风时，须蜿蜒航行，慢慢地就可以到达目标。一个人遇到困难时，会与之对抗，如果不能克服，就绕过它，而不是迎头相撞，头破血流。”[24]一名议员回答说：“为什么不干脆就把这项法案叫作‘限制亚洲移民法案’呢？现在不需要谈论轮船曲折航行，而要勇往直前。”[25]

尽管存在很多担忧，但该法案于4月29日获得通过，总督很快予以批准。英国的印度部一方面对“无知的”移民概念会引起误解感到不安，而且担心很有可能会按照种族肤色来执行法规，另一方面也十分了解印度民众对这一问题的情绪，但最后还是勉强地接受了新立法的措辞。印度部只要求将承认已定居的印度人的权利更明确地写入法案。12月，纳塔尔移民官心满意足地报告说，已拒绝了868名亚洲人入境，只有113名印度男子获准登岸。大多数人是凭以前的户籍获得批准的，只有10人通过了语言测试。他只提出了一些技术性建议，包括需要为定居者和访客建立更完善的档案记录，语言测试也应多样化，这样就不会有人死记硬背答案。[26]

澳大利亚的解决方案

张伯伦感到欣慰，并在帝国各地不遗余力地推广“纳塔尔模式”。在1897年6月的殖民地会议上，他鼓励澳大利亚和加拿大的总理们通过类似的立法。他认同这些国家有必要阻止“外来文明、外来宗教、外来习俗的涌入，这些外来人群的涌入会严重干扰现有劳动群体的合法权利”。但他也警告说，任何可能引发

“恶感、不满和愤怒的法案，都会令女王陛下及其所有臣民情感上难以接受”。任何限制移民的措施都必须遵循帝国的传统，那 195
就是不能按种族或肤色来进行区分：

> 我冒昧地说，您必须处理好移民的特性问题。一个人不会因为肤色与我们不同，就一定是不受欢迎的移民，而是因为他污秽不堪，或道德败坏，或者他是一个穷光蛋，或者有议会法案中规定的不可入境的其他理由……因此，我希望在您来访期间，我们可以商议一下某种措辞，以避免伤害女王陛下的所有臣民的情感，同时也充分保护澳大利亚各殖民地免受某类移民的侵扰，拒绝这些移民入境是理所当然的。[27]

太平洋沿岸的自治领，迫切需要自由裁量权，因为它们面对的是比印度更加咄咄逼人的日本。1894年的《英日通商航海条约》保证了与日本的自由交往。但这项条约不适用于自治领，除非它们在两年内自愿选择遵守条约。除了纳塔尔之外，没有一个自治领对这一提议表示感兴趣，因为日本已经明确表示，它认为凡不平等对待所有外国人的移民限制措施，均是违反条约的行为。[28] 但“纳塔尔模式”提供了一条出路。张伯伦在致加拿大总督的一封信中解释道：“日本天皇政府反对的并不是事实上排斥日本人，而是**名义上**排斥日本人，这无异于明确地表示整个国家都不受欢迎。”[29] 他在给西澳大利亚总理的信中写道：“任何国家都无权反对普遍适用的立法。”[30] 日本驻英公使加藤高明（Kato Takaaki）确认了这一解释，他说：“在日本引起愤懑情绪的关键点，不在于实施禁令会导致一批日本人无法移民到澳大拉西亚（Australasia），而在于正式文件中没有提及日本……就好像日本人与中国人及其他亚洲落后民族同处于一个道德和文明水平。”[31]

西澳大利亚于 1897 年 12 月通过了欧洲语言测试法案。接下来的两年内，新南威尔士、南澳大利亚、塔斯马尼亚、新西兰也陆续通过了同样的法案，不列颠哥伦比亚和开普殖民地也先后于 1900 年和 1902 年通过了语言测试法案。[32]1908 年，英国海员工会甚至对外国人进行听写测试。[33]1901 年澳大利亚联邦成立之后颁布的第一批法律之中，就包括了用欧洲语言进行 50 字听写测
196 试法，随后大多数州一级的立法被废除。许多澳大利亚人认为这是创建一个平等、民主的“白澳”的最重要步骤之一。曾担任总理的艾尔弗雷德·迪金（Alfred Deakin）有句名言：“在化解过去分化我们的技术性、专断式政治分歧方面，这个大陆上，没有哪一种动力能比我们要成为一个民族——一个不掺杂其他种族的民族——的愿望更普遍且有力地发挥作用了。”[34]

澳大利亚第一版的听写测试法逐渐遇到了一些障碍。[35]在澳大利亚国内，中国人和船只承运商发起了法律挑战。他们常常在技术性问题上取得小小的胜利，例如最高法院曾经裁决，在规定的 50 个单词中增加或删减一个单词都会使测试无效。日本外交官也向英国外交部和澳大利亚政府抗议测试只准使用欧洲语言。日本驻英公使林董（Hayashi Tadasu）提到了澳大利亚议会的辩论，官员们在辩论中就明确表示，测试完全是针对亚洲移民的，而且将以他们不懂的语言来进行。殖民地部回复说，反对这项法

案只会导致一项更具侮辱性的法律通过。1902 年初，林董撤回了对“纳塔尔模式”的正式认可。[36]

澳大利亚和新西兰于 1905 年修订了法律，允许以“任何一种规定的语言”（斯瓦希里语、巴斯克语、纳瓦特尔语或移民官认定移民肯定不懂的其他语言）进行听写测试，而且如果承运商运载在限禁之列的移民入境，那就必须对他们进行处罚。这一修订一方面是为了安抚日本对仅使用欧洲语言进行测试的不满，另一方面是因为居然有 32 名亚洲人通过了欧洲语言的听写测试。日本默许了新的方案，可能是因为到 1904 年时，已有了一项其他安排，这项安排根据 1897 年与昆士兰殖民地签订的一项协议做出，当时昆士兰加入了《英日通商航海条约》，根据协议，准许一批数量不多的商人和学生持日本护照入境，为期一年。每一本护照都会由英国领事官签发签证，领事官的唯一职责是“确认证件持有者就是被签发的人”。[37]1904 年，澳大利亚与印度也达成了类似的协议。1905 年，由于港督抱怨对在港的英国臣民实行区别对待，故澳大利亚与香港也签订了协议，但条件是，只能让少数华人精英了解协议内容。[38]

这项法律很好地达到了其目的。澳大利亚的中国移民从 197
1901 年的 32717 人下降到 1933 年的 14349 人，这是当时世界上最大的下降幅度之一。“美妙”之处在于，该法几乎不需要强制执行，因为一旦人们发现很难通过测试，就会知难而退，很少有人敢于以身试法。写入法律的宽泛自由裁量权使得几乎不可能从法律层面质疑其执行环节。只有已安家落户的居民和持有豁免证的人员才能入境。豁免权以个人为基础，主要给予学生，在少数情况下给予“非常推荐”的华人居民家属。移民官员要继续面对偷渡者和假入籍证明的问题，而且常因拒绝亚裔居民的家属前来团聚而受到公众媒体的曝光。但在大多数情况下，与美国相比，由于争取进入澳大利亚的移民较少，丑闻、法庭案件和外交事件也相应地较少。[39]1924 年，历史学家哈利・麦克奈尔（Harley McNair）的评论，印证了托马斯・贝亚德早先说过的话：“对寓澳华人最大的保护，就是自 1901 年以来用实际行动将他们的同胞排斥在该国之外。”[40]

统一移民法也是 1903 年南非关税同盟大会的一个主要议题。纳塔尔移民官哈里・史密斯（Harry Smith）此时对纳塔尔法律的运作不太满意，于是提出了几项修正案，其中包括采用澳大利亚式的听写测试法，但仍然规定测试只使用欧洲语言。当年，这些建议在纳塔尔和南罗得西亚都落实为法律。日本对这些遥远的殖民地并不那么在意，但印度总督在 1907 年抱怨是否有必要搞这种“不太公正的测试法”。张伯伦却为实施语言测试法进行辩护，认为这有助于统一整个帝国区域的立法，从而减少某些殖民地内部的立法不公。[41]

在德兰士瓦，英国殖民当局想要安抚被征服的布尔人，发现自治和限制移民的有效结合是实现这一目标的理想手段。因此他们重新实施了伦敦曾在 19 世纪 90 年代反对的布尔人的法律。在新成立的亚洲部的监督下，他们比布尔人更有效地施行了这些法律。亚洲部编写了一本小册子，将所有反亚裔法规条例都汇集在一起，按照甘地的说法，此汇编帮助英国人认识到既有法律法规
198 “既不够严厉，也不够系统”。[42]印度部讥讽（说得委婉一点）英

国现行的布尔人的法规，认为这些法规过去造成了太多麻烦。对此，殖民地部助理次官莱昂内尔·柯蒂斯（Lionel Curtis）解释说，注册法是必要的，因为英国人唯一能够采取的体面行动方针，就是阻止印度移民大量涌入，直到当地人重新建立自己的责任政府为止：

> 帝国政府承诺并且理所应当地承诺，将按照该国人民自己的意愿治理国家……（如果它利用权力）干涉针对亚洲人的政策——如同对上一任共和政府一样，那是违反契约的，更何况强行介入也会给殖民地的欧洲居民带来不可预计的状况。[43]

1906 年 9 月，德兰士瓦通过了一项欧洲语言测试法案，同时颁布了一项规定印度人必须注册的法律。后者就是所谓的“黑人法案”(The Black Act)，导致甘地发起了“萨提亚格拉哈”(Satyagraha) ① 运动。一个印度代表团立即前往伦敦，试图说服殖民地大臣额尔金勋爵否决这项法案。额尔金勋爵同意了，但转身就变卦，1907 年 1 月加速授予德兰士瓦自治权。注册法和澳大利亚式的移民法是 3 月新立法机构通过的首批法律之一。1908 年，南罗得西亚修订移民法，以更接近德兰士瓦的法案。总检察长写道，南罗得西亚“现在加入这个链条的最后一环，该链条必须形成南非白人的封锁线。链条上这一环是最薄弱的，如果他们不能履行职责，链条上就会留下一个断裂点”。[44]

---

① 来自梵文，意为“坚持真理”，是非暴力抵抗和公民抵抗运动中的一个流派，由甘地所创。

周旋于帝国间的加拿大

虽然不列颠哥伦比亚省多次尝试采用语言测试法，但加拿大始终不屈服于这样的压力。原因之一是，在渥太华的内阁具有放任自由的取向，倾向于严格遵守与日本的通商条约，也因为加拿大必须考虑美国的法律和政策。加拿大采用了与澳大利亚不同的方案，该替代方案开创了两种新的限制形式：一是与日本达成秘
199 密协议，促使日本自我监管；二是立法授权加拿大官员发布行政命令，可用经济理由来阻禁某些类别的移民入境。后一种方式，有时在帝国内部信函中被称为“加拿大原则”，后来成为世界各地移民立法中较有影响的一种模式。[45]

1878 年至 1922 年间，加拿大联邦政府否决了二十二项省级法律，其中八项是不列颠哥伦比亚省的移民立法，其他一些是歧视性的就业法。[46]1885 年征收的中国移民人头税，致使亚洲移民问题暂时搁置了一阵子。但到 1899 年，不列颠哥伦比亚人又开始抱怨，人头税不但没有有效地减少中国移民的到来，反而让大量日本人涌入。总理威尔弗里德·劳里埃（Wilfrid Laurier）说，渥太华希望建立自由贸易关系，还向亚洲轮船提供补贴，在此背景下又实行歧视性的就业法和移民法，这显得相当虚伪。他也提到《英日通商航海条约》，“我们应整装待发，随时准备为我们帝国的联合做出一切牺牲。如果我们要享有帝国的荣耀和优待，那么也必须承担义务，为此做好准备并且遵守”。[47]

不列颠哥伦比亚人并未被此番豪言壮语打动，尤其是他们知道张伯伦鼓励实施纳塔尔的法案。1900 年，不列颠哥伦比亚省

议会通过了自己的“纳塔尔法案”。在很大程度上，该法案只是一种象征性姿态。不列颠哥伦比亚人知道法案肯定会被否决，但他们坚持认为有必要让它通过，以示对“省级权利”的诉求。即使法案施行了几个月，也没有什么实际意义。不列颠哥伦比亚法院认定，由于已经存在联邦的限制法，本省法案不适用于中国人。6 月，日本政府已经停止为前往加拿大和美国的劳工签发出境护照。日本驻加拿大公使后来解释说：“不希望违背不列颠哥伦比亚省的意愿，让其人民强行进入该省。”[48] 但这项法律具有象征性的效果，表达了不列颠哥伦比亚人对国家政策的不满，也激发了日本人对只用欧洲语言进行测试的抗议。[49]1901 年 9 月，在法律规定期的最后时刻，该法案最终被驳回。到 1909 年，不列颠哥伦比亚省又通过了六项限制移民的法律，其中一些法律也是到了最后一刻才被驳回。渥太华和不列颠哥伦比亚省的关系陷入僵局。

与此同时，在几个因素的共同作用下，一项新的加拿大移民政策产生了，上述因素包括：一些内阁成员渴望引入移民劳工，
劳工选举权日益扩大以及美国施加压力。1897 年，鉴于美国将 200
劳工合同法扩大到包括来自加拿大的移民，加拿大政府终于屈服于国内劳工阶层的压力，限制契约劳工入境。这项法律还禁止公共工程雇用日本人和中国人。1901 年，加拿大允许美国公共卫生局和移民局的官员驻扎在加拿大各口岸，以确保由加拿大过境到美国的移民符合移民法的要求。由于害怕被美国拒绝入境的移民滞留在加拿大，加拿大政府很快在 1902 年、1906 年和 1910 年先后通过了自己的一般移民法案，这些法案都效仿了美国的法

律。但是，加拿大并没有在立法中明确规定哪些类别的移民会被拒绝入境，而是赋予总督权力，以行政法令的方式宣布或废除排斥某类移民的规定，从而更灵活地应对国内劳工需求的变化。[50]

渥太华还于1902年将中国移民的人头税提高到100加元，1903年再提高到500加元。中国驻英公使张德彝抗议说，澳大利亚和加拿大因应日本人的怨言而改变了法律，但对中国人的怨言充耳不闻。英国外交部回复说，澳、加殖民地对中国没有任何条约义务，而且看起来很奇怪的是，中国一方面接受了美国的排华行为，另一方面却要求其他国家停止排华行动。英国外交部还指出，加拿大政府需要对美国投诉中国人经加拿大偷渡入境的情况采取相应行动。张德彝回应说，按照国际礼让，移民活动应该是自由的，除非有国际协议，如中美条约，那就是另外一回事。他的抗议无果而终。[51]

事实证明，加拿大更愿意听从日本的申诉，因为日本有能力和意愿管控自己的移民。日本产生这种意愿的根本原因是，日本公众和官员与白人移民国家都认同移民管控关系着主权，并看重国家的种族完整性，这种意识通常表现在反华排华的态度中。但是，这种立场往往以如何建立一个受人尊敬的民族国家为出发点，而不是主张独立自主和民族的自由权利。19世纪60年代，日本国内广泛讨论了自由交往的放任理念，但这些观点从未得到有力的支持。到了19世纪70年代，如果有国家主张独立自主和民族自由，那通常是将其作为建立强国的手段，主张本身并不是目的。[52]因此，日本移民法规定了强有力的行政权力和自由裁量权。早在1874年，一项日本帝国法令就已规定地方官员有责任禁止流浪者、乞丐、传染病患者、道德败坏者以及“可能违背帝国利益或增进敌国利益的人”迁入。日本国内公众辩论的内容是排斥这些人的程度，而不是必要性，很少有人关心如何执行。 201

在 1899 年废除治外法权条约之前，日本公众曾广泛地讨论是否应该允许在日本不再享有治外法权的中国人与西方人一样在内地自由流动。辩论中充斥了很多陈词滥调，对在太平洋地区已流动了近半个世纪的廉价劳动力和资本有着负面刻板印象，并且表达了担忧。但也涌现了两个独特的问题：一是担心中国人遭排斥会有损日本在世界各地争取移民权的努力，二是设想日本人应与中国人一起共同奋斗，建设大亚洲文明，以此抵御西方入侵。[53] 7 月 10 日，也就是废除治外法权的前一周，日本帝国内阁在一次特别会议上做出决定，只允许中国商人和实业家在日本内地居住。因此，7 月 27 日颁布的第 352 号敕令规定，“未经政府当局特别批准的劳工”不得在以前享有治外法权的聚居区之外居住或工作。一项补充法令明确说明，该敕令“主要是为了确保华工遵纪守法，因为他们不仅容易败坏公共道德，而且还可能与日本工人因竞争发生冲突，从而导致行业和社会混乱，最终扰乱公共和平与秩序”。许多日本人和生活在日本的中国侨民都称赞这项法令是亚洲兄弟情的胜利，因为它按照职业而非种族来实行法律限制，殊不知该法所排斥或准许的实际人员类别与美国大同小异。[54]

鉴于日本国内也实行歧视性移民管控，日本官员在就条款中海外日本侨民遭受的歧视性对待进行交涉时，便小心翼翼地表达他们的抗议，只声称自己是一个文明国家，并不强调普遍的公平原则。1899 年，日本限制签发前往有排日倾向的国家的出境护照数量，从而避免潜在的冲突。但在 1905 年日俄战争胜利后，日本逐渐被承认为一个“文明的”国家，是一个可以有自己诉求的殖民者。英国与日本建立了正式的同盟国关系；由于日本总领
202 事承诺将继续限制移民，加拿大也签署了《英日通商航海条约》。在这些事件之后，日本开始放松对北美移民的控制，而且更强烈地要求非歧视性的待遇。

1905 年后，日本移民到北美的人数大增，激起了太平洋沿岸的反日排日活动，那里的居民不但没有对日本的“文明”地位有什么好印象，反而对日本的军事和政治意图感到恐惧。加拿大的日本移民从 1904 年的几乎为零，增长到 1908 年 6 月财政年度结束时超过 7000 人。日本政府解释说，总领事无权承诺继续限制移民，自由移民是受条约保护的。移民到美国的人数也激增，1907 年有 3 万多名日本人进入美国和夏威夷，比前一年翻了一番。1906 年加利福尼亚州颁布法律，规定对日本学校实行种族隔离，这种紧张局势最终爆发为一场国际争端。从夏威夷到北美，日本移民越来越多，超出了日本政府的控制范围，并且人们怀疑日本寄宿家庭业主乃至非日本公司都在积极招募日本新移民，这一切进一步激怒了北美居民。1907 年 2 月，美国一般移民法授权总统，只要持有护照的移民不是前往美国大陆而是其他国家或地区，一律禁止他们入境。旧金山也于 1907 年 7 月停止向日本职业介绍所发放执照。[55] 在加拿大，劳工部副部长麦肯齐·金（William Lyon Mackenzie King）10 月所做的一项调查发现，日本驻温哥华领事官甚至成立了“加拿大日本劳工供应公司”，帮助日本劳工与加拿大雇主建立联系。[56] 这个发现使人们

相信，不受约束的资本在策划诱导劳工“非自然”迁移。[57]

与此同时，印度移民人数也在暴涨。加拿大太平洋铁路公司由于担心日本移民会受到限制，已经开始从印度招募移民。1907年至1908年间，原本微不足道的印度移民发展成每年超过2000人的移民潮，其中一些移民继续迁往美国。中国移民问题仍持续吸引着公众的兴趣。1905年至1906年间，中国针对美国移民法发起了抵制美货运动，尽管实际效果有限，但已引起广泛关注。在这几年间，温哥华海关也因在中国移民问题上的欺诈和腐败丑闻而备受诟病。[58]

所有这些事件都促进美加边境两侧的当地反亚裔组织加强了
团结，组成了一个“排亚裔联盟”。针对日本人和印度人的暴力 203
行动在海岸地区四处蔓延。1907年9月5日，暴徒驱赶华盛顿州贝灵汉镇（Bellingham）的印度人。9月7日，排亚裔联盟在温哥华组织了一场大游行。不列颠哥伦比亚省副省督詹姆斯·邓斯缪尔（James Dunsmuir）拒绝承诺修订新的移民法，很多人认为他本身很希望输入日本劳工到自己的矿场工作。反亚裔积极分子发表了煽动性的演讲，称赞了贝灵汉暴徒的英勇行为，并焚烧了邓斯缪尔的雕像。游行很快演变成一场暴乱，亚裔遭受了巨大的财产损失。渥太华和华盛顿特区的政界人士都深信，如果要维护公共秩序，就必须对日本移民和印度移民实施更严格的限制。民众又一次通过表达观点发挥了作用。

10月，加拿大派遣劳工部部长鲁道夫·勒米厄（Rodolphe Lemieux）前往日本，继续讨论1903年日本驻渥太华总领事能势辰五郎（Nosse Tatsugoro）的建议。勒米厄提出双方通过谈判达成一项限制移民的秘密协议。自1907年2月以来，美国一直都在展开这样的谈判。当时日本提出，如果废止加利福尼亚州的学校法，日本就限制其移民前往美国。美国战争部部长威廉·塔夫脱在9月也被派往日本，但谈判没有结果，因为美国想要的是像跟中国签订的那样的正式条约。日本官员早已密切注意到中国反美的抵制运动，因而倾向于达成一项秘密协议，这样日本公众就不会知道政府做出了什么让步，也能保持日本庄重的平等国际形象。勒米厄抵达日本后，断然拒绝了美国公使提出的双方在谈判中协调立场的建议。加拿大与日本谈判的主要棘手问题是，加拿大关注精确的移民数量，而日本则希望派遣自己的移民官员到国外检查护照（称违反护照规定即违反日本法律，而非加拿大法律）。[59] 到1908年1月初，美国和加拿大都与日本达成了秘密协议，日本将限制签发前往两国的护照数量。[60]

北美两国的怀疑派都持警觉态度。他们担心这项协议会有损主权国对移民的管控，而且秘密条款的性质会使它无法执行。反对党领袖罗伯特·博登（Robert Borden）在下议院争论说："加拿大已经将自己应该行使的移民控制权交给了日本；未来的移民管理条例将是日本的条例；对移民的管控和政策将由日本人决定；如果遇到麻烦，我们的补救办法，也是废除这项条约之外的唯一补救办法，就是不时地向日本政府提出申诉。"[61] 不列颠哥
204 伦比亚省立法机构对这些疑虑采取了行动。在1908年和1909年相继通过了省级移民法案，但这两项法案都在一个月之内被驳回了。[62]

就连美国总统西奥多·罗斯福谈到日本时也一直持挑衅性

态度。1908 年 1 月麦肯齐·金三度访日，随后四名国会议员也访问了日本。同一时间，罗斯福长篇大论地阐述了建立白人抗日统一阵线的必要性，还说到派遣美国舰队前往太平洋的计划。当被问及门罗主义是否适用于太平洋沿岸时，他回答说："是的，还适用于澳大利亚——如果不适用，我会令它适用。"[63] 麦肯齐·金报告说，罗斯福希望"英语民族之间达成某种公约，在这个问题上，各方都要理解，不能让亚洲民族来英语国家安家落户，我们的人民也不会去他们那里"。[64] 加拿大官员拒绝了这一提议，宁愿支持英日同盟，并保持自主权，不受美国主导的条约约束。[65] 排亚裔联盟的加拿大成员甚至决定不派代表参加 1908 年在西雅图举行的排外联盟大会，以免"将加拿大西部卷入加利福尼亚州与日本的冲突中"。[66] 移民管控依然是一个国家问题。

最终，日本没有辜负信任，执行了协议。早期的麻烦很快就解决了，日本为没有对签发护照的地方官员实施足够的控制表示了歉意。[67] 到 1908 年底，日本移民数量下降到皆大欢喜的水平，日本还定期向美国和加拿大官员提供移民统计数据。1908 年的加拿大枢密令（行使 1906 年一般移民法中的权力）也要求所有移民须从祖籍国直接前往加拿大，从而禁止日本人借道夏威夷移民加拿大。

这一成功导致加拿大官方授权麦肯齐·金在 1908 年底尝试与中国谈判一项类似的协议。中国官员起初并不感兴趣，认为现有法规已能充分保护契约劳工。当金告诉他们勒米厄协议的情况及取消歧视性人头税的可能性时，他们便有了兴趣。[68] 于是加拿大和中国开始就可能的移民人数进行谈判，但中国外务部（外交部）对签订一项正式协议仍然犹豫不决。与此同时，1909年5月秘鲁爆发了一场骚乱，导致达成了一项议定书，其中中国方面同意禁止所有“移民”出国，这些“移民”是指找工谋生的移
205 民。1912年，基于此前澳大利亚与日本和印度之间的协定，中国与澳大利亚达成了一项协议，规定持护照的商人和其他旅行者入境无须接受听写测试。[69]1911年，中国外务部咨询各省级官员有关自行限制移民前往加拿大的可能性。所有官员都支持这一想法，因为管控中国属民迁徙的主权和国家声誉都受到了危害。一些人还强调，要严格执法，对那些被遣返或提供虚假陈词的移民严惩不贷。[70]

但这些希望都落空了。秘鲁议定书早已建立了一套自我限制的制度。在该制度中，“非移民”将向中国当地的商会申请护照，签证则由秘鲁驻香港领事官签发。但其实，美国在这一程序上已有前车之鉴。前往秘鲁的中国移民很快达到了1909年以前的水平。1914年，秘鲁政府废除了该议定书和1875年的《中秘通商条约》，理由是“所有文明国家都可以行使权利（作为其主权的一种属性）来确定外国人进入本国领土的条件，无论他们是否为移民身份。在一些国家，如美国，条件就非常苛刻”。[71]同年，中国向加拿大提出了一项自我限制的协议，但谈判无果而终。[72]澳大利亚也在1920年取消了协议，因为只有40名商人是持中国护照入境的，认为中国未能证明其具备相应能力，能遵守文明国家标准。

而另一边，日本的成功有助于维护日本作为一个能够遵守协议的国家的国际声誉。国际移民管理的拥护者保罗·皮尔斯

(Paul Peirce）后来指出，日本移民问题得以友好解决，“必须被归为国际合作的胜利”。[73] 前美国国务卿伊莱休·鲁特（Elihu Root）① 对此更多的是讥讽，他在 1910 年阐释说，许多国家已经共同认识到以下两者的差别，即“普通的旅行和出于个人意愿的定居，与旅行和居住的互惠权利相关的公约通常涉及这一方面”，但有一大批不愿同化的人迁移进来了，“可能占有了另一个国家相当部分的土地，这实际上就排挤了本国公民”。他指出：“经过多年的讨论，中国已经认识到移民到北美的中国人存在这样的区别。日本从一开始就认识到这一点，因此日本政府和美国政府在这一问题上从来没有什么分歧。”[74]1929 年，日本继续与古巴等 206
国签订“君子协定”，1930 年甚至与南非签订协议，日本人因此赢得了“荣誉白人”的称号。[75] 但通过避免歧视性法律而获得的国际荣誉，首先是以承认此类法律的合法性为代价。

加拿大原则

要求移民必须直接抵达的枢密令为加拿大的移民管控开创了先例。这一措施很快得到完善，以阻止印度移民的到来，而且最终实行的时间要长于日本协议的规定。[76] 早在 1905 年，加拿大官员就一直在撰写报告并给伦敦发电报，说明加拿大的气候和就业条件如何不适合印度劳工。1908 年 3 月，麦肯齐·金访问伦敦，说服殖民地部和印度部讨论加拿大限制移民的必要性。他

① 也译作以利户根。

提到从夏威夷运来了一船日本人，以此告诫要警惕黑心无良的私商，“我们不能说，把一船印度人扔到温哥华，只会给温哥华制造骚乱，因而没有什么关系”。[77] 印度事务大臣致信印度总督，建议设立类似日本那样的护照制度。总督表示反对，认为这种计划与 1883 年《印度移民法》所体现的移民自由原则相抵触，并提醒说，这种控制会引发公众强烈的不满。但他承诺将“采取措施，告诫计划移民的人，他们抵达加拿大后可能会引发当地民众的不满情绪”。[78]

由于印度和加拿大之间没有直达航线，直航令确实有效地限制了印度移民数量。后来又增加了移民必须携带 200 加元才能入境的规定，但法令于 1909 年得到重新表述，改为移民“可能会”被禁止入境，这样就可以避免对白人移民也实行这一规定的“荒谬”必要性。官员们最初为直航规定辩护的理由是，便于被拒入境的移民搭乘同一班客船返航。然而，1909 年新的枢密令却提供了一个更直截了当的理由，以回应那些主张在整个帝国内都实行自由移民的人：

207 人们一直都认为，在维护帝国利益的过程中，这种政策基于的原则是，帝国的每一地区都应以本地区人民的最佳利益为基础进行管理，而在实行自治的地方，体现在立法中的人民意见，应该最清楚地表明什么是帝国在该地区的利益。[79]

1910 年的一般移民法授权总督，“凡属于被认为不适宜加拿大气候或要求的种族，或特定类别、职业或特征的移民”，可下令一律禁止入境，以此减少了间接限制的必要。在接下来的几年里，由于“劳动力市场过剩”，多项枢密令一再明文禁止移民直接迁往不列颠哥伦比亚省。1914 年，中国人被纳入一般移民法的管辖范围，因而这些枢密令同样适用于他们。在后来的四年里，中国人的入境数减少了 70% 以上。[80]

加拿大政府谨慎地使用非歧视性措辞，因而可以告知日本政府和印度政府，其限制措施并非出于“种族原因，而是完全出于经济考虑”。[81] 对海外印度人煽动暴乱的担忧与日俱增，也使印度政府更加赞同限制性移民法律。[82]1914 年春发生了一件恶劣的事件，在一名印度私商租赁的船上，376 名印度乘客被扣留达两个月之久，最后还被遣返回印度。这也让许多官员重新思考他们反对护照的立场。印度政府承认，现在的情况迫使他们“对大英帝国成员身份作出更加严密的定义”，帝国成员身份并不一定意味着享有自由进入帝国所有地区的权利。“人们不再认为，将亚洲人排斥出帝国领土的每一项措施都**必然**导致对印度人的不公。”[83] 但是，甘地在德兰士瓦领导的非暴力抵抗运动，激发了印度人自己起来反抗，这使官员们仍然犹豫不决，举棋不定。在 1915 年的一份备忘录中，印度部声称：

> 日本天皇之所以能够采取这种措施，是因为他对臣民拥有非常特殊的道德权威，即便是这样的政策，日本也能使之适用于所有日本臣民。但印度政府认为，从他们在类似争议中的经验来看，如果他们禁止印度人前往 208
> 加拿大，就会受到抨击，认为这是在剥夺印度管控下的

特定类别的英国臣民在帝国内享受其他英国臣民都可享受的好处。[84]

与日本情况一样，印度政府认为平等国家之间签订协议，比威逼利诱下施加的限制更可取。如果印度可以得到在帝国内享有更高地位的承诺，作为对它在第一次世界大战中贡献的认可，那么印度会更愿意自我限制移民。1917 年，印度政府代表首次获准参加帝国会议。会议中他们提议，将为前往自治领旅行的印度人签发护照，但护照只签发给商人、旅客和家庭团聚的移民，条件是自治领的人如果前往印度也同样需要护照。自治领的代表虽然有些迟疑，但还是同意了这一提议。加拿大移民及拓殖部部长代表自治领说出了自己的看法。他阐明，有了这种协定，“人们可以清楚地看到，排斥……不是出于种族偏见，而是经济条件差异的结果”。[85]

但到此时，这主要还是一种象征性姿态。在接收国宽松的行政自由裁量权基础上建立的移民管控，在整个帝国都得到了牢固的确立。1911 年，新成立的南非联邦开始考虑一项全面的新移民法，以取代“纳塔尔模式”，该模式越来越多地受到印度人和白人的批评。他们反对专断权的集中，认为这种专断权能排斥印度人，也能排斥欧洲人。经过两年的长期谈判，法律制定者认为他们已经在上诉委员会的“加拿大原则”中找到了解决方案。该方案禁止移民向法院申诉，但同时对行政自由裁量权进行一定的制约（加拿大从美国那里学到的一招），并增加了一项条款：“部长可以基于经济原因或生活标准及习惯，确定哪些人或哪些类别不符合进入南非或其中特定省份的要求。”[86]就连甘地也赞同法律制定者的主张：“明确规定哪些人应被禁止入境，而不是在法律中具体指明排斥某些种族，这比澳大利亚的方法更好一些。”[87]在法律通过后的第一次上诉委员会会议上，委员会主席简短地宣读了扬·史末资（Jan Smuts）将军的命令，宣布“出于经济原因，所有亚洲人都是不受欢迎的人”。[88]新西兰在1920年制定了类似的法律，增加了一项条款，要求所有英国以外的申 209
请人在抵达前，须先通过邮件申请入境。[89]而印度方面则最终在1922年立法，全面禁止非技术劳工移民海外，但枢密令特别授权的国家除外。总的来说，这项法律对于结束苦力贸易和非自由移民具有积极的促进作用。

加拿大的方式甚至也给美国官员留下了良好的印象。1910年一份关于加拿大移民法案的报告称，加拿大方式“非常适合执行自治领的移民政策，值得赞赏”。[90]美国通过正式立法来确定入境标准的做法已有一段时间，因而无法完全效仿“加拿大原则”，但官员们找到了创造性的方法来扩大他们的自由裁量权。1910年，美国驻加尔各答的领事官开始在没有解释的情况下选择拒签，美国移民机构也以各种自由裁量权为由拒绝印度人入境。西雅图的移民官拒绝男性穆斯林入境，认为他们是一夫多妻制的支持者，无论是否已结婚。然而，更有效的排斥方法是滥用“可能成为公共负担”的条款，禁止被认定为不适宜北美气候的印度人或因种族矛盾而可能找不到工作的人入境。1912年，航运公司甚至同意不向印度劳工出售船票。[91]20世纪30年代，领事官们也滥用这一条款，拒绝向犹太人和其他欧洲移民发放签证。

在重新界定移民限制，使之成为一个经济问题方面，美国官员也发挥了重要的作用。在 1907 年访问太平洋沿岸地区期间，商务与劳工部部长奥斯卡·斯特劳斯（Oscar Straus）认为刚发生的种族骚乱纯粹是经济原因，以此与反亚裔言论保持距离，同时安抚反亚裔者的诉求。国务卿威廉·詹宁斯·布赖恩（William Jennings Bryan）在向日本公使解释 1913 年加利福尼亚州法律禁止“没有公民资格的外来者”拥有土地时，强词夺理，诡辩称该法律并不存在种族歧视。他认为，尽管经济斗争看起来有种族界线，

> 但这不是因为种族矛盾而起的，而是因为不同种族的传统和习惯不同，从而导致竞争效率有别。双方的争端是经济性的；种族分歧只是经济斗争的表象或之下的偶发事件。所有国家都认识到这一事实，正是因为这个原因，每个国家都有权决定何人应该或不应该在其领土
> 210 上定居，是否可以成为政治体的一部分，以便维护国内和平，避免发生可能扰乱国际关系和谐的争端。[92]

到 20 世纪中叶，国家经济利益不仅已成为全球公认的所有移民管控举措的正当理由，而且成为理解移民活动及其监管的基础。

帝国臣民概念的式微

张伯伦勋爵曾希望利用 1897 年殖民地会议的契机，促成一个统一的帝国，或者至少是一个更强大的联邦。到了 1902 年的

殖民地会议，自治领的政治家们清楚地看到，自行其是的可能性更大了。他们对共同防御协定持开放态度，也愿意至少讨论一下贸易优惠问题，但拒绝考虑对移民和归化政策进行任何修改。那些憧憬实现更多帝国目标的人发现很难强求帝国臣民接受，因为他们都相信自治的力量是英国荣耀的基础，也因为帝国的征服活动一开始就是打着种族主义和文明差异的旗号进行的。到 1907 年，会议的言辞已发生转变，开始将帝国理解为（至多是）一个由各自治民族组成的自愿联盟，成员间相互尊重自治权。[93]这种松散的概念有助于将有异议的布尔人和法裔加拿大人纳入帝国内。到 1917 年，史末资将军完全可以宣称，南非归属于一个“建立在人类最高政治理想……自由和平等原则基础之上”的帝国，他为此感到无比高兴。[94]他明确表示，这是在移民管控的基础上实现的。“我一直确信，只要南非白人社区能摆脱会被无休止的印度移民潮淹没的恐惧，那么其他一切问题都无关紧要，都可完美地迎刃而解。”[95]

事实证明，在现代世界，帝国臣民的类别不足以用来实行自由移民管制，而由种族、边界和公民身份划定的领土国家则更为适合。但在第一次世界大战之前的十年里，帝国的拥护者还是一而再地尝试用“帝国公民”观来捍卫帝国的白人区域。帝国公民身份的轮廓模糊不清，但被广泛认为是一种以一致的归化政策和政治权利来统一帝国各自治领的手段。1908 年，记者理查德·杰布（Richard Jebb）向英国皇家文艺学会（Royal Society of Arts）宣读了一篇题为《帝国的亚洲移民问题》（*The Imperial Problem of Asiatic Immigration*）的论文，明确地将帝国公民身份的吸引力与 211

当时德兰士瓦的印度人抗争关联起来。他认为，帝国公民身份不是为了政治融合，而是“促进和保护民族国家”的一种联合形式。帝国的团结正是通过帝国的力量来保护各地区自治的结果。伦敦给予德兰士瓦自治权就是一个很好的事例，证明了这可以促进人们对帝国有更强烈的归属感。“因此，帝国公民身份不能赋予个人有碍于帝国的权利，例如，任何一个公民的存在如果会有损国家文明，那么他就没有权利定居于该国。”[96]

但是，即使是这种帝国公民身份的观念，在详细阐述其内涵时也遇到了麻烦。1911 年，英国皇家殖民研究所（Royal Colonial Institute）的期刊《联合帝国》(*United Empire*) 主办了一场关于帝国和英国公民身份的讨论。大多数参与者一致认为，在现有条件下，“英国公民”在整个帝国内没有实际意义，因为公民权不可在各领地之间转移，而且并非所有臣民都可以自由迁徙。允许自由迁徙和公民权转移的做法也不可取，因为在一个自治领或殖民地获得权利的人，到了另外一个自治领或殖民地，可能会是不受欢迎的人。国际法学家约翰·韦斯特莱克（John Westlake）称，公民身份作为一个包含政治权利的类别，只在当地有意义。在国际上，“对于每个人服从何种国家主权应由什么条件或标准来决定，没有普遍的约定”。[97] 从外交关系的国际实践角度来看，公民身份（citizenship）与臣民身份（subjecthood）差别不大，因为它仅表明将个体与一个拥有主权的政治力量联系起来，并没有赋予该个体在海外的必要权利或特殊待遇，除非主权国通过谈判取得或扩展了其权利或特权。

澳大利亚首席大法官 S. W. 格里菲斯（S. W. Griffith）强调，

即使在帝国内部，政治权利、公民身份和移民法规也完全属于地方政府关切的范畴。纳塔尔移民法确立了就此问题进行立法的权利，并在入境方面将英国籍民与外国人置于同等地位。英国国籍具有国际价值，因为可以用它来保护国民免受外国势力的侵害。它也被视为在帝国内享有权利的必要条件，但不足以凭此在帝国所有地区都享有政治权利。其他与会者也指出，在一个珍视自治的帝国里，公民身份是一种情感上的共鸣。但这种共鸣只会加深帝国内部被认为有能力自治和无能力自治的人民之间 212
的区别。新南威尔士前总督沃尔特·希利-哈钦森（Walter Hely-Hutchinson）① 甚至称，就连讨论公民身份的事情，都是很不明智的，因为这等于告诉某些有所欠缺的臣民，“你们不是英国公民，只是臣民而已”，反而引起人们对他们的关注。[98]

在总结大会讨论时，E. B. 萨金特（E. B. Sargent）表示，他已经认识到，“作为英国臣民的优势主要体现在国外。就许多个人权利而言，英国臣民在自己国家不见得比一个真正的外国人要优越多少”。[99] 他特别提到希利-哈钦森的反对意见，并认为仍应保留“公民”一词，因为其发展脉络可以追溯到市政自治的传统，而且该词延伸了平等的承诺。但他承认，在目前的条件下，完全的帝国公民身份是不可能的。公民身份的理念只有在自治领及联邦内才是现实的。可他预测，一个只由共同防御、贸易优惠和效忠王室三方面来定义的帝国最终会衰败：

① 原文有误。哈钦森担任的是新南威尔士总督的私人秘书，时任总督为夏乔士·罗便臣（Hercules Robinson）。

> 联合王国应负责帝国的共同事务，而每个自治领只负责自己的事务——还有什么说法比它听起来更合理实则更不牢靠的？其直接后果是，个体事务变得越来越多，越来越重要，而共同事务越来越少。加拿大几乎摆脱了欧洲大陆的财政政策；澳大利亚全神贯注于白人在赤道以南的海洋地区的未来；对自己的本土问题一筹莫展的南非，已获得帝国议会的批准，对种族进行宪法上的区分，从此以后必须重点关注帝国行政部门在印度和直辖殖民地的治理难题……如果我们接受加拿大和澳大利亚的公民思想——它们并非从我们共同的公民身份中发展出来，只是我们共同公民身份的有机组成部分——难道防务和效忠就变得不是共同事务的一部分了吗？[100]

种族和自治理念的结合，使得作为现代自由移民世界中的一种政治成员形态而言，民族共同体比帝国更具吸引力——既能巩固各
213 国和各州的地位，如美国和澳大利亚的情况，也能分离出自称多种族和受多重管辖的更大实体。

其他帝国

种族歧视本身，并不能在国界上创造一个管控移民的世界。种族因素在其他帝国的形成中也发挥着同样重要的作用，包括大英帝国的非自治地区，在这些地区，人们对移民控制的态度截然不同。正是种族和自治的有力结合，创造了一个边境管控的世

界。荷属印度群岛和法属印度支那虽然不断尝试改革，但还是采用了错综复杂的网状管控，包括歧视性的税收、注册制度、行政法令、首领协定和多元化的法律体系，这些措施散发着前现代监管外来者的腐朽味。[101] 在未实行自治的大英帝国区域，政府对移民的态度是放任自流与实行契约制的结合，这种态度一直延续到 20 世纪 20 年代。管控与区分借由种植园、财产法、主仆法以及对某些法律问题（如继承权）有差别地司法得到贯彻。在朝鲜，日本于 1906 年颁布了移民保护法，禁止私营移民组织。表面上是为了保护移民免受契约劳工制的剥削，但实际作用是完全禁止朝鲜劳工移民出国，防止他们在夏威夷与日本劳工产生竞争。[102] 出境管制是移民管控的一个共同特征，贯穿整个 20 世纪，但这也越来越成为“自由”世界与“非自由”世界之间的明显区别。

美帝国的移民政策更像是未来的预兆。1898 年，美国本能地在菲律宾、波多黎各、古巴和夏威夷等新占领的国家实施了排华法。接着，人们对是否有必要在新占领地区实施排华法展开了广泛的辩论。许多人表示反对，认为岛屿上的情况与大陆不同，为了经济发展应该允许招募中国人。在菲律宾，这场辩论最终围绕着如何让当地人更好地为自治做准备而展开。一些人认为，中国人工作上吃苦耐劳，做生意精明能干，可以树立一个榜样。但争论的结果是，“菲律宾是菲律宾人的”，故此将中国人拒之门外是最好的办法，1904 年相应的立法获得通过。[103] 正如参议院移民委员会主席所解释的那样：“最好将这些岛屿的商业和工业开 214
发推迟一段时间，为菲律宾人民保护好这些岛屿，我们明白，他们最担心的事情就是立即将这些岛屿开放给开发商和投机商，我们不要以此威胁菲律宾人民。”[104]

好为人师的思维创造了一个美帝国，这意味着帝国几乎从一开始就要分化成各个部分。除了将中国人排斥在殖民地和国土之外，美国还保留了自己的排华法，禁止中国人从殖民地移民到其本土。1934 年美国给予菲律宾独立地位，背后的一个主要动机就是阻止菲律宾国民进入美国。[105]自治的思维曾经导致大英帝国解体，而现在美国是在帝国内自上而下地推行自治，从一开始就不想假装帝国是统一的。自治曾经是限制移民的理由。现在，移民管控被强加给了那些被认为还没有自治能力的群体。主权或潜在的主权本身，便可以成为一个充足的理由，来说明边境管控的必要性。边境管控甚至已成为拥有主权的先决条件。

第三部分

强化边境

（门卫）意识到自己的职务很重要，因为他说，“我是有权力的人”；他对上司很尊重，因为他说，“我只是一个最低级的门卫”；他不爱唠叨，因为在这些岁月里，他只讲所谓的“无关痛痒的问题”；他不会被贿赂，因为他在接受礼物时说，“我拿你这东西，是为了让你不会留有遗憾”；就其职责而言，他既不为怜悯也不为愤怒所动，因为故事告诉我们那个男人“三番五次的央求让门卫不胜其烦”；最后，就连他的外表也暗示了这是一个道貌岸然的人。你能想象出一个比这门卫还要尽忠职守的人吗？然而，门卫的性格中尚有其他因素，可能会对那些想方设法进入法律殿堂的人有利。就拿他讲述自己的权力不如其他门卫的权力，讲到他们可怕的特征（他自己都不忍目睹）来说，我认为他的说法可能再真实不过了，但他讲述的方式表明，他既头脑简单又自负，因而其认知是混乱的。法典注释家对此指出：“对任何事物的正确认知和对同一事物的误解并不完全相互排斥。”无论如何，你都会认为，这种简单和自负，尽管不是那么明显，但有可能会削弱他防御大门的能力；这些方面正是门卫性格的弱点。除此之外，必须补充的是，门卫似乎天性友善，他一点都不是那种总爱摆架子、高高在上的人。最初的时候，他还开玩笑，说可以让那男子进去，但又要严格执法，不许他进；然后，举例来说，他并没有把那男子赶走，而是给了他一张凳子，让他坐在门边。多年来，他耐心地忍受着那男子的苦苦相求，简短地交谈，收受礼物，客气地允许那男子在他面前大声诅咒自己自作自受的命运，这一切都让我们可以推断出他有某种怜悯之情。并非每个门卫都会如此……有些人将这种解释推得更远，认为他的这些话语表达了一种友好的钦佩，尽管不无屈尊之意。

——卡夫卡：《审判》

第八章
远距离管控的实践，1897—1905

如果说想象或宣布边境管控的原则都已够艰难了，那么要执行这些边境管控措施可以说是一个更大的挑战。1906年，美国移民局总局长弗兰克·萨金特力图向国会说明需要严格实行排华法的理由： 217

> 排华法是最难实施的法律之一。有三个原因造成了这种状况：第一，……执法的官方机构彼此独立，各司其职，要在合理范围内充分地实施该法案，机构整合并且系统化是必不可少的，但这又不可能实现；第二，这个国家里有一部分拥有公民权的人，从不认同排华政策，要么完全是因为利益驱动，要么是出于传教士精神，这一部分人不但坚决不配合，还时常情愿去反对执法；第三，根据所有公认权威的判断，该法律所涉及的人群，是一些不能遵守道德义务的人，在他们的政治观中，种姓等级制高于法律，“宗派性”至高无上。[1]

在过去的八年里，移民局一直在努力地界定并解决这三个问题。尤其具有挑战的是，美国移民机构官员只拥有部分自由裁量权，远不及大英帝国的同行所享有的权力。排斥人员的类别直接写在了法规里，供所有人自行解读或质疑。他们当然会质疑，还会嗤之以鼻，置若罔闻，甚至进行操纵，以谋取个人利益。边境
218 管控的实际运作，在世界各地的外交官、律师、政客、媒体和移民形成的压力之下推进。然而，在执法过程中必然出现讨价还价和相互妥协，最终，谈判和妥协成了国家将单方面边境管控的原则变为现实的手段。甚至那些曾经反对法案的人也成了构建这项巨大工程的参与者。

信息的集中化和标准化是移民改革的基石。鉴于移民的跨国性质，这种管控不能局限于美国境内。但是，美国管辖范围以外的移民身份认证尤其具有挑战性。如果真要去查证移民身份，许多领事官都需要与私商合作。国务院虽然不希望移民管控造成外交纠纷，但也越来越多地对移民及下属部门的领事官实行“远距离管控”。中国官员也不得不配合美方，提供相应的文件和身份证明。这样的程序逐渐成为世界各地移民管控和身份认证的一种标准化做法。这些做法经历了反复的检验和纠正，但在应对相互矛盾的压力时——既要实施歧视性法律又要兼顾法律面前人人平等，既要严格执行又要做到人性化——往往是被动多于主动。本章将重点讨论实施移民改革的诸多困难，尤其是作为一个国际问题的难度，下一章则分析其解决方案。[2]

确定移民类别及档案归类

1898 年，施行排华法的权力仍然非常分散且不协调。1888

年，执行一般移民法的责任从各州转移到财政部，后于1891年并入移民局。但直到1900年，执行排华法的责任仍由海关署承担。海关官员大多是委任指派的，基本上由他们自行制定程序。中国移民在一个关口被拒绝入境，还可以在另一个关口再尝试，通常会如愿以偿。1892年《吉尔里法案》规定的注册证书由美国国内税务官签发，这些记录都分散存放在全国各地的部门。第六条款证明则由中国内地、香港和世界各地的各层级外国官员签发。这些证书由美国领事官加盖签证印，他们的主要职责是促进
国际交往的和谐发展，往往对排他性法律持批评态度。即使是华 219
盛顿的财政部官员也经常优先考虑国际关系，并撤销旧金山海关官员严格执法时采取的一些恶意措施。

1897年至1900年间进行的一系列公开或秘密调查发现，政府管理不善，官员士气低沉，腐败堕落严重，中国移民偷渡集团及其聘用律师的影响无处不在。特别调查官托马斯·沙夫在1898年总结道：

> 富有同情心的美国税务官员对法律的解读过于宽松，联邦法院法官之间又各执己见，蒙古人种本身诡计多端，经常坑蒙拐骗，边境线上那些高收入的同伙、做伪证的证人以及违背誓言和收受贿赂的公职人员随时相助。正因如此，破坏排华法的情况比遵守法案更多见。经过这几年实施这一国家最高法律，我们在此问题上有效立法的信心已受到重创。这么一项看起来无可挑剔的法律已经被证明只是临时措施。这些措施不但对付不了

> 邪恶，反而为恶人提供机会，以伪证和诈骗方式来逃避法律，这使得问题更加严重。[3]

正如特别调查官奥斯卡·格林哈尔奇（Oscar Greenhalge）——他事实上是一个协助偷渡者——所报告的，一名华人经纪商也同样认为："由于法律对中国人太过宽容，任何政府官员都无法有效执法。如果案件交到一个娴熟的律师、一群'偏向'中国人的陪审团或税务官员的手中，那么中国人必然能够逃脱。如何让中国人遵守法律，美国人真是束手无策。"[4]公众的批评使执法者士气更加低落，他们转而指责海关署过于苛刻、低效和僵化，太缺乏预见性。

1897年7月，前劳工骑士团的大首领特伦斯·鲍德利（Terence Powderly）毛遂自荐，被委任为移民局总局长。他集19世纪排华运动中的所有极端意识于一身：激进的平等主义、同情劳工、极度反感资本以及极端的种族主义。他也推动政府改善管理，并致力于保护那些值得尊重的移民，而且说道："一个'为民'的政府，就必须是家长式的政府。"[5]他任职期间将大部分时
220 间都用于调查爱丽丝岛（Ellis Island）滥用职权并虐待移民的问题。他还有更大的雄心壮志，那就是建立一个全国性的劳工状况信息收集系统，将其分发给欧洲各地的领事馆，将移民与职业挂钩。他憎恶移民法对移民进行惩罚，称移民"从大西洋的另一边被驱赶到这一边，然后在被公司开除的地方终日无所事事。他们被赶进了慈善机构，又被赶出，然后被驱逐出境。我们费尽心思去追查某一个人，就是为了将其驱逐出境……还不如把每一天的

时间都花在为他找份工作上，这样他就不必被遣返”。[6]

但并不是所有移民都能得到他这种关切。他还是很支持实施那些甄选“受欢迎”移民的法律的。他用诗句来表达自己对监管的雄心：

若全力应对我们拒绝的人，
而无暇顾及我们选择的人，
美国标榜的世界领导地位，
势必失去力量，付之东流；
君不见来此地者选择了我们，
这才是我们关心操劳的缘由；
我们挑选外来者应从海外开始，
而不是当他们踏进这片自由的国土。[7]

亚洲人属于应该毫不留情地禁止入境的对象。鲍德利对现有的排华法持批评态度，但他认为既然这些法律已是白纸黑字，不可更改，那么就应该尽可能地严格执行。他称海关部门与华人事务局（Chinese Bureau）的结合“很不正常”，因为这样要肩负双重任务：既要促进贸易又要禁止中国人入境。1900 年，他推动政府将这一权力转交给了移民局。[8]他与詹姆斯·邓恩（James Dunn）密切合作。邓恩在 1899 年被任命为旧金山海关税务官时，便开始实行一套有效的执法制度。邓恩走遍了全国，向华人事务机构和其他政府部门官员提供建议。[9]

但无论他们如何以巨大热情投身于改革，鲍德利和邓恩都因缺乏政治敏锐性，而不能幸免于改革所带来的“摩擦”。鲍德利

对爱丽丝岛的调查引发了极大的敌意，导致他在 1902 年被指控贪污，最终遭解职。邓恩则成为律师和媒体攻击的受害者，他被
221 指控“诽谤的技巧达到了炉火纯青的地步……不断对违法的中国人施加不公正的对待，侮辱在移民局申请商务签证的有身份人士，而且对律师搞报复性小动作”。[10]1903 年，他被调到圣路易斯。但同年，移民局被移交给商务与劳工部管辖，在弗兰克·萨金特和哈特·海厄特·诺思（Hart Hyatt North）的带领下，鲍德利和邓恩开启的改革以更高明的手段继续推进。萨金特是前机车消防员兄弟会（Brotherhood Locomotive Firemen）领袖、新任移民局总局长，而诺思则在 1898 年出任旧金山移民局局长，是一名进步主义官员。

鲍德利、邓恩、诺思和萨金特在入境口岸建立了严格而系统的问话程序（详见第十章）、核实中国移民证词的彻底调查机制，以及更全面和标准化的各地下属机构官员汇报制度。他们还建立了大量可交互印证的文件档案，并改善了全国各地的沟通渠道。以前由国内税务机构保管的华人注册记录和越来越多的其他文件副本集中到华盛顿，以便“系统有序”地整理。每次中国移民向移民局呈交上诉状时，其持有的证明文件都会与中央归档的文件进行核对。后来增加了照片和“贝蒂荣人身测定法”（Bertillon System）两种方式来识别劳工身份。他们鼓励移民官员学习法律程序，并协助公诉律师在法庭上积极处理中国移民案。不允许律师出席听证会，为审理中国移民案的委员会成员确定收费标准，并且规范地方官员签发驱逐令的程序，这些措施都减少了行贿和外部干预的机会。[11] 在成德案（*Sing Tuck*，1904）、

朱才案（1905）和陈耀案（*Chin Yow*，1908）等边境移民案中，即使移民声称自己是美国公民，最高法院都做出了不得上诉的终审行政判决，关于终止移民向法院上诉的二十年法律斗争从此画上了句号。[12]

在组织工作改革的同时，还明晰了正式条例和移民分类。1899 年，财政部的改革首先从出版资料入手，它出版了一部集国际条约、各部门规定、法院判例和通信于一体的汇编，书名定为《排华法判决摘要》(*Digest of the Chinese-Exclusion Laws*)。1902 年，该汇编被分类并增加索引，以便再版。[13]1903 年，在一部全新的摘要中，这些判例以带编号的、分好类的条例形式出现。如此一来，萨金特声称，这就“可以做到发布各种明确而详细的指示，以应对各种可能发生的事件，并尽可能制定一个确切的规则程序”。[14] 这些规则试图明确排华法的基本类别中尚未解 222
决的问题，包括：该法案是否只适用于华工，还是适用于除特别列举的豁免人员之外的所有中国人；哪些人有资格被视为学生或商人；未被驱逐、顺利入境的中国人，是否可以改变身份。移民局一般倾向于采用最严格的定义。例如，学生必须能够自食其力，并在高等学科中学习在中国无法学到的课程。身份可否改变的问题较为棘手，从未完全得到澄清。但一般的经验法则是，中国移民必须保持原有身份至少一年，此后，商人及其家属可根据不可抗拒的情况改成劳工身份。[15]

关于哪些人属于被排斥类别，司法部部长约翰·格里格斯(John Griggs）在 1898 年做出的判决意见（与威廉·米勒 1891 年的判决意见相呼应）中给予移民局有力的支持：排华法的“真谛”是，唯有特定豁免人员方可入境。中国驻美公使伍廷芳抗议格里格斯的判决违反了两国条约，而且荒谬的是，将银行家、哲学家和其他学者等处尊居显的人士也排斥在外。格里格斯回答说，应该允许法院自行做出最终裁决。伍廷芳虽然深知在移民问题上屈从美国行政判决和国会立法的大势已定，但希望尽量避免这种后果。他争辩道，条约权利不能仅由条约一方的法院任意判决：“无论法院在多大程度上要遵循国会的立法，我料想你们不至于认为不利的立法或国内法庭的判决可以免除政府庄严承诺的条约义务。”[16] 伍廷芳此番态度的实际后果是，中国方面放弃了最后一个能挑战美国管控法规的渠道。随后，一切对严格限制豁免人员定义的抗议都无济于事。中国方面感到沮丧，因此在 1894 年签订的《中美华工条约》十年期满时，中方拒绝续签，希望回到《安吉尔条约》所规定的更广泛的权利，但未能成功。[17]

弗兰克·萨金特的个人魅力使改革达到了顶峰。他赢得了上司的青睐，扭转了下属士气低落的局面，同时也将他们约束在更严格的例行程序当中。他重点走访了全国各地的移民局，并与当
223 地下属官员建立了个人关系，“作为对他们努力工作的激励，也是对移民局的一种鞭策”。[18] 即使是像邓恩这样脾气暴躁的人，在萨金特 1902 年到访旧金山时，也觉得可以向他吐露心声：

> 回想起您来这个口岸时，我跟您唠叨了那么多细枝末节的事儿，有时真担心让您感到厌烦了，但有太多的事情要向您汇报，发现还有太多事情没说，所以希望能

原谅我，因为以前根本不可能向上级官员讲述目前的情况，而且在非常需要指点的地方不可能得到明确的个人建议和帮助。您鼓励我多写信给您，充分地讲述这里的情况，我会利用好这样的机会，如果我有说错的地方，就请您批评我。我这里的所有官员都对您的到访感到欢欣鼓舞……在您大力支持和鼓励下，我们今后将取得更大的成就。[19]

邓恩在信函结尾向萨金特索要照片和签名。十二个月后，檀香山的检查官贝希特也写信给萨金特。虽然工资发放晚了三个月，但他仍然声称：

我们希望您能理解，长官，尽管这个小小的移民办事处与您所主持的华盛顿大移民局隔着千山万水，但我们觉得跟您近在咫尺；您事必躬亲，关心移民局福利，感觉我们离总局并不遥远。此外，我们充分感受到您个人对我们的关怀，对我们有目共睹的友爱，还有对我们所做一切的挂念。怀着这种心情，我们真诚而衷心地渴望履行好我们的职责，一定为移民局，为作为男子汉大丈夫的我们自己，也为移民局官员的身份带来荣耀。[20]

1906 年，萨金特回首过去，如此声称：

在 1905 年 6 月 1 日之前……那些法律从未收到如此彻底和令人满意的实施效果。通过密切监督负责地区和入境口岸的官员，严格要求他们对自己或下属的任何

> 224 失职行为负责，告诉他们履行职责的恰当方法，进行调查并落实执法相关的各种细节，现有状况已改善到接近理想的程度。[21]

远距离管控举步维艰

1905 年仍有一个未解决的问题，那就是第六条款证明的签发和签证问题。萨金特对中国官员和驻外领事官都不信任，建议要么派遣移民官员驻扎在中国，要么通过新的立法来改变豁免人员身份认证程序。[22]中国驻外领事官和外交官员同样对美国移民局嗤之以鼻。他们认为移民机构官员举止粗鲁，缺乏教养，拿着《排华法案》当令箭，而且该法案本身设立的类别荒唐无稽，限制过度，有损与中国的和谐关系。一方面，1899 年后美国国务院推动中国实行自由贸易的“门户开放”政策，但另一方面，美国国内实施“排斥华人”的政策，这尤其令局面难堪。就连萨金特也承认：“即使领事是一个人品再优秀不过的官员……在权衡法律赋予他的多方面职责时，他的处境也是相当困难和尴尬的。”[23]

国务院本身也具备改革精神，但步伐比移民局慢得多。领事制度改革意味着工作程序化、实行公务员考试制以及对员工进行更严密的监督。许多改革是由领事官在中国移民问题上营私舞弊的传闻而推动的。1903 年，国会对驻东亚国家的领事馆进行了一次调查，主要缘于人们指控领事馆在签发中国移民签证过程中存在渎职行为，该调查结果对促进 1906 年领事改革法案的通过起到了关键作用。[24]这项调查还激发了更强的与移民局合作的意愿，开发移民“远距离管控”的技术。

在20世纪初，中国是唯一一个美国政府要求驻该国领事官须签发移民签证的国家。至少从1832年起，美国驻德意志领事官弗雷德里希·利斯特（Frederich List）就提出了让领事官在移民离境前对其身份进行核查的建议，当时他建议计划移民的人须持有无犯罪记录的证明，以供美国领事官认证。[25]19世纪80年代以后，越来越多人建议扩大领事官对管控移民的参与。某种 225
程度上是为了调查规避合同法的行为，记者布劳顿·勃兰登堡（Broughton Brandenburg）装扮成一名意大利移民。他于1904年说道：“只有在当地，才能了解真相，甄别对待。其他方案都靠不住。”[26]勃兰登堡提议在领事官的监督下设立一个巡回移民委员会，负责在乡村发放签证。但到1917年之前，除了在少数国家派驻公共卫生官（其中大多数已被召回）之外，很少有中国以外的地方采纳这样的建议。就连移民限制联盟（Immigration Restriction League）也表示反对，认为领事官根本没有起到实际的监督作用，完全依赖腐败的当地办事员。[27]迪林厄姆委员会（Dillingham Commission）①对1907年至1911年间欧洲移民进行了广泛而全面的调查，报告称，领事官的核查对外国政府和轮船公司目前所采用的程序产生不了更多作用。委员会还担心在海外执行美国法律存在复杂的国际问题，尤其是在那些不鼓励移民外迁的国家。[28]

但另一方面，美国驻香港领事官自1862年以来就一直在执

① 也称为美国国会联合移民委员会，成立于1907年，后于1911年解散，旨在调查当时美国的移民问题。这一名称来自委员会主席、共和党人威廉·迪林厄姆。

行移民法规，以确保驶往美国的船只上所有乘客都是自愿离开的。他们还于 1875 年至 1882 年间执行了《佩奇法》，禁止妓女和亚洲契约劳工移民出国。他们普遍认为，这些职责无关紧要，甚至与保护和促进贸易的首要职责相悖。1882 年第一部《排华法案》生效时，美国国务院坚称领事官无权调查外国政府签发的护照或证件的真实性。因此，1885 年，驻港领事官莫斯比（他主要依赖东华医院签发的担保书，以保证持证女子的非妓女身份）对当地治安官签发的所有第六条款证明进行认证，但根本不看具体的人是否证件上所指的人。他坚称，他只能证实该官员具有官方身份，而无法进一步猜测证件的内容。[29] 美国财政部坚持要求驻外领事官检查证件的准确性。但田贝公使抱怨说，这“实际上不可能操作……我不知道一个口岸的领事官如何能够凭自己的见识或摆在他面前的证据，来证明他必须证明的内容是真实的，而由此做到问心无愧”。[30] 莫斯比的继任者罗伯特·威瑟斯（Robert Withers）领事官补充说，真真假假的返美证明在香港都有交易市场，他也无权阻止这种买卖，或无法核实这些证明是否
226 掌握在合法持有者手中，特别是根据该地法律，出售证明也不是什么违法行为。[31]

1888 年后，鉴于美国已决心单方面实施排华法，围绕第六条款证明的问题逐渐消失。香港官员继续每年签发数百张证件，然后由美国领事官签发临时签证，能否入境的命运将由美国口岸决定。美国领事官和香港总注册官都很珍惜这一小笔稳定的收入。[32] 中国政府一直坚守自限移民的协定，故没有那么松动。1889 年，粤海关监督拒绝了美国领事官为三名华商签发证件的

要求，称1883年应中国驻美公使的请求，已经撤销了签发此类证件的授权。[33]1890年3月，田贝公使写信给国务卿布莱恩，表示他不愿就学生获得第六条款证明的问题与总理衙门交涉，因为最近双方在《斯科特法案》问题上关系紧张，而且田贝认为："考虑到中国的独特语言、政府形式、庞大的人口以及普遍对外国法律和习俗一无所知，要实施法规几乎不太可能。"[34]在与财政部部长协商后，布莱恩回应称，上海道台（同时是江海关监督）可以签发证书。上海道台设立了一个程序，要求洋关（由外国人管理的海关）税务司签发原始证书，并由一名有钱的担保人为申请者提供担保，最后道台才予以画押钤印。到1891年7月，按照这些规定共签发了28份证书。有几份证书在旧金山遭拒，加利福尼亚州的报纸和官方渠道上出现了对领事官营私舞弊的指控。经过几轮相互指责，发现基本问题其实在于，只要是中国政府签发的证书，美国海关部门都会存疑。驻上海领事官伦纳德（J. A. Leonard）回应称，他确信中国官员的核查是彻底的，无论如何，他都无权公开质疑他们所提供的证件。他为自己的名誉进行了辩护，声称自己跟申请者没有什么个人接触，因此也没有机会受贿。与1883年情况一样，这个问题最终还是由中国方面自己决定停止签发证件而得到解决。[35]

事情并没完结。1896年，太平洋邮轮公司就授权广州一名
官员签发第六条款证明一事提出质疑。对此，田贝报告称，自 227
1883年以来，中国方面只签发了4份证书（看来他只提总理衙门签发的证书），而且总理衙门对这些证书在旧金山遭到拒绝感到恼火。杨儒公使与美国财政部就可接受的证件和程序进行了磋

商，之后提出建议：建立一种由当地道台或海关监督进行初步调查并签发证书的制度，然后，申请者须到当地总督或巡抚（视情况而定）的衙门，由他们做进一步调查后画押，并交给申请者，再到领事官那里办理签证。护照持有人的信息也将转发给目的地的中国领事官或公使。这些协定于 1896 年 9 月在广东省实施，1897 年 4 月在福建省实施。[36]

阐释移民类别

几乎从针对中国移民的新程序一开始实施起，美国的报纸和移民官员就攻讦各驻华领事官以及中国内地和香港的地方官员滥发证件。财政部提出调查请求后，美国国务院要求各驻华领事官解释他们的认证方法，并要求他们出具每艘离港船只的签证报告，这是美国驻中国南方各地的领事官们首次需要汇报他们的各种日常工作。国务院也放弃了先前的政策，不再坚持外国政府提供的身份证件不得质疑的立场，以确保领事官们有理由拒绝向看起来不合格的申请者发放签证。[37] 司法部部长格里格斯的“真谛”加大了领事官的压力，要求他们对申请者从事的职业做出主动的判别，而不仅仅是确认申请者是不是劳工。[38]

虽然没有正式的政策声明，但这种对待身份证件的新态度标志着它的用途发生了重大转变：曾经主要是持证人所属国对其负有官方责任的象征，现在用来满足外国政府的期望，即必须准确地识别特定人员的身份、职业和身体外部特征。然而，认定方法仍然不确定，很难将官僚机构定义的移民类别与中国的实际人群情况相对应。移民局基本不承认存在这些难题，而且怎样能够使得移民入境难上加难，他们就乐此不疲地以该种方式解释这些类别的内涵。受这些难题困扰的是国务院官员，他们对移民局荒谬 228
的移民分类及实施程序嗤之以鼻。领事官们更是愤愤不平，因为最终的决定权仍然掌握在海关官员手里，这些人可以推翻他们的认证。

美国驻香港领事官朗斯维尔·怀尔德曼（Rounsevelle Wildman）回应了国务院的质询及对他把控不严的指控。他批评移民局的定义不切实际，以为商人都穿“丝绸马褂”。他将香港形容为一个“大仓库”，65% 至 85% 的居民从事某种商业活动。这些生意的合伙人集业主、技工和劳工于一体，一旦他们抵达加利福尼亚州，法律也没有规定他们不能采摘水果。他称，总注册官只是向那些由地区保安员确定了身份的男子签发证书，并要求可疑的持证者追加 500 美元的保证金。他补充说，他在法律上无权质疑总注册官签发的证明，但他仍然仔细查看每个申请人是否有“当过苦力的蛛丝马迹”，主要看看他们是否衣衫褴褛，是否因为挑扁担或抬轿子而肩膀上长出老茧。尽管怀尔德曼为总注册官辩护，但他仍然声称，根据这样的审查，他已拒签了一半以上的申请人。[39] 同样，驻广州副领事官哈伯德·史密斯（Hubbard Smith）嘲笑财政部规定学生须达到“成年”的要求。他想知道，成年的意思是要达到美国法定年龄的 21 岁，还是达到中国民法规定的 14 岁。[40]

田贝公使在 1902 年的《论坛》上发表了一篇关于豁免人员类别的文章，言语间多有嘲笑之意。此时，学生身份已被重新定义为打算学习在国内无法学到的高等学科知识者。田贝调侃道，尽管中国有着历史悠久的学术传统，但“所有关于‘学生’的中国知识从未教会她（指中国）这个词的真正含义是什么”。[41]他还引用了对“教师”的新定义：

> 在申请入境美国前至少两年内，一直在高等教育部门从事教学工作，并向相关财政官员充分证明其有资格教授此类高等教育课程，而且在美国正规学府内任教的安排均已确定，在美国期间只从事教学而不从事其他职业的人员。

对此，田贝表示：

> 229 对教师的审查，就像对南方有色人种投票权的审查一样——他们必须向选举委员会阐述美国宪法，这怎么能说得清……（在中国，教师）属于文人阶层，但属于无法获得正式公职的人。医师、衙役和教师都是文人阶层。如果中国当真了解的话，那就会知道什么是教师；但从外交层面来看，该国显然一无所知。使用上述定义，我们明显是利用了中国异教徒的弱点。[42]

田贝得出结论，领事官不可能确定来自中国内地的第六条款证明申请人的真实职业，有必要将这一身份认证流程交由中国官员。至于对那些官员人品的批评，其实无关紧要。问题在于美国的法规，因为“没有一个国家会在实施其排斥性法律体系时，将全部执行机制交给外国官员，因为外国官员的利益可能与该国的目的大相径庭”。[43]

中国人也进行了抨击，并提出了他们自己的豁免人员定义。1906 年，两广总督坚持认为，学生就是指已通过中国科举考试的生员。[44] 同年，美国驻广州总领事告诉马尼拉的海关税务官亨利·麦考伊（Henry McCoy），政府已决定批准中国戏曲演员入境菲律宾：

> 这可以给广东籍的官员、士绅、文人和商贾带来娱乐，他们非常关注美国政府修改现行《排华法案》条款的每一个举动。在中国人看来，戏子和剃头是下九流职业，没有资格参加对帝国其他臣民开放的科举考试……他们对我们愿意让中国戏子入境，但同时拒绝掌柜、收银员、会计师、店员、推销员、买主、簿记员、店主、学徒、经纪人、中医等入境而大感惊讶。[45]

华人移民本身的看法不得而知，能否入境取决于他们能否证明自己符合官方的定义。但芝加哥至少有一位名叫邝星（Kong Sing）的华人认为这项审查是荒唐的。当被问及其亲戚邝刚 230
（Kong Gong）的商人身份时，他回想起那些本身就十分荒谬可笑的提问：

> 问：邝刚是否在店里连续工作了一年？在那一年里有没有做其他工？
>
> 答：这样说吧，我问你一个问题，你是什么时候来上班的，什么时候下班，你肯定回答不了。他要么在店

里做工，要么在外面做工。

问：他在外面做什么工呢？

答：嗯，如果我问你这个问题，你怎么回答，你现在在办公室上班，为政府做事，但你回家后，做自己的事。那么，我该怎么回答你这个问题呢？

问：所以，你不清楚邝刚是否在你店里连续工作了一年，一直都在做生意了？

答：中国人和白人一样，一次受聘打工一年或两年。当然，他在店里一年，就是在店里待了一年；在店里两年，就是在店里待了两年……

问：你可以回答是或不是吗？

答：是的，因为如果我说不是，他怎么能算商人？[46]

邝星可能已经表明了他的观点，邝刚却因此未能获得商人的身份证明。

权限、利润和罪责

关于身份认证程序的争论也围绕着司法管辖权和利润分配等更为乏味的问题展开。1898年初，领事官爱德华·贝德洛（Edward Bedloe）抵达广州时，他自作主张，签发了第六条款证明，绕开了中国官员。在回应粤海关监督的质问时，贝德洛解释说，目前签发证件要经过多层中国官员之手，会造成六七个月的拖延，阻碍了通商。他向美国国务院汇报时，还指责中国官员肆意签发证件，只顾收取高额费用。如果国务院要反驳来自旧金山的质疑，那么“最重要的是，**不可**让掌握中国属民离境大权的粤海关监督或其他中国官员决定谁可以**入境美国**；中国官员的贪污 231
腐败臭名昭著”。[47] 当美国国务院和中国总理衙门都坚持证件须由粤海关监督签发时，贝德洛鼓动粤海关监督向总理衙门提议，只需粤海关监督签发证件即可，无需总督或县级官员插手。总理衙门批准了这一新计划，但实施时间不长，因为两广总督谭钟麟提出，粤海关监督可以对出国移民的身份进行审查，但他对贸易的管辖权限不足以提供最终证明，而且全国各地的程序应该要统一。[48]

与此同时，贝德洛已经与粤海关监督的协理达成了一项安排（粤海关监督知情，贝德洛的通事是这么说的），也就是贝德洛和粤海关监督的衙署都可接收证件的最初申请。然后，申请会被递送给另一个部门来完成审理，申请人再从该部门前往总督衙门画押钤印，最后返回领事处领取签证。接收申请的部门须将 50 美元的费用交给第二个部门，并允许自留从申请人处额外收取的费用，但最高不超过 90 美元。大多数申请人都选择粤海关监督的衙署作为递交最初申请之地，于是贝德洛反悔，破坏了协定。大约在此时，粤海关监督请求总理衙门照会美国驻华公使，应知会驻广州领事官维持恰当的程序并停止自行签发证书。粤海关监督声称，只要他能进行适当的审查，就能避免旧金山口岸发生令人难堪的拒绝入境的事情。[49] 而在贝德洛这边，他得到了田贝公使的批准，直接与旧金山的海关税务官杰克逊进行沟通，并共享文件档案。贝德洛列举了遵行排华法“真谛”所遇到的新困难，因而作出了相应的安排，那就是中国政府签发的第六条款证明须与他签发并另函寄出的证件一起提交。这一新程序基本保证了中国人得以入境，而且导致广州的申请人争先恐后地领取贝德洛的证件。他每人收取 180 美元费用，若是朋友关系，则收 165 美元。领事馆的通事后来称，签发了很多证件，然后在市场上转售，以至于“在香港和广州每天都有定期的市场报价”。[50]

驻上海领事官约翰·古德诺（John Goodnow）的一项调查最后导致贝德洛被停职（1903 年他自己也成为被调查的对象），原来的程序得到了恢复，签证费也降至一美元。[51] 未能恰当地认证中国人身份，已让美国国务院头疼不已，但更甚的是，贝德洛竟然利用其办事处来中饱私囊，并私下与中国官员进行谈判。但
232 国务院仍让领事官自行制定程序，在接下来的五年里，只对移民管制措施进行不定时的监控，通常针对具体的投诉问题。[52] 驻港领事官在这些调查中脱颖而出，他们基本上保全了自己的声誉，而巧妙地将罪责转嫁给他人。怀尔德曼使用了一种屡试不爽的手段，那就是指责中国人天生腐败，并声称带有他签证的证件“已尽可能做到了不弄虚作假，助欧洲人与中国人打交道时马到功成”。[53] 在 1904 年的一件丑闻中，爱德华·布拉格（Edward Bragg）领事官将责任归咎于排华法本身，认为相关法律破坏了条约，并将最终决定权交给了那帮规行矩步又充满偏见的移民机构人员。“被挑选出来的这么一帮人，若是在公众的监督和法院的约束下，也许是能够胜任的好执法者，但如果在遥远的地方，且没有良好的社会监管制度加以约束，没有人会认为能托付他们来作出判断，甚至确定条约权利，因为这种判断可是受到法律保

护的，基本上是决定性的。”[54]尽管布拉格如此描述，但移民局在管教人员方面实际上比国务院更胜一筹。国务院感觉难以在遥远的国度对自己的官员施加监管，也不愿意侵犯外国的管辖权。在两国司法管辖权限之间的空隙中，华人经纪商如雨后春笋，蓬勃发展。

保商局

中美官员在通信中谈及移民证件的方式，就好像只有政府官员才需要处理这些证件一样，但其实私商几乎参与了中国移民活动的方方面面。在移民身份认定问题上，腐败勾结与诚实的官方活动之间的界限尚未划清，而参与进来的势力层出不穷，有商人、半官方组织，甚至还有行政官员和领事官本人。跟美国移民局和国务院一样，中国政府也在世纪之交进行了行政改革。但中国改革移民身份认证系统的努力在很大程度上依赖官方与私人组织的合作，而不是遏制这种合作。[55]由此产生的私人利益和官方利益交集，只会导致相互指责，滥用权力，还有一系列的腐败调查，这与美国国务院展开的调查同时进行。每一届政府都试图将
责任归咎于内部的个人过失。而中国对私营者执法的依赖，更使 233
得美国方面的调查进一步指向中国整个官僚系统和社会，指责他们腐败成性。

从签署《中美华工条约》的意愿中可以看出，自 1893 年以来，中国政府对保护和监管海外侨民而不是契约劳工产生了越来越大的兴趣。这一年，驻伦敦的薛福成公使撰写了其著名的奏

折①，呼吁北京派遣驻外领事官，核给护照，广泛传播有关中国法律和官方态度的信息。总理衙门支持薛福成的建议，在其奏疏中也提及保护归国侨民的重要性。“不管（海外华民）在国外生活了多久，或者是否已经结婚生子，都应准许他们从国外的外交官员那里获得护照回国。他们的生计和职业应该受到与国人相同的法律管辖，如果他们继续留在国外经商，也不应像过去那样受到敲诈勒索，违法者应受到法律惩罚。”[56]

1893年9月，清政府正式废除了海禁旧规，并表示打算保护海外华民。新政策到1899年之前几乎没有产生什么实际变化，只有中国驻新加坡领事官曾多次进言，而且尝试向归国华民签发护照，但结果失败。[57]那一年，美国占领马尼拉后便实行了排华法，使中国移民陷入困境。为了应对这一状况，厦门的几个地方士绅（绅董）得到闽浙总督许应骙的配合，成立了一个士绅主持的组织，名为“保商局”。[58]许应骙奏准保商局的活动，包括保护回国华商免受港务官和地痞流氓的索诈刁难，提供进入马尼拉所需的证件。保商局的成功很快引起其他移民口岸效仿，奏准设立类似组织。除了厦门保商局承担的职责外，这些保商局还与中国驻外领事官和华侨社团联系，资遣被拐卖出洋的华工回国。[59]1900年，两广总督德寿上奏说，当地保商局的经费均由海外华民筹捐；保商局还将承担额外的职责，禁止出洋妇女儿童在没有护照的情况下登船，并向太平洋地区的主要侨团发放空白护照，供回国华民使用。华民返回广东后，将所持证件交给保商局

① 即《请豁除旧禁招徕华民疏》。

保管，以便更好地防范滥用行为、收取费用以及分配福利。德寿还建议授予保商局局董官职。[60]1900年，厦门道台甚至要求美国领事官与保商局合作，促进回国华民使用护照并注册，以便政府可以使用所收费用来保护内地的对外贸易。[61] 234

1903年3月23日的一项大清法令重申了帝国对海外华民的体恤，并致力于保护他们在回国后免受敲诈勒索，以此促进通商和投资，保证效忠度。此番重申立场背后有更大的考量，旨在创建商会并允许绅商更多地参与地方治理。[62]然而，需要专门出台一项保护海外华民的新法令，这反映了一个事实：敲诈勒索的做法已改头换面，适应了新的监管机制。1903年，新成立的商部针对海外华商的投诉，对厦门保商局进行了调查。调查官员得出结论：最初建立保商局的绅董们把管理权交给了地痞流氓；保商局对前往马尼拉的旅行证件收取高昂的费用，这些证件还往往无效，而且向回国华民勒索费用；没有进行选举，浪费钱财，没有提供有用的服务。[63]

调查官员将保商局改组为商政局，但交由同样的问题人物来负责。1905年，商部官员王清穆被派去展开新的调查。他咨询了当地的绅商，他们反映说五年前保商局还是有作用的。王清穆充分了解保商局的曲折历史，但希望找到一种方法，既支持清朝的政策，以促进商业组织的发展，吸引和保护海外华商的投资，又支持地方“自治”组织，以此作为改革的一个关键方面。经过仔细考量，他认为实现所有这些目标的最佳方式是将商政局再改组为一个商局（商务总局），由保商局最初的创办人主持。[64]商局的命运比以前的组织也好不到哪里去，基本上是将权力从一个中间商帮派手中夺回，转给了另一个帮派。当商局成为1905年反美抵制运动的领导者时，美国公使柔克义（William Rockhill）
235 采取了坚定的反商局立场。他对总理衙门说，护照事宜应由中国官员负责，而不是商业组织。[65]

保护海外华商的责任也扩大到中国驻外领事官身上，同样导致了冲突和腐败。到1902年，马尼拉、旧金山和檀香山的华人指控当地领事官犯有各种罪行，如滥用救济金，敲诈勒索，荒淫无度，伤风败俗。[66]像美国驻华领事官一样，不少中国领事官与商界勾结，狼狈为奸。在马尼拉，卡洛斯·帕兰卡（Carlos Palanca）和恩格拉西奥·帕兰卡（Engracio Palanca）父子（中文名是陈谦善和陈纲）分别于1899年和1900年短暂担任领事官，并与保商局一起建立了一个注册和护照收费制度。他们俩都是当地著名的华商，陈谦善此前曾在西班牙人手下担任过“华人甲必丹”。在任职期间，很多人指控他们支持帮派利益，后在美国的压力下被解职。但他们在1900年也成功地让总理衙门撤换了新领事官黎荣曜。黎荣曜是一名广东人，可能与另一竞争派系有瓜葛。陈纲还是继续以半官方身份参与移民事务，后来成为说服王清穆在1905年重组保商局的士绅之一，并在抵制美货运动中发挥了突出的作用。[67]

檀香山领事官杨蔚彬（杨西岩）是直接由中国政府委任派遣的，但当地华人仍然指责他以权谋私，并进行政治报复。华人控告他提高了华人领取回国证明的费用，还要求夏威夷所有华人必须注册，以便监督他们对国家是否效忠（流亡海外的康有为和梁启超领导的维新派保皇会在夏威夷有许多支持者）。1902年，伍廷芳公使派遣其代办沈桐调查驻旧金山和火奴鲁鲁的领事官。[68] 沈桐将这些指控归咎于政治颠覆分子的诬告，为领事官洗脱罪名。但两位领事官还是被免职了，理由是他们让政府在外国人面前蒙羞，并且未能与侨领发展和谐关系。正如沈桐所解释的，现在的任务“是对不明事理的普通百姓给予恰当但又有区别的指导，以重新获得那些受害者和被离间者的信任，并扩大体恤和保护，以产生真诚的互信感。这会使人们很容易改变自己的感受，能够倾听而不至于感到困惑，异端邪说也将因此自动消失”。[69] 他还就限制费用和取消注册提出了更切实际的建议。但他并没有在 236
商人组织、领事官职责和移民事务方面提出系统性的解决方法，反而赞扬檀香山华人联合会对移民事务的处理恰如其分。

个人身份认证

美国国务院并不提倡利用私营组织来认证和监管移民。但当商人想方设法介入了移民事务时，国务院变得束手无策，不知如何应对。1903 年，查尔斯·理查森（Charles Richardson）及一批驻厦门和马尼拉的律师和报关员形成了“一种合伙关系，从中国厦门地区有关当局那里为华商和豁免人员购买证件，使他们能够前往菲律宾群岛并在那里申请入境美国”。[70] 他们向使用这些证件的中国人提供退款保证，确保他们可以进入马尼拉。他们声称，厦门道台（他后来表示并不知道理查森这个人）同意签发证件，收取 45 美元，但只发给合伙人或传教士推荐的申请者。同年 11 月，威廉·塔夫脱访问菲律宾期间受命调查理查森。理查森告诉他："自从1881年（原文如此）实施《排华法案》以来，这一直被视为合法的生意。"[71] 他解释说，道台、领事官和马尼拉海关税务官仍有权拒绝他们提交的任何证件。他们给申请人提供的指导与律师事务所和传教士长期以来所做的并没有什么不同。

副领事官卡尔·约翰逊（Carl Johnson）对这些安排有些忧虑，忐忑不安。他对理查森迫使所有申请人必须获取其签证感到愤怒，但尚不清楚他是否收受过官方名义费用以外的款项。理查森在试图将业务扩展到广州时，发现与总领事官罗伯特·默为德（Robert McWade）打交道要容易得多。理查森随后威胁约翰逊：

> 我已经和默为德先生充分讨论了这些签证问题，你也太另类了，而且毫无理由。你难道不能根据自己的判断定夺吗？法律规定你必须调查，而你唯一能做的调查就是向这些人提出一系列的问题，如果他的证词准确无误，你就应该给予签证。事实上，驻广州总领事官已告
> 237 诉我，如果粤海关监督给他发了一份证书的公文，而这个人又能够回答护照相关的问题，那他就一定会签准。他说这涉及条约权利，为了贸易和其他利益，他不会拒签……我会让道台每发一份证件都给你发一份公文，如果持证者被拒签，我会让道台来质问原因。我会让他对你的答复提出抗议，有了抗议书和证据，我就向驻广州总领事报告。[72]

尽管广州华人经纪商与默为德的合作在开始时颇为顺利，但

他们可不好惹。用理查森的话说，“广东人太过精明了，他们很清楚自己的权利，因而带来了很多麻烦，甚于厦门”。[73] 粤海关监督不同意与理查森合作，由于存在竞争，发放证件的价格从250美元下降到125美元。默为德还不得不签发竞争对手递交的证件，“只要回答问题无误”，以便“保持良好的关系，内部贸易关系不会受到阻碍”。[74] 默为德和理查森尝试使用多种手段来削弱竞争对手。他在领事馆挂了一块中文告示牌，列明官方收取的费用，并广而告之，如果有经纪商收取更高的钱，可以告他。[75] 他和理查森还让领事馆办事员在竞争对手提交的证件内故意填写错误信息，以便马尼拉拒认，但他们发现，这些错误信息在抵达菲律宾时已被更正。他们还借鉴了旧金山的做法，指使马尼拉海关税务官要求申请人提供的第六条款证明的中英文版本必须完全一致。他们甚至建议美国国务院要求提供指纹而不是照片，因为“十个中国人里面五个长得一模一样”。[76] 这些方法没有一个能够成功削弱竞争对手的。理查森和默为德俩人很快就闹翻了，默为德开始陷害理查森，指责他打着自己的旗号，利用外国人免税政策为中国人偷运货物入内地。

马尼拉和华盛顿的官员对这些活动感到非常恼火，但无法找到起诉的理由。1903年，默为德遭到领事馆调查后被解职，罪名是涉嫌酗酒、雇用一名犯有盗窃罪的办事员、非法收费、向非公民的华人提供保护、干涉中国政府事务，最讽刺的罪名是，阴谋陷害美国公民查尔斯·理查森。不恰当的认证方法并不在指 238
控之列。[77] 副领事官约翰逊主动辞职，领事馆也被大火烧毁了，因此无法收集证据对他提出指控。[78] 理查森从未受到正式指控。

1904年初，他的同伙约翰·米勒（John Miller）和巴兰坦（J. V. Ballantine）在马尼拉法院被判无罪。司法部部长办公室报告称，对申请人进行指导似乎有欺诈意图，但没有人能证明中国官员或美国官员涉嫌金钱交易。即使发现了金钱交易，也可以解释为收取调查费用，这只是违反了国务院纪律而非法律。[79]

理查森、默为德和陈纲享有大慈善家或正直公民的名声。认为他们的活动属于营私舞弊、贪污腐败，都是后来的观点，是在政府宣布独自掌握移民身份认证权，并与私营利益方严格地划清了界限之后才做出的判定。当时，这些名人中有许多（但不是所有）在当地德隆望尊，这恰恰是因为他们善于在华南沿海地区海外移民和治外法权下的多重管辖间挨风缉缝，投机取巧。[80]参与了这些活动，又在调查中幸存下来，声誉还能完好无损，这样的人真是凤毛麟角，因为能否保持体面，要取决于他们是否具有重新改变指控方向的本事。在这些调查中，指控与反指控正是界定合法与不合法关系、机制以及程序的方式。正如我们将看到的，美国政府最终在明确管辖权限、抑制私营组织并独掌身份认证权方面占据了上风。这是政府建立边境管控的重要一步，使边境地区成为移民规范的主要场所。但另一边，中国政府力图与商人建立正式合作的监管机制，最终会导致他们在身份认证方面失去信誉和主动性。

第九章
美国方案，1905—1913

1903 年末，美国驻广州领事官默为德描述了他向第六条款证明申请者发放签证的程序。准备移民的人会告诉村里的长辈他想去美国。他们会写好一份文件，证明他曾经商三年，至少有资本 5000 墨西哥银元，然后将他介绍给钱庄，后者会邮寄一份担保书证明证件属实。之后，移民和钱庄的人须同往粤海关监督衙门，一名书吏会在那里查验其生意和担保是否有效，并为他填写一份未签名的第六条款证明。随后，钱庄的人会陪同移民去见默为德。默为德会对移民进行盘问，录指纹，并要求移民脱衣做健康检查，查找身体上是否有“苦力”的痕迹。如果没问题，默为德会让他带上一张字据回粤海关，字据表明该人“经查验合格”。然后，粤海关监督衙门要确定此人没有参与过革命党活动，收取 100 元的申请费，并在证件上画押钤印。如果发现内容有假，默为德会收取 500 元的额外保证金，退回申请人修正，然后才在证件上加盖签注。默为德坚称，他只接受他熟悉的两个钱庄介绍来的申请人。[1] 239

默为德准许中国人的关系网为他认证商人身份。他觉得没必要隐瞒这个程序。如果不是通过社会关系，还能怎么样查证移民的身份呢？还有什么比抵押自己的财富并获得知名人士的推荐更好的方式来确保移民身份的真实性呢？默为德没有因为这一程序受到谴责，但官方对其营私舞弊的调查表明，他从事的移民活动与其他犯罪行为密不可分。从华盛顿官员的角度来看，只要移民身份认定来自中国的社会和商业关系网，那么领事馆的财务和外
240 交完整性就会受到威胁。但是，对于美国政府无权管辖的人，还有什么其他方式可以记录他们的身份呢？而且如何能够将当地的身份认证融入美国移民法的规范中呢？

美国领事官的丑闻和1905年中国的抵制美货运动，迫使美国政府必须解决这些问题。移民局改革成为国务院改革的样板。这些改革最初旨在驱赶中国移民，现在是为了实行问责和进行预判。如果能够自己发现具体程序的问题，那么能对外界批评形成有效防御，而且可以在合法的官方身份认证程序与腐败的私人利益方之间划清界限。建立交互印证的档案库，提交一式三份的月度报告，并且详细界定移民类别，这些措施能够构建起一套监督机制，既针对中国移民，也针对处理中国移民事务的官员。为了能够得到正确的认证，必须将移民从他们的社会关系网中剥离出来，让他们作为个体接受政府官员面对面的评估，不让经纪商和中间人插手。移民的真实身份只能通过他的躯体和举止、说话方式、表情、双手状况、步态，甚至指甲内的污垢和脚上的老茧来直接了解。然后，通过汇集大量文件档案，这些标记转换成标准化的移民分类。现在要实现的目标就是决策的一致性，利用官僚决策程序，让官员的当场印象变得有含义和有条理。为移民创建一个新的身份，并将其固定在一定数量的可交互印证的档案中，

迫使移民根据这些档案内容不断地自我重建身份。一旦有不相符的地方，以档案为准，移民提供的信息被判定为错。

程序化模糊了排华的政治性和种族主义根源，并将其重塑为公正的法律管理问题。移民经纪商及其社会关系网被污名化为不择手段的走私者、骗子和商业上的“利益相关方”。那些曾被默为德当作身份担保者的人，也被妖魔化为腐败、不可信的人。这样就很容易将罪责转嫁给中国人，将他们的经纪活动形容为“拉帮结派”的华人会社和腐败的中国官员导致的自然结果。用弗兰克·萨金特的话来说，“华商或华工无论在日常活动中再怎么样值得信赖和尊敬，在与政府相关的事务上看起来都像在弄虚作假，毫无廉耻”。[2] 因此，将移民管控转变为一个技术性问题的过程，也成为一场文化的较量，其结果自然是，理性的行政管理破 241
解了不文明的人群搞出来难以克服的各式花招。如果中国人触犯法律，那只能说明他们本身道德败坏，是无法服从法治、缺乏自主意志的个体。组织中国移民出洋从根本上就被认定为非法。

抵制美货与总统干预

20 世纪初，新的排华改革很快引起抱怨。几起备受瞩目的事件在美国和中国媒体上广泛传播：参加 1904 年圣路易斯世界博览会的中国代表团成员受到种种限制；几名外交官遭到百般刁难，其中一人不堪受辱，投水自尽；由传教士资助的两名学生到欧柏林大学（Oberlin College）学习，结果被推迟了一年半；1902 年至 1903 年间，纽约和波士顿的唐人街遭突击检查，警察大规模拘捕华人。华人及其同情者——例如亚洲协会（Asiatic Association）的商人——发传单，在报刊登文章，向美国和中国官员递交请愿书，他们以这些方式公开谴责美国移民局。这场浪潮促使中国政府在1904年初对《中美华工条约》进行抨击，并在12月准备续签之前，提出谈判一项更公平的条约。谈判拖沓冗长。与此同时，美国于1904年4月通过了一项拨款法案，其附加条款规定，居住在美国岛屿属地的非公民身份的华人不得前往美国本土，无限期延长《排华法案》，并阐明国内立法不能因条约规定而改变。[3]

至少从1903年起，世界各地的华文报刊呼吁对美货进行报复性抵制。1905年5月10日，上海商会决定，如果不对《排华法案》和相关条约进行某些修订，将于7月20日开始抵制美货行动。抵制运动一直持续到1906年初，但未能促成新的立法或条约。不过执法层面确实发生了重大的转变。总统西奥多·罗斯福及其内阁的大多数成员开始担心抵制运动会影响美国在中国和太平洋地区的战略利益。他们向移民官员施压，要求他们减小执法力度。早在1905年5月19日，萨金特就发出了一份通知，要求移民局人员尽可能考虑到豁免的人群，以免他们有正当理由投
242 诉：“我想用几句话表达我的要求，只要在适当的执法条款范围内，并且在现有情况允许下，执法过程中应避免一切苛刻的言辞或行动。”[4]

到了6月中旬，罗斯福及其他内阁成员要求的不仅仅是注意外交礼节，还需要：全新的严格规范，使之“足以制止我们的许多官员继续实施暴虐行为”。[5]萨金特和商务与劳工部部长维克

托·梅特卡夫（Victor Metcalf）表示反对，认为这些指控只是高效执法产生的一个效果。萨金特后来解释说，凡是执法造成的粗暴或不便，“都不是因为官员不公正或不人道，而是中国人自己没有遵守法律的规定”。[6]罗斯福的意见还是占了上风。6月24日，商务与劳工部发布了通告：“排华法的目的是防止中国劳工移民入境，而不是限制中国人的行动自由……执行排华法过程中的苛刻粗暴行为一刻都不可容忍。本部门官员若对中国人有任何无礼行为……都将立即予以开除。”[7]

美国国务院于6月26日发出了一份类似的通告。罗斯福总统在12月国会讲话中强调，有必要修改与排华相关的法律和条约，将审查重点转移到中国人出国前。次年1月，一项由亚洲协会和国务院联合起草的法案提交到了国会，该法案建议，凡持有第六条款证明且加盖恰当签证的中国人，在入境美国口岸时均不可予以拒绝，准许除劳工外的所有中国人入境，意味着推翻了排华法的“真谛”。[8]

国务院6月的通知没有列出具体的改革做法，但1906年2月5日，移民局发布了新规定，对学生和其他豁免类别做了更宽泛的界定，延长了中国移民的上诉时间，规定了可以提交的具体证据种类，允许律师和中国领事官审查和复制证词，还准许华商居民取出证明以方便他们返回美国。此外，终止使用贝蒂荣人身测定法，取消了人口普查和重新注册的计划，对移民机构官员的调查将于当月晚些时候开始。梅特卡夫于12月被调到海军部，取而代之的是更加同情亚裔和支持移民的奥斯卡·斯特劳斯。[9]商务与劳工部越来越多地支持中国移民抗诉对他们不利的

243 裁决。该部门特别强调，对在本国已生活了多年的华人，应消除疑惧。[10]1907 年，斯特劳斯（也考虑到日本人）说明了其新态度：

> 政府政策的真正目的，是要禁止某特定类别且定义明确的移民入境，而让其他类别的中国人……像任何其他国家的公民或臣民一样来去自由。然而，现行法律的目的似乎就是要严格排斥华人，只准许该种族某些明确规定的豁免人员入境——换言之，就好像排华是准则，允许入境才是例外一样。我认为现行法律的这一特点是不必要的，而且导致了各种令人恼火的后果。基于种族、肤色、过往地位或宗教的歧视都与本共和国的原则及其制度的精神背道而驰，这是不言而喻的。[11]

类似的说辞很快就会在整个指令链上重复出现，明确了某些类别的中国人拥有旅行不受阻挠的权利。公共关系的统一变得与官僚执法统一同等重要。虽然这被认为是美国在原则问题上单方面做出的慷慨让步，但抵制美货运动、外交和公众压力，还是削弱了移民管控属于主权国特权的主张，即使只是在非常有限的程度上。

自我申辩

1906 年，萨金特向国会为其政策进行了全面的辩护。他将对华人实施的一切苛刻行为归咎于华人不理解法律或规避法律，也归咎于领事官执行失当。他坚持认为：“所提出的大多数指责……都过于空泛，指责者根本举不出什么具体的事例，所以此类指责没有依据。这样的事情只会造成民众普遍反对移民局的政策，但移民局按照所掌握的情况制定自己的政策，而且努力有效且公正地执行法律。”[12] 这是移民局后来几年一直运用的手法，十分奏效：将争论的议题转移到具体程序上，鉴于在复杂的法律规定背景下移民局掌握着实地操作的经验，很少有人能够在这方 244
面质疑移民局。接着，萨金特回应了 24 项具体指控。他表示，那些问题要么都得到了比法律条文所要求的更为宽松的处理，错误的初始裁定后来在上诉时都被驳回了，官员犯的错也得到了纠正，要么是法律本身就要求采取严厉的行动，或者是最初的指控本身可笑无聊。他将移民局的负面形象归咎于哗众取宠的媒体、传教士的影响，以及那些希望把廉价劳动力带到南方的资本家，“他们的指控反反复复，谎言重复多遍就成了真理”。[13] 他对这种批评不屑一顾，认为“它对合法权威没有一点爱国式的尊重，似乎是要证明这些自由人士……积极抵制法律及官员执法是正当合理的”。[14]

司法部部长裁定萨金特的自我申辩成功有效，故萨金特没有受到官方任何责难。[15] 但移民局仍被迫在尽可能严格执行法律条文时采取温和的做法。爱丽丝岛首席体检官维克多·萨福德（Victor Safford）声称，1905 年 6 月之后，萨金特“就连在影响执法问题上表达一下官方意见的机会都被直接剥夺了”。他声称，当萨金特和其他人改变了他们的决定时，移民官员越来越士气低落，萨金特本人也郁郁寡欢，而后病入膏肓，于 1908 年去世。[16] 尽管萨福德夸大其词，但在调查华人问题的日常记录中，执法风格确实发生了显著变化。改革机制继续运行，但主要用于提高工作的可预测性。面谈问话变得更加公式化，省略了实地调查，被拒签的申请者也越来越少。移民机构官员的自由裁量权被纳入程序和可追溯的档案管理之中。

例如，1899 年，在改革之前，费城在调查华工是否拥有财产和债务，从而决定他们是否有资格获得返美证明时马虎草率。[17]移民官只是收集口供书而已。到 1903 年，移民官对所有的申请者都要进行广泛的审查，收集确凿的证词，并亲自实地评估各类洗衣店的价值。1904 年，他们开始使用档案卡片系统，并接收关于纽约移民案件处理情况的系统报告。移民官员不断质疑华人对其财产价值和债务的自我评估，因而反复检查他们返美时是否仍拥有财产或存在债务。他们会因为两方面的理由拒绝中国人的
245 申请：在问话过程中表现得迟疑不定，看起来像在背诵答案；或者是看起来太过节俭或太过富有，以至于不可能借钱欠债。[18]有利于移民的裁决会有公开报道，让公众留意到确实进行了广泛调查："通过对比证人的证言可以看出，申请人所陈述的事实在所有情况下都得到了充分的证实，因此，申请人看来符合有未查明、未结清债务的必要条件，故有权再度入境。"[19]

1905 年下半年，在国务院下令注意外交礼节之后，实证调查的总结报告内充满了冷言冷语："申请人和证人的证词几乎在每一个细节上都一模一样，与其他许多同类性质的案件情况一样，虽然本案华人所说的债务似乎不大可能存在……但申请人的供词都得到了证人口头上的充分证实。"[20]10 月，申请返美证明的人数有所增加，而调查变得越来越少，越来越公式化。到

1906 年，全国各地的调查人员已形成了一些常规的表述方式，例如：“我认为在这种案件中通常会出现这种情况”，或者说“在无法证明他们的供词可疑的情况下，我不得不认为申请人是没有问题的”，最常见的表述是“关于借款的供词属实”。[21]

此时，许多移民官的主要关注点是确保档案统一和系统化。1906 年，费城移民局局长向巴尔的摩新任局长提出建议：“我真诚地希望，所有调查都由该地区的检查官以尽可能统一的方式进行，而且这些调查都必须彻底、完整，一旦本局核准向特定的入境口岸发出报告，该报告就是口岸主管官员接收的最终报告，而不会将其退回，重新补充信息。”[22] 档案中储存了越来越多的信息资料和随时可用的证词，而无须凭借移民机构官员的实际经验。事先的交互备案和信息共享形成了一套可预测的方法，事实真相由此产生。

远距离管控的建立

1905 年的抵制美货运动让美国国务院感到特别尴尬，因为它自己在中国提倡“门户开放”政策。与移民局一样，国务院以官僚系统化改革作为回应，以避免受到公众的批评。然而，与移 246
民局不同的是，领事程序的常规化意味着要对移民事务管控得更加严格，而不是对充满干劲的官员形成约束。在移民管理中，清楚地划分公私领域，是实行程序常规化一个最不可或缺的方面。领事官的职责要十分明确，并与私营经纪商的活动分开，移民是否可以入境，只能根据官方的身份定义来确定。

在1905年6月26日的通告中，国务院重申了移民局两天前发出的警示，反对官员苛刻暴虐执法。通告评论了中国官员和美国领事官滥发证明的事情，之后补充道：

> 本政府的目的，是使这些带签证的证明具有真正的价值，以便美国能够认可而无后顾之忧。这样就可以从源头上消除大部分指控……但是，为了实施这一计划，外交官和领事官们绝对有必要理解这是他们最重要的职责之一，而不是敷衍了事地对待他们的签证工作。他们须确定所要签发的证明与申请者相符，否则不能签发。他们履行这一职责的态度方式也要经受得住最严厉的问责。[23]

11月，国务院要求驻华领事官详细描述他们的签证程序，并向他们介绍了移民局的最新规定。1907年3月26日，国务院将领事官的反馈整理提炼为一系列饬令，明确规定了各领事官在签发第六条款证明时的职责。[24] 国务院对现行做法展开了调查，使得领事官们更加小心谨慎地遵守程序。他们还将条例副本交给中国官员，并不断要求国务院就如何解释移民局的规则做出具体指示。[25]

后来连续发生的事件及地方领事官提出的建议，使厦门在制定新程序方面（包括要求中国官员遵从美国的改革）具有特别重要的地位。早在1905年5月，乔治·安德森（George Anderson）领事官就谈到他采取了更严格的措施，将马尼拉律师排除在第六条款程序之外，并解释说：“鉴于过去领事馆在移民问题上声名狼藉，我特别希望此类事情都能严格按法律程序办理，让人人皆知。”[26]10 月，他提出，只要出现在马尼拉的第六条款证明上有他的签证，就可视为最终证明，以此可避免移民遭拒绝入境带来尴尬和不便。他指出，中国人“对签发的证明颇有微词，因为这些证件似乎给予了他们入境资格，抵达美国海岸后他们却被拒绝入境”。[27]1906 年 3 月，副领事官斯图尔特·勒普顿（Stuart Lupton）从当地会审公廨得到判罚令，对两名移民经纪商处以 25 下杖刑，因为他们试图贿赂他的通事，并称“希望通过这一措施，我们能够摆脱这种似乎东方才有的邪恶”。[28]4 月，勒普顿告诉道台，将不再接受由厦门商会发放的证明（但商会继续要求当地的移民客栈只接待携带它盖过章或签发的文件的移民）。[29] 247

围绕博安移民担保公司（Bo An Surety Company）发生的一些事件是 1907 年美国国务院制定新措施的关键因素。1906 年 11 月，驻厦门副领事官雷·汉纳（Rea Hanna）报告称，驻福州（福建省省会）的葛尔锡（Samuel Gracey）领事官正在给汉纳早前拒签过的第六条款证明申请人办理签证。汉纳声称，这些申请人是由一家担保公司培训和代理的，这家公司的最终目的是“勒索行贿”。[30] 一个月后，黄朝顺（Hung Chao Hsun）走进美国驻厦门领事馆的大门，向汉纳展示了一份博安公司的条例，并提议在厦门成立一家类似的公司。黄朝顺告诉汉纳，博安公司的创办者李成（Li Cheng）曾在 1905 年末向福州将军递交了一份请愿书，其中写道：“我们了解，进入（马尼拉）的人数逐年增加，很遗憾的是，一些身无技艺的人也想方设法入境，常常在那里犯罪等。这是我们国家的耻辱。出于此因，马尼拉政府已经开始驱赶底层华人。不用说，肯定会怪罪我们政府为什么会放他们出国，而不是对他们予以严厉的警告。”[31]

为了确保美国关于前往马尼拉的条例不会加码，变得更加苛刻，也不会进一步阻碍合法商旅者入境，李成提议成立博安公司，以保证第六条款证明只发给声誉良好并有可靠推荐者的人。福州闽海关监督表示，这项提议是一项“便利安排，用以发现哪些人属于无价值的类别”，并承诺没有博安公司的代表陪同的申
248 请者一律不予考虑。福州将军将这项提议转交给了葛尔锡领事官。但葛尔锡建议对条例进行一些修改，以使收费标准化，让公司对虚假的说辞承担更多责任，并明确表示公司的担保不是决定性的，移民仍须受到美国官员的调查。该公司后来相应地改写了章程，中国官员从下到上，直至北京，都在着手批准这项拟议的安排。[32]

汉纳的第一反应是告诉黄朝顺，他的计划不切实际，因为移民抵达菲律宾后就无法监控他们的身份，而且移民没必要花钱在经纪商身上。“任何一家公司，只要其生意取决于它能向菲律宾群岛引入多少中国移民，且公开目的也是引入中国移民，就会受到本领事馆的质疑。”[33]然而，当他了解到当地中国官员的态度时，汉纳动摇了最初的立场，认为只要允许他进行自己的独立调查，中国官方使用什么程序他都无须担忧。事实上，让商人为准备移民的人提供担保，以证明他们的诚实，这在东南沿海一带是一种由来已久的做法。[34]领事官们也可以将这些安排理解为文明进程的一部分。正如葛尔锡领事官后来为自己的行为辩护时所写的那样：“觉醒中的中国正在接受许多外国事物，而担保公司在

美国已经被证明是非常好的做法，我相信中国的这些公司也许并不都是坏的。”[35]

汉纳的上司更相信自己人。驻华公使柔克义立即写信给中国外务部，表示他得知一名中国官员已将第六条款证明的实际调查权委托给了一家商业机构，这“破坏了我国政府对这位总督签发的证明中所作声明的可靠性的信心。所有这些证明都会受到质疑，这可能会给有资格入境美国的人带来麻烦”。他接着断言：“该公司的动机完全是经济利益，完全不可信，应该予以禁止。”[36]1907 年 1 月博安公司停止了营业，但第六条款证明上公司的印戳还在马尼拉持续出现了几个月。

3 月，国务院赞扬汉纳“对于鼓动者试图建立一家干预第六条款证明的签发并从中捞钱的公司采取了反对态度”。[37]国务院 249
还批评葛尔锡准许用担保代替“严格的调查”，提醒他担保“如果不客观真实的话，是一种毫无用处的做法”。[38]葛尔锡受到了处罚。他表示：“我现在已经彻底改变主意了，相信（博安公司）主要目的就是‘贪污’，其监管条例只是精心编造糊弄人的东西。”[39]然而，他还是坚持为自己的调查方式进行辩护，认为这更适合中国人的思维，优于马尼拉海关官员直接粗鲁的提问：

> 我们西方人一直受这样的教导，相信提问越直接，就越容易理解和回答，但这与大多数中国人的思维方式不符。中国人在任何事情上都是绕圈子的。他绝不会一开始就给出想回答的最终答案，肯定要先提几个其他问题，然后要经过几番讨论……在西方人率真、直接、主

> 动和怀疑的语气下，他会变得很难为情，但又不可能做出不利于自己的回答。他的反应是不由自主的，而我们又会认为他是在搪塞。[40]

他补充说，在马尼拉，让商人用纸笔进行计算来测试商人身份的做法也是荒谬的，因为那些人只会用算盘计算。

然而，国务院 3 月 26 日的饬令更关注的是程序系统化，而非文化敏感性。这些饬令申明，凡由中间人或“利益方”陪伴的申请者，都应予以质疑；而且强调，调查责任“均不得转交给他人，既不能对签发证明的当局充满信任，而将调查转交给它，因为它不一定会进行彻底调查，或者可能会被调查结果所蒙蔽，也不能将调查工作委托给下属机构”。[41] 饬令进而详细地界定了狭义的商人、学生和旅行者概念，这一定义更为移民局所认同。国务院还细化了每次调查的标准版报告表，并要求制作多份副本，以便交与中国和美国各口岸共享信息。

打压措施的失败

对档案和程序的痴迷执着不仅仅是国家扩大管辖范围的一种
250 冲动。几乎所有热衷于排华法的人都拥护这种做法。排华法的反对者和支持者双方都强调需要有可预测的方法、官方认定的移民类别和正当程序。最高法院对朱才案和陈耀案的判决，完全是因为移民局未能遵循正当程序，而使得司法部门必须出面干预移民局的决定。对国务院来说，程序是官僚机构遵纪守法的基础，可以限制无良利益方的干扰，而且可以与政府其他部门和其他国家建立和谐关系。同样，1915 年，旧金山移民局局长将其视为公共关系的工具，称“移民局的工作是根据外界民众对其看法来评判的”，法院责难移民局缺乏正当程序，破坏了移民局的形象，从而促使法官进行干预。[42] 移民局内部支持严厉执法的派系将严格的程序当作管控边境的手段，也将其当作对抗华盛顿各部部长异想天开的一种方式，这些部长往往受制于特殊利益集团和大众媒体。但即使是政治家也赞同程序严谨，以便他们可以将严格执法作为良政的一个范例。律师和经纪商也喜欢可预测的程序，因为他们可以利用自己对这些程序的悉知，向客户保证能取得入境成功的结果。甚至像马克斯 · 科勒（Max Kohler）这样的反排华活动人士也将程序视为对付种族主义和歧视性执法的一种解药。用科勒的话说，“恰当的分类，而不是种族歧视，应成为立法的基础”。[43] 所有这些观点的合力，将严格排华的新尝试转变为一种体制结构的自我防御，它有自己的生命。

1908 年中期，日本移民危机平息后，萨金特开始恢复更严格的执法，但更加注重公共关系，更灵活地利用程序。他从驱逐华人出境入手。自 1905 年以来，拘捕和驱逐人数减少了三分之二。萨金特此时开始加大力度，对案件影响恶劣的华人实行拘捕，但警告称，“所有的检查官员都须克己慎行，不要采取容易被人抓到辫子而指责为迫害的行动，也不要对特定地区的华人进行任何系统性的检查”。[44] 移民官员要代表的是应用于个案的公正法治。

1908 年萨金特去世后，代理总局长弗兰克 · 拉尼德（Frank

Larned）进一步完善了萨金特的政策，提出了一个更具体的建议，即首先拘捕新移民，而不是那些已停留较长时间，发展了朋友圈和关系网的人：

251 据信……谨小慎微而循序渐进地重新行使拘捕权，可以有效地阻遏中国人偷渡入境的活动，因为目前大家都认为，一旦他们进入内地，就不会受到侵扰。但同时要避免这样一种情况出现，那就是激发变幻不定的公众舆论对拘捕中国人事件的关注，因此行使拘捕权时不要明显地针对华人知名人士或关系复杂的人。[45]

萨金特的继任者丹尼尔·基夫（Daniel Keefe）更积极地推行这一政策。但同时，基夫公开表明，他会保证官方的礼节，做到公平合理，并认为现行的排华法"过于苛刻严厉，已强硬到无益的地步"。[46]1910年，他精简了对华人的法规，声称新的程序"已尽可能在法律范围内做到宽松和自由，并使内容比之前颁布的所有规则都更加简练"。[47]他甚至重复了斯特劳斯部长的指责，认为专门针对中国人的歧视正是执法困难的根源：

这种不公正的区别对待……如果将给予中国人的必要待遇与其他国籍的外国人的待遇进行比较的话，那是显而易见的。在我看来，如果不是因为用另一套法典来处理中国移民问题，而使之与所有其他移民问题区分开来的话，这种区别对待不会存在……从本质上讲，准许或拒绝中国人入境的整个问题并不是一件孤立的立法监管事宜，实际上这是更大的移民问题的一部分。”[48]

为了落实这一主张，他计划将有关华人的部分“合并到主要的（年度）报告中”，甚至起草了一份包括华人在内的一般移民法，允许废除排华法（但一般移民法将会继续对华人进行特别限制）。[49]

修改条例的实际效果是进一步将权力集中在移民机构的官员手中，并要求移民提供更广泛的证明文件。经纪商和律师越来越多地被排除在法庭听证之外。没有移民局的预先调查，所有华人都难以离开美国，因为这个调查是为他们返美入境做准备。基夫进一步建议，让所有华人重新注册，取代现有乱作一团的身份证明文件，以确定华人居民的身份地位。这一计划并未付诸实施，但移民局对此一直讨论了近十年。[50] 基夫还主持了1909年天使岛的开放仪式。几乎从一开始，它就是最臭名昭著的羞辱华人的象征符号。天使岛位于旧金山湾，孤立的地理位置使它成为华人边缘化的具象隐喻。[51] 但基夫为天使岛申辩，就像他为所有改革辩护一样，认为这是“我们总体尝试的一部分，以便我们制定法律和条约，使得准许入境成为常态，而拒绝入境是例外”。[52] 增加证明文件是为了使合格的移民入境更加顺畅和可靠，并将律师和骗子排除在岛外，从而消除令人厌烦的不必要调查。准许入境将常规化，因为那些“不配入境”者不会再来。 252

从1909年到1911年，在边境被禁止入境者、被驱逐出境者以及被拘捕后驱逐出境者的比例短暂地上升（见图9.1）。到了1912年，基夫吹嘘自己的措施颇有成效：“处理得如此之妥

253

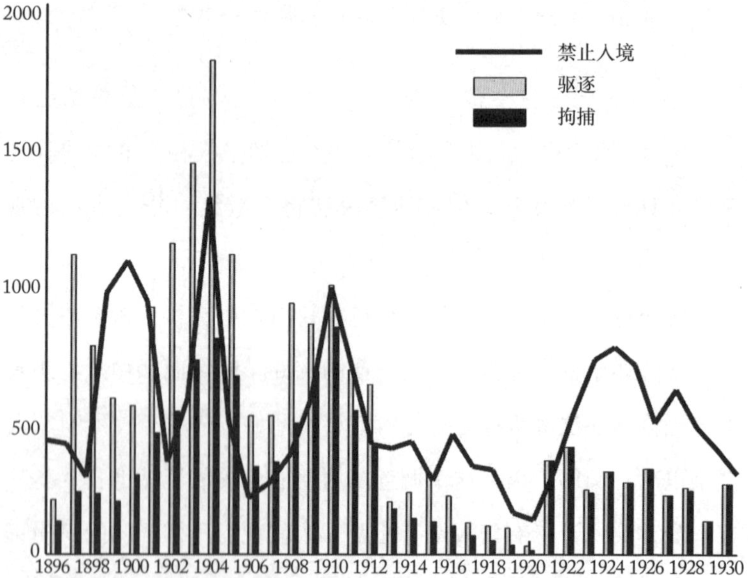

图 9.1　在美国被拘捕、驱逐和禁止入境的华人人数变化，1896—1930

资料来源：Erika Lee, *At America's Gates: Chinese Immigration during the Exclusion Era, 1882—1943* (Chapel Hill: University of North Carolina Press, 2003), 143, 227—228; US-IR, 1898—1932。

当，以至于华人现在确信了，除非有令人信服的证明支持，否则一切申请都是徒劳的。”[53] 在这种情况下，移民官员们再度放开手脚禁止边境上的一些申请者入境，并开始清理一些无法证实的身份证明。1911 年 2 月，檀香山的检查官哈里 · 布朗（Harry Brown）拒绝了杨君辉（Yong Guan Pai）的入境申请，理由是他认为杨君辉提交的出生证明是夏威夷众多假出生证中的一份：

> 我非常确信，有人试图利用“夏威夷出生”的身份破坏排华法，该案已提交裁决，不是基于证词，而要基于我熟知的情况，希望移民局能旗帜鲜明地予以支持，

确认我的调查结果，这样有助于我挫败他们玩弄的一种花招。我很有把握地说，它以夏威夷出生为幌子，要将一批中国劳工运送到本领土。[54]

但到此时，遏止中国移民已经达到了极限。基夫支持拒绝杨君辉入境，但商务与劳工部代理部长驳回了基夫的决定，维持上诉。代理部长不愿对另一部门发布的文件提出质疑，而且对公众舆论高度敏感。他依据法院的判断而非行政官员的推理，赞同出生证明可能有欺诈的嫌疑，但在本个案中不能得到确凿证明。他 254
强调，破解这类案件的唯一途径是交互验证，让中国移民自己的证词自相矛盾。但布朗坚决地表达了不同意见，认为一个合法的中国移民在这么长时间后不可能记住这么多细节，“（证词中）出现一些差异，比每一个细节都能完美地对上证词，往往要更可信一些”。[55]

这一分歧只是基夫和他的上级之间长期斗争中的一个事件，这场斗争围绕着如何恰当执行排华法和一般移民法的问题展开。除了对公众舆论和不断加剧的部门间纷争保持敏感之外，商务与劳工部部长查尔斯·内格尔（Charles Nagel）还认为，必须在部门一级采取自由开放态度，以牵制带着热忱执法的地方官员。[56] 1905 年抵制美货运动的经历也使中国人学会了动员媒体和公众舆论的技巧，掌握了相关资源。到了 1910 年，中美双方的官员都被各种请愿搞得焦头烂额，报纸充斥着对待华人政策苛刻和官员腐败的指控，中国国内又在酝酿着另一场抵制美货运动。香港总领事官和基夫将这一宣传归咎于经纪商和代办行的煽动，因为如果移民数量减少，他们会蒙受损失。[57]但批评者也包括一些不那么容易忽视的对象，如旧金山商会、粤商自治的广东会馆以及中国内地和香港的英国报刊。[58]到了仲夏，基夫的打压措施导致了一场跨太平洋的指控和反指控斗争，香港领事官称之为“一场曝光宣传、敲诈勒索、相互指责和谩骂的盛会”。[59]公众的诟病导致领事官和移民官重新展开激烈的唇枪舌战，旧金山的资深移民官之间也开始相互谴责对方收受贿赂，并与中国偷渡犯勾结，同流合污。[60]

基夫虽然坚持公平对待的官方路线，但他的措施主要是为了将移民挡在国门外，并且减少欺诈行为。无论如何，在致力于建立正规程序的过程中，基夫和内格尔的努力最终殊途同归。内格尔经常支持中国移民申诉，理由是档案记录太不完整，无法充分说明拒绝其入境的理由。基夫还指示官员，要凭证词做出判定，不要以主观标准来判断，例如申请人达到了哪种程度的“美国
255 化”或有多高的知名度。所有决定都必须记录在案，以内部常规流程为基础，不受不可预测因素的干扰。但这也意味着，了解程序和决策基础的人可能会对每一项决定都提出质疑。总之，强调程序有助于将实际操作制度化，这样可以不受某一个官员或某一个政府部门的控制。

到1913年基夫任期结束时，禁止入境率和驱逐出境率已降至历史最低水平。1898年至1905年及1908年至1911年的两次改革，都降低了原来的高拒绝率，改革也确实产生了其他长期的作用。拘捕然后驱逐出境的比例不断上升，这是遵守程序的一个具体后果，也是排华法对一般移民法的影响，使得一般移民法中

载人了更有效的驱逐条款。反过来说，1921 年将华人纳入一般移民法中，有助于更有效地驱逐华人出境，也使相关的案例激增。负面舆论以及与法院的摩擦则减少了，移民官员也越来越不愿意去质疑其他部门提供的证明文件，以免破坏管控规范。曾经由官僚机构创造的制度现在限定了官僚机构行动的范围。

没有中间人的一对一面谈

在中国，美国在华的领事改革没有达到移民局所取得的权力集中水平。1907 年后，领事官员多次尝试改进档案系统，促进信息沟通，设立统一程序，并对中国内地的个人证词建立直接调查的制度。事实证明，鉴于领事官还有其他职责，这些措施大部分很难长期维持下去。[61] 但是，随着领事官员们越来越相信有必要对每一名移民的身份进行核准认证，调查程序不断实行了改革。各领事官不再看重经纪商、中国官员或中间人的意见和协助，也不依靠华人社团来筛选移民申请者，而是严格按照法律界定的类别，与申请者个人直接接触。一个人的教师、学生或商人身份，不再来自他认识什么人，而是根据他是否符合政府的定义。一个“豁免”者的特质可以在他的躯体、举止和他所拥有的证明文件中找到。然而，对这些特质的可能性解读，则是由标准化的定义和公式化的文案工作决定的。经纪商从来都是禁而不 256
止，但他们的作用已成功地被边缘化了，被当作不可规避的邪恶源头，而且很容易成为替罪羊，从而转移人们对官员渎职的指控。

领事官们力图保留自由裁量权的空间，并坚称审查的核心就在于政府机构的官员与申请人进行直接的接触。正如驻香港副领事官莱顿·霍普（Leighton Hope）在1918年写的那样："在这些情况下，很大程度上取决于个人的综合因素，因此必须最大程度考虑审查官的意见。"[62]1907年的饬令没有明确说明调查中要考虑哪些确切问题和证据种类。政府官员们甚至质问领事官是否觉得自己的调查过于公式化，或者是否让中国人了解太多有关程序的信息。这是为了"在高难度执法时有一定的弹性"，并确保中国人不能在接受审查之前做精心的准备。[63]但个人的综合因素已成为评估的一个方面，需要按照规范的类别要求，看看申请人呈现怎么样的一种形象，而不是考虑这个人的社交关系。"豁免人员"的特征都已事先定义了，然后每个人都会接受评估分析，看是否具备这些特征。

领事官们曾经嘲笑移民局划分的类别不适用于中国，但他们现在声称确实能够在中国人身上直接看到"豁免人员"的迹象了，这正是他们那个类别的一个特征。1909年，驻香港领事官阿莫斯·怀尔德（Amos Wilder）介绍了揭穿"苦力"冒充商人的必要技巧。他会检查这些人读写草体字的能力，检查一下牙齿，再看看皮肤是否有晒伤，讲的是什么方言，"机敏性"如何，还有对语调的把握，他认为这些特质可以"展现一个人是否有良好的生活方式和广泛的人际关系"。他不准中国人在家里填写申请表，这样可能会有人指导。原来每周收取60份到80份申请，他声称现在一年只收到70份到140份，因为他完善了观察技巧。[64]只有通过与申请人密切接触，审查官才能查出其真实的身份，才能将申请人归类为“真正的”商人、“真实的”学生或者劳工。构建法律上抽象的类别，使得确认个人身份时不需要依赖其经纪商、朋友或社会关系来进行评估。这些类别详述了个人拥有的不同特质，而只有将这个人与利益方胡编乱造的说辞分离开来，对他进行单独的观察，才能清楚地感知到这些特质。这方面的主要例外是核心家庭建立的亲属关系。非公民身份的妇女儿童之所以 257
能够入境，几乎都是因为与豁免类别的居民存在配偶或子女关系。甚至这种关系也是根据在美国的证词来确定的，而不是在中国的证词或中国方面提供的证明文件。

在强调与个人接触的同时，中间商逐渐被妖魔化。只有不经中间者的直接观察，才可能确切判断每一个案例的情况。担保人和个人推荐曾经是签证的最佳保证，而现在则是申请签证失败的最佳保证。必须将申请人从人际网络中抽离出来，并根据其“自身的”特点进行评判。政府机构官员认为，律师、经纪商和各类推销人员肯定都向无知的移民勒索不必要的费用，所提供的服务毫无作用。这些干预者声称他们的费用是贿赂签证领事官所必需的，从而玷污了美国官方代表的声誉，而他们“发现自己的行当受到损害时又是最先跳出来大喊‘抵制’的人”。[65] 官员们指责签证过程中的腐败和商业化操作，不仅是因为它使得欺诈行为长盛不衰，而且还因为这些活动促使那些本来可以在家乡安居乐业并不想移民的人背井离乡。[66] 真正的学生和商人才会自愿迁移。

对中间人的怀疑不限于中国人，还包括律师以及其他所有国籍和行业的经纪商。移民局只能限制律师参与移民听证会的程度，使其处于被动的位置，而驻外领事官则可以将他们完全排除在移民面谈之外，但永远无法阻止他们自己的办事员与经纪商和律师朋比为奸。领事官员也经常与美国传教士和教师发生冲突，因为他们积极招收学生到美国学习。商务与劳工部部长内格尔在1912 年指出了冲突的几个原因，他解释说，官方政策是鼓励学生留美学习，但如果该政策“被一些人利用来中饱私囊，或者假借外国人想要赴美学习之名，促进和鼓励移民，从而达到自己的目的”，那么则背离了该政策的意图。[67]

领事官和移民官也使得像卡罗琳·奥伯（Caroline Ober）这样的人日子不好过。她是华盛顿大学西班牙语教授，一名慈善活动家。即使参议员和大学教授写信证明她的事业是为了“崇高的”目标，也无济于事。1911 年中国爆发辛亥革命后，奥伯与广州的外交和教育专员合作，设立考试制度，选拔留学生赴美学
258 习现代学科。驻华领事官拒绝给其中很多学生发放签证，声称奥伯从中获取利益，而且教育专员也无权进行第六条款证明相关的调查。华盛顿州的移民检查官还指控奥伯将学生输送到不合标准的学校学习，对中国留学幼童“严重不公正”。[68] 俄勒冈州波特兰检查官巴伯进一步称，对学生的测试“不一定能测出他的思想状态或他所表明的意图”。他坚持要遵守程序定义：“真正的学生或商人——具有真实的目的和意图，如果申请入境资格，通常很容易确认。这样的学生往往会得到政府或本国富裕居民的支持，或者有时会得到中国知名公司某些人的支持。我们的法律法规所设想和定义的中国学生，从本质上来说，不可能来自一个一穷二白的乡村。”[69]

美国官员经常怀疑一切参与移民活动的机构和个人，认为他

们几乎都有“商业主义”动机，或是“利益相关行为”。毫无疑问，人们都接受中国官员在移民事务中贪污腐化的说法。驻香港领事官安德森在 1914 年写道：“许多官员根据多年在中国的经验及与中国各式政府机构打交道的经验，发现中国对此类案件的调查一点也不可靠。”[70]1919 年，他干脆就说，中国签发证明的制度是“一种敲诈勒索的制度”。[71]除了在最终文件上必须要有中国方面的正式画押外，中国方面对签证程序没有起到一点促进作用。对于确保中国属民的身份，香港的官员没有北京政府那么大的利益关切，因此他们于 1909 年将对第六条款证明进行全面调查的责任交给了美国领事官，避免了这样的污名，而总注册官只是在形式上签名而已。[72]新的移民身份记录将存放在移民接收国国内。

官员作为管控对象

程序化也有助于华盛顿特区的官员更好地控制自己的下属，并阻止他们与监管对象发展友好关系。无论检查官在评估案件时如何高谈“个人综合因素”，政府最看重的，是这些官员是否有能力将个案纳入标准化格式和交互印证的档案网络中。美国官员
和中国移民双方都要从经纪商和华人的社会关系魔爪中抽身出 259
来，重新进入新的官僚监控网络中。移民的身份将在网络内部生成。

1917 年，检查官约翰·索耶（John Sawyer）被派往天使岛，他在个人日记中写道：“我印象最深刻的是，已发展出一套非常

了不起的体制来保护政府不受自己官员的侵害。”官员和办事员经常轮换处理不同的案件，从而无法对任何特定案件形成一个整体看法。他写道，特别调查官约翰·登斯莫尔（John Densmore）刚刚提交了一份关于最近岛上发生的腐败丑闻的报告，并建议新的检查官：“尤其不要专门去否认此事，也不要进行漫长的审查，不要在交出案件后还继续跟进，去打听法律部门或上级或移民局是否驳回了我们的报告，更不要不顾他人对我们的看法就做出判定。”[73] 恰当的程序——不做推论、评估或理解特定结论的含义，就是我们做决定的唯一指南。对移民个体进行筛选的责任交给系统，而不是官员个人。

华盛顿官员并不鼓励下属与华人交往。可以肯定的是，很少有移民机构的官员愿意与除了极个别以外的华人扯上关系。但通常情况下，最大的走私者和骗子恰恰就是那些“体面的”华人，他们说着最流利的英语，西装革履，为慈善事业慷慨解囊，还与官员称兄道弟。埃尔帕索（El Paso）的沈查理（Charlie Sam）就是这样一个华人。检查官克利福德·帕金斯（Clifford Perkins）后来回忆起沈查理如何与官员开玩笑说他偷运了多少中国人。在他最后一次返回中国的头天晚上，沈查理邀请帕金斯过来喝威士忌，抽雪茄，并坦白了他用哪些方式应对移民官员。然后，他们两人“为我们未知的未来互赠美好祝福便各奔东西了”。[74] 类似情况还有，芝加哥的检查官洛伦佐·普卢默（Lorenzo Plummer）曾写信给印第安纳波利斯的律师卡斯·康诺威（Cass Connoway），说起陈金星（Ching Gum Shing）准备大办婚宴的事情：“我相信，在不久的将来，我们会听到喇叭喧闹声，各场婚宴的邀请接踵而至，他们会用杂碎菜肴和中国拼盘来丰盛款待我们。昨晚我写信通知了这位先生，他可欠你很大的人情，相信你我和我们的朋友（检查官）沃德（沃德·汤姆森）将会相聚在宴会桌上，为陈金星和新娘的健康干杯。”[75]

这种亲密无间的关系越来越不被接受。普卢默因其调查工作不够彻底而受到批评，尽管他强烈反对还是被调至蒙大拿州。[76] 他的继任者霍华德·埃比（Howard Ebey）为他这一届机构的官员树立了一种新风尚，1911 年有华人给他送了圣诞礼物，他给对方写信说：“我虽然很感激这些礼物传递的友好精神，但很遗憾地说，根据工作规则，我不能接受这些礼物。”[77] 即使是名声优于普卢默的官员也不得不改变他们的做法。1905 年，檀香山的首席检查官理查德·哈尔西（Richard Halsey）表示，他通过请教那些德高望重的华人——他们“具有认真、真诚和诚信的良好品质”，解决了很多可疑的案件。[78] 到 1913 年，他向总检查官保证，“凡是由杰出公民、外国人或律师对案件提供的担保，都不予以考虑；仅根据法律和证词来做决定”。[79] 260

除了需要一些公式化的书面证言之外，对法律和证词的依赖使得不再需要中间商便可以生成移民的身份。1922 年约翰·索耶（当时在驻上海领事馆任职）写了一份报告，力促各驻华领事馆之间实现更大的统一性，同时保存记录档案，并且发布更全面的指引。在报告中他认为，随着移民机构官员掌握越来越多这类信息，“对于移民欺诈的事情，不会再感到手足无措，而是胸有成竹，应付自如”。[80] 同样，到了 20 世纪 20 年代，负责签证事务的驻华副领事官，都年富力强、雄心勃勃，不再像葛尔锡领事官那样吹嘘他们交游广泛，能够理解中国人的心态。新一代领事官炫耀的是，他们管理复杂档案和身份认证系统得心应手，游刃有余，因而备受青睐，例如香港副领事官佩里·杰斯特（Perry Jester）罗列了他在保存第六条款记录档案中所做的 54 项改进措施，并开发了一套对中国人脸特征进行分类识别的方法。[81]

并非所有的官员都自愿主动做出这些改变。1915 年，在旧金山举行的一次移民检查官会议上（会议主要讨论华人问题，因为大部分文案工作仍然围绕这个问题，而且移民局整体工作的很多先例都由这个问题开创），他们抱怨移民局加大力度来推行严格的纪律。移民局的法务官在会议开幕和闭幕时都大谈移民工作的统一和高标准公平执法的重要性。“在这个国家的历史上，除了移民官之外，从未将如此大的权力交到法院之外的人员手中，我们必须谨小慎微，严于律己。”[82] 他举了许多例证，说明遵守正当程序可以使法院和律师难以插手并玷污本部门的形象。

261 并非所有的参会检查官员都赞同他的观点。来自美墨边境的检查官员对要求做更多的文案工作尤其不满，他们抱怨说，“特别调查委员会收集的数千页证词从未有人参阅过，也可能永远不会有人参阅”，“规则下的要求越多，人们就越有机会将他们不遵守规定的原因归咎于程序”。[83] 即使是在旧金山创建这一系统的詹姆斯·邓恩也抱怨说，为了收集大量华工返美证明的记录，花费了太多的时间，“在这些记录中，根本找不到根据去质疑或反驳那些显然是欺诈性的证言”。[84]

波特兰的检查官巴伯坚决拥护移民局的规定。他认为官员个人应该理解自己在更大行动规划中的地位：“我们以为自己已经站得很高，可以看到辽阔的领土，但其实还是看不到全局。移民局的站位远远高于我们所有人。我们可能会对他们写的文书冷嘲热讽，但我发现在大多数情况下，他们最终都是对的。因此，请始终相信移民局的直觉判断力，也运用你自己的直觉判断力，我认为我们当中不会有人执迷不悟的，我们要实现所有人都渴望的团结。”[85]

移民程序已经有了自己的生命期，超越任何一届机构和任何一个官员。一些检查官甚至开始将自己视为某种服务的提供者，而不是执法者，其工作就是协助中国申请人应付纷繁复杂的程序。1911 年，芝加哥的埃比检查官解释说：“如果一名准备离境的华工已持有真实的居留证，那么我不赞成对他所声称的债务还要进行一番详细的审查。”[86]1924 年，约翰·索耶在他的日记中这么写道：“我一直觉得，处理东方移民问题是一项真正而又不同寻常的社会工作，给我带来了巨大的乐趣。”[87]法规被视为不可改变的既定规则，是抽象法律的工具，而不是任何特定团体或个人意愿的工具。

依法办事

安东尼·卡米内蒂（Anthony Caminetti）是另一位具有资深反亚裔背景的移民局总局长。1920 年他报告称：“在超过四分之一世纪的时间里，每年来自中国的移民活动都没有发生什么实质性的变化，很久之前他们就一直在应对着排华政策。”[88]政府对 262
华人问题的关注度越来越低，在年度报告中，从 20 世纪初的 30

多页减少到不到四五页。排华问题已经不再是一场危机，而是普通事务。而另一方面，卡米内蒂在任期内将大部分时间都投入到解决潜在的印度移民危机中。酌情使用“公诉”条款是一个权宜之计，但卡米内蒂并不满足这种做法，直到1917年正式出台法律，禁止来自亚洲“限制区”的移民（不适用于中国人或日本人）入境，他才感到满意。[89] 像卡米内蒂这样的高官越来越信奉这样一种观点：透明的程序能够最有效地转移公众的批评视线，还可以照顾到多方的矛盾利益。

鉴于1920年中国移民状况与19世纪90年代末的危机情况没什么两样，卡米内蒂的满足感似乎有些奇怪。中国人入境数量平均每年仍超过6000人。1915年，对天使岛大规模腐败事件的调查表明，移民局的工作还是充斥着欺骗和堕落。[90] 试图派遣移民局官员到各驻华领事馆的办法，只会在各部门之间产生更多的管辖权纠纷，造成对“难以容忍的情况”——不得不对其他部门官员的做法表示信任——的投诉。[91] 移民偷运猖獗。在一个边境地区进行打压，只会将偷运移民活动推向另一个边境地区。移民机构人员在铁路沿线巡逻，偷运者就使用船只；在海岸巡逻，偷运者就使用汽车。[92] 这些情况完全没有得到改善。到1924年，中国人入境数增加了一倍，偷渡者成为一个更大的问题；政府部门之间仍然相互推诿，至少在檀香山和广州两地发现更多人员参与了腐败活动。[93]

但卡米内蒂还是可以心满意足的，因为：抹黑的公共宣传已逐渐消停，每天的文案工作已变得常规化，并且相对具有可预测性。部门对处理中国移民案的调查委员会做出的指示是，只让他们查明事实真相，给外来者以充分的机会举证，避免提出误导性或圈套性的问题，并确定合理反驳后可能产生的歧义问题。[94]这些技术性手段有助于避免法律质疑和其他投诉。1907 年之前，公众的指控往往会引发令人尴尬的官方和非官方调查。然而，早在 1905 年，移民局官员就学会了模糊化批评的办法，他们要求公众就事论事，而不是泛泛地谈论排华原则，从而将讨论重点转向公正地运用法律和技术性程序，这些方面正是移民局官员自己 263 擅长的。[95]就如 1910 年驻广州领事官对威胁要抵制美货的广东会馆请愿者说："如果中国人不遵守规定，并因此被拒签……他们谁也不能怪，只能怪自己。"[96]

其他官员则更巧妙地利用程序来为自己申辩。1924 年，华人"六大公司"投诉头等舱乘客受到不公正对待的事情，而且"对所有华人证人进行了骚扰性的、不公平的、冗长的审查"，[97]旧金山移民局局长回应说：

> 这一指控太笼统，因此无法给出具体答复，我们的回应也只能是笼统的。我们一直致力于以礼貌和快速的方式对待这类旅客和所有其他类别的旅客，符合便宜行事原则，但这涉及如何恰如其分地遵守移民局和国务院的法律、法规和饬令的复杂问题。在这些情况下，我们认为，只能从法律本身寻找上述指控的根源，大多数中国人认为被冒犯了，除非废除法律，否则唯一的解决办法看来只能是在执法中不理会冒犯问题。[98]

同样，1926 年，一个由旧金山白人商人组成的委员会质问在天使岛进行密集问话和监禁的必要性，即便是彬彬有礼地执行，也会让人质疑。于是他们受邀参观了该岛，并看到了整个程序的示范过程。商人们认为："调查局必须要非常专业……如果他们不这样做，就会很容易受到诟病……所以他们自然会保持警惕，严格遵守法律和规章制度。"[99] 但大多数投诉指控，并没有得到如此郑重其事的处理。相反，官员们只是以简短的按语回应，满不在乎地断定已"按照法律要求结案"，有时还附上一份规则和条例的副本，以示妥善处理（1915 年就是这样对待中华民国前临时大总统孙中山的）。[100]

最常投诉的中国人通常是来自中国北方的学生，他们的出行没有经纪商协助，也不谙熟程序。他们特别痛恨体检的羞辱。[101] 他们的投诉最容易处理，因为官员们都会说，是法律要求来自各
264 国的移民都做类似的体检（但实际上体检的真实形式有所不同，而且中国人被拒绝入境的可能性更大）。[102] 一个密集的档案和监控网已将其他大多数中国移民牢牢地掌控于其中，华人也学会了与这些网络共存。他们仍然对排华法耿耿于怀，但批评声已减弱，不再成为国际事件。正如我们在下一章将看到的那样，许多华人甚至从个人利益出发，很认同这种维护稳定身份和建立可预测性档案的做法，它方便自己四处活动，也方便自己真真假假的家属移民入境，甚至方便赚钱。

即使某一具体指控被证明是真实无误的，也往往被归咎于一个不尽责官员的偏差，而不是整个系统的失灵。正因如此，程序对于高层官员并不一定比对基层官员更有利。1925 年，旧金山移民机构发布了一份厚厚的关于华人欺诈行为的资料报告。其结

论是，现有措施过于严厉，迫使即使是合法的申请人也要诉诸欺诈手段。报告称："目前的制度对政府没有什么好处，事实上也不利于真正的申请人的利益，而且随着时间的推移，这种制度日益深陷困境中，让政府更难、更费劲地去发现欺诈行为，而非法行为更容易得逞。"[103] 劳工部部长沃尔特·赫斯本德（Walter Husband）对官员们一切辛勤的工作都表示了赞赏，但拒绝了所有要求改善执法的建议，理由是，他们提出的各种困难都是"从行政管理角度出发的"。他说："众所周知，中国人一般来说都会声称所带来的男孩都是自己的孩子，没有女孩，不断以此造假，但我们在实际中很难应用这一认知，在特定个案中不可能说没道理全是男孩，而没有女孩。虽然这一认知会间接地用于确定一些案件，但在特定个案中，不能记录在案。"[104]

高层官员声称，他们掌握着大局，能对适当的调整有合理的认识。从他们的角度来看，只有一个系统性的、可预测的制度才能处理好移民案件中汇聚的各方竞争力量。劳工部官员们充分掌握大量的数据和事件，可以证明欺诈行为和不满情绪普遍存在，但他们选择依照更广泛的正义分配原则来理解大局，并不局限于具体的投诉案。移民局总局长基夫 1911 年说道："这项法律的最终效果是深远的，对于美国社会以至整个国家来说，法律适用性高而且执法得当，也许就意味着进步，而执法松懈就意味着倒退。没有 265
什么比这更能说明这样一个公理，即个人常吃苦，众人方受益；为了大家永久的便利，个人必须忍受暂时不便之苦。"[105] 当然，基夫所说的是为了国家社稷而给移民带来的不便之苦，而不是赫斯本德所担忧的对移民个体执法不当的问题。但无论在哪种情况下，只有遵守程序中体现的法治，才能更好地实现广泛的公平正义。

法律之外的国家

构建法治之下的移民程序同时界定了法律之外的人和活动。官员们越来越认为中介商和社会关系网中的都是利用不幸的法律漏洞来赚取利益的无赖。这本质上是国内政府部门对星罗棋布的机构和社会关系网展开的一场斗争，以争夺生成身份和组织移民运动的权力。但美国官员倾向于将这场斗争定义为与中国腐朽的道德风气和中国人自身的腐败本性的斗争。通过这种方式，美国官员转移了人们对中央集权控制流动人口的限度的注意力，而使之聚焦在所谓的中国人无法遵守“文明”的法律规则和个人操守上。权力和法治图谱以地理概念绘制，与国民身份和更宽泛的东西方分类相一致。

美国移民官员经常为采取苛刻的程序狡辩，认为这是为了保护单纯的普通农民免受无耻的经纪商、狡诈的律师和无良的衙门职员的伤害，这些人利用普通农民的无知愚昧，怂恿他们提供虚假的证词，并设计狡猾的伎俩来激怒和欺骗值得尊敬但又不胜烦扰的官员。这一说法可能是从过去 800 年间的某一部分中国官方文件中抄袭而来的。[106] 事实上，中美两国政府都将管控移民视为国家关切的问题，想要遏制无法无天的私营中介商，并创建国际认可的身份证件，因而在这些方面有着共同的利益。中国的利益可能更大，因为能否成为国际大家庭的一员，国家是否能得到重视，取决于其履行这些责任的能力。19 世纪末，中国外交官曾试图将监管失败归咎于肆无忌惮的经纪商和美国执法不力。然而，到了 20 世纪初，美国执法过于严厉苛刻又成为投诉的主要原因，于是移民官员越来越将懒政和贪污腐败的指控集中指向中国人。 266

两种方式相互补充，将中国人建构成了诚实移民法的天敌。一方面，将深不可测的华人关系网和自私自利的经纪商形象嵌入对整个种族更广泛的描绘中，把他们形容为诡计多端、谎话连篇的人，这些人无法理解权利要求的本义，反而“强词夺理，违背法律的本义”。[107] 但另一方面，许多中国移民也被描绘成经纪商的受骗者。他们的缺点不是不道德，而是无知愚昧。约翰·登斯莫尔在调查天使岛贪污腐败事件后，将两方面结合在一起进行评论：“在这种行贿制度中感觉不到中国人有是非之分，只要能公私两便即可。他们认为行贿与商人在危险水域运送货物时购买战争保险是一样的……根本不觉得用钱收买华人‘中间商’或检查官是一种贿赂犯法行为。”[108]

这种观点经常会被夸大，用以证明中国人不是真正的移民，他们不是靠自己的钱财移民，也不是自愿移民。1911 年美国国务院的一份备忘录讲述了中国宗族制度和家庭关系网如何帮助移民在花很少钱或不花钱的情况下，实现迁移海外的目标，这造成移民完全依赖经纪商，无法掌握自己的命运。[109] 甚至中国人自己也开始接受这些说法。例如，1913 年，移民译员阿迪抱怨说，试图携带假证件入境的移民即使“没有犯罪”，也会被拒之门外，而向他们出售假证件的人却从未受到法律的惩罚。[110] 虽然他对法律的实际执行持批评态度，但他接受法律的合理性。

无论是作为无良的经纪商还是无知的农民，中国人执着地追求商业主义，这成为他们腐败成风的根源。一名移民检查官对中国内地的移民村进行考察后，报告说："似乎不可能找到这样一个人，他来自商业主义未染指过的村庄或城镇。"[111] 移民官员尽管致力于自由贸易，但都毫无疑问地认为，身份证明文件不应受制于市场力量。一切与移民文件有关的金融交易都会立即引起欺诈的怀疑。即使在没有契约制度的情况下，中国移民在本质上仍
267 然是非正常、非自由的移民，受制于一种浓厚的逐利和剥削文化的影响。

鉴于美国公民常常以自己的创业精神为豪，而保护自由贸易是美国对华外交的基石，这种批评看起来真是有些讽刺可笑。但这就是对亚洲人特点的传统描绘，其起源至少可以追溯到契约劳工贸易出现之时。怪罪中国人分不清私人和公共领域，在商业和政府之间没有严格的界限，这些都很容易被用来解释当时移民执法困难的问题。用基夫的话来说，中国移民做什么事都是"交易买卖，这从我们的法规来看是非法和邪恶的，但从中国人的角度来看，就是一件普通的日常事务"。[112] 但每个普通的中国移民仍可被视为需要文明法律保护的受害者，哪怕他 / 她身上难免带有中国人共有的无节制商业主义的污点。严苛的移民法律是很有必要的，以使美国和无辜的受骗者免受这种无止境的、不道德的商业主义伤害。

第十章
档案与欺诈

1908 年，商务与劳工部部长奥斯卡·斯特劳斯称排华法“繁琐、令人恼火、成本高昂且相对低效”。[1]1911 年，基夫总局长声称，这些法律“未能将那些明显属于禁止入境之列的人拒之门外”。[2]这种制度显然未能达到目的，那为什么移民官员还坚持这种令人沮丧的官僚制度？很容易将原因归结为官僚惯性，但这种解释有误导性，除非将官僚惯性理解为执着的官员进行积极的管理——而非麻木不仁、循常习故，他们力图建立可预测性的制度和秩序来消化、转移多重挑战。但即使是这些官员（具备自我批评意识的一批），最终也受到制度变化的影响，受到他们所建立的规范标准的制约。 268

失败不是体现在限制移民方面，而在于耗费了官僚机构大量的精力来认证身份。排华确实减少了中国移民的实际数量，但如果用其他方法，如澳大利亚听写测试法，或许能够排斥更多的中国移民。但美国各级官员都致力于对每个人进行深入调查，由此证明这些程序就是为了寻找每个申请人的身份“真相”并且为他们谋求权益。然而，正是这项雄心勃勃的任务，要逐个确定身份以筛选移民，使得程序注定会失败。至 20 世纪头十年，移民机构官员通常估计，70% 至 90% 的中国移民都是以虚假申请入境的。[3] 20 世纪最初十年，欺诈行为在公民身份入境申请的领域中最为普遍，这一领域正是政界人士情感上的一方净土，而官员们必然要全力以赴地捍卫这一方净土。机构官员甚至坦言，复杂的机制、详尽的调查以及大量的档案本来是为了保证申请的“真实”，
269 实际上却有助于欺诈，便于欺诈，促进了欺诈的系统化。这些程序要么达不到查明真相和权利的目的，要么声称查出了比个人的具体情况更大的“真相”。

我们应该用调查方法而不是从大量申请和结果中来查证边境上所建立的身份“真相”。真相隐藏于交互印证的档案中，而不在检查官意图检查的各个躯体中。真相存在于公正地制定和实施的法律当中，存在于按良好规范建立的边境当中，存在于身份认证的类别当中，存在于对人们迁徙的适当认可当中，也许最重要的是，存在于美国官员作为真相传递者所掌握的权力当中。简言之，移民程序与其说是对事情的实际情况进行调查，不如说是对事情“应该是”怎么样提出主张。创建和确定一个新的身份比发现或确认一个业已存在的身份更重要。此后在与政府的一切互动中，移民都必须按照档案的内容进行自我建构，从而逐渐将他们的新身份与政治现实相结合。[4]

1903 年，弗兰克·萨金特曾担心，排华行动会演变成“仅仅是在我们的各个口岸举行的一场无聊仪式”。[5] 他的改革就是为了防止这样的结果出现，并创建一种合理的工具程序。但实际上“无聊的仪式”本身就是国家主导权的综合行径。萨金特的改革将这些无聊的接触和碰撞扩展为精心策划的、富有意义的仪式，

它们运用并分配着巨大的象征性力量。这种力量呈现了关于世界秩序及中国人在此秩序中不安全地位的更大真相。被带到这些仪式中的中国人，无论原来是什么样的身份，他们都只能是商人、劳工、学生、家庭成员和公民。他们一出现就从根本上被标记为可疑的外来人，某种程度上无法自觉地遵从法治，还没有完全成为国际社会中的独立个体。“无聊的仪式”这个说法本来用于质疑先前的程序，现在变成建立国家主导权进程的一部分。现代工业社会充斥着仪式的幽灵，现在它们被认为是空洞的，是一种充满迷信观念的历史残余。但这种抹黑旧仪式是空洞形式和传统残余的过程，就是建立新仪式以取代旧仪式的必经之路。[6]对萨金特来说，这是一个宣言：改革后的程序是理性和法治的堡垒，它保护着事物的秩序，防止一切腐败和不文明的行为。

入境仪式

萨金特时期制定的程序在很多方面都与常见描述相符。[7]这 270
些程序标准化，具有重复性，发生在特殊的地点，以日常生活中的事件为背景。接触、碰撞是否顺畅平稳，取决于是否行为得当，形式规范。语言和沟通渠道需要高度正规化。既不期望也不想要听到不熟悉的话语。如果接触、碰撞的参与者做了适当的准备，扮演自己的角色，举手投足都始终如一，那么接触、碰撞的结果都是高度可预测的。但要对细节了如指掌并且做好事前准备，就涉及一些保密和内部信息，只有少数经验丰富的律师、经纪商和行政官员才能获得。参与者可能对行为和符号有非常不同的解读，或者根本不进行解读。更重要的是，程序执行恰当，顺序正确，运用确切的工具，在适当的地方使用适当的词语，每份证明文件都根据恰当的步骤在适当的位置进行归档。在程序之外找不到问题的答案，只有在程序和档案之中才能找到。通过这种方式，确认每个人的差异性并指定身份。错综复杂的社会生活被重置为确凿无疑的具体细节，这些细节是普世真理的客观反映。如果它们在尘世中常常显得那么矛盾和荒谬，那一定是因为我们的理解不完美，或者是以自我为中心看问题的结果。无论参与者能否理解，执行恰当的程序都将他们统一整合到更大的普世秩序中。

如果将这些接触、碰撞理解为仪式，那么我们会有什么收获呢？在很大程度上，可以从规训术的客观运作来理解移民程序。它将移民从社会关系网中分离出来，并将他们重新构建在一个新的权力网中，该网络由个体组成，在标准化的移民特质复合系统中对每个人进行界定，并设定他们的相互关联。到目前为止，这种福柯式的视角无疑激发了我的很多分析。但是，往往是在作为一种长期的社会化过程时，强调规训术才最为有效，而这一方法并不能解释交替意识的存在和持续作用，也不能解释相对短暂和不频繁的接触、碰撞，比如说边境上的现象。这些接触、碰撞虽然短暂，对个人和公众的想象却产生了巨大影响。这些接触、碰撞只是一个过渡的片刻，其重要性在于使这一段过渡片刻具备意义，而不在于长久的规训。这些过渡发生在国家和殖民地的边
271 境。福柯式的分析通常认为边界是理所当然的，一直存在于同一载体内，这个载体由他们所评判的机制来定义。这种认识是可以理解的，因为实际的机制和共同的话语框架可能很快会发散开

来，一旦超越边界就难以识别。但仪式研究有助于我们关注边境问题。这些研究跟福柯式的分析一样，强调身体支配、机制和话语框架。但从仪式的研究角度来看，边境上的短暂碰撞也可以被定义为精心策划的事件，它依据一种国际秩序的普遍真相来重新定义日常生活中各种混乱体验，这种国际秩序不是被表达出来的，而是通过恰当程序和文明制度的体验呈现出来。正是在边境地区，由国家载体组成的国际体系从不确定的模糊概念转变为经过体验的事实。

许多研究已经从仪式的角度分析了世俗活动，包括个人互动和消费的习惯，劳动谈判、体育赛事和政府庆典。[8] 广泛应用仪式分析可能会使仪式的概念过于扩散，以至于作为一种分析工具毫无意义。许多评论家认为，仪式分析应专门用于与日常生活明显不同的活动，或者试图与神圣和无形的事物建立关系的活动。[9] 可以肯定的是，这些移民程序的参与者都毫无疑问地认为自己所进行的就是平凡的世俗活动。但是，在 19、20 世纪之交的特定历史背景下，新权力形式自认为建立在世俗理性和科学的普遍真理基础上，还有什么比这一特征更突出的呢？用皮埃尔 · 布尔迪厄（Pierre Bourdieu）的话来说："象征性权力是一种无形的权力，这种权力只有在那些不想知道自己受制于该权力或者甚至不想知道他们自己在行使该权力的人的合力之下才能运作。"[10]

许多人（但绝不是所有人）试图分析世俗仪式，这些分析对仪式的理解很简单，认为仪式是促进社会纽带关系、产生共情或展示国家权力的手段。[11] 他们很少分析达到这一结果的机制，只是模糊地提及制造和操纵群体情感。但并非所有仪式都能产生统一或和谐的情感。等级、差别、转变以及世俗关系和权威的次序也通过战略性的仪式化活动来发挥作用。最重要的是，一种强大的仪式可以让人们在情感、社交和身体上建立起一种结构性关
272 系，它嵌入一个更大的真理中，这个真理同时超越和反映人类社会日常生活的不良安排，并有望给它带来意义。仪式可以创造并确认不完美的机制和个人的地位，但前提是要构建一个框架，在这个框架内首先要判断出什么是不完美的。在整个过程中，一种有效的仪式可以使日常生活中看似紧张的社会关系、文化和意识形态变得有序、和谐（但不一定要使之均衡或同质化），由此将它们嵌入到更大的宇宙秩序中。参与者不太相信仪式所体现的社会或宇宙秩序的真理，因为这种真理从来不会被明确地阐明。相反，他们只能体验到真理。用凯瑟琳·贝尔（Catherine Bell）的话说：

> 人们创造了一个仪式化的环境，将问题的状态和性质转变为措辞，措辞又无休止地再转译成一连串递延模式。这些模式的累积和精心编排都不能产生解决办法，而是将人们当下的关切转化为仪式的主要措辞。模式的精心编制意味着从未有过经定义的解决方法……仪式化自视为对环境的反应，故为自身的模式安上一个更权威的源头，通常来自远远超出人类社会本身的地方，以此给行为体以深刻的印象。[12]

从这个意义上讲，排华程序也不仅仅是使用适当的分类法来为中国移民确立身份。它提出要建立井然有序的全球社会关系的愿景，实践时难免发生固有的日常接触、碰撞、失败和矛盾冲

突。在欺诈与真实、腐败与法治、无良经纪商与体面商人、非法社会关系网与政府权威、亚裔与美国 / 澳大利亚白人的对立中，一种广泛的秩序——国家与交往，法律与文明，个人和国家彼此平等但同时具有等级差异——获得了具体形式。

弹性的公民身份

与所有仪式一样，边境程序声称体现和反映了永恒的真理。但是，就像所有仪式一样，它们实际上也是特定历史的产物。最繁复的美国边境程序建立在围绕华人公民入境申请的一系列事件 273
之上。至少自 1888 年《斯科特法案》禁止华工返美以来，华人就以在美国出生的公民身份入境。[13]1894 年的拨款法案赋予海关部门禁止华人入境的最终决定权，此后华人以公民身份申请入境的诉求增多了，因为华人作为公民仍然可以向联邦法院提起上诉，联邦法院审案往往对他们更有利一些。在海关部门的听证会上，华人提交了有权入境的证据。法院的审案原则是无罪推定，假定移民就是他所声言的那个人，除非政府能够证明他不是那个人。海关部门很少能获得确凿证据，证明申请人**并非**在美国出生，或者他**不是**美国公民在外国出生的儿子。财政部试图阻止外部势力提出这样的诉求，理由是被排斥的亚洲人根本没有资格入籍，不能因生于美国而成为公民。但最高法院在黄金德案中确认了亚裔的公民权，对华人公民身份申请的评估很快成为华人事务部门的主要工作。

中国移民及其聘用律师很轻易地利用了行政部门和司法部门

之间的分歧来钻空子。美国东北部与加拿大之间的边境就有一个特别巨大的漏洞。1896年后，每年有超过1000名中国人越过加拿大边境地区进入美国纽约州和新英格兰地区，结果很快被移民官员逮捕。在移民局听证会上，他们拒绝回答除姓名以外的任何问题，最后被判驱逐出境。然后，律师就会向法院提交人身保护令，声称该移民是美国出生的公民。在法庭听证会上，证人出现了，他们声称是他的父亲或叔伯，或者声称当他还是襁褓中的婴儿时就在旧金山认识他了。移民局官员则无法拿出确凿的反证，由于移民局听证会上没有提供原始证词，就不存在证词前后矛盾的可能性。于是法官们不得不基于他们的公民身份声明而释放他们。其他一切困难麻烦都可以通过恰到好处的行贿或华人口译员的策略性建议和误译迎刃而解。

移民经纪商和律师很快了解到哪位法官不会那么小题大做便释放华人的，无论他是出于人道主义情感，还是对行贿比较宽容，或是严格遵守法律规定。第一位也是最为人所知的法官是佛蒙特州圣奥尔本斯的费利克斯·麦格特里克（Felix McGettrick）。他从1895年到1897年7月共释放了1000多名华人。麦格特里克
274 签发了数百张表格，上面写着申请人案在某年某月某日由他审理，“我宣判，（某某人的姓名）有合法权利在美国居留并因此而释放”。后来，调查人员声称，麦格特里克在签署这些文件之前，甚至都没见过其中许多申请人，而且他承认自己没有记录过释放了多少人。[14] 在麦格特里克退休后，其他法官重蹈覆辙。[15] 从1900年至1906年，有5000多起公民权案件上诉至纽约地区法院。[16] 用美国司法部部长办公室的话说，“这些案件十有八九是

一场毫无尊严的闹剧”。[17]

美国海湾沿岸和内地也出现了其他“安全区”。在这些地区，华人会因遭驱逐出境而提起上诉。一些法官会谴责移民官员侵犯了自由公民的权利。另一些法官，如克利夫兰的温（Wing）法官则会坚持认为，政府有责任举证，证明被告实为中国人，因为他们很可能是朝鲜人。[18]移民官员认为，将案件提交给这些法官真是白费力气，只会让局面难堪，并制造出虚假的公民。[19]在墨西哥边境的移民官马库斯·布劳恩 1909 年说道：

> 呈交法庭的入境证据有很高的技术性要求，这使得在很多情况下法庭几乎不可能定罪，是的，更糟糕的是，许多中国人趁夜色在某个便利之地偷渡入境，次日早上，他们居然还敢在我们主管华人事务的检查官的办公室里出现，然后出示一份由美国某内地城市的人所提供的宣誓书，宣誓书中通常写明某某人是一名商人或洗衣工，在美已居住了十年或十五年之久。[20]

移民局在法庭上同这些漏洞做斗争。成德案和朱才案的判决意味着，只有在离边境超过一英里的地方被捕且要被驱逐出境的中国人，才能定期向法院提起上诉。否则，法院不能干预具体事项，而只能在未遵循正当程序的情况下才进行干预。移民局通过限制中国人入境的口岸数量来加强这些举措，同时强化了与加拿大太平洋铁路公司的协定，规定铁路公司只能运送有担保的中国
人到美国。能否实现法律面前人人平等完全取决于身在何国，即 275
使是公民，也不一定有此机会。[21]

但这些措施为时已晚。成千上万的中国人已经被接纳为公民，而且他们开始把在外国出生的孩子也带来变成公民。20世纪20年代，移民局经常断言，如果所有声称在旧金山出生的中国人都确实是在那里出生的话，那就意味着1906年大火灾前每一个居住于旧金山的中国女性都生了500个到800个男孩。[22]数以千计的释放证明仍在买卖流通，从一个人手里辗转到另一个人的手里，很容易更换照片（有些证明根本就没有照片）。证明持有者的身份仍然模糊不清，难以确定。这些证明通常只表明持有人“没有犯下所述指控，他有合法的权利在美国居留”，而几乎不能肯定地确认其公民身份。[23]但移民局官员也不愿对美国税务官员的决定提出疑问，普遍接受这些证明。在没有反证的情况下，证明就是有效证据，这使得中国人可以重新入境或带家属入境。1906年的大火灾烧毁了旧金山所有的出生记录后，移民机构只能要求提供口头证词作为出生证据。马库斯·布劳恩总结说，这又使得法官的释放证明“无可争议”，而且“偷渡者还认为这是一张比真正的华人居留证更好用、更安全的证件”。[24]

监控网络也在美国内地留下了一个漏洞，因为华人公民可以在内地向法院提起上诉。移民官员偶尔会收到匿名信，举报无证中国人。他们会根据信中指出的地点找到被举报的移民，逮捕他们，对他们进行审判，最终将他们驱逐出境。然后，这些移民会提出上诉，并以公民身份得到释放。[25]1910年后，移民局根据排华法逮捕的华人数量呈现越来越少的趋势（见图9.1），因为“最终结果都是，无法证明他们是非法入境者，反而使他们成为公民”。[26]

华人公民开始把他们所谓的家庭成员，特别是在外国出生的儿子带过来，这些儿子可以在成年之前被接纳为公民。返回中国时，持有公民或商人证明的华人移民通常声称自己至少有一个儿子。从1923年到1931年（不包括1924年），共8251名返美公民声称有21808个儿子和1741个女儿。[27]父亲称自己有8个或更多儿子而没有女儿，这种情况并不罕见。他们不存在的儿子被称为“空额”，可以出售、交换，甚至与嫁妆一起转让给希望到美国打工的年轻男子。[28]这些“衍生”公民迅速增加，从1911年148例上升到1930年的3220例。[29]总体而言，在边境发生的所有案件中，公民身份权案上升了近80%，特别是在1924年一般移民法造成商人身份入境日益困难之后，这一情况更加突出（见图10.1）。 276

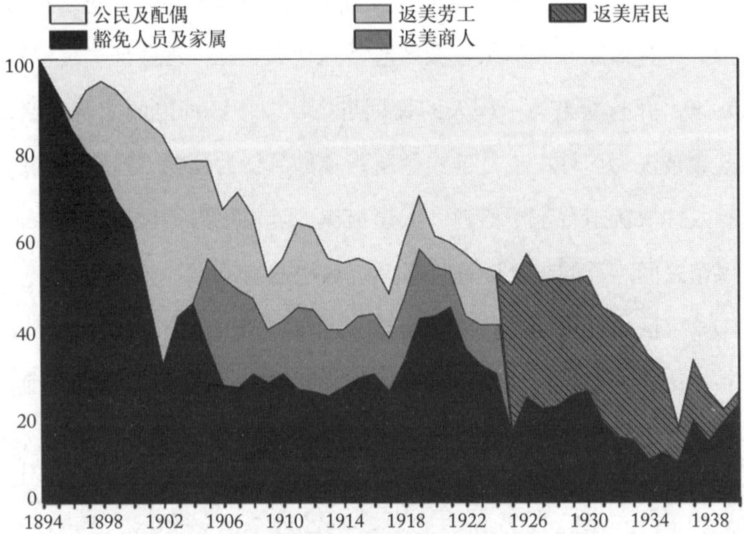

图10.1 抵达美国的华人类别，1894—1940

资料来源：Erika Lee, *At America's Gates: Chinese Immigration during the Exclusion Era* (Chapel Hill: University of North Carolina Press, 2003), 102; US-IR, 1898—1932. 1905年之前并没有系统地报告有关华人公民身份权案，评估基于US-DH 59/847, 123和US-DS 55/120。

交互印证的档案系统

277 移民局应对迅速增长的家庭成员入境的手段是，对每位申请人和声称是家属的人进行大量面谈。这些面谈可能会持续一周以上，其间中国人一直被关押在天使岛或其他移民站。[30] 移民官员向移民及其亲属提出一系列关于家庭成员和生活经历的细枝末节的问题。对于那些以出生在美国、拥有公民身份申请入境的人，所提的问题会涉及这些内容：以前居住过的美国城市有什么街道，发生过什么重大事件。对于衍生公民身份者，面谈的问题集中在中国的自然环境和事件上，包括申请人家乡的整体情况，房子里有几扇窗户、几扇门和几只动物，景观特征如何，附近村落情况，其他家庭成员来家做客时赠送什么礼物。这些证词被保留下来，并与新来的中国人的证词进行比对，证词之间如有差错，就会被视为该移民不是他或她所声称的身份的证据。这一系统的有效性取决于首都华盛顿、入境口岸、美国境内移民局和驻外领事馆之间广泛的交互印证档案系统和快速沟通。

中国人迎难而上。检查官格里菲斯（M. J. Griffith）于 1896 年抵达芝加哥时写道："印象最深刻的是……在我开始调查之前，每一个案件中的中国人事先都对情况了如指掌。"[31] 证词系统化使得案件很容易造假。每个"空额"的冒名顶替者都有大量的辅导材料，以之前面谈的内容为基础，其中包括多达 600 个可能问到的问题的答案，有时还有不存在的村庄的示意图。许多合同要求移民在成功入境前先支付一半的移民费，在成功入境后支付剩下的一半。他们还要求持证人须作为证人出席所谓的"兄弟"

和“父母”的听证会，并规定了每次出庭的费用。即使是与真正的家人团聚的移民也会使用辅导材料，因为他们认为自己永远记 278
不住这么多细节。专家们撰写辅导材料，并且在香港以及墨西哥和美国各城市开办培训班，训练申请人背诵记忆，了解美国主要城市的街道和事件，讲解如何在面谈中表现，如何解释说错的话，如果所提的问题未经过辅导培训，如何恰当地假装忘记，要穿什么衣服，做什么手势，以便让一列作证者指认，以及怎么在面谈官面前举止得体，这些事情都成为专家们的谋生之道。[32] 如果遇到困难，经纪商会偷偷向扣留在天使岛或其他口岸拘留室里的移民提供额外信息，有时会通过塞入花生壳、香蕉或其他食品内等伪装方式将信息带进去。[33] 以下是写在辅导材料中的典型建议：

> 只回答所问的问题，不要多说……如果检查官或口译员大声说话以示愤怒，不要害怕，而是保持冷静，根据场合的要求轻松回答问题……检查官可能会问你小时候的事情，只要说你妈妈告诉过你，或者说她从未告诉过你……如果你忘记证词资料里面提到的内容，你应该说你忘记了，而不要随意回答那些问题。如果同一个问题被问了三四遍，那说明你的答案肯定出错了，你必须想清楚再回答。[34]

简而言之，移民应表现出一种特定的、仪式化的行为举止，专注于具体细节，避免提及另外的材料和解释。

移民及其代理商也制作了一套与移民局相似的档案。正是移民局档案的系统化有助于移民逃避管控。经纪商会等移民被释放出来后，详细追问面谈的内容，记录下所有新问题，或对答案进行更改。移民要按指示向中国的假亲属寄送侨汇，制造出更多的亲属关系文件证据，以供后面的移民使用。一些华人移民甚至请求对自己的身份进行预先调查，就是为了建立一套档案记录。[35]这些做法与秘密改动政府档案相结合，使之更好地与华人档案相
279 对应。1917 年，天使岛的特别调查官报告说，那里的官员和律师改写了关于儿子数量的证词，为从未到过美国或已经死亡的人编造预先调查的材料，漂白新照片且将其浸泡在茶水中，使之看起来很老旧，以此替换照片，并销毁了相关证词以创建“干净的档案记录”。[36]另一些极端的做法是，一些中国人学习新的方言，在脸上留下疤痕，以此手段改变自己的原貌，以便更好地契合存档里的照片。[37]

中国移民和排华法执行官在一个监管与规避的网络中相互配合，这使得法律本应阻绝的欺诈行为长盛不衰。移民机构官员非常清楚这一事实，经常对这些档案文件的价值不屑一顾。早在 1899 年，特别探员鲍尔批评了旧金山的改革，其中包括收集更多证词的做法：“这一繁琐的系统，加上一大批员工，还有随之而来的各种拖沓、累赘和开支，毫无疑问都不能被视为对前一方法的改进。以前的方法是，一名海关副税务官与申请人见面，听取他的陈述，然后迅速做出决定，如果没有合理的理由拒绝移民登岸入境，这一案就了结了。”[38]税务官邓恩为自己的系统辩称：“现在各种类别的大多数案件都由律师和经纪商代理，数量是过去的两倍，这一情况就是我们调查严格的最好证明。”[39]移民程

序已成为灰色知识专家的用武之地。

邓恩很快会对经纪商的介入感到后悔，就像许多其他机构的官员会对接受交互印证档案感到懊恼一样。例如，1904 年，檀香山的哈尔西检查官写信给弗兰克·萨金特说，他对大量面谈的新制度充满热切期待，可以实现他们了解每个申请人的真相的目标了。他报告说，当地“体面的”华人告诉他：“如果移民案中的关系是真实的，那么中国人会非常**熟悉**自己的家族史，还了解与他们家族事业或从一地迁徙到另一地相关的其他内幕，通常不可能对检查官问的问题说出不一致的答案。但如果情况相反，完全可以肯定这个移民的身份不是真实的，他的证词造假了。”[40] 到 1911 年，哈尔西改变了看法，强调“如果证词有一些微小的差异，会比每个细节都完美对应更可靠”。[41] 他还认为，“防止中国人相互之间串通”的唯一方法就是停止收集完全没必要的多余证词。“如果这里的证词涉及中国的家人，而这一证词模式在中 280
国那边又众所周知的话，那么这就为许多欺诈行为开辟了一条路，要掩盖造假的家庭关系就变得很容易了。”[42]

很多检查官认为，在标准化面谈中，辅导培训和显而易见的“正确”答案使他们沦为调查工具，毫无用处。[43] 他们经常断言，造假的申请人比未经培训的真实申请人更有可能获得入境资格。[44]1909 年厦门领事官朱利安·阿诺德（Julian Arnold）说：“对这些申请人进行交互印证审查，只会助长移民的不诚实行为。”[45] 驻香港的安德森领事官甚至承认，他签发的签证中超过 75% 可能是欺诈性的。他还是放过了这些申请人，因为他们中大多数可能是内地商人，难以从内地获得官方认可的证据和证人，所以伪造了香港商人的身份。[46]

程序合规最终压倒了它的内容和检查官的疑虑。调查官员不得不向申请人签发证明，因为他们提供了无争议的标准化证词，即使直觉和判断告诉他们，申请人其实属于“苦力阶层”，或者申请人缺乏英语知识、不了解美国人习性因而不可能是“真正的公民”。不少人甚至还操纵证词，从而创建一个合乎形式规范的案件。一些调查官要求速记员只记录与问题相关的答案，要求申请人换个说法来回答问题，以更契合之前的证词，还传唤证人告知他们证词前后不一致，允许他们改正自相矛盾的说法。[47]

那些质疑标准化档案的人打了一场败仗。一些领事官和检查官仍然坚持认为，通过面对面接触获得的印象很有价值，但这些印象只有在能够转化为移民的特质档案时才有用。到 20 世纪 20 年代，档案已成为获取有关中国移民信息材料的主要方法。在很多政府机构，这些信息被纳入标准化的面谈和报告表中。1925 年在旧金山使用的报表中，包括一些用以指导如何基于证词来解读个人印象的问题，表明要将个人印象作为一种处理自相矛盾说法的方式，而不是作为拒绝的基础。这些问题有：“证词是否在案件关键点上前后不一致？你相信存在这种亲属关系吗？如果不相信，你的相反看法是否源自证词中的前后不一
281 致？如果你不认可所声称的家属关系，那么若忽略证词中的自相矛盾，情况是否会不同？”[48]20 世纪 30 年代，美国移民局驻蒙特利尔的机构使用的表格，公然地促进了中国人与检查官在生成档案系统方面的合作。该表格提醒检查官：“应告知证人，如果他在未来某个时候需要为申请入境者与寓美华人之间声称存在

的亲属关系做证，那么他现在对这些问题的回答将被用作呈堂证供。”[49]

很难设想有其他替代程序。即使是那些继续因档案和欺诈密不可分而烦恼的官员，也只能想象通过获取更多的证词和运用更严密的存档技术，来改善现有的程序。例如，1934 年，驻香港副领事官唐纳德·邓纳姆（Donald Dunham）写了一份详尽的报告，其中包括了对规避技巧的全面总结：

> 在确定移民的亲属关系时，最令人满意的调查方法，就是对申请人进行审查和交互印证审查。发生矛盾的原因是，那些外来者的亲朋好友之间相互勾结，移民经纪商不择手段，还有香港学校提供辅导，这些学校专门为中国人做面谈的准备，教他们如何应对驻外领事官和美国移民机构官员可能向他们提出的问题。前两个问题可以通过严密细致的审查来克服，但学校在培训辅导方面绞尽脑汁，再微小的细节都很少会遗漏。询问措辞一旦有任何变化，那些外来者都会向学校汇报，学校就会将其纳入新学员的练习中，然后在惊人的短时间内便出现于随后申请人的证词中。[50]

邓纳姆接着补充道，由于能提出的问题数量有限，它们不可避免地成为公式化问题。他清楚地意识到，信息的系统化使得虚假事实更容易被不断复制。但他所能提出的建议不过是更多的档案、更多的证词、更系统化，以及与移民局进行更多的合作来不断地收集证词，并利用它们交互印证。“领事官审查的有效性在一定程度上取决于资料的完整性。”[51] 他提出的解决方案是将最初产生问题时的状况固定化，而将移民和官僚都纳入他们所创造的交互印证档案中。

身份交易市场

282 目前尚不清楚中国人对这些遭遇的看法，因为他们不愿意公开表达来挑战官方的边境管控原则，这是可以理解的。但对于中国人的看法问题，至少要部分地放在以市场为基础的信任和责任之道德背景下才能解释。中国人移民出国几乎在每一个方面都可以而且经常被商品化。这种商品化不仅包括预付现金，签订劳工契约，还包括证明文件造假。体检、签证、自称是叔伯弟兄的证人、“纸面”家属，还有声称当你还是婴儿时在旧金山就认识你的老太太，这一切都可以在环太平洋地区进行买卖和交换。19 世纪中叶，招工人员、侨汇水客、进出口商行、船务代理及其他各种各样的商人都从移民管控中谋取利益。其中许多人在香港、新加坡和世界其他城市被认为是有身份地位的精英。对契约华工移民和秘密会社的监管使许多此类活动进一步污名化。随着边境管控的加强，连最体面的人都参与了招募华工、提供资助并向移民供应食宿等活动，因而也被怀疑是潜在的偷运者。但加强监管也只是创造了新的盈利机会，创业者仍然对这项生意趋之若鹜。

在零散的证词中，这些创业者都从声誉和信任等市场美德来衡量自己的行为，而不是根据准确认证的官方道德法则。偷渡合同或移民文件的真实性取决于其承诺是否兑现，而不是官员对这些事情的看法。1898 年，经纪商苏浩方（Soo Hoo Fong）写了一封信给他的合伙人，安排几名持假证的移民入境。他在信中对竞争对手“自私自利”的做法嗤之以鼻：“他们似乎忽视了所有公平要求，无论是付款还是日常支出都不讲规矩。那些一心想欺骗对方的人最终会搞砸整个行业，互相攻讦，任何人都得不到好处。”[52] 移民检查官偶尔也会遇到一些移民，他们对假证件无法保证自己入境感到惊讶，他们更烦恼的是卖假证件的人背信弃义，而不在意检查官的看法。例如，1908 年，几名持有夏威夷假出生证的移民对被拒绝入境檀香山感到愤怒。其中一人在证词中说，他毫不犹豫地就购买了这张证明，“觉得我到了这里，就马上可以登岸入境”。[53] 另一人甚至向检查官询问，如何从保证 283
他入境的人那里要回他的钱。[54]

1904 年，华人事务检查官故意将两种可能截然不同的道德观体系摆在芝加哥的梅理源（Moy Lee Yuen）面前，但梅理源并不认为它们有好坏之分。他告诉检查官他出生于中国，之后又不得不解释为何之前告诉华人译员他出生在美国，那是“因为我买的资料上是这么教的”。检查官继续问：

> 问：那你哪一次是说谎的？
>
> 答：那个人叫我说什么我就说什么，我没有说谎。是另一个人说谎。
>
> 问：你现在说的也是别人教的吗？
>
> 答：我现在说的都是实话。
>
> 问：我们怎么知道你哪一次说的是实话？

答：我两次都说了实话。[55]

可以用官方的逻辑来解释这种证词，那就是经纪商见利忘义，而无知者受骗上当。但跨越多个司法管辖区的迁徙使经纪商和移民有充分理由相信自己的活动不一定是非法的。例如，19世纪末，香港没有法律可用于起诉制作证件的行为——在其他地方会被认为是造假，即使美国领事官对此了如指掌，也毫无办法制止造假活动。香港法院甚至认可一些申诉，要求经纪商偿还尚未完成的偷渡合同的款项，但后来法院驳回了这种诉求，因为违法方完全知道自己违反了友好国家的法律。[56]

正是对移民加强检查和审查个性化的过程，使官方对华人普遍的商业化思维的描述变成了自我应验的预言。将移民权利与特定个人通过家庭、公民身份和职业联系起来，加上20世纪头十年成功打击了大型偷渡团伙，这意味着所有阶层的移民其实都有迁徙机会。越来越多的移民在迁往美国机会的滚动累积和交易买卖中获取了个人切身利益。拥有一份优质证件外加多个“空额”是一项巨大的个人投资，不仅可以确保个人再次入境，而且还可以保证
284 以后出售给所谓的商业伙伴或家庭成员时有利可图。这些机会可以供移民自己的亲属使用，可以在市场上出售，甚至可以打包到嫁妆里。美国各地的移民机构没收了数百封华人书信，这些信件详细地分享了偷渡路线的成本、可用性和有效性，还有真假证件等信息。[57]所有移民都开始感到现行制度的维系和前景与自己有利益关系。

这种利益关系甚至可以在1905年之前公开反对排华法的政

治报刊的社论中看到。例如，1911 年革命党人杨吉被禁止入境檀香山，因为有人密报给移民局，说他的夏威夷出生证是假的。檀香山的《新中国报》(《新中国日报》) 由反对革命派的立宪派创办，因 1903 年最早发起抵制美货运动而享有盛誉。这份报刊批评了一位深深卷入中国政治的人物伪用美国公民身份，并抱怨移民官员会进一步怀疑所有夏威夷出生证。[58] 作为回应，革命派报刊《自由新报》(《自由日报》) 发表了一篇题为《保皇会充当美国政府的忠实官员》的社论，谴责立宪派向移民官员出卖了杨吉，是汉奸，玷污了夏威夷华人的良好声誉。尽管标题将这一问题定性为保皇会与压制华人的官员朋比为奸，但社论最终强调的是，立宪派破坏了当地华人守法的公共形象：

> 美国政府如此善待夏威夷出生的人，是因为夏威夷华侨为自己创造了这些条件。在旧金山出生的当地人都知道夏威夷人的特殊待遇，也想要同样的待遇。为什么他们拿不到？因为偷渡行业庞大。参与其中的人每天都互相诋毁。不是 A 攻击 B 证明的合法性，就是 B 攻击 A 证明的证人有问题……都是我们中国人自己造成人家要严格执法的。[59]

这一论点使得立宪派很被动，声称他们从来没有主动向移民局告发杨吉的身份问题。[60] 不管报纸编辑们对杨吉的出生证有何看法，他们都达成默契，闭口不谈与边境管控分类相抵触的机制、身份 285
和社会关系，这有助于加强分类措施的合法性，但以放弃机制、身份和社会关系为代价。

移民成为官方管制对象

无论移民和移民机构官员实际中怎样理解边境上接触、碰撞的意义和效力，所有人都必须遵从程序和类别。他们的各种解释都要服从于成功完成这个共同程序。虽然中国人在身份认证和入境问题上赢得了多场个人斗争的胜利，但程序本身最终决定了游戏规则。

20 世纪 20 年代和 30 年代，美国驻厦门领事馆办事员陈长林（Zeng Cangling）写了一本小册子，教中国申请人如何通过签证审查。他在册子中对那些“繁琐、令人恼火、成本高昂且相对低效”的程序表达了一些见解。小册子一步一步地描述了面谈过程，如何填写表格，说什么话，穿什么衣服，如何表现，以及如何准备好回答一些陷阱问题，如“你一生中穿过多少次这样的鞋袜?”。他承认，这个过程从来都不是完全可预测的，但他坚持认为，申请人只要遵循他的指引都会获得签证。他还否认了行贿是必要的手段或签证决定是基于领事官一时兴致这样的普遍看法。他强调，虽然他们的“手段狡猾”，但所有的领事官根本上都是诚实和公正的。他解释说：“（各领事官的）性格虽有不同，但他们都是维护国家旨意的人。所有领事官都可能会凌辱中国人，还美其名为行使职权。”[61] 天使岛拘留营的墙上刻有一首匿名诗，这首诗也反映了中国人对美国移民机构官员的类似看法，“摧残尚说持人道”。[62]

移民程序体现了两个相互矛盾的目标，这两个目标结合在一起，成为一个有序的整体。一方面，排华是一种强制行为，表明美国政府能够阻挠每个中国人实现自己的愿望，可以对他们进行调查、衡量、评估，可以给他们贴标签，羞辱他们，将他们关在肮脏的棚子里，像罪犯一样对待他们，还可以根据官僚机构设定的移民类别重塑他们的身份。而另一方面，程序和行政管理的扩大被视为正义、法治、公平竞争和现代效率的载体。移民入境时的接触、碰撞是一个漫长而屈辱的过程，但也是一个基于明确规 286
定和科学调查而不近人情的有序程序，对所有移民一视同仁。那些遇到问题的人只能怪自己，因为他们无法达到公正的法律标准。这两个相互矛盾的驱动力——无约束的强制力和法治——在实施排华法的过程中结合于一体。

这种强制和文明法治的结合也体现在其他往往自相矛盾的宏观范畴里。排华法在政治上以主权国家来划分世界，在社会层面以种族划分。同时，他们根据财富、教育和职业来定义某些个体，赋予这些个体跨越界限的权利，因为他们促进了人类的普遍福祉。他们独揽了界定和确认这些身份的权力，但声称这些身份的真相写在了移民自己的躯体和履历上。排华法具有公开歧视的性质，而同时为实行严格程序的正当性辩护，认为文明的正义要求**所有**人民无论怎么样千差万别，都应受到平等的对待。

这些矛盾在实践中完美共存。事实上，实际工作甚至也建立在这些矛盾相向的基础上，这被认为是有效处理复杂情况的必要方法。但中国人不断指责说：“移民局官员的做法是把每一个申请入境的中国人都当作骗子、说谎者、无赖和罪犯。”[63]这反映了一个明显的事实：中国人被打上了一个名声不好的类别的标签。其中的诡计是，一方面要保持人们对中国人这种不良的印象，另一方面又声称所有中国人都受到法律的平等对待。这种平等待遇具体表现为，将移民从其社会关系网中抽离出来，并按照法律类别将新身份强加给他们。20 世纪 30 年代的一位学者评论道，并非所有的中国人都是骗子或坏蛋，他抱怨说："移民官员面对体面的人时，没有给予因人而异的待遇，使他们遭受了不公正的对待和刁难。"[64] 但正是待遇要因人而异使这一过程实行起来相当困难。为了将中国人重新纳入劳工、商人、学生或其他"体面"人员这些更广泛的类别中，就很有必要做出巨大的努力来将他们从原有人际网络中脱离出来，并将他们均视为个体案例。

尽管这些程序在划分中国人之间现有的社会关系——叙述事
287 情**实际是**怎么样的——方面没有什么效果，但在叙述事情**应该是**怎么样的方面非常有效。这些程序主张建立一种地缘政治秩序，涵盖从个人到职业到国家再到种族的范围。移民如果遵从这些类别就有机会获得权利。如果得不到权利，只能怪移民自己，而不能怪移民分类本身，这正是因为那些移民企图利用和规避法律的平等适用性，或是因为他们沦为那些敲诈勒索的非法经纪商的受害者，还因为那些移民生活在前现代社会关系中，无法理解如何遵守一种合理制定的制度。国家主导权反复彰显，离不开欺诈和腐败行为的不断产生，合法的国家主导权最初就是用来对付这些做法的。每当有移民抱怨政府没有公正执法，而非质疑法律的基础时，他恰好加强了该法律的基本原则及旨在推行该法律的机制。真相存在于程序本身，而不在移民身上。

边缘化的仪式

中国人在美国口岸遭遇的磨难就像是一种过渡仪式（rite of passage），是跨越边界并获得新身份过程的仪式化。[65] 这是从一个国家进入另一个国家的过程，或者更恰当地说，是从“不文明”国家进入“文明”国家的过程。但这是一个不完整的仪式。这些移民最终并不能被社会再接纳，反而是被社会污名化，因他们的华人属性和入境的可疑情况而被标记为外来者。他们已经进入了一个文明国家的领土，但他们的个人状态尚未改变。

过渡仪式一般分为三个阶段：与嵌入社会结构中的旧身份分离；进入一个边缘化、结构紊乱的社会；最后重新融入新的身份。前两个阶段在中国人的移民步骤中显而易见。迁徙路上所发生的事情，如对衣物和行李进行熏洗，在香港登上轮船，将辅导材料背诵下来然后在看到陆地时将它们全部扔掉，坐上前往天使岛的渡船，这些都标志着与旧社会角色的分离。在面谈过程中熬过监禁并被迫接受侵入性体检的一段时间，这是一个过渡的“阈限”(liminality）阶段。移民与社会世界隔离通常长达数周。衣食住行这些社会差别减小或消除，这是一个销声匿迹、人地生疏、正常的社会关系和责任中断的阶段。这些移民可以做的只剩下思考如何编造他们的新身份。一些中国人感觉，监禁是一段放 288
松和玩游戏的时间，这反映了人们对“阈限”的普遍描述：它是一个充满创造力的娱乐阶段，也是社会紧密关联的阶段，在这一阶段可以构建出一个新的社会身份。但对大多数中国人来说，这是一个凄凉可怕的阈限，该阈限明显是在国家的结构性压力下形成的。正如他们在天使岛囚禁室墙壁上刻下的诗句所表达的那样，他们变得沮丧、愤怒，对同囚者充满猜忌，并因自己和国家的贫穷羸弱而深感屈辱。[66]他们在这些情绪中重新思考自己的身份，自问在这个新世界里，作为中国人意味着什么。一位从未料到自己的证件会受到质疑的移民讲述：

> 我进入移民局（即拘留营）的第一天，看到的是人头攒动，一双双绝望的眼睛望着我。我不禁大吃一惊。他们大多披头散发，穿着睡衣和拖鞋。看着他们，就像看到犯了重罪的罪犯……后来，我在移民局住了很长一段时间，头发也乱了，从香港带来的几件衣服都穿破了，当我洗脸照镜子时，发现自己也成了“罪犯”的模样。[67]

之前在美国居住过并持有第六条款证明的人（即自称属于跨国流动的全球精英移民的人）可以更快地通过这一过程，不必经历如此激烈过渡的情况。但豁免人员的家属和首次以公民身份申请入境的人——在官方文件中被称为“原生的”（raw）公民，在这一过程中则是首当其冲。

监禁期之后，华人再被纳入社会的重大仪式并未随之而来。一位华人译员的确认为，入境意味着转换后的官方身份得到了承认，并表示“我们也许是用欺诈性证件进来的，但我们进来后是合法的”。[68]他们还拥有了新的中文名字，新的中国家人和家乡，而在美国则拥有新的公民身份及建立新家园的机会。但拥有这一切都不意味着已被纳入美国社会。他们的社会生活仍然是由他们的原有家庭、原有家乡和他们在苦难中所脱离的人际关系网所决定的。将他们带到美国来的人际关系网现在已被边缘化，在合法国家社会的夹缝中成为声名狼藉的欺诈活动的来源。新移民进入了“单身汉”飞地，然后把原有家庭关系隐藏起来，担心其他中国人会利用对他们真实家庭情况的了解来进行敲诈勒索。上述经历都给这些移民打上了标签，来路可疑，是非法移民和欺诈者，从而只给他们留下一副社会身份的骨架。[69]原生公民没有被“烹熟”。 289

纳入普世秩序

这些接触、碰撞的最终效果并不是消灭移民运动，也并非要用种族和国家的边界及静态分类来取而代之，而是为了建立国家对移民的主导权，并根据种族、阶级、国家、特定的机制和程序来定义世界舞台上的合法性和等级制。随着时间的推移，无论是通过持续不断的公众话语灌输、惩戒机制的作用还是通过仪式化的运作，亚裔移民都逐渐（被动或主动地）遵守入境仪式所体现的基本原则。因为在公共场合被反反复复地使用，他们的新名字越来越真实，被写入房产契约、纳税申报表和学校登记表中。特别是对于他们在本地出生的子孙后代，原名和假名之间的区别以及中国人“寄居”生活的含义，都是耻辱的象征，这一切都将他们与构成国家成员的真正“移民”区分开来。[70]移民档案本身已经有了新的生命，移民后代可以挖掘档案去发现他们的家族史。即使这些档案讲述的是一段耻辱的历史，也可以作为移民与逆境抗争的证据，有助于家族最终融入美国身份和权力的叙事。

20世纪50年代，美国政府有一个“坦白”项目，为华人提供了初步的平台，以明确他们的身份并确认移民地位。但这个项目并没有给他们一个恢复旧身份或更充分地融入国家的机会，反而固化了他们长期所处的边缘地位。它要求移民自愿向政府透露自己的秘密，坦白自己过去的罪行，让国家放过自己。格式依档案而定，每个坦白者都必须改造以前的证词，既为了证明赦免的机会赋予了适当的人，也为了帮助追踪其他的“纸面”亲属，并将他们纳入修改后的档案里。他们的家属通常都会得到宽恕赦
290 免，但这一过程仍然再次确认了不完整过渡的原罪。档案之外的身份仍然可疑，即使是坦白者也常常无法为真正的亲属提供担保，由于之前不存在任何有关他们的记录，无法证明他们有真正的亲属关系。[71]

随着时间的推移，华人自己完成了融合过程，部分原因是他们重新解读了档案和程序，以此为证，展开争取成为自由移民、反对歧视性和阶级性立法的斗争。例如，在20世纪70年代的一次采访中，阿迪先生重新解读了天使岛的历史。他说，当时大多数移民历尽苦难，希望苦难能很快结束。“如果现在回头看看美国如何对待中国移民和其他亚裔移民，我们可以看到这种待遇是多么不平等和不公平。”[72]家书和刻在壁上的诗句也诉说了不平等的待遇，但过去他们经常将其归咎于腐败的官员、敲诈勒索的经纪商或中国的积贫积弱。现在，他们认为种族歧视和制度失灵是未能实现法律面前人人平等的文明理想的罪魁祸首。在许多情况下，亚裔移民和少数族裔的斗争是为了实现美国制度所承诺的

优越性，而不是为了制度本身。用加里·冲弘（Gary Okihiro）的话说：“在争取平等的斗争中，这些团体有助于维护和推进民主的原则和理想，从而使美国成为一个人人都更加自由的地方。”[73] 这一段历史，叙述的是“对人类精神的信念；对人类机制的确信；对个人坚定不移的信心，不管个体多么卑鄙；对人类意志力始终不渝的信心，不管人类意志多么脆弱”。[74] 这样的历史叙述强化了美国口中普世价值和特殊权力所建基的原则。美国边境尽管出现了令人遗憾的偏差，但仍然是这些理想和制度的载体，可以指导个人争取自由和平等的斗争。

说到法官和行政官员如何违心地做出排斥中国人的决定，这些表述都较为温和：因为他们是“法律的俘虏”，受制于必须遵守的国家机制的文本和精神，但也受到中国人天性要争取权利的决心的驱动。[75] 可以用实际操作不符合社会正义，也不符合移民身份的“社会现实”来解释移民法的失败。这些失败留下的遗产造就了一套法律，该法律“别具一格，是一张万能牌……与宪法权利、行政程序和司法角色的基本规范完全隔绝并且截然不同，而这些基本规范为我们法律体系中的其他部分注入了活力”。[76] 这就是仪式的力量，它可以贯穿所有的矛盾、技术性问题、武断的 291
评价、偏见和恶法，使我们相信正义、法律和社会现实的力量仍然彰明较著。在人类事物的所有杂乱无章和不平等之中，一定存在着更大的真理和更纯粹的正义，最终将解放我们。而这个更大的真理要在一开始产生不平等和欺诈的机制中才能找到。

第四部分

泛化边境

最终，（门卫）说到了法律殿堂的大门：“我现在要关上大门了。”但从故事的一开头，我们就得知，通向法律的大门是永远敞开的，如果永远敞开的话，也就是说，在任何时候，无论那男子是生是死，门卫都不能把门关上。对于门卫的说法背后隐藏着什么动机，人们有一些不同的看法，有说他只为了给出答案而关门，还有说是为了强调他忠于职守，或者还说是为了让那个人在最后时刻陷入悲伤和悔恨之中。但门卫是不能关上大门的，这一点并不缺乏共识。许多人声称，他们发现门卫在智识上都不如那男子，因为到了最后，那人至少还看到了从法律殿堂之门散发出来的光芒，而担任公职的门卫却必须背对着大门而立。

——卡夫卡：《审判》

第十一章
规范的道德化

叙述移民管控如何在一国边境实现标准化并加以实施，这只 295
是一个方面。这些原则是如何在全世界扎根的呢？对于这个问题，可以从不同方面回答。接下来的一章将探讨 1907 年后边境管控的法律和制度样板是如何传播的。如果没有奠定好文化和社会基础去接受边境管控的基本合法性，那么这种传播是不可能实现的。这是本章的主题。这些文化和社会基础大多是民族主义兴起的一部分，也是理解国家作为一个必须受到保护和培育的社会有机体的一部分。但移民管控的斗争也迫使参与者须更加具体地了解，在涉及其他国家及人口流动方面，一个国家的法律和行政制度应怎样构成。如果所有国家和人民都想行使自决权，那么在什么情况下，这种自决权与个人和其他民族的自决权能够兼容呢？

抵制令人反感的移民政策是移民管控原则内化的关键。抗议运动不仅涉及广泛的情感和行动参与，还引发了许多辩论，争论移民政策中哪些令人反感，哪些可以接受。在 1905 年中国抵制美货运动中，针对美国移民法的抗议演变为民族主义动员的关键时期。归根结底，正是民族自决的情绪激发了抵制运动，因此很难对美国的全权（plenary power）原则提出有效的批评。抵制者最终只能专注美国法律的歧视性内容，但越来越多的人赞同，只有在中国成为一个强国，享有国际威望之后，才可能实现边境上的平等待遇。

296 民众的反抗也是躯体与道德上的自律、仪式性冲突和高强度情感的载体。主权民族国家间的国际秩序不仅可以领会，还可以体验感受。1906 年至 1914 年，甘地在南非发起了抵制反亚裔立法的非暴力不合作运动，没有哪个运动比它更好地完善了民众反抗的策略。甘地发展了一种强有力的反抗方式，将个人在道德和躯体上的自律、国家荣誉、主权完整以及专家的法律概念都融合于一个高度道德化、精神化的整体中。通过这一实践所得出的教训与斯蒂芬·菲尔德和托马斯·贝亚德的观点相似，即歧视在边境上是可以接受的，在国家内部却是不可接受的。

自律与民族

1905 年中国的抵制美货运动，在国内外领域及思想意识上都是一次突破。[1] 长期以来，抵制和停业罢市一直是中国地方对特定情况表达不满的常见反抗形式。早在 1893 年，为了抗议《吉尔里法案》，上海报纸《沪报》（《字林沪报》）就提出，抵制美货要比张之洞建议的将所有美国人逐出中国的方式更可取。[2] 但是，在全国范围内、在国际目标上、在针对大多数抵制者的切身利益以外的问题方面，要形成全民抵制的可能性还是很小的。19、20 世纪之交，尤其是在上海和海外华侨中，民族主义情绪日益高涨，为这场具备更广泛基础的运动提供了意识形态和组织框架。这场运动的巨大势头反过来又有助于促进传统治国方略与现代民族主义思想的情感融合，而现代民族主义理念在很大程度上认可边境管控、文明标准、自治能力以及（由排华法界定的）对人口流动拥有单方面特权等地缘政治秩序。

民族主义运动的背景不断扩展，但中国抵制运动中的群众动
员规模几乎让所有人都感到惊讶，甚至出乎主要民族主义推动者
的意料之外。孙中山领导的革命派在抵制运动爆发的最初几周并
不热衷，认为这场运动会转移人们对驱逐满人这个更迫切需求的
关注。无论如何，康有为和梁启超在1898年到1905年的流亡期
间，在海外华侨中和通商口岸具有更大的影响力。他们宣扬的是
宪政改革，以在皇帝的主持下创建现代制度为中心，对于无管制 297
的群众动员几乎没有热情。即使梁启超在世纪之交提出相对激进
的思想，主张国家须以人民参与为基础，他的构想其实也与杨儒
公使十年前提出的个人自律没有什么太大的不同。杨儒认为，国
家权力和威望来自教育和自律，而不是迎合个人对自由迁徙的渴
望。梁启超的思想也坚定地以阶级为基础，以一个文明民族的端
正举止为基础。

梁启超在最初的流亡岁月里，游历了欧洲、北美、日本、夏威夷和澳大利亚。每到一处，他都会到访华侨社区，在那里发表演讲，为自己的事业筹集资金，创办支持维新的报纸，组织立宪派的分支机构。到1899年，他与日本的华商合作，写了一份请愿书，反对任何国家意欲排斥中国人的行为，但承认“如果日本认为对劳工阶级的移民施加一些限制是必要的，我国不会因此对

日本有任何不得其平之感”。[3]他还考察所到之国的民主制度，甚感钦佩，也参观了火车、高塔、工厂和港口的钢铁景观，对此赞叹不已。相比之下，他对所见到的国人观感不佳，更加坚信中国人要发展现代制度并争取国际认可，就必须改革自新。[4]

梁启超在 1901 年到访澳大利亚期间，正好遇上了联邦的庆祝活动，目睹了“白澳”的诞生。他敬佩澳大利亚人为了自主和自治而团结起来的能力。澳大利亚联邦内产生的种族主义令人遗憾，但不是他感兴趣的主要问题。庆祝活动反而激发了梁启超的灵感。他写了一篇名为《中国积弱溯源论》的文章（以对当地华侨所做的演讲为蓝本），将国人与澳大利亚人作了一番比较，并批评了国人。他指出，中国身心皆患病，国家是基于奴隶制原则而组织起来的；中国之国民无爱国心、为我、奴性、好伪、怯懦、无动；他们还没有学会如何做国家的主人，彼此间如何平等对待；相比之下，西方人从小就被教导自治其身（字面意思是“自我管理”）。就连当地的华文报纸也沉浸于对联邦的热情中，
298 指出中国国内的四分五裂和帝国的压制政策与准许平等共和主义的英帝国宽容政策相比是多么的相形见绌。[5]

梁启超在 1902 年至 1903 年的《新大陆游记》中，进一步谈到了中国人的缺点，包括无高尚之目的、专制主义和乱弃腐纸杂物的风气，“一堂之中，声浪稀乱，京师名士或以抢讲为方家”，“数人同行者如散鸭”，而不能形成群体。[6]他总结道[①]：

> 觉我同胞惟不能自治其国而已，乃实不能自治其乡，

① 应是徐勤在梁启超的《新大陆游记》序言中所写。

> 自治其家，自治其身；乃至所行者不能谓之路，所居者不能谓之室，所卧者不能谓之榻……吾又觉吾同胞乃至言者不能谓之能言，立者不能谓之能立，步者不能谓之能步，此宁细故耶？国民之性，凡知一国强弱所由基也。[7]

梁启超确实也赞扬了在国外所遇到的华侨，认为他们热爱家乡（爱国主义的根源），不愿意同化于外人（独立自尊之特性，建国之元气），还有耐苦、勤俭信的性格（有助于商业竞争）。[8]但他在海外华侨中的见闻越来越让他相信，国民本身是一个症结，因而不能解决中国的繁难及恶劣的国际地位问题。不足为奇的是，梁启超认为外来移民对于民族特质的形成是一个关键因素，对美国迁入过多的非条顿民族移民感到杞忧。[9]

梁启超在 1902 年后变得更加保守，倾向精英主义，即便如此，他曾领导的政治改良运动中的成员还是带头反对美国歧视性的移民法。[10]梁启超则随波逐流。1903 年，他发表了一篇文章，批评“白澳”政策逆世界历史潮流，因为它违背了人类平等的基本原则。[11]1904 年，他在《新大陆游记》中添加了一个附录，名为《记华工禁约》。在该文中，他并没有批评中国人的国民性，而是称排华的法规也针对来自南欧的劳工，歧视劳工才是美国华工生活水平低下的真正原因；歧视的根源包括中国在国际上的弱国地位及美国政客为迎合“劳工党”的偏见而采取的行为方式。 299
[12]但这场抵制运动本身发展成群众的激进行动，超越了梁启超愿意接受的程度。这场运动不是通过自律和约束来教育引导国民，而是直言不讳地表达民族情感和愤怒情绪。美国实施排华法，不

仅仅是中国积贫积弱的结果，更是国家和个人感到耻辱的缘由，是呼吁民族团结来予以回击的号角——至少在提出更实际的外交和行政解决方案、抵制热情尚未受挫之前确实如此。

1905 年抵制美货运动

抵制美货运动或许是中国人第一次为争取国家荣誉而抗议美国移民法的群众运动，但最终因无法达成切合实际的目标而失败。各阶层的看法大相径庭，是矛盾的根源之一。一些参与者希望彻底废除排华法，另一些参与者则只想减少对豁免人员的阻挠，而承认排斥没受过教育的劳工的合法性和必要性。但一些参与者开始怀疑，一场国内运动如何能影响外国立法。抗议行动的动机是反对外国侵扰，争取民族自决，这恰好也是美国最初排华立法的理由。管控移民的权利是由国际条约还是国内法来确定，这个问题是应该通过大规模抗议行动还是外交官的谈判来妥善解决——后者可以着眼于更广泛的国家和国际利益，抗议者们围绕上述问题争论不休。抵制者并不愿意接受以条约权利和自由交往——这正是为治外法权辩护的论据——为基础的论点，因而无法对边境管控的主权自主提出实质性的批评。最终，抵制者发现自己只能抗议美国移民法的歧视性内容，而不是其基本原则。如此一来，抗议运动也只能以道德正义的模糊说辞为基础，而道德正义几乎不必涉及任何制度问题。在文明政府意味着自主自治，而践行自主自治又与排斥移民的诉求密不可分的世界里，歧视只能归咎于两方面因素：白人国家的偏见和中国的衰弱。

到1903年，环太平洋地区的所有华人都公开要求所在国的移民法给予公平待遇。在美国尤其如此，萨金特的改革使排华法变得更加苛刻。在旧金山，华人“六大公司”和其他商会向美 300
国政府提交了请愿书，该请愿书传播广泛，控诉排华法执行严苛。他们还写信给中国政府，要求中国政府在次年谈判1894年的《中美华工条约》续订问题时，签订新条约。但另一方面，陈继俨于1903年在檀香山立宪派的报纸《新中国报》上发表文章，倾向于认为外交和善意都不足为信。他坚持认为，中国人民必须将主动权掌握在自己手中：“今日世界是一个强权的世界，一个竞争的世界，是一个弱肉强食的世界……单以理不能说服人……那么，何以废除条约？那就是抵制。”[13] 陈继俨的这番话经常被引为最早公开呼吁抵制美货运动的言论。

1904年，中国政府确实放弃了《中美华工条约》，但美国国会单方面无限期地延长了《排华法案》，而萨金特的改革也继续得到加强。新条约的谈判陷入了停滞状态，许多中国人怀疑中国政府是否已对这一谈判尽其所能。1905年5月10日，上海商会宣布，如果没有签署更有利的移民条约，将于7月20日开始抵制美货。其实很少有中国人从上海移民到美国（或其他地方），很明显，抵制活动不仅是出于对移民的现实关切，还出于对国家荣誉的关切。它很快蔓延到上海以外地区。中国沿海地区和世界各地的华侨社团和个人都发出了声援的电报。抵制人士制作无数的小册子、小说、图片、表演剧本、演讲词和其他教育宣传材料，从中国农村一直散发到南非，遍及世界。[14] 中美双方的官员都对这样的组织规模和草根基层的参与程度大感震惊。

虽然人们的抵制热情高涨，但其具体目标仍然模糊不清。赞同抵制运动的观察者抱怨说，漫无边际的演讲、耸人听闻的虐待华工的故事，以及夸张的愤怒表达，并不能解决复杂的条约和法规问题。[15] 只要一讨论情绪之外的切实问题，马上就会产生矛盾，针锋相对，而不能团结一致。只有思想更激进的学生对美国是否有排斥华工的基本权利发起了挑战，呼吁彻底废除排华“条约”。商人和那些较熟悉法律的人士则更关注美国对豁免华人百般刁难
301 的问题。旧金山报刊（《中西日报》）编辑伍盘照言简意赅地表达了这种态度：“根据双方达成的协议，所有类别的华工都不能入境美国，而华人本身现在并不要求对这一协定做出任何改变，他们要求的是，豁免华人与其他民族享有同等公平的待遇。”[16] 提出这些主张的商人和学生自认为具有世界眼界，是一个现代化新中国的代表，他们与其他同类别移民一样，在世界各地活动的权利应受到国际条约的保障。他们将自己与未受过教育、没有文化的“苦力”区分开来，并不质疑主权国家排斥“不受欢迎”类别移民的权利，但他们确实质疑这些类别的确切定义。

早在 5 月 20 日，《新中国报》就提出，要实现抵制的最终目的，需要美国实行一系列行政管理改革。尽管这份报刊的社论将大部分责任归咎于商务与劳工部官员，认为他们都是“劳工党”的政治代表，但它的许多建议读起来更像是弗兰克·萨金特写的。社论提出，中国无意取消对劳工的限制，但移民局需要更好的法规来鉴别豁免人员和劳工，而且在许多方面需要协调管理。集中行政权力也是一个优先事项，“现在的任务就是促使商务与劳工部与其他部门的目标协调一致，并停止不断叠加法律这种非

理性且混乱的做法。任何讲求一点体面的国家都决不能同意与美国继续签订这样的协定”。排华法带来的耻辱不在于法律本身，而在于执法手段。“如果中国口岸的官员更加认真负责地进行调查，就能确认移民的身份，中国人就可以避免在美国的边境上受到审问、刁难，花费钱财、浪费时间，到头来仍然无法入境，所有这些都使他们个人和国家蒙受羞辱。”[17] 换言之，正如移民局自己所认识到的那样，如果一切都按照法律和程序进行，就没有什么理由可以指责了。

12 月 9 日，一群香港商人发表了为数不多的一份声明，其要求更为明确。他们提出的大部分建议与驻美公使梁诚提出作为条约谈判基础的建议大同小异：美国口岸必须无条件接受第六条款证明；注册的规定如果适用于所有其他移民劳工，那么可以要求华工进行注册；准许中医参与体检；准许华工自由入境夏威夷 302
和菲律宾；停止对豁免华人的刁难；摈弃划分特定豁免人员的做法（即排华“真谛”），同意只禁止劳工入境，劳工定义以《牛津英语词典》为准。他们还希望所有法规变更都须得到中国政府的批准。两广总督岑春煊支持这一建议，康有为在 1 月致罗斯福总统的信中也提出了类似的诉求。[18]

这样的诉求从一开始就注定失败。他们夹在美国政府官员和激进的中国人之间，两边不讨好。美国政府官员并没把他们放在眼里，认为这是侵犯了美国自主权，而激进的中国人则坚持认为，除了彻底废除《排华法案》之外，任何事情都无法从根本上解决歧视中国人的问题。激进派拒绝接受商人的诉求，是因为他们认为商人是投降派，害怕失去自己的生意。两派间的分裂突显了问题表述中根本性的混乱。一场大众民族主义运动与国际关系之间的关联混淆不清。大多数抵制美货的宣传重点是排华“条约”，而不是美国立法，这一现象突出了一些概念上的问题。许多抵制者将中国荣誉与订立和执行公平的国际协议混为一谈。过去二十年来，美国的法律和政治决策早已单方面将移民问题排除在国际关切之外，这一问题却很少有抵制者讨论。当然，如果认识到这些发展变化，将会给这场运动带来更多的不确定性。它的主要动力就来自人们对保护自身主权免遭外国渗透和侮辱的愿望。

大众与专家

民众抵制与国际关系两者间的模糊关联，反映了自主自治与人民自由迁徙之间更为根本的矛盾关系，两者都是现代自由和“文明”社会的核心。历史学家和当时的参与者都认为，抵制运动是中国朝着民众参与和自主自治的理想迈进的重要一步。这次抵制运动针对的是外国，表明了这些理想与对国际地位的关切有着密不可分的关系。但当中国人和外国人开始更实际地谈论海外公民的权利和保护他们的措施时，大众运动——包括中国的抵制
303 运动和北美的反亚裔运动——很快就成为一个问题，而不是解决方法。中美双方的官员都更多地强调，民众需要受更多的教育，更懂得遵章守纪，这样才不会阻碍专业外交官解决错综复杂的全球外交事务。甚至有许多抵制者开始认真思考实际问题，认为最好的解决方法是让国民严于律己，改革制度，以建立一个在国际事务中更受重视的中国。

国际礼让与民族自决理想之间之所以存在一些矛盾相向的问题，是因为阶级界限泾渭分明的抵制者有着基于不同利益的设想。[19]许多参与者将抵制活动理解为呼吁美国遵循普世道德原则（公理），而不是运用赤裸裸的权力（强权）。康有为在提醒西奥多·罗斯福曾经承诺的“为正义和公平处事而改变（排华法）”时，就是如此表述的。[20]康有为认为，排华问题应由双方体面的精英来解决，以利于对方精英的流动。但那些主张彻底废除排华法的人（与康有为不同）也能利用道德原则的高地进行争辩。在上海的小说家吴沃尧如此说道：“如果抵制只是为了少数人的权利，那在道德上是不正确的，我们的良心永远不会安宁。”[21]但陈继俨等其他抵制者则将国际关系理解为民族之间优胜劣汰的斗争。对他们来说，抵制主要是为了团结和强化中华民族。没有实力，道德伪善就一无是处。然而，各种各样的抵制者普遍认为，只有抵制才是最有效的方式，能够使国际社会聚焦于中国关切的问题上。1905 年 12 月梁启超在以东京为基地的《新民丛报》上发表了一篇社论，称：抵制运动表明，中国人民以“魔力”震撼了世界，与之相比，中国政府却软弱无能。[22]

但如果探索排华情绪的根源，恰恰也是这种“魔力”导致美国人民反对中国人入境。中国官员和抵制者通常都共同将矛头指向劳工党派对美国政府的影响。一首抵制诗词是这样描绘的：“媚工如媚妓，恐被弃如遗，但愿顺其意。试问工党势力何故横若此？民主之国，文明之律，通例本如是。”[23]①同样，驻美公使

① 见王维成：《新乐府两章》，载《抵制华工禁约文学集》，台北：广雅出版有限公司 1982 年版，第 24 页。

梁诚在 1906 年初知会驻华公使柔克义：“我国只承认并只与一个
304 国家的政府打交道，而不会理会一大群劳工党。”[24]但在嘲弄美国劳工党影响力的同时，许多抵制者也要求他们自己运动的影响力得到承认。他们普遍强调，但凡与普通民众利益直接相关的条约谈判，都不应秘密进行，政府须倾听人民的要求，并获得人民对条约的批准。然而，并非所有抵制者都赞同这一立场。一些人认为，很难真正理解条约，谈判应交由专业的外交官。抵制的目的只是提出建议，确保政府不会签署歧视性的条约。[25]

外国观察人士对中国大众政治意义的看法也存在分歧。起初，许多在中国创办的欧洲报刊都站在抵制者一边，认为这是一个削弱美国在华威望的时机，他们指出了美国人的虚伪，既排斥中国人，又声称支持《蒲安臣条约》，还宣扬在中国实行“门户开放”政策。然而，随着时间的推移，许多外国报刊开始担忧自己的未来利益，于是呼吁英国政府或美国政府直接干预这场可能阻碍自由贸易的抵制运动。[26]这是大多数美国官员的观点。他们拒绝承认抵制是一种民众治理行为，并坚称中国政府未能压制抵制运动，破坏了条约有关保护贸易权利和美国公民财产的规定。8 月 8 日，柔克义公使威胁说，如果外务部不惩罚那些首要分子，他将追究中国政府未能遵守条约的直接责任。[27]美国领事官更进一步将抵制运动的责任归咎于中国官员和自私自利的移民经纪商，认为是他们煽风点火，指责抵制运动组织非法恐吓那些希望购买美货的商人。华盛顿的国务院官员倾向于采取较为克制的态度，拒绝了要求中国方面将地方官革职的提议，并谴责领事官要求派遣军舰前往中国港口的建议。但他们也对无法控制这些事件感到焦虑不安。正因如此，罗斯福总统承认中国人叫冤是正当的，但他也强调要给抵制者一个教训。[28]

中国官方的反应各不相同，反映了他们在一些问题上充满了矛盾的想法，例如如何在民众广泛参与的基础上建设更强大的中国，如何在国际领域谨慎地采取行动。最早的一个官方回应是在1905年6月29日，外务部发布了一份电告（8月30日皇上谕令予以重申），该电告知会各省督抚，商民的抵制和宣传活动已 305
表明了对美国工约一事的公愤，但担忧：人众言庞，难保无宵小生心，乘机窃发，恐误大局；晓谕商民，剀切开导，务令照常贸易，共保安全；亟应明白宣示，以免误会而释群疑；自应静候外务部切实商改，持平办理。[29]这项谕令确定了官方反对抵制的正式立场，但并不予以干涉，且认可了民众的合理不满。粤督岑春煊在拒绝朱利叶斯·莱（Julius Lay）领事官立即制止抵制运动的要求时提到了这一谕令，并补充说，抵制运动是民间贸易之事，与国际无关。此外，文明国家的法律不准许禁止言论自由，商民购用美货与否，必须出于自由，他不能强加禁勒。岑春煊只承诺会逮捕那些暴力强迫他人购买此货而非彼货的人。他称："这是合情合理的，符合世界各国的惯例。"[30]

大多数美国官员认为岑春煊是个不合作的阻挠者。但实际上他坚持在其他中国官员的意见之间走中间路线。山西和浙江督抚甚至批评现行"条约"违反国际法。他们奏请皇上支持抵制运动，因为运动已让外国列强对中国人民的力量有了深刻的印象，如果此举成功，将有助于防止未来再受国际屈辱。[31]而另一方面，直督袁世凯在北方省的抵制运动爆发之前就已基本制止了运动，他坚称美国是一个最好不要冒犯的宝贵盟友。其他官员也支持袁世凯的观点，认为朝廷已失去了对海外侨民行为的控制，接下来应该采取更好的管控和教导措施。[32]

有两本册子对这些问题做了更细致入微的分析：一本是清朝官员王步瀛撰写的纪事，另一本是佚名政论小说《拒约奇谭》。虽然他们的出发点和关注点非常不同，但两位作者都认为，大规模群众动员令人印象深刻和鼓舞，但造成的问题与提供的办法一样多。他们还一致认为，只有在中国变得自强自律之后，国际问题才能得到解决。王步瀛从美国的情况出发，讨论了大众民主的优点和局限性，他认为美国是所有国家中最民主的国家。虽然美国官员因无法拒绝劳工党派的自私要求而行动受限，但“民众的力量非常强大，我们应该担忧的是他们联合起来对抗一个敌国”。
306 这在国内和国际上都会对中国奋发图强的努力形成挑战。如果中国朝廷不能应对这一挑战，“（中国）民众就会如芒刺在背，以后朝廷会更难处理这个问题了，任何方式都只会被民众视为肆意压制其意志。这使得民众不会把官员放在眼里，造成朝廷和民众之间出现隔阂。那么，我们怎么能建设好国家呢？”[33]他建议：与其让美国单方面实行排华政策，不如订立一个为期十年的临时条约，这有助于缓解过激行为造成的恶劣后果；也能避免与美国产生抵牾，待中国足够强大后，再谈判争取更有利的条件；还应向地方官员发出密诏，说服当地商会不要贸然行事，以此巩固条约；培育中国国民自己的力量应循序渐进。

《拒约奇谭》的主人公“病夫”对官方或民间行动的有效性都不太确信，但认同需要建立一个强大的中国。他讨论了美国排华问题，认为美国排华不是基于国际条约而是基于美国国内法（支持抵制者当中只有少数人注意到了这一区别），即便如此，“病夫”所得出的结论是，移民法仍然具有国际影响，特别是当这种移民法专门歧视某一个国家时：

> 颁布严苛的排华法是为了规范美国人还是为了规范中国人？如果是针对美国人，那么这确实是他们的国内事务，我们没有理由干涉。但实行这些法律是针对中国人的。此外，颁布这些法律是针对所有前往美国的移民，还是专门针对中国移民呢？如果法律是针对所有其他移民的……那么我们完全可以坐等其他国家的人来控诉和谴责这些法律。但这些法律是专门用来对付中国移民的。既然排华法只歧视中国人，而不歧视一般移民，那么这些法律是具有国际影响的国内法。[34]

但“病夫”最终指出，抵制行动可能只能对美国产生很有限的影响。中国国弱民穷是问题的关键。发展经济是唯一的出路，要让中国强大，还要让中国人能够只买中国货。与王步瀛的观点一
样，“病夫”不得不得出这样的结论：办好国内的事情，才是加 307
入国际体系的唯一基础。

在随后的几年里，中国其他评论家和报人也附和了王步瀛和“病夫”的观点。除了强调体制改革与经济实力之间的联系外，他们还谈到了，即使在缺乏实力的情况下，体制改革对于建立中国的国际地位仍具有重要意义。在这方面，评论家越来越多地批评政府限制外国人在中国内地的流动，认为这让国家难堪，证明

政府无法按国际准则向外国人提供保护。[35] 正是在反对美国排华法的过程中，更多的中国人意识到应该设立人人可以在国内自由流动及获得法律平等保护的共同标准，美国正以此来辩解其边境管控的正当合理性。由于这一认识的提高，抵制运动强化了移民管控的一些基本原则。自由交往和权利保障缩小到边境内的空间范围，而对边境问题的批评仅限于对歧视的诟病。

并非只有中国官员在对待这些群众运动时才态度矛盾。考虑到中国抵制运动和当时太平洋沿岸针对日本人的频繁骚乱两方面因素，美国国务卿伊莱休·鲁特于 1907 年指出，“外交已不再是少数有学问的人才可以掌握的……而且外交已具有代表政府的职能，要回应广大公民的意见和意愿”。虽然这可能是一个不可避免的历史发展，但他感叹道：

> 从过去几个世纪的经验来看，一些对于维护和平和国家间相互理解至关重要的规则和习惯，对于驾驭新的大众外交来说，已没有什么作用了；外交先例和舆论共识体现了国家间的很多权利和义务关系，超出可讨论的范围，而公众对此却不甚了解。因此，对公众舆论的教育引导，应该是让每个国家拥有主权的民众都了解，国家权利有明确限制，国家义务包含完整的范围和职责，这样的教育引导才刚刚开始。[36]

贝亚德等其他人曾将自主制度作为边境管控和国内保护外来者权利的基础，现在却越来越认同大众政治威胁着外来者的权利和国
308 际秩序。他们赞成，专门化的官僚体制、专业人员的管理以及通

过教育培育公民，才是规范民有、民享国家之间无约束的交往的最佳手段。

自我约束的精神化

正如在许多其他思想和行动领域一样，甘地在移民管控方面也发展出了一种最不可抗拒、高度道德化的个人行为和政治操守综合模式。而中国的抵制运动则陷入了主权自决、大众政治、专业知识和移民管控之间的矛盾中。甘地提出践行“萨提亚格拉哈”(通常被阐释为“消极抵抗”，但甘地倾向于将其解读为“仁爱力量”或“坚持真理”)，旨在抗议南非当局对亚洲移民的歧视，在此过程中，他设法将对立情绪带入更超然的实践和理想之中。他将个人自主、自律手段、社会公平、国家荣誉、法律专业知识、边境管控以及对精神意义的探索，天衣无缝地融为一体。在抵制歧视性立法的斗争中，他发展出一套高度道德化和精神化的辩词，阐明文明制度在维护个人与国家之间的联系方面发挥着重要的作用，应将此作为现代社会身份的基础。

甘地于1893年抵达纳塔尔，从事律师工作，不久便参与了反对南非歧视性立法以维护印度裔居民权利的斗争。1903年后，当英国人开始在德兰士瓦实施旧有的布尔人法律时，甘地觉得使用法律手段已不足以反抗了，因而开始酝酿“萨提亚格拉哈”运动和原则。《印度自治》(*Hind Swaraj*) 是甘地最全面的理论阐述，写于1908年从伦敦开往南非的邮轮上。他在这部论著中详细地阐述了仁爱的力量，显著的观点是，它彻底否定了现代生活中的暴力和制度。但这种否定是基于国家自由和个人自由的融合，这在概念上是非常现代的。甘地将书名译为“印度自治”（Indian Home Rule），本身就体现了个人救赎与国家救赎之间的联系。甘地解释说：“真正的自治是自主或自我控制。”培养这种自治的最佳方式是参与充满仁爱力量的政治活动。[37]“如果我们自由了，印度就自由了。以此思想来理解，我们对**自治**（*swaraj*）就有了一个定义。当我们学会自主时，那就是**自治**。”（47）

309 真正的自治植根于文明中。“文明是一种向人类指明责任之路的行为模式。履行责任和遵守道德是可互换的术语。遵守道德就是驾驭我们的思想和激情。能够做到这一点，我们便了解了自己。”（45）甘地的文明概念不能直接映射到“文明”的标准上，但使用同一个名词并不仅仅是巧合。两者都意指一个有行为准则的社会，其制度与个体化存在模式相连。两者都指向与特定国家社会相关的文化造诣。甘地偶尔指责道，南非的亚裔移民注册法把受过教育的印度人降低到了当地土著的地位。1896 年他写了一本小册子《南非英属印度人的申诉》（*The Grievances of the British Indians in South Africa*），其中说道，与对待印度人不同，“要求当地土著进行注册，理由是很充分的，因为仍需要教导他们如何拥有劳动的尊严和劳动的必要性”。[38]1906 年，他向《泰晤士报》诉说：“德兰士瓦的英属印度人恭敬而坚决地反对（注册）条例，因为这个条例给他们带来了荒唐、不必要和不公正的屈辱，将他们贬低到比黑鬼（土著）还低的地位。”[39]甘地还采纳了现代世界使用的主要文化和政治范畴：一个精神化的乡土东方与一个物质化的躁动西方形成对照；民族和国家之间的区别是身份和法律的主要渊源；政治成员身份是连接社会和个人的首要因素。虽然甘地对精神上贫瘠的“现代文明”提出了批评，但他始终将自己在南非的斗争与大英帝国——自称是世界上“文明”的化身——成员身份所承诺的权利联系在一起。

政治成员的责任和限度是甘地的“萨提亚格拉哈”概念及其政治目标的核心，它与现代的自治概念异曲同工。在《印度自治》一书中，他运用与政治平等、自治和同意的理想相似的方式来解释仁爱力量发挥作用的过程：

> 蕴含着力量的请愿书必然是由一个平等主义者提出的，当他以请愿书的形式表达自己的诉求时，这证明了他的高贵。有两种力量推动着请愿诉求。“如果你不准许这个诉求，我们就会伤害你”，这是一种力量，是一种暴力。第二种力量可以这样表述：“如果你不对我们的诉求让步，我们就不再向你请愿。只有我们愿意接受治理，你才可能治理我们。”(53)

提交请愿书是一个自由人的行为，要实现社会治理，就必须得到 310
自由人的同意。将自己塑造成一个有能力参与治理的自由人，是仁爱力量的作用，也是自由政治社会的基础。

但在大英帝国的实际斗争中，如果结合自治政治社会的具体情况，事情可能一下子就变得复杂起来。甘地更多谈论的是大英帝国的理想，而不是南非的具体自治制度。他经常出于自己英国臣民的身份而要求在南非享有权利，抱怨殖民地歧视亚裔移民的法律没有在有英国臣民身份的印度人和非英国臣民的中国人或其他亚洲人之间加以区别。[40]关于自己为什么在布尔战争与祖鲁战争期间参加英国医疗队，他解释说，帝国是责任、权利和社会的相关空间：

> 我们在南非只是以英国臣民的身份而存在。在我们提交的每一份请愿书中，我们都主张自己的权利……如果我们希望作为大英帝国的一员赢得自己的自由和福祉，那么现在对于我们来说是一个天赐良机，可以利用一切手段在战争中帮助英国人。必须总体上承认，正义是站在布尔人一边的。但是，作为国家的臣民，不能希望在所有情况下都可以随心所欲。当局不可能总是正确的，但只要臣民对国家效忠，他们就有明确的义务，一般来说，要让自己遵从国家的行为，并予以支持。[41]

正如上面引述中第一行所暗含的意思，甘地意识到，一个自治的南非共和国几乎不会给予印度人基本权利。他不承认地方政权拥有自决权，经常质疑南非是否存在可独立发展的政治社会，能够支撑自治制度。例如，1907年，纳塔尔殖民地总督赦免了一名被陪审团裁定有罪的黑人，甘地随后建议在南非最好“完全废除”陪审团的审判制：

> 南非是一个各种民族仍处在大熔炉中熔炼的地方，一个南非民族的诞生还是一个暗淡而遥远的未来，在这样一个国家里，陪审员怎么可能会给出令人满意的裁决呢？我们不是平等主义偶像的崇拜者，因为这里还没有

> 这样的基础……来自欧洲不同地区的白人，他们来到南非时并没有帝国主义观念，不能指望在他们自己与他们所认为的低等人之间，这些人能持有帝国义务或者正义和平等权利等想法。[42] 311

当然，到了这个时候，帝国主义和英国臣民身份的话语已经没有什么实际的效用了。甘地与白人自治领的观点一致，并不强调英国臣民拥有自由迁徙的权利。相反，他强调，法律面前的权利和平等，应以长期居住于英国治下的社会边界内为条件。甘地早期抗议过 1897 年纳塔尔语言测试法，但此后他逐渐承认一个国家有权根据自己的意愿制定移民法，并将注意力集中到歧视性的国内法上。他承认 1902 年《维护和平条例》(*Peace Preservation Ordinance*) 的必要性，该条例禁止以前不居住在德兰士瓦的印度人入境，但他还是指责了执法严苛。1903 年后，南非重新实施歧视性的居留、注册和执照等法规，使事态更为严重。甘地于 1904 年发表了《印度舆论》(*Indian Opinion*) 的文章，文中批评了大英帝国内对印度裔臣民的各种歧视，但认为禁阻印度新移民到来的做法，远没有侵犯新旧印度裔居民的权利这样的事情严重：

> 就新移民而言，我们不太能对残酷无情的执法说三道四，但我们确实感觉到，政府部门想要驱赶已在该殖民地安居乐业的人，这就做得有点过分了。将遵纪守法的体面移民当作罪犯驱逐出殖民地是不公平的，尤其是人们都知道，正是这个政府部门曾经准许他们入境，现

在又要把他们赶走。[43]

1906年9月，德兰士瓦通过了自己版本的“纳塔尔法案”，规定移民要进行语言测试，同时还通过了“黑人法案”，规定有色人种居民重新按手印注册，并授权将未按要求出示身份证明的印度人驱逐出境。甘地提出，“黑人法案”应该成为抗议行动的主要目标，只要该法案被废除，《移民限制法案》“的伤害就会减轻”。[44]他对《泰晤士报》说：“英属印度人从未妄想过要求自由
312 移民到德兰士瓦的权利。他们知道人们对此类移民存在多种偏见，因而接受了盛行于开普、纳塔尔和其他英属殖民地的限制性移民原则。”[45]1908年8月在举行焚烧注册证明的抗议活动时，甘地进一步阐述了居留权和国际移民权之间的区别：

> 我声言，这个国家属于欧洲人，也属于英属印度人……但这一说法是什么意思呢？我的意思并不是说，国家要向我们开放，让亚洲人不受限制地涌入。不，我声言，我自己就是一个拓殖者；我声言，我在这个国家曾经有过一段不错的生活；如果为了这个国家，为了这个国家的福祉，不允许亚洲移民无限制地迁移进来，那么我会第一个说，就这样吧。如果这个国家的大多数居民要求终止亚洲移民入境——注意，我这里用的词是移民入境（immigration），如果亚洲移民入境应受到有序的控制，那么我会说我也接受这一立场，但接受了这一立场之后，我就会声言，这个国家也是属于我的，正如它属于其他拓殖者一样，正是在这个意义上，我代表我

的同胞提出了这一主张。[46]

客观存在仍然只是争得权利的第一步。印度人还须以文明人的行为举止来争取权利。在说服印度人自愿接受1905年德兰士瓦对印度人实行重新注册的规定时，甘地解释说，印度人的做法是为了“证明他们是诚实、得体、心胸开阔、懂道理和谦恭的……希望不会对他们施加新的限制”。[47]1906年“黑人法案”的出台，打击了这种缓和的态度，但文明身份的重要性依然存在。他后来回忆说：

> 我从来没听说过世界上任何一个地方会用这种性质的立法针对自由人。我知道纳塔尔的印度契约劳工受到严格的通行证制度的约束，但这些可怜的家伙很难被归类为自由人……如果充分理解这项立法的所有含义，就会发现，印度的荣誉要由我们来维护。因为该条例不仅要羞辱我们自己，还要羞辱我们的祖国。屈辱之处就在于对无辜者的贬低。[48]

最终，争取让印度人被视为一个自由和文明的民族，比维护英国的 313
权利或自治制度更为重要。无论甘地看待文明、社会和人民身份的方式中存在什么样的矛盾，这些都被“萨提亚格拉哈”的力量所超越，它通过强烈而勇敢的身心和政治上的行动，来创造自由的个体和社会。由“萨提亚格拉哈”力量塑造的这种新意识最终又会有助于他们重新关注权利问题，这是他们渴望成为一个公认的自决民族的结果，而不是帝国臣民身份或抽象的移民权利带来的结果。

仁爱力量和法则

甘地反对德兰士瓦殖民地实施歧视性法律的许多观点，与日本人和中国人的立场相似，即争取国际地位必须从国内的自律开始。他对“萨提亚格拉哈”的许多思考充斥着荣誉、男子气概和勇敢等词汇。他甚至赞同国家荣誉优先于非暴力的必要性：“我宁愿让印度诉诸武力来捍卫自己的荣誉，也不愿让她以懦弱的方式无助地见证或一直经受着自己的耻辱。”[49] 在实际谈判中，他也提出了类似日本人的要求：即使法律执行起来是歧视性的，在文本中也要体现平等。形式平等一方面有助于维护印度人在公共领域中的地位，而另一方面又有助于维护主权国家掌控其多元化社会的权利。甘地在 20 世纪 20 年代说道：

> 如果排印法律不提印度人的名称，这样就没有明确规定只适用于印度人，而是适用于所有臣民，并且如果将执法权交由行政人员……立法者的目标同样可以通过这样的法律实现，该法律就会变成一般法。那就不会有人因颁布这样的法律而感到被侮辱。当现有的痛苦随着时间的推移而减轻时，可能就没有必要修改此类法律了，而只要法律执行者更自由开明一点，就足以减轻受害群体的痛苦。[50]

甘地发展了超出成文法律及限制措施的妥协和抵抗方式，这方面超越了日本人。甘地并不强调自上而下的国家控制，而是将
314 个人牺牲和自律置于其运动的核心。通过这种方式，原本会被解

释为力争迂回地挽回面子的细微法律差别，实际上也可以被重新解读为一个自由和文明的民族取得的重大道德胜利。在“黑人法案”通过前不久举行了一次大规模抗议集会。集会上，塞斯·哈吉·哈比卜（Seth Haji Habib）在神面前郑重地宣誓，要抵制新法律。这让甘地顿悟：反对歧视性法律的斗争首先要致力于个人自律，这是社会约束力的基础。他很快就公开表态：

> 我们每个人，如果有自我承诺的意愿和能力，都必须为自己思考。不能以多数票通过此类性质的决议案。只有那些保证履行承诺的人才会受到承诺的约束……每个人都只需要扪心自问，如果内心的声音向他保证，会有必不可少的力量来促使他履行承诺，那么他只需要自我承诺，也只有他自我承诺，才可结出硕果……如果有人问我这场斗争何时结束，又如何可以结束，我可能会说，只要整个社会都勇敢地经受住考验，那么结束之时指日可待。[51]

反注册运动取得了巨大成功。很快，当地监狱人满为患，“萨提亚格拉哈”运动在当地白人中也获得了一些支持。1908 年 1 月，德兰士瓦政府同意就废除“黑人法案”问题进行谈判，以换取甘地承诺，让所有亚洲人自愿注册，然后他们可在《移民限制法案》修正案之下实现合法化。许多甘地的追随者因甘地背地里达成这些协议而感到被出卖了。当谈判涉及民众之间的实际协议且本身十分复杂时，即使甘地也难以抗拒专家间秘密谈判所带来的便利和诱惑。

许多甘地的追随者不太相信强制注册和自愿注册之间在道德和政治上会有区别。甘地在《印度舆论》中解释说，自愿服从与屈服是截然不同范畴内的道德行为：

> 你们无法理解这一点，我并不感到惊讶。由法律来强迫我们注册，那就是耻辱。强制注册无外乎于此。但如果我们出于自己的自由意志，进行同样的注册，那会
> 315 让我们免于受辱，甚至表明我们是宽宏大量的。举个例子，伺候一位朋友时，我给他洗脚或帮他拿便盆，这会加强我们的友谊，让我内心有满足感，也会赢得他人对我的好感。另一种可能是，他不喜欢做这样的工作，认为很下贱，但可能会在胁迫下或为了钱而不得不这么做。我们会认为他是低等人，把他当作奴仆。我们会称他为卑贱者。他也会为自己的工作感到羞愧。如果有人发现他从事那项工作，他会设法躲起来。现实中，他是一个有负罪感的人，永远不会感到幸福。自愿注册和强制注册之间的区别跟这种情况是一样的。[52]

与契约合同一样，通过事先自愿同意，潜藏的奴役得以被释放出来。

甘地还回应了批评人士的攻讦。他们认为，无论人们是否自愿，法律都会得到执行，而且在自行注册的过程中，“你所说的自愿其实也带有强迫性和私利性”。对此，甘地将他的论点推升到了精神层面。他强调，团结起来进行抵制的行为本身，已改变了自愿注册的含义，这甚至有利于全人类更大的利益：

如果我们总是因恐惧而唯唯诺诺，抵抗政府的运动就不可能进行长达16个月之久。政府因为害怕我们的力量，害怕我们掌握真理的力量，所以接受了自愿注册的要求……在自愿注册中，无疑存在着私利的因素。如果一个人以神的奴仆身份生活，即使是完全为人类或所有创造物效力，他也会受到自我利益的驱动，那就是与神同在，争取涅槃重生。我们尊敬这样的人。如果这个世界上有众多这样的人，那么我们会发现，这个世界将充满神圣、繁荣、和平、幸福和团结，而不是我们今天所看到的邪恶、苦难、饥饿和疾病。[53]

对于批评者指责自愿注册也要按手印——这曾经是“黑人法案”下耻辱的主要象征，甘地回应道，“如果手印是魔鬼律法主宰下身体的一部分，我们就反对按手印”，但现在已不是如此，按手印是一个自觉的新印度民族的自愿选择。[54]然而，他确实进一步 316
阐述了自己的论点，主张受过教育的人不应留指纹：

有学识才干和金钱地位的人都可以从他们所拥有的知识和外表分辨出来。要求按手印对他们来说简直是丢脸的事。如此来看，若是文盲，也没有其他办法了解他们，那就必须按手印，这应该没有问题。相反，这可以确保对他们的充分保护。[55]

与排华法一样，能否实现国际迁移，能否成为真正的自由人，取决于所处的特定阶级地位和能否用“文明”装饰来自我包装。

并非所有印度人都相信甘地所言。其中一个不信服的人在甘地去登记的路上差点把他打死。但大多数印度人都进行了注册，并按下了手印。然而，史末资将军后来否认曾同意废除“黑人法案”，许多印度人再度指责甘地与南非政府谈判时没有考虑更广泛的社会利益。1909 年后，“萨提亚格拉哈”运动减弱了，甘地退居到托尔斯泰农场合作社，在那里他完善了理论框架和实践行动，使之最大程度上符合“萨提亚格拉哈”的精神。他尝试了多种形式的自我约束，包括节食、体育锻炼、禁欲和自给自足，强调身心的力量是参与“萨提亚格拉哈”运动的必要条件。他还试验了多种形式的社会组织，以维持农场居民的纪律，包括坚持对所有货币收支进行公开的公共核算。[56]

1911 年至 1913 年，南非联邦制定了新的移民法，这一形势的发展促使“萨提亚格拉哈”运动再度兴起。争论的问题包括联邦各州之间的自由迁徙、住所的定义、未成年人的定义、合法婚姻和妻子的定义、受过教育的印度人自由进入南非的权利，以及纳塔尔殖民地继续收取注册费的问题。其中许多问题都围绕着法律区分和措辞等技术方面展开，这可能比强制注册和自愿注册之间的区别更微妙。律师身份的甘地与道德家甘地合二为一。大多数达成的妥协最终都写入了法律条款中，承诺不会苛刻执法，在官方自由裁量之下，给予特定的印度人特别入境许可。[57]1885 年
317 的南非法案条款曾经引发多次抵制运动，但仍未改变，一如既往，只是按照“加拿大原则”——以“经济”为由自行决定排斥亚裔移民——重新制定出台。

甘地于 1914 年离开了南非，真理至少赢得了部分的胜利，

他因而心满意足。事实上，南非从未兑现过大多数自由裁量的承诺。然而，甘地达成的法律协议有助于将移民法从民众自治的手中转移到行政专业领域。但以此做法，他将边境管控的技术性和正当性问题塑造为个人身份和政治归属的精神理想，使得移民管控具有了强烈的道德色彩。他把参与移民法的执行从一个政治必要性和国家荣誉的问题——正如日本人的情况那样，转变为一种个人的道德义务。

第十二章
遍及世界的边境，1907—1939

318 1936年，哈里·劳克林（Harry Laughlin）为卡内基研究所的“优生学档案室”（Eugenics Record Office）分析了美洲所有国家和殖民地的移民法。在报告中，他指出，作为国内政策的一部分，每个国家都有管控和甄选移民的普遍权利，甚至是必要权利：

> 全人类必须赋予每个种族在其领土内维护自己种族完整的权利。争取种族完整的权利就像追求幸福；这不是一个人类群体给予另一个群体的东西，而是一种固有的权利。一个外来者于所在国的存在，要么是因其军事强势——征服者，要么是由于所在国的宽容，而不是依据道德或法律上的固有权利。[1]

对劳克林来说，一个由自决的政治、社会和种族单位组成的支离破碎的世界是人权的源泉和目标。他还指出，通过条约而不是立法来建立移民监管制度，意味着让渡与主权相关的基本权利。条约只对建立便利程序（如统一的护照）有用，对维护移民筛选标准却无用。他承认，应鼓励旅行者和外来暂居者的国际流动，将其作为一项有利于商业利益和缔造和平的活动。但这种交往领域应该建立在对公民、旅行者和移民三者进行严格法律区分的基础上。社会—领土单位的完整性是道德上的第一要务。

根据劳克林的说法，最好通过标准化的移民法来维持这个由边界和领土组成的世界。他的报告最后提出了一部移民管控法的
范本。[2]该范本一开始便声称国家对移民事务拥有唯一的主权权 319
力，接着又提出了在法律上区分游客和移民的条款；制定配额方案；根据人体测量、心理测试和健康标准评估来衡量移民同化的潜质，从而设定优选标准；要求进行忠诚度测试；对移居出国、驱逐出境、归化入籍、签发护照和外国人注册设立明确程序；建立恰当的体制机制和权力机构来执法。每个国家都可以根据自己的需要在细节上进行微调。但是，若要维护国家的自主权，首先要求将这些细节从这个最高水平和最科学的立法范本中抽取出来。

劳克林虽然也用自决的说法来表达其观点，但实际上是在提议建立全球规范和监管的标准化机制。他的建议在 20 世纪 30 年代得到人们的重视，因为许多人已经开始相信，其建议反映了世界的真实面貌——它是由本质上不同的国家组成的，这些国家都在寻求最佳的安排来保护自己主权的完整性，以应对外部挑战。在一定程度上，这些人的想法是对的。主权国家的边境管控原则和机制曾经因限制亚洲人参与全球交往而发展起来，现在已经全球化了，普及化了。边境管控已经变成主权和自治的先决条件，而不是结果。劳克林公开主张的优生学观点到第二次世界大战后就消失了，但他的其他建议仍然代表了大多数人对于移民（更贴

切地说是“迁入移民”）政策思考的基本可能方式。

移民管控原则和做法的不断推广经历了一个复杂的过程。每一次具体的采用和适应环节，都是在不同的历史环境中进行的。但从长期来看，仿效、外交压力、国际协商、复制既有案例的便利性，以及遵从被认为是最高水平的法律和科学管理方式，都使得人们在管控移民的范围和正当合理性方面产生了广泛的共识。即使是创新，就像20世纪20年代美国实行移民配额法，也被说成是为了完善现有机制，并且使各国人民要求的国际平等原则与各国决定自己人口的权利相协调。虽然并非所有人都认为移民配额法切实实现了这一协调，但这项法律仍然为世界各地的移民管控设定了技术上的标准。令自治理想免受不文明世界威胁的机制，起初方法特
320 殊，现在已成为人口管理不可或缺的技术手段。采用这些手段，是国际体系承认其为自决国家的先决条件。

政策传播

推广移民法不仅仅是因为要应对移民数量不断增加的问题。许多国家在大批移民到来之前就已制定了限制性法律。采用这些移民法，与一个文明国家应该如何界定其社会和政治边界的观念有很大关系。事实上，不断有国家采用法律和技术手段，将此作为最先进完备的管控方法，但没有什么证据可以证明这行之有效，却常常有证据可以证明其徒劳无功。执法失败很少会引致人们质疑这些手段的有效性，当然更不会质疑边境管控的基本必要性。人们反而会解读为，这恰恰证明了国家或机构执法力度不

够，或者说逃避法律的移民存在道德缺陷。尽管如此，采用移民法，也反映了政府要建立行政、法律和政治制度的意图：不仅是要在国内执法，而且要使之成为国际体系的一部分，让人们普遍接受证明文件和人员分类的做法。

劳克林收集了美洲各地移民政策的实际情况，结果表明这些国家官方的移民管控原则和方式到 20 世纪 30 年代时已明显趋同。所有制定的政策都是在边境实施控制和监督。限制移民入境几乎都是基于其健康原因、犯罪记录或政治因素（即反叛分子、无政府主义者、激进分子）这样的理由。大多数国家还要求移民在出国前须提交证明文件，如护照、健康证明、警察局记录或良好行为证明。对待契约劳工的态度差异最大，从选择性鼓励到绝对禁止的都有。加勒比地区殖民地的法律是最不统一的，通常仍然以 19 世纪的立法为基础，这些法律往往是用来吸引和监督种植园劳工的。国家独立最终带来了立法的同质性。

大多数国家早在移民潮涌入之前，就已经实现了管控政策在形式上的趋同，基于种族的立法更是如此。在美洲 22 个独立国家中，有 18 个是明确排斥亚洲移民的，尽管这些国家几乎没有或根本没有亚洲移民迁移进来。剩下的四个国家——阿根廷、巴西、智利和秘鲁（另外还有巴拿马）与亚洲有着最密切的外交关系，因此管控移民的方法也最为与众不同：巴西将移民纳入国籍 321
配额制的更大体系中，而秘鲁和智利则通过行政法令排斥亚裔移民。[3] 尽管数量微不足道，许多国家还是采取了禁止亚裔移民入境的政策，比如 1889 年的厄瓜多尔、1896 年的危地马拉、1897 年的尼加拉瓜和哥斯达黎加，它们都受这样的普遍观念影响，认为文明国家必须未雨绸缪，以防范“有害种族”的到来——这是哥斯达黎加法律中的用词。[4]

移民法在美洲的广泛应用，并不能说明政策传播是美洲国家应对共同的经济和结构性挑战的一种手段，[5]而应该将其理解为人口管理在制度和意识形态上的传播，这正是被国际社会承认为现代民族国家的必要条件。在20世纪20年代的欧洲，很难区分是国内压力还是国际压力在产生作用，因为在限制移民的呼声甚嚣尘上的同时，建立福利国家及扩大选举权的诉求方兴未艾，这需要政府更加小心谨慎地区分公民和非公民的身份，区分他们享有工作机会和福利权利的资格。选举政治的扩大也促使政客们积极推行边境管控政策，这些政策被认为可以保护国内经济和民众的工资收入。[6]但是，即使是在没有福利制度、移民迁流、工业劳动力需求或选举政治等重大问题的美洲国家，移民法的应用也突显了全球规范、权力、信息传播以及政策扩散标准路径等方面的重要作用。边境管控不再仅仅是自主自治可能导致的一种后果，而被国际社会承认为一个自主自治国家的先决条件，无论这个国家是否实行民主制。

即使在接受了大量移民的美洲国家，也几乎没有证据表明他们采用的模式是最有成效的。在大多数情况下，这些模式往往与强权联系在一起，如大英帝国和美国，这些模式都是在19世纪末通过妥协、外交和排斥亚洲人的一次次决策逐渐积累拼凑而成的。但到了20世纪20年代，这些国家的特定历史经验被写入了一般移民法中，之后这些模式便具备了普遍适用性。有时，美国通过直接向邻国施压来推广其模式，要求它们与美国协调移民政策，或要求它们在对待美国公民时采用让美国更可接受的标准。这些模式一旦扎根，就很难建立其他模式了。政府部门需要在移民出发前对他们进行审查，向他们提供恰当的证件，并开展涉及移民的外交和通商活动，这一切都意味着很多国家和企业早在相 322
关法规或法令制定之前，就已经适应了移民监管的体制规范。

在实践层面上，这些模式及其运作的知识是通过专家、外交官、咨询师、法律著述和科学思想的网络体系来传播的。在寻找先例和原则时，这些知识提供者都不约而同地认为，至少在种族划分不太明显的衍生事例之前，跨太平洋地区的移民法是一个关键渊源。在更抽象的层面上，采用这些模式的动机，与塑造新兴国际体系的普遍观念和机制密不可分，其中包括定义现代主权、科学种族主义、个人权利范围以及移民对国家福利和社会机体的影响。如果不用这些术语来表述移民管控，就等同于拒绝作为一个文明社会来行事，等同于反对科学的方法，也等同于自绝于世界历史进步之潮。即使没有任何现实能力来执行这些模式，采纳标准模式的意愿本身，也表明愿意参与全球秩序，同时加强该秩序的合法性。

除了建立衡量身心健康、种族和家庭的全球标准外，移民法的推广也将个人确立为全球规范的基本对象和产物。给移民建档、使移民合法化或非法化的过程都是在移民自身对其身份承担主要责任的前提下进行的。监管机构只是调查并确认个人的说法。这样的理解有助于说明政府为什么要坚持不懈地打击私营机构组织的移民活动，这些移民活动都处于官方的监管之外。这种做法还产生了与标准化方法和原则共生共存的标准化监管对象。

大卫·斯特朗（David Strang）和约翰·迈耶（John Meyer）在总体上讨论了现代制度的全球扩散问题，他们指出："对受约束的个人、合理化的组织和目的性的社会进行现代性的详细分析，创造了强大的标准化力量。相关的扩散过程正好与现代化所寻求的内部合理化及其分析预设的假定背道而驰。现代行为体最强调独特性和自主权，但它们恰恰受扩散过程带来的同质化影响最大。"[7]换言之，几近无限扩散的独特个体对监管机制和人员分类并不是一个挑战，而是一种产物。从理论上讲，个体差异的广泛
323 性仅受限于一种普遍人性的抽象概念。但正是这种差异无所不在的特性，使得有必要通过平等待遇和标准化程序来消除专属特权和区别对待。实施这些程序的制度并非普遍存在，只存在于特定国家内，而这些国家本身是国际社会的一部分，它由所有成员国在形式上的平等和标准化的独特性所界定。

监管对象的个体化使得政府能够对移民分门别类，即按标准化的原则来区分个人，而不是人际关系网界定的标准。[8]一旦个体被视为差异的实体承载者，那就较容易地加以区分，并根据标准化的个体差异组合来重新排列。这些排列反过来又确定了区分个体差异的标准（例如身体外部特征、健康状况、工作职业、考试成绩、资历证书等）或区分国家差异的标准（例如国内生产总值、国旗、宪政制度、文化遗产、景观、资源等）。大多数认证个体身份并加以分类的部门机构，都是国家自身基础结构的关键部分，承担着与公民、非公民和可能介于这两者间的各类人员建立恰当关系的繁重工作。这项工作是各国加入国际社会的一个决定性因素。

当然，哪些差异准则是可接受的，这仍然是一个争议相当大的问题。但这些辩论的框架由最初作为新监管机制一部分的概念和程序来确定。平等对待个体案件的理想，对于现代官僚程序和自由市场理念来说至关重要，同样的，承认每个人的独特性而不是置若罔闻，对于反歧视的激进行动和自我诉求来说也至关重要。不同方面的支持者间相互冲突，焦点在于如何解释某些类别及其合法性，而不在于根据个人特质进行分类的过程。即使是最坚决反对贴种族和国家标签的人，也在推动社会投入大量资源，按个体的履历将他们分类为难民、工人、大学毕业生或亚裔美国人等。社会关系网继续提供基于人际关系而非个人特质的另一种身份，这些网络要么隐藏在腐败、传统、非法和非正规等含糊概念中，若隐若现，要么被描绘为一种极端的新挑战，威胁了稳定而传统的身份。

旨在规范亚洲移民的法律并未完全实现平等和具体案件具体对待的目标，因为这些法律的目的就是要将世界某些地区排除在这些进程之外，但它们为后来的调整改进建立了样板，最终以更 324
强包容性的名义取代了明目张胆的歧视。原本是一种精心管控和限制某些种族移民加入国际大家庭的手段，由此扩展为国际体系本身的制度结构。

自治的广泛性

移民政策的传播不是一个采用并实施标准模式的平稳过程。更常见的情况是通过斗争和谈判进行调整，是一个相互学习的过程，从而产生一种可接受的政策，其要求和范围都有更精细的划定。像在中美洲和加勒比地区，美国对这些国家的移民管控施加的压力最大，但这些国家往往抵制美国的压力。不过从长远来看，所有国家的发展方向都以美国模式为蓝本，实施更加严格的边境管控立法。

除了种族排斥外，整个美洲地区的国家也毫不隐讳地仿效美国模式，实施移民体检政策。[9]总的来说，美国官员对各国建立共同标准感到欣慰，但初期执行这些标准时，这些国家若有违背保护美国公民海外利益的要求，就往往会引火烧身。20 世纪初发生了海地、巴拿马和厄瓜多尔拒绝美国亚裔公民入境的事件，美国官员最终却选择认可一个主权国家有这样的权利和必要性，至少在某些范围内按照自己的意愿管控移民入境。事实上，需要接受教训的往往是那些坚持自由交往永恒理想的美国外交官，而非当地政府。例如，1908 年美国驻瓜亚基尔领事官赫尔曼·迪特里希（Herman Dietrich）曾就如何处理厄瓜多尔拒绝美国公民黄冠豪（Wong Koon Hou）入境一事征求意见，美国国务院指示他，美国没有理由反对，“这种拒绝入境是合理实施一般法的结果”。[10]但查尔斯·哈特曼（Charles Hartman）大使仍然难以理解这一原则。1914 年，当美国公民顾贵（Goo Kwai）准备入境厄瓜多尔时，哈特曼给厄瓜多尔外交部发出了一份照会，引用了国际法关于人员流动自由的内容，并寻问道：“一个人如果持有美国国务卿签发的正式护照，那么就证明该护照持有者为美
325 国公民，贵国是否准许这个人入境厄瓜多尔呢？”[11]厄瓜多尔政府和美国国务院都一致认为此人不能入境。

但“合理实施”的概念使美国在反对其他国家法律时可以钻空子，这能促进更大范围内的标准化。1904 年，海地通过了一项法律，禁止叙利亚移民入境或拥有企业所有权。哥斯达黎加和巴拿马之前已通过了类似的法律，美国没有表示反对。但叙利亚人在海地受到的迫害注定会有更严重的后果，因为其中相当大一部分人声称拥有美国国籍。美国国务院正式提出反对立场，理由是海地法律含糊不清，混乱不堪。美国尤其反对设立“一般被称作叙利亚人”这一类别，并且认为这不适用于持有美国国籍证件的叙利亚人。海地政府回应称，许多国籍证件都是假的，更重要的是，美国排华也不分国籍。[12] 美国从未正式撤回反对意见，但到 1905 年，美国大使建议拥有美国公民身份的叙利亚人关闭其在海地的企业，以防海地政府严格执法。

美国还是成功地向海地人施加了压力，使得海地政府推延到 1911 年才开始执行禁令。由于海地面临法国和英国武装干涉的威胁，而美国支持海地的反抗，美国政府于是乘机迫使海地方面改变法律。那一年，海地政府正开始执法，英国威胁要派遣炮艇保护英国臣民的利益，法国人事实上已经派出了军舰。作为回应，美国召集会议来支持海地决定自己移民政策的权利。美国国务卿亨廷顿·威尔逊（Huntington Wilson）① 写信给英国驻美大使，解释环太平洋地区排斥亚裔人法律的作用，认为：“鉴于适用的国际法原则，对于海地根据所声称的经济和政治必要性，将其本土法律规定的不受欢迎人群排除在其领土之外，本政府认为

---

① 原文有误。亨廷顿·威尔逊应为美国助理国务卿，当时的美国国务卿是诺克斯（Philander C. Knox）。

没有什么正当的反对理由。”[13]美国官员还借此机会建议海地官员修改其法律，以更好地保护该国对外交往关系。海地政客在这些威胁和建议下改变了立场，最终同意准许1904年之前已加入他国国籍的叙利亚人继续居留，这是在平等对待外国居民的问题上采取的一种部分退让或不完全退让的姿态。

326 墨西哥也经常因亚洲移民问题与美国发生冲突。但1911年之前，在波菲里奥·迪亚兹（Porfirio Diáz）自由政府执政时期，这些冲突通常围绕着墨西哥自由移民承诺而不是排斥美国公民的问题而展开。自19世纪90年代以来，美国一直派遣顾问、专家和外交官前往墨西哥，试图促进该国更有效地管控出入美墨边境地区的中国人及那些试图逃避美国法律的其他移民。美国人建议墨西哥拟定移民立法草案，并提出要与墨西哥达成铁路协议，就像先前跟加拿大签订的一样。但墨西哥官员一直对美国的移民问题漠不关心，不予理会。[14]墨西哥官员认为，如果“拥有最丰富资源的美国政府都无法采取有效的措施来阻止中国人进入其领土”，那么墨西哥没有义务承担这种吃力不讨好的事。[15]一些官员，如墨西哥卫生局负责人爱德华多·利塞亚加（Eduardo Licéaga），赞同国际自由流动的主张，他以这种更正面的观点来进一步强调墨西哥的立场。他认为，世界各地的检疫法律须实行自由主义原则，这有利于提高各国国内卫生机制的水平，从而“在不损害……商业利益或阻碍人员自由交流的情况下维护公共卫生利益”。[16]文明国家应该塑造移民的健康环境，而不是相反。

但即使在支持国际交往的政治氛围中，中国人也逃脱不了遭歧视的命运。1908年墨西哥内政部的一份报告引起人们对中国人健康和道德问题的担忧，由此产生了新移民立法，该法以美国医疗健康限制法为样板，但重点关注亚洲人可能携带传染病入境的问题。美国官员对此感到满意，但这项措施几乎无助于减少跨境偷渡活动，结果美国移民局干脆禁止中国人从美墨边境入境。1916 年后，墨西哥革命的民粹主义政府上台，最终点燃了民众自治的火炬，经常旗帜鲜明地反对精英阶层与外国经济利益集团沆瀣一气。在这样的政权下，北美的事务往往合作不顺，但在排斥和驱逐亚洲人（很多是依靠向外国矿业公司和农业公司供应食品来谋生）问题上充满了热情，态度都更加积极。[17] 在这种情况下，虽然墨西哥延续了太平洋沿岸地区长期以来存在的民众自治理想，试图抵御亚洲人和资本的双重威胁，但它作为主权国家对边境的管控仍源自对抗美国的过程。

边境管控的荣誉

实施移民法的能力，与正式通过移民法一样，都是国家身份 327
地位的一个标志。面临国际压力，缺乏国内资源，无法在主权监管和自由交往的要求之间取得平衡，这些往往都会导致弱国的行为极端摇摆，从一个严苛或绝对排外时期转向另一个充斥着偷渡、专属特权和执法不力的大规模移民时期。这些国家没有那么多的资源来实施美国排华法那种既昂贵又要象征性体现强权的操作。美国法律虽然在实践中屡遭失败，但仍让每一位个体申请人都参与了美国权力及其国际秩序愿景的仪式性展示。这些弱国甚至无法在自己的边境上保持连贯的操作，更不用说将国家主导权投射到边境之外，或声称要对全球社会秩序进行分类。

例如，秘鲁于 1914 年废除与中国的条约后，移民率大幅波动，要么几个月内没有移民入境，要么在几年间出现前所未有的大规模移民迁入，那些中国移民都是通过秘鲁政府内部的私人关系获得特殊准入证进入秘鲁的。很多人认为，移民大量涌入，恰好证明了秘鲁政府机构的腐败和软弱，但中国人和其他外国人则批评，绝对排外说明了秘鲁政府机构未能实行公正公平的监管。与墨西哥一样，在 1930 年建立了一个民粹主义政府之后，秘鲁才有了系统性的移民限制措施，该政府在意识形态上和实际行动中都采取了更加强硬的态度。[18]

美洲当地政府实施移民法的失败显而易见，于是招来了外国的干预。1902 年古巴官员未能有效执行排华法就是一个案例。该法是美国占领古巴后强加给古巴人的法律。20 世纪 20 年代，由于履行法律职责的政府部门不断变换，官员们反复发布法令来解释法律问题，还根据美国排华法的原则持续加强法律限制力度，并提醒官员们旧法令依然有效。中国和古巴官员签发的证件多次被吊销，然后又恢复，那些官员也有同样的命运，被解职又复职。但监管的有效性不断受到贪污腐败、漏洞百出、执法不力和互不协调等问题的削弱，还有糖业利益集团施加压力，他们在 1917 年至 1921 年间成功促使国会通过了立法，在世界糖价高涨
328 时准许 12000 多名中国劳工入境。[19]

移民管控措施的失效招致了美国和中国的干预。1924 年 4 月，中国公使写信给古巴官员曼努埃尔·德·塞斯佩德斯（Miguel de Cespedes），谈到现行执法的不足。他略带讥讽地

指出，现在推行的法令，“遵照了国家当局最初将排华法引入古巴时专家提出的建议，如果实施得当，应足以防止华工入境”。他建议，如果古巴官员发现难以执行这些法律，那么中国政府愿意实行自限制度，可以由古巴制定这样一个行政法令范本。[20] 次月，美国大使伊诺克·克劳德（Enoch Crowder）也致函古巴，称：虽然美国和古巴限制中国移民的法律“惊人地相似”，但仍有大批中国人进入古巴。他要求古巴实施改革，以阻止中国人偷渡进美国。[21] 在这些压力下，古巴政府继续修订其法律，但总体上收效甚微。然而，古巴确实成功地抵制了中国提出“相互自限”的建议，该建议与古巴刚刚跟日本签订的条约一致。管控移民的主权仍然优先于执法不力问题。[22]

移民管控权与国家荣誉的关系在阻止中国非法移民进入巴拿马的斗争中表现得最为生动。1904 年，巴拿马在美国支持下脱离哥伦比亚而独立。不久，巴拿马政府通过了一项法律，禁止所有中国人、叙利亚人和土耳其人入境，但返回的居民、农业劳工和替换雇工除外。[23] 巴拿马是从香港到秘鲁的新开邮轮航线上的一个停靠站。在后来的二十年里，巴拿马多次尝试加强禁令，但入境的中国人仍络绎不绝，有增无减。用外交部部长勒费弗尔（E. T. Lefevre）1910 年的一句话来说，1904 年最初的排华法激发了中国人使出“各种花招，完全扭转了这一法令的方向”。[24] 外交部部长在 20 世纪 20 年代向国民议会提交了报告，其主体内容是对中国人的指责，并且为他自己受到的贪污腐败和执法不力的指控进行辩护。

1913 年 3 月，中国移民成为国际关系的一个重要问题，当

时巴拿马一项新法律规定所有中国移民，不论是个人还是团体，都须重新注册并按月缴税。当地华人拒绝遵从。在向巴拿马政府
329 和中国政府提交的请愿书中，他们指责新法专门歧视华人，并要求国际礼让所保障的权利：

> 虽然从理论上讲，国际法中的肯定性规则允许一个国家禁止移民进入其领土，但实际上这种情况并不会发生。因为很明显，《万国律例》的目的是规范国家之间的关系，而这些关系从形成到发展都必须依赖各成员国之间的相互沟通。没有移民自由，国际社会几乎不可能存在。[25]

勒费弗尔在回复中利用各种说辞。他承认，“一个国家对外国人都关闭大门的做法已趋于消失”，但他以跨太平洋地区存在文明差异为由来说明其观点，强调“自由移民的原则往往（仅）在具有平等传统和同等文明的人之间才普遍适用”。[26]他指出，美国是做到既与中国保持良好关系又排斥中国人的典范。他接着解释说，问题不在于排斥本身，而在于中国人的无礼态度和犯罪行为。这项法律并不是为了让外国人难堪，“而是为了阻止不道德的偷渡活动继续下去——可以为它贴上‘黄种人的偷渡’这一标签，这种行径大逆不道，使自己种族的成员首先沦为受害者，然后就像瘟疫一样，其毒液开始渗入当地社会的某些领域，尤其是毒害公共行政部门的许多雇员”。[27]华人“公开反抗的态度”进一步加剧了非法移民带来的威胁，使行政部门的执法工作更加困难，“行政当局不仅需要捍卫中央政府的尊严，还需要捍卫受

到严重威胁的权威原则”。[28] 当地法律的目的就是保卫国家，促使政府将某些种类的移民迁徙定义为国家的威胁。

经证明，某些形式的国际干预比其他形式更为合法。中国驻巴拿马总领事欧阳庚支持华人抵制注册，并试图质疑排华法是否符合宪法。他甚至以人口普查为借口，将所有华人的旧身份证扣 330
在领事馆，让他们无法重新注册。巴拿马政府以其鼓励华人不遵守法律为由将他驱逐出境。作为回应，华人居民停业抗议，还争取美国公使馆秘书赛勒斯·威克（Cyrus Wicker）出面斡旋，以协助他们的斗争（自 19 世纪 90 年代以来，许多中美洲国家的美国领事官常常代表华人进行“斡旋”）。[29] 威克通过谈判使得巴拿马政府降低了对华人的税收，在注册程序上也做出了让步，还在华人返回巴拿马时给予更多优待。巴拿马官员和中国官员双方在达成这些条款协定的过程中，都含蓄地同意主权国拥有管控移民的有效权利，前提是设定温和的条款，并承认美国在制定这些适度条款方面的专业性。

但这些问题在实践中仍然难以解决。1922 年，巴拿马外交部部长纳西索·加拉伊（Narciso Garay）称（含蓄地批评勒费弗尔）：“每当外长提出一项禁止移民的新法律，或起草一项新法令对其进行监管时，都会让人产生一种错觉。”他的方法是要减少移民偷渡活动，但“并没有提出什么名副其实的理论体系，而是通过一场个人孜孜不倦的行政道德运动”。[30] 无论如何，他仍不断发布新法令，中国移民也不断规避这些法令。由此产生的法律和政治斗争又引发了大辩论，与此前四十年间白人移民国家的争论如出一辙。这些辩论涉及行政法的结局、英语国家人身保护令的风险、通过虚假证词和技术性手段获得的证明文件的有效性，以及巴拿马移民法是基于种族还是基于公民身份等问题。[31] 如果巴拿马不能得出明确的结论，不能制定持久的政策，或者在系统性程序下试图掩盖移民的逃避行为，那只会进一步破坏巴拿马的形象，让世人认为巴拿马是一个无能的南美国家。

移民配额制

1924 年美国实施移民配额法也许是 20 世纪最重要的法律革新。配额根据每个民族“群体”占当前美国居民人口比例制定，因此美国一方面假装对所有民族一视同仁，另一方面又声称要保护和维护国家人口构成中的种族平衡。配额的想法得到了广泛的支持，从支持日本移民的说客西德尼·久利克（Sidney Gulick）到优生学专家哈里·劳克林都没有异议。在这一过程中，新配额法巩固和完善了由排斥华人而发展起来的程序，例如：区分移民
331 与非移民类别（如商人和学生）；上诉、驱逐和行政终结程序；远程控制和身份审查的技术性措施；设立“非法的”外来者类别。该法律为渐进而科学地管理移民迁流制定了全球标准。

处理亚洲移民的困难是促进移民配额法技术层面发展的主要因素。1905 年中国抵制美货运动和 1906 年至 1908 年间的日本移民危机，给外交和行政官员留下了挥之不去的阴影，他们关注的是如何塑造一个允诺人人平等的国际形象。至少从 1907 年起，移民局就一直想将排华法并入一般移民法中。有关中国移民问题演变为公共事件的政治顾虑让移民局放弃了尝试，但移民局提出

的移民法草案中，有许多措辞被纳入1917年、1921年和1924年的一般移民法和法规中，特别是关于驱逐程序、举证责任和驻外领事官职责的内容。[32]1919年，日本人试图在《国际联盟盟约》（*Covenant of the League of Nations*）中加入种族平等条款，突出反映了该问题不会那么轻而易举地得到解决。白人移民国家反对增加这一条款，担忧造成不良影响，因为他们认为这会削弱他们按自己的意愿管控移民的权力。日本最终放弃了增加平等条款的要求，据称以此换取了德国在中国的租借地。但美国对日本移民的担忧仍然是促使其从原有移民法向移民配额制转变的主要动因之一。[33]

1921年至1925年担任移民局总局长的沃尔特·赫斯本德是早期主张实行移民配额制的重要人物。1910年，参议院任命的迪林厄姆委员会发布了一份内容丰富的移民报告，其中，赫斯本德提出了一个基于美国现有居民种族比例的移民配额制建议。但这一提议无法转变当时推行识字测试法的目标，后者自19世纪90年代以来就一直在限制亚洲移民议程中占主导地位，但赫斯本德依然坚持推动其配额制理念，认为最佳的管控手段是根据劳动力市场的需求来"管控"移民，而不是"限制"特定类型的移民。[34]他反对以歧视和优选为重点的移民法，"更现代的理论观点……认为，移民群体自身可能是很受欢迎的人，移民入境这件事却不得人心。我确信，移民入境问题不能基于所涉种族的优劣来解决，但我相信它可以得到解决……如果我们只对其经济方面 332
予以应有的关注"。[35]

在讨论"劣等"种族和移民配额问题时，中国人和日本人总是萦绕在人们的脑海中。日本官员反对歧视的立场毫不松懈，而美国官员始终对在“君子协定”中向日本让渡管控移民的权力感到不安。西德尼·久利克牧师的移民配额提案与赫斯本德的提案大致在同时间起草，其直接动机是维护日本人的尊严，同时不加剧美国国内的种族紧张局势。[36]久利克曾经是一名传教士，在日本传教，他在自己创办的《移民杂志》(*Immigration Journal*)上锲而不舍地宣传其观点。1914年，他向移民限制联盟解释说："以一般法的形式，可以消除众多东方移民蜂拥而至的危险，该法可以规定每年从世界任何一地入境美国的移民最大数量，入境人数则依据该地已在美定居入籍人数的固定比例而定。"[37]一些人拥护移民配额制，是因为希望在中国保持良好的形象。1914年，赫斯本德也告诉宗教自由者全美联合会（National Federation of Religious Liberals）："迪林厄姆委员会的（移民配额制）计划可用于解决棘手的亚洲移民问题。我们现在有一部苛刻的《排华法案》，但问题是，我们给中国人制定一部法律而为其他人制定另一部法律，这样能安然维持多长时间呢？如果按照迪林厄姆委员会的计划，可以将中国与其他国家置于同等基础上，那么仍可将该国的移民限定在每年7100人左右。"[38]

1917年的识字测试法（不是基于“纳塔尔模式”，而是基于移民母语的测试）并没有将外来移民数量降低到支持者所希望的水平。这为实施移民配额法开放了政治空间。自19世纪90年代以来，移民局一直在收集移民的族裔统计数据，并制定了“种族和民族一览表”。这份表格成为1921年实行“试验性”配额法的基础。它规定了每年35万移民的上限，根据1910年人口普查中外国出生的寓美居民的国籍设定比例。[39] 但严重的行政和概念问题给执法带来了很多阻碍。每个月底，都会有船只争先恐后地涌进纽约港，力争在每月配额用完之前将乘客送上岸。未能及时抵达的船只则在新泽西州靠岸，等待下个月的配额。该法律还为区分“移民”和不受配额限制的访客设定了糟糕的标准。最重要的是，移民数量和配额类别一直存在很大争议。

1924 年的移民法内容广泛，解决了许多技术性问题，其中 333
包括海外领事官审查制的规定，以及对“移民”、“非移民”（不受配额限制的临时访客）和“非配额移民”（比如不在配额内的家庭亲属）的详尽定义。移民局法务官员 A. 华纳·帕克（A. Warner Parker）表示，“乍一看，人们可能会认为，新法律在逻辑性、简洁性和技巧性构成上都是无与伦比的”，但如果进行实际分析，“可以看出，它已经失去了表述清晰、术语确切的特点，取而代之的是次序、简洁和精细化效果”。[40] 在第二年的执法中，各种难题很快显现。但官员们还是花了很大的精力来解决这些问题，不管精细与否，类别和术语都是在边境辨别各种权利诉求的基本框架。

确定具体配额的问题更难解决，在概念上和国际上都遇到了困难。配额制的关键点是既要维护平等对待所有移民的表象，又要满足那些主张限制移民者提出的减少来自东欧和南欧“新”移民的要求。因此，配额的基础就是美国在特定时刻的种族构成。1924 年移民法将最终确定移民配额的时间推迟到 1927 年，等待专家对所有不同民族来源的美国公民进行调查，该调查将依据 1920 年的人口普查。与此同时，外来移民的比例以 1890 年人口普查（第一次记录族裔类别）的美国居民所属族裔为基准。分门别类的工作无疑极其艰难，结果移民配额制再推迟到1929年。令专家们头疼不已的是，存在很多混血的情况和不确定的族裔，但专家们从未质疑过自己的基本臆断是否“科学”，而是认为可以通过适当的方式、分类法和勤奋工作来解决。[41] 不出所料，除了犹太人和一些国家，如同时拥有大量白人和非白人人口的巴西，其他族群都很容易归入民族类别。

许多国家最初反对这项新法律，例如古巴、意大利、挪威、罗马尼亚和萨尔瓦多，大多数国家的反对意见集中在配额制可能会对它们管控移民迁出的国家主权产生很大影响。意大利政府表示反对，认为领事签证的规定“实际上使意大利政府失去了控制其公民迁出的主权，并干扰了国家采取护照管理等必要措施，来
334 维护公共秩序”。它还抨击了美国行政官员拥有对移民个人权利的绝对主导权，强调把举证责任交给外国人的规定与“全世界公认的法律程序”相抵触。[42] 但意大利人除了抱怨之外，别无他法。另一方面，巴西官员抗议的不是对其实际权力的侵犯，而是配额类别否定了巴西拥有一个共同的民族。巴西人多次呼吁，要求美国将其国民视为一个族群，而不是分为黑人和白人，美国移民局却置若罔闻。[43] 尽管是亚裔移民促成了美国移民配额法的许多早期构想，但最终立法通过禁止“不符合归化入籍资格的外来者”（这一提法借鉴自1917年加利福尼亚州的土地所有权法）作为移民入境，从而强化了太平洋地区的四分五裂。排华法仍然有效，再叠加移民配额法，中国移民作为“豁免人员”入境美国的可能性更小了，因为配额法对商人做了更加严格的限定（仅限于与其

祖籍国开展国际贸易的商人)，而且禁止美国公民的中国妻子移民入境。更重要的是，“不符合归化入籍资格”的条款实际上废除了“君子协定”。众议院移民委员会以一种闭环逻辑为这一史无前例的外交灾难性条款进行辩护，称：“所有人都必须同意这一点，如果准许那些根据法律无法成为归化公民的移民迁入，在美国建立家园，那么（对美国）不会有任何好处，因为他们必然效忠另一国政府。”[44] 日本人并不这么认为。在接下来的二十年里，日本政治家和军国主义者经常将美国这种单方面行为看作日本的民族耻辱，为其反西方、主张军国主义并发动战争正名。[45] 而中国方面则处于一种奇怪的境地，他们要求回到过去那种较宽松的排华法单独管辖的状况，声称该法已充分满足了其目的。[46]

尽管困难重重，1924 年的法律还是成了移民法的最高标杆。即使是没有采用配额制的国家，也赞赏和仿效该政策来定义和塑造民族特征，并且对移民、非移民和排斥者进行了精确的区分。边境的歧视更加纷繁复杂，但美国国内机构可以更容易地在内部着手建立平等待遇的制度，而不必考虑种族、宗教或合法移民身份以外的任何特征。从长远来看，面对国内和国际压力，移民配额制本身会失去其吸引力，但旨在强制执行配额制的程序则会持 335
续沿用下去。

国际组织

在世界各国不断巩固移民管控制度的同时，要求建立国际监管机制的呼声也日益高涨。即使在 19、20 世纪之交，边境管制也仍然只是一个梦想，尚未成为现实。批评者强调，如果只有一个国家进行管制，就不可能对移民进行有效的管控。但这种国际机制设想坚定地植根于这样一种观念上：一个由自治民族国家组成的世界需要合作，这样才可以实现自身利益最大化。到了20世纪20年代，国际主义思想也基于同样的观念，认为严苛和剥夺自由的边境管控已经时过境迁，不得人心。虽然这一观念与当时实际形势格格不入，却是不可或缺的因素，它使得进步和改革的基本叙事成为一种力量，它将克服现有的不平等，而不是产生不平等问题。[47]

国际主义者认为，从实际执法的角度来看，如果没有国际合作，对人们迁移的原因又缺乏更深刻的理解，那么再好的边境管控也仍然会漏洞百出。正如詹姆斯·惠尔普利（James Whelpley）1905年在《移民问题》(*The Problem of the Immigrant*)中所写："即使是在进入自己领土的环节，也没有一个国家能够单独有效地控制这种移民运动。总有那么一个或多个有组织的诈骗团伙，企图破坏或规避建立的防护屏障，并取得成功；由于其影响是国际性的，要消除这一影响，就不能只靠单一行动或者只靠一个国家采取行动。"[48]"诈骗团伙"指的是组织移民活动的经纪商和其他非正规的移民网。他主张，有必要达成一项具有约束力的国际协议，以更好地规范那些不得人心的活动。"这种协议的好处是互惠互利，其结果不仅有利于强国，也有利于弱国，不仅有利于自由国家，也有利于专制国家，可以促进所有国家的安全、幸福和繁荣。"[49]

直到20世纪20年代，才开展了一系列谈判和会议，试图将国际合作付诸实践，此前大多是空谈。自 19 世纪 60 年代以来，国际会议和国际协会在规范和标准化度量衡、电报系统、邮政服务、海洋信号、渔业、货运、专利和商标保护、关税信息、保险和科学知识等方面都已取得了成就，奠定了历史基础。[50] 虽然并非所有国际会议都很成功，但许多会议确实富有成效，以至于我 336
们忘记了前人为建立一套全球结构付出了巨大的努力，我们现在认为这些都是理所当然的。

移民问题不在战前国际公约考虑的众多议题之列。19 世纪 90 年代以前，大多数欧洲国家的进步思想家都认为移民活动是一个需要从监管中解放出来的自然过程，除规范旅行条件之外，不需要一种新技术手段对移民活动进行任何方面的监管。20 世纪 20 年代之前举办过的唯一一次关于移民问题的会议，是 1889 年巴黎世界博览会期间的国际大会，讨论了公权干预移民迁出和迁入的问题。只有 11 个国家或地区（阿根廷、比利时、巴西、智利、西班牙、夏威夷、法国、危地马拉、巴拉圭、萨尔瓦多和委内瑞拉）的代表出席了会议，其影响微乎其微。大部分讨论都围绕着出境政策和殖民统治，而不是移民迁入政策或国际管理，这反映了人们对欧洲旧政权最终崩溃和新帝国崛起的担忧，而并不关注当时太平洋地区正在形成的现代移民政策。全体会议的发言人尚代兹先生（M. Chandéze）引用了经济学家赛（J. B. Say）的说法——“过剩人口，如果不穿过边境离开，就要闯过坟地离开”，以此说明自身的观点：管理移民的最佳方式就是解决国内问题，这是导致移民迁出的原因。[51]

最终决议确认了有必要促进自由迁徙，使之成为自我调节的过程，而不是施加限制和管理。然而，与会者还是表达了如下观点：收集关于自然迁徙过程的数据，依据该数据，进行有关劳动力需求和状况的全球信息交流，最终形成一项国际条约。这一观念对后来国际管理中的大部分尝试都产生了影响。然而，最终决议只是呼吁未来召开会议，并声称：（1）只考虑移民迁出和迁入问题本身，不考虑所有异常的情况，这样对国家和个人都有好处；（2）国家不应直接干预移民迁出活动，而只应向移民提供信息，并保护这些迁出移民。[52]

19、20 世纪之交，迁入移民管控的兴起导致更多人主张国际合作。1907 年的美国移民法甚至包括一项授权总统召开国际移民大会的条款。但直到 1919 年，才有了实际的措施，当时国
337 际联盟要求国际劳工组织（ILO）收集信息，制定移民法范本供各国采用。国际劳工组织于 1921 年成立了国际移民委员会。[53]与战后许多其他国际主义者一样，国际劳工组织官员标榜自己是全球合作的进步新趋势的先驱，可以克服 19 世纪主权国家相互猜忌的问题。但实际上，国际合作只是在很大程度上促进了竞争性国际体系的持续制度化和技术性协调。这些国际组织大多数侧重于收集信息和传达政策建议，这一过程在短期内往往看似徒劳，但最终极大地推动了国家制度的全球同质化。例如，国际移民委员会出版了大量各国移民统计数据及移民法的资料集和论文集，并于 1932 年主办了一次国际移民统计学家会议。之后，于 1936 年出版了一本关于世界各国移民群体的报告。[54]收集数据的过程本身有助于加强各国对移民迁徙的理解。

国际会议和组织也可以成为传播国家自主自决思想的平台。

移民接收国不太愿意参加国际移民会议，但一旦参加会议，这些国家就不失时机地反复强调其观点，提出移民管控是一项单方面的国内政策。除此之外，它们通常拒绝合作。这意味着它们声称的“国内”政策才是事实上的国际规范，它们依旧要求其他国家为迁徙者提供证明文件，而迁徙者必须符合其规定。例如，美国和澳大利亚拒绝参加国际移民委员会，而南非和加拿大的与会者则以主要接收国缺席为借口，称无法采取任何行动。[55]尽管如此，移民输出国的代表还是于 1921 年在罗马举行了会议，并提出了决议，认为国际社会需要协调世界各地的劳动力需求信息，还需要制定国际公约来规范移民的运送、合同和工作条件。作为回应，移民接收国的代表于 1923 年在巴黎开会，决定最好避免做出正式承诺或形成决议。如有必要，具体的外交协定优于一般公约。他们尤其担忧移民输出国有意将其国家权力扩大到海外移民身上，而且担忧移民会享受社会保障制度的好处，却不愿意归化入籍从而逃避相应的义务。[56]

1924 年 5 月，在罗马召开了第一次国际移民会议，来自 57 338
个国家的代表出席，移民接收国和输出国双方在会议上都提出了各自看法。意大利政府的邀请函承诺，会议要考虑的内容将“严格限于技术性问题”。美国回应称，移民迁入纯粹是一个国内问题，但如果仅讨论技术性问题，那么可派一个小型代表团参加。[57]贝尼托·墨索里尼（Benito Mussolini）在会议开幕时表示，现在已经到了不能再将移民当作商品对待的时候了，“有效保护劳工”的公约可以补足规范财富交换的现行公约。[58]在随后的讨论中，围绕“移民”定义的争论最激烈，时间最长。移民输出国认为，凡是出国谋生者均为移民。移民接收国则希望将定义限制为打算永久定居的迁移者，以区别于商人、学生和其他临时旅行者（移民劳工的意图尚难以确定）。移民的最终定义看来是双方妥协的结果，同时强调了两方面的性质——移民谋生和家庭迁居，但基本上再现了1924年美国移民法中“迁入移民”的类别概念：

> 凡离开本国谋生者，或陪同者，抑或与已在同样目的下移民出国的妻子或丈夫、直系长辈亲属或晚辈亲属、兄弟姐妹、叔伯姑姨、侄子侄女、或他们的配偶团聚者；或者返回之前已在同样条件下迁入的该国的人。[59]

此类人在抵达边境时，即为“迁入移民”，因而按当地法律处理。

国际移民会议还产生了49项决议，涉及：迁徙者旅行期间的安全措施；移民条约原则；关于劳动力市场、护照、防控移民偷渡的信息共享；支持官方和非官方的移民援助协会。除了信息共享的决议，美国对大多数决议都没有投赞成票。澳大利亚和新西兰均不赞成所有决议。这些决议最后形成了一项移民总章程，
339 其中主张应承认移民迁入和迁出的权利，该权利“受移民接收国限制，这些限制背后有公共秩序或经济及社会原因，特别是劳动力市场状况、公共卫生和道德保护等……（并且）在各国法律允许的范围内，因其个人状况而被预定目的地国家的法律拒绝入境者，应被禁止移居该国”。[60]换言之，移民权是一项普遍的权利，但国家几乎可以随意找到任何理由来废除它。这些原则正是一些国家为其排斥亚洲人辩护的说辞，但即便如此，美国、英国和日本也拒绝批准这一宪章，认为这有可能侵犯其国内特权。他们只

投票赞成了一项条款，那就是要求移民输出国阻止那些将会被拒入境的人出国。

欧洲国家将这些决议用作若干移民条约的基础，其中不少条约保障了受法律承认的移民劳工享有与公民同等的福利和权利。[61] 但罗马会议的最大成果是，证实了进行更广泛的国际合作基本徒劳无功。1926 年，国际工会联合会（International Federation of Trade Unions）试图召开一次关于移民问题的国际会议，但以失败告终。[62]1928 年在哈瓦那举办的国际会议是罗马会议的延续，但只吸引了 36 名与会者和 6 个国际组织。[63] 美国国务院指示美国代表团谨记，移民迁徙意味着将人们置于新的旗帜下，移民的原籍国无权要求维护其对迁出移民的主权（在欧洲国家中这一趋势越来越明显）；还指示："如果讨论移民迁入问题的国际性内容，你们须密切注意是否存在着质疑这一主权原则的倾向，如果有必要，应随时准备以美国历来的立场为基础发表声明，斩钉截铁地反对这种倾向。"[64] 澳大利亚的观察员欣然向堪培拉报告说，美国代表团采取了"完全漠然置之"的态度，日本则反对任何企图削弱原籍国政府对迁出移民的权力的提议，这使得移民输出国和移民接收国之间的矛盾分歧无法调和。无论如何，大多数国家的代表都认为，现有的国际惯例已经足够了。[65] 大多数讨论都集中在移民接收国感兴趣的技术性问题上，例如证明文件的标准化与区分商旅者和"移民"的方法。

1920 年和 1926 年举行的两次国际会议较为成功，解决了护照标准化问题。在参加第一次有关护照的会议时，大多数与会者对战时条件下广泛使用护照表示遗憾，并衷心希望很快就不再需 340

要护照。与此同时，他们认为，设计一种临时使用的标准化护照可以促进人员流动和商业往来。许多与会者指出，这需要每个国家集中掌握护照签发权，而且要坚定地认同对所有护照持有者负责。最终，移民输出国和接收国双方都肯定了加强监管的做法。到 1926 年会议召开时，最紧迫的问题不是是否要废除护照制，而是英国护照是否应成为国际通用样板。[66]

一些国家在移民问题上越来越强硬，宣称主权国拥有特权，但国际会议的许多与会者还是坚称，国际合作和不断进步的时代已初见曙光。例如，在 1927 年太平洋国际学会（Institute of Pacific Relations）召开的第二届会议上，日本代表全面地驳斥了从经济层面和同化论角度提出的观点，这些观点常用于为歧视性移民法辩护。但他最后断言，“我们生活在一个新时代，个人主义无限论的观念正在发生决定性的变化，社会共享与合作精神正在逐渐深入人心”。承认自由移民的权利，将“首先在最进步、最开明的国家实现”。[67] 在圆桌会议期间，其他代表将大英帝国作为一个典范，指出了在移民问题上进行国际合作的未来方向。[68] 另有一位代表对这种情绪做了概述，声称“保留‘国内管辖权’的问题，是国家主权无限论在不久之前的残余”。19 世纪强调民族国家的权利，现在正在克服这一问题，“有一种明显的趋势，那就是该问题正从纯粹的一国利益和管辖权领域转移到国际协议领域”。[69] 显然，与会者很轻易地就将巩固各国边界解读为一股国际合作浪潮的兴起。

从某种意义上说，这种国际合作不断增强的说法并非完全错误。重点关注技术性问题的标准化，似乎是国际合作的一种倒退，是对移民接收国要求监管标准化但又不给出约束性政策承诺的实际让步。但这种做法也带有务实的现代管理的魅力，并有助于建立一套有共同监管规范的国际制度。移民输出国在监管方面 341
拥有越来越大的利益关切，这不仅是要保护迁出移民的福祉，而且是要推行其日益强化的反移民迁出政策，同时又要将政治影响扩大到海外侨民身上，他们现在通常都使用“海外侨民”这样的称呼，而不称作移民。[70] 即使欧洲的移民条约保障劳工移民的平等权利和福利，也要取决于是否制定了以国家为中心的监督制度，以便更好地区分合法移民和非法移民。美国依据移民跨过边界时的身份，分辨移民、非移民和非法入境者，这样比较容易操作。在法国，监管工作在国内进行，主要方法是加强移民登记、家庭检查和遣送回国程序。实际上，遣送回国的程序最后很少真的导致被驱逐出境的结果。因此许多法国人对美国的移民法怀有期盼，将其视作一种更有效的方法。但是，签发和没收证件的各种措施，与区分外来者能否享有权利和福利的边境程序，其目的毫无二致，殊途同归。[71]

推广移民控制

到 20 世纪 20 年代末，国际主义者的建议似乎与移民管控的实际做法几乎没有什么不同。他们依然声称在寻求一套更公正、更有效的移民管控制度，但他们没有评判现有的基本做法，而是将自己的追求看作现有趋势的延伸，认为它与历史上所见的独断专行和种族歧视的做法截然不同。一些人用务实的语言来表达他们的追求，另外一些人则用理想主义的话语来表述。但所有人都坚持认为，他们的愿景基于当前所取得的社会进步，而且他们已形成了对移民历史的理解，这种理解可以使他们的愿景看起来真实可信。

国际领域的实际合作主要是为了更好地界定国家监管的范围和目的，从而限制国际干预的必要性。1927 年，国际劳工组织前局长阿尔伯特·托马斯（Albert Thomas）说道，他理解自己在移民问题上的职责仅限于传播同化和归化的国际规则，并协助规范移民活动，以免对一国的安危造成威胁。[72]1931 年，国际社会进步协会（International Association for Social Progress）的代表们决定，需要国际法律来保护移民，但移民活动也需要受到监管，“管控的目的应该是使个人的权利与国家的权利相协调，国
342 家有权保障其国民体质、经济均衡以及智力、道德和社会发展等方面的水平；但在保护自己权利的过程中，要避免因国籍、种族、出身、语言或宗教而产生任何形式的歧视”。[73]该协会没有提出如何解决这些诉求潜在的矛盾（而这正是美国配额制声称要解决的问题）。但到此时为止，人们的言语措辞还是那么大同小异，如出一辙，以至于无须阐明。移民问题通常都被认为是一场矛盾冲突，发生在自由迁徙与绝对主权这两个同样合法的主张之间。进步主义政策的制定者就是要承担艰难而不偏不倚的职责，以寻求合理而公平的折中方案。

合理的妥协往往导致对现有做法的确认。但是，如果从极端的角度来描述历史，那么这种做法可以被形容为朝着正义和合理化方向迈出的一步。例如，1924 年，《国际公法综合评论》

（*Revue Générale de droit International Public*）的创办者兼主编保罗·福希耶（Paul Fauchille）在国际劳工组织的刊物《国际劳工评论》（*International Labour Review*）上发表了一篇文章，分析了移民迁徙在国际法中的地位。他首先指出了自由迁徙的自然权和国家自我保护的绝对权两方面极端的思想主张，然后将自己置于一个可追溯到格劳秀斯和瓦特尔的思想谱系中，该思想谱系接受双方的合理主张，并试图寻求更现实的折中方案。然而，建构这一思想谱系，需要重新梳理一些自认为属于温和派别的前人思想，并予以一定的排除。例如，福希耶将奥本海姆置于只主张国家权利的阵营中，因为他声称不存在必要的移民迁徙权利。相比之下，福希耶则坚持认为，生命权和追求幸福的权利比国家的权利更为重要，并得出结论："国家虽然有法律义务向外国人开放边境，但也可以合法地关闭边境，不过不应是出于主权国的权利，而应是自我保护的权利。"[74] 然而，除了坚持个人权利之外，他的表述实际上与奥本海姆几乎没有什么差别。奥本海姆曾说过，不存在必要的移民迁徙权利，但没有国家可以在没有充分理由的情况下将迁徙者排斥在外，福希耶则认为，存在着绝对的移民迁徙权，但没有国家会被迫承认这一权利。

福希耶最后列出了禁止移民入境的正当理由一览表，对象包括常见病患者、老年人、体弱者、流浪者、贫困者、政治颠
覆者、罪犯，以及"危害国家福祉、存续、荣誉或安全的外国 343
人"。他强调："如果仅仅根据国籍而不是个人的缺陷来排斥外国人，将侵犯国际法中'国家平等'这项基本原则。"然后，他在此表述中增加了这样的主张："为了自我保护，一个国家可能

希望防止种族融合，因为融合可能会改变其民族特征或抹杀其民族文化。但这并不会真正影响国家的自我保护，只有当某一种族属于截然不同的文明，并且这个种族的成员想要大批地进入该国领土时，才有正当理由禁止他们入境。”[75]换句话说，福希耶在很大程度上肯定了现有的做法。诸如“国家福祉”和“荣誉”之类的说辞为现有的各种限制措施提供了很大的解释余地。事实上，20 世纪 20 年代流传着类似的排斥移民的合理理由一览表，它就是在福希耶表格的基础上扩大的，内容更为具体详细。例如，地质学家兼探险家约翰·格雷戈里（John Gregory）补充了一些理由。他说，如果移民数量超过了一个国家所能承受的范围，那该国就有权将移民排除在外，从而防止国内生活水平下降，保护自己民族不因种族混杂而降低素质（白人种族之间的混杂除外），保护国家体制，同时保护一个阶级组织自我保护的权利。[76]这些说法不仅为当时大多数措施的正当合理性辩护，而且还为一些直到 20 世纪后期才普遍存在的措施的正当合理性辩护。

其他评论者甚至还改变了迁徙的定义，使得排斥看起来不再是排斥。例如，1913 年，美国社会学家亨利·普拉特·费尔柴尔德（Henry Pratt Fairchild）将迁徙界定为“个人或家庭的迁移，在没有官方支持或强制的情况下，根据他们自己的意志和责任，从一个发达国家转移到另一个发达国家，目的就是在那里定居”。[77]他将移民迁徙与其他类型的迁移活动作对比，这些类型的移民活动包括：“入侵型”（欠发展的人群迁入）、“征服型”（更发达的人群迁入）和“拓殖型”（开垦荒地）。第一种已不多见，除非是以和平形式“入侵”，由此，文化上欠发展的移民大批迁移至一个国家。相比之下，真正的移民运动中，“两个相关的国家……都已经国富民强，处于大致相同的文明阶段”。他接着解释说，这“肯定是一项个人举动”，只发生在具有共同气候条件和生活环境的单一文化区域内。“事实上，从历史上看，几乎所有的移民活动都在温带地区的不同国家之间进行。”[78] 费尔柴尔德强烈批评种族偏见和实施排华法所采取的实际措施。然而，他 344
是赞成排华法本身的，文明的话语使他得以运用无种族偏见的词汇来重新包装它。通过这种方式，他可以用同样的措辞为排华法辩护，同时声称所处的是最“进步和开明的国家”。

费尔柴尔德曾经将移民活动分为四种类型，这些分类已被弃用，但真正的迁移应是自由和出于个人意志的迁移这一观念仍然留存。而且，大规模移民是一种温带区域专属现象这样的历史记忆得到强化，如我们将在结论中论述的，这为设置障碍以应对近期几次移民潮造成的所谓前所未有的威胁提供了一系列理由。第二次世界大战后，那些用以论证移民管控的堂而皇之的种族和文明理由也消失了。然而，因排斥亚洲人而启动的庞大智识和行政机制仍继续运作。

独立前的培养

理论家们还在为排斥亚洲人辩护，但移民管控的思维方式已在亚洲广泛传播。主权国能够对移民进行管控，日益被视为国家独立的先决条件。如果因地制宜的移民管控措施有效，那么可以证明这个国家拥有现代人口管理制度，适合成为一个主权国家。美国指导菲律宾独立时就将制定移民法作为其中一部分内容，由此可见一斑。从美国一占领菲律宾开始，实施排华法就成为与培养菲律宾人进入现代世界息息相关的事项。随着时间的推移，排华法扩展为当地的一般移民法，以美国模式为蓝本，这被看作准备独立不可或缺的一部分。

到了 1917 年，所有美国移民法都在菲律宾得到应用。但执法责任交给了菲律宾海关部门，其理念是，由当地人进行司法判决，实施行政法规，可以使美国法律适应当地情况。实际上，美国移民局的行政规则在菲律宾已经普遍得到执行，但存在一些地方差异，例如，由于菲律宾政府的权限不明确，移民在菲律宾上诉的机会更少。[79]

345 对于许多殖民官员来说，在科学管理方面培训当地人是帮助殖民地提升的一项关键义务，但同时是一个机会，可以在菲律宾建立管理严密的开明进步体制，由于政治和现有官员根深蒂固的利益关系，这在美国常常难以实现。第一个负责执行排华法的海关税务官员 W. 摩根 · 舒斯特（W. Morgan Schuster）是这些改革管理者中最热心的一位。许多商人抱怨说，在菲律宾这样一个“落后”的国家，他一丝不苟地执行海关法律法规是没有必要的，反而阻碍了贸易和发展。[80] 作为回应，舒斯特于 1903 年在报纸上发表了一篇文章，认为：按原义释法对于维护民主和分权制是很有必要的；过度灵活和松懈会破坏人民的稳定治理；正义甚至可以体现在程序中，而程序是根据众所周知的法令解释准则运作的。“如果采用其他行政程序原则，就会导致出现混乱、不公平和欺诈的现象。”[81] 培养一个新国家，必须奠定坚实的基础，包括忠实地按照排华法处理移民问题。

1912 年后，“菲律宾是菲律宾人的”这一逻辑发生了新的转变。美国官员和公众对文明使命失去了兴趣，威尔逊政府将越来越多的政治和行政责任移交给了菲律宾。1917 年的识字测试法和 1924 年的移民配额法等法律，它们被周密地设计出来是为了打造一个特定的国家，而不是为了防范不受欢迎的移民，因此这些法律都没有扩展到菲律宾。在发生了这些变化之后，菲律宾媒体和立法机构越来越多地将移民问题作为一个重要的议题展开辩论，几乎时刻都惦记着中国人。一些人呼吁加强现有法律，另一些人则要求彻底废除限制性法律，还有一些人提议应将排华法调转过来，准许契约华工入境而禁止华商入境。菲律宾的大多数移民法案都被糖业利益集团与劳工团体两者之间的争斗拖累。亲华和反华的争论最终陷入僵局。自 19 世纪 50 年代以来，这样的争论几乎一成不变。与此同时，菲律宾制定了旨在歧视中国人的簿记法和注册法，这使殖民官员担心菲律宾人仍然无法作为文明人来管理自己的国家。[82]

当政客们为排斥华人而争论时，舒斯特的遗产已经沦落为一种慵懒仪式，声名狼藉。偷渡和欺诈的丑闻在 20 世纪初期出现，到整个 30 年代仍然层出不穷。从 1921 年至 1940 年，马尼 346
拉未拒绝过持第六条款证件者入境，抵埠的中国人经常可以得到保释，并未接受过审查，移民出国前也没有对他们进行过预先调查。最令人震惊的是，档案不完整且混乱（少数人因此过失而被解职，其中一人是主要办事员，他被指控“在保管公文时行为不忠”)。由于程序上的缺陷，法院经常驳回移民案判决。[83] 菲律宾官员不但不能制定一个系统性的程序，从而为移民创建新身份，反而似乎对移民失去了管控。

美国官员认为，没完没了的辩论、国内社会歧视和执法失效，都是不能行使自治权的表现，证明了当地人管理的混乱和无能。但是，除了普遍认为不发达的亚洲社会需要自己独特的法律之外，人们也认为，没有哪个亚洲国家的人会比菲律宾人更有能耐来实现求同存异，或进行决定性的干预了。1922 年，岛屿事务局局长弗兰克·麦金太尔（Frank McIntyre）因 1916 年土地法未能吸引定居者前往未开垦的地方而感到焦虑不安，故而写信给菲律宾总督伦纳德·伍德（Leonard Wood），称“适当的移民制度”是群岛发展的关键，“我认为，这是我们在菲律宾群岛履行全部职责的首要任务”。[84] 伍德回应说，“可以引进一定数量的中国移民”，但他随后又列举了一长串菲律宾人对中国人产生“恐惧的充分理由”。[85]

这个问题一直悬而未决，直到 1934 年菲律宾开始转型为自治邦，制定了十年的独立计划，国家移民政策的必要性再度成为重点问题。此时，大多数政治家都认为按国家来源确定移民配额是最好的方法。[86] 但立法工作一直搁置，直到 1938 年，当中国移民问题再次爆发时，菲律宾政府才请求美国方面提供移民事务顾问。起初，美国国务院考虑从上海派遣约翰·索耶前往菲律宾，因为他“了解东方人的心态，而且与东方人相处融洽”。[87] 但国务院官员也担心他在东方待得太久，不太了解美国的观点和政策。最终，派遣了劳工部的威尔森（I. F. Wixon）和国务院的乔治·勃兰特（George Brandt）。勃兰特得到的指示是，“目前这种令人不满的情况主要是因为法律是为美国量身定做的，不适合菲律宾的需要。那些法律错综复杂，涉及面广，技术含量高，要恰当执法，就需要行政官员掌握专门知识和经验”。[88]国务院 347
的指示建议，制定一个美国移民配额法的低技术含量版本，这可能是较理想的解决方案。

勃兰特和威尔森后来提出了一个简化版的移民配额制方案，每年只准许来自世界各国的1000名移民入境。但他们很快发现，菲律宾人对仅仅是美国法律低劣仿制品的移民法并不满意。威尔森向劳工部部长解释说，他们抵达菲律宾时以为“我们要面对的是一个原始民族，只会看图而不识字”。但是，他继续说道：“我们这样的错误观念很快就消失了，我们接触的是一些代表政府的受过高等教育的人；是一些从我们的高等学府毕业后回国的人……是一些从事法律工作、学识扎实的人，而且我们确信，如果对待他们的移民法时不能像对待我国的移民法那样给予尊重，他们肯定会感到不满。”[89]

最终的法律条文扩展到了55页94条，以美国移民配额法为基础，但增加了契约劳工移民和家庭团聚的条款。威尔森甚至认为菲律宾移民法是美国移民法的改进版。然而，他们仍不免告诫菲律宾总统曼努埃尔·奎松（Manuel Quezon），要求菲律宾严格执行程序，整顿纪律作风，“移民部门的行为如果偏离既定程序，对公众产生不利影响，那么都会遭到反对，这是普遍的事实”。[90]该法律于1940年8月通过。发放签证配额的权力分配给了国会议员，而不是领事官员。据称，这些议员靠出售签证配额大肆敛财。但无论实际执行方法是什么，菲律宾移民法的通过就是外交上的胜利。中国政府和日本政府都对菲律宾规定的绝对移民人数配额（各得配额 500 人）提出了抗议，但并未抗议移民配额制的原则本身。[91]

移民管控已成为现代社会不可或缺的一部分。即使在英帝国的非自治领地区，保护当地人免受外来竞争或文化冲击的需要，也越来越压倒了自由移民和契约劳工移民的主张。1913 年，香港禁止华工移民到太平洋岛屿，并于 20 世纪 20 年代与斐济合作，以签证和护照的方式进一步限制中国人移民到该岛。[92]1921 年，根据国际联盟的委任统治制，巴布亚新几内亚交由澳大利亚托管，此后澳大利亚便轻而易举地在非白人领土上推行“白澳”法律。[93] 英国行政官员经常考虑制定政策，限制亚洲人自由迁徙
348 到东非殖民地，但由于印度已实行了限制移民出国的政策，英国人的考虑实为多此一举。[94] 即使是新加坡，作为世界上实行自由放任政策和允许契约劳工移民的最后堡垒之一，1930 年也开始对中国移民设立配额。

与此同时，英帝国自治领纷纷修改各自的法律，以便符合国际标准。虽然听写测试法仍然非常有效，但大多数自治领都在压力下做出了调整，暂时批准全球化程度较高的人员类别入境，如商人、学生和教师。1923 年，加拿大仿效美国的法律，修订了针对中国人的移民法，但始终未能废除与日本的协议。[95] 澳大利亚也进行了行政管理上的改革，准许更多的中国学生和商人入境，这在很大程度上是因为中国地位的提高，与澳大利亚开展了贸易谈判，并且对澳大利亚施加了外交压力。[96] 就连南非也在

1930年颁布了移民配额法，从而促进了开普殖民地于1932年废除排华法，这是仅存的少数几个地方性限制规定。[97]在由人口构成的民族国家的国际体系中，这些人口以国家间相互认可的标准化方式日益得到良好的管理。

结论
忧郁的秩序

349 “别误会，”神甫说，“我只是向你摆出不同的意见。不必太在意。圣典不可篡改，评论往往只是表达法典注释家的绝望……这个人只是在寻求法律。门卫已隶属于法律，是法律让他任其职，质疑他的尊严就等于质疑法律本身。”

“我不同意这种看法，”K说，“因为如果接受了这个看法，那就必须认可门卫所说的一切都是真实的。可是您自己已充分证明了，不可能接受这样的看法。”

“不对，”神甫说，“不必认为一切都是真实的，只需要认为一切都是必然的。”

“真是一个悲哀的结论，”K说，“把撒谎变成了一个普遍原则。”

——卡夫卡：《审判》

无论是现在还是过去两个世纪，公众对移民的讨论都弥漫着危机感。各种各样的事件、移民苦难的传说、移民成功和梦想的故事、计量经济学的统计分析、政策的调整、奇怪的联盟、意想不到的后果、大相径庭的解读及毫不妥协的激烈辩论，似乎无穷无尽，这些都是讨论的素材。它们都被运用到关于移民的优缺点、移民的同化性、移民的贡献、权利的范围与含义、政治庇护的义务以及民族共同体的性质这些无休止的争论中。[1] 有一种观点认为，当代移民活动已转型为全新过程，这又给这些辩论增添了紧迫性。目前，上述观点可表述为：当代移民迁流是前所未有的大迁徙，从前所未有的来源地迁往前所未有的目的地；全球流 350
动的世界主义者和低收入的劳动者创造了新的离散空间，该空间成为灵活多变又零散的全球化的基本结构；当代移民迁流也催生了新的人权和私有化制度，这些制度可能会重塑国家并破坏公民身份。所有这些观点的结合导致公众辩论充满了动力，仿佛社会的本质已被动摇，正处于危险之中。

然而，如果从过去两百年的历史视角来看，关于移民的争论其实是老调重弹，不足为奇。移民问题辩论中的立场纷繁复杂，与执法失败和实行改革这种无尽的潮起潮落一样，似乎陷入了呼吁与回应的闭环中，与移民活动本身的发展变化无关。但千万不要将此解读为一段愚蠢而乏味的历史。呼吁和回应的激情和动力，突显出这个现象在很大程度上反映了现代世界的信念和矛盾问题。最基本的矛盾，在于对个人和国家共有的强烈信念。两者都同样以自由和自决理念为基础；两者都是现代世界社会秩序的根本；在争取自主权、优先权和生存权的过程中，两者一直在相互竞争。无论是移民权利还是国家利益，自然权还是实在法，交往还是主权，人的权利还是民族自决，自由国家理念还是专制国家主义，自由市场还是国家边境，经济人还是社会动物，私人领域还是公共领域，普世人权还是国家公民权，这些二元矛盾关系构成冲突和变革的一个极其丰富的源泉。由于各方都不能达成最优平衡，社会正义、自由市场、个人权利、种族和族裔尊严、国际礼让、自我保护、经济增长、反殖民主义、法治以及国家认同的支持者之间便产生了没完没了的斗争，不断推陈出新，此起彼伏。

虽然这些矛盾问题大多尚未解决，但在过去两个世纪里，随着移民迁徙及移民管控的起伏，已展现了一些清晰可见的趋势。最显著的趋势是（可能是可逆的），种姓、血统、种族和任意的听写测试法作为排斥亚洲移民的合法模式已经走向式微，而远距离管控的方式逐渐兴起，依据职业和财富类别来甄选受欢迎的移民，这种做法继续推广。从广义上讲，可以认为筛选移民的基础发生了转变，从依据个人的属性特征转向依据个人的成就，这是
351 精英世界中更可接受的歧视模式。[2]一些国家甚至取消了家庭团聚的法规，而倾向于选择那些能够更好地为国家经济做出贡献的移民。虽然其中一些趋势可能被解读为侵犯人权或国家主权，但总体而言，这些变化给人一种开明进步感，不过仍旧巩固了出生地这一偶然因素的地位，它仍然是最终决定移民能否获得平等机会的关键。这些变化也标志着权力行使从较粗暴、较分散的状态，如大规模驱逐和绝对排斥移民，转向更普遍的监管，即对所有准备迁移的申请人进行个人审查、评判和分类。

这些趋势往往被视为自由权利的进化，甚至被视为当代全球

化脱胎换骨的新现象。无论哪种情况，它们都被认为是 20 世纪末自由化过程中的独特发展现象，克服了早期国家主导的弊病。但是，身份认证和边境管控的机制其实有着更长远的历史渊源，是 19 世纪中叶私有化、自主自治和自由交往过程的产物，也是 19 世纪 90 年代之后国家主义、行政集权和以国家为中心的国际体系日益稳固的产物。这套机制的建立与我们对该机制及其改革计划的评判，都是在关于自决和权利的同一套解放话语框架中进行的。简而言之，这些趋势是在对一个多世纪前建立的监管手段进行不断完善，而不是在克服前一时代无节制管控的问题。

在这些手段中，最重要的一点就是不断地推陈出新。诚然，要对付新挑战和新威胁，呼声最高的永远是要求建立更规范的秩序。近两个世纪以来，遗忘历史一直是推广边境管控的基础。这种遗忘可以将监管及去监管（deregulation）机制重塑为解决问题的进步方法，而不是曾经制造出问题而使得我们不得不去解决的旧手段。遗忘还淡化了人类监管对于创造社会组织的许多方面所产生的影响，现在这些方面已经被我们毫无异议地接纳为一切事情的基本秩序，由此将历史上由人类制度创造的世界转变为一种普世原则。无论我们对这一原则有何看法，当我们继续争辩并制定这一原则内最有效的策略时，我们都在接受这一原则，并在必要时进一步复制它。

跨越边境的培训

边境管控实际上很少能按照自己的标准和类别成功地规范移 352

民活动。但无论如何，它还是以自己的意向创造了世界。分布于世界各地的律师、偷渡者和社会关系网一直在钻国家的空子，组织另类移民网，他们将边境管控工具作为跨越边境、规避边境的手段。代理商则利用法律和行政渠道来挑战法院裁决，他们培训移民构建符合官方类别的自身人格形象，并且依赖标准化程序的可预测性，以此作为保证移民通关的一种途径。可以认为这些活动是在利用漏洞获取新的权利，或是对纲纪国法的嘲弄。不论哪种情况，它都相当于参与并进一步巩固了管控体系，因为执法者和逃避者都依赖于管控体系来完成他们的工作。无论实际的入境条件如何，与边境管制机构接触本身，就是融入他们所定义的世界秩序的第一步。

例如，美国律师理查德·博宾（Richard Beaubien）与张超在中国合作出版了一本双语书，名为《美国签证技巧和实例》（*American Visa Tactics and Examples*）。该书指导准备移民的人认识美国移民机构的交互印证档案系统。[3]这只是世界各地以多种语言印制的众多此类手册之一，它提供的移民建议与一个多世纪以来给中国人的建议何其相似。作者声称要帮助准备移民的人达到美国政府机构规定的要求：

> 遗憾的是，很多有雄心的申请人对签证有严重的误解。一些人认为签证是碰运气，就是说：签证官喜欢您，您就签成，不喜欢，就拒签。美国签证官是人——不是计算机——他们确实是凭感觉去做决定。但更多的，他们有一套严格的制度和规定去遵守。这些制度和

> 规定非常强硬，他们须照章办事……如果您不清楚这些原则，不去遵循，您得到签证的机会就会大大降低。（英文前言，1）

成功的申请者必须做好充分的准备，并了解必要的签证申请技巧。恰如其分地自我展现，循规蹈矩，这些是至关重要的技巧：

> 如果您的条件充分，符合签证申请的要求，您应该 353
> 可以拿到签证。如果您的条件不符，但您可以说服他们您是符合《移民和国籍法》（*INA*）要求的，您也可以获得签证。如果要说服美国签证官，而且要达到美国《移民和国籍法》的要求，您必须运用一些技巧。这是一种实事求是的窍门，并不是每个人都能做得到位。（英文前言，2）

“实事求是的窍门”指以符合详细规定的方式选择和呈现事实的能力。但鉴于申请者人数众多，每一样“事实”的含义是否会得到理解，高度依赖于申请者的呈现效果和给人的第一印象。该书包含了数十封书信和访谈的实例，详细分析了表达时的细微差别会如何影响签证官的决定。与早期的指导手册不同，这些示例不是要求申请人面无表情地逐字逐句背诵资料，而是希望申请人挑选最适合自己情况的用语和方式，并进行调整，积极主动地打造自己的人格形象。

实事求是的窍门与申请人申请签证之前的身份关系不大。一旦申请人投入某一特定身份，他或她就不能偏离这一身份。签证官总是想着给申请人设陷阱，诱使对方说错话，自相矛盾。他们掌握的信息越多，就越容易抓住申请人的把柄。申请人如果被拒签，那就危险了，因为信息已储存在电脑里，“下次您申请时，签证官会看到这个拒签信息。修改这些信息是不可能的，这会给您带来麻烦”(英文前言，2)。边境的接触、碰撞产生新身份，谁都难以逃脱。

申请者将个人的人格形象限制在标准化的形式内，这从两个层面让移民官员满意，一是能迅速与分类详细、交互印证的数据库资料相匹配，另一个则是表现出接受新身份的意愿，该身份会被记录下来，作为一个真实的并且适合加入美国社会和全球化世界的身份。两位作者声称，他们不是要教人欺骗，或是教人以实际方法来对付官僚机构的繁文缛节，而是培养一种新思维模式，是融入“世界上最先进国家”的第一步，这是“每个申请人都渴望学习的”东西：

> 签证官是美国人，而对于美国人来说，典型的中国
> 思维是行不通的。最重要的是，美国是在法治的基础上
> 354 运作的，而不是在人情关系的基础上。正常的中国式人
> 情关系不起作用，如果有人告诉您关系起作用，那都是
> 在骗您。把钱付给骗子等于是把钱扔掉。我们使用的是
> 另一种关系，就是专业知识。我们了解签证官的想法，
> 了解他们必须遵守的一套规则，我们知道如何让您准备
> 证明文件，如何自辩，让签证官感觉有说服力。(2)

获得签证，就相当于证明了自己有能力成为一个理性和独立的

人，这样的个体适合在法治国家生活。作者进一步解释说，申请者要想成功拿到签证，必须符合所谓的“3C”原则：清晰（clear）、简洁（concise）和令人信服（convincing）。“‘3C’原则源于美国文化中的价值观……这些原则起初可能对移民来说很陌生，但移居美国后，就会学到美国文化，并认识到这些原则是多么的正确。”（英文前言，3）

“3C”原则是一种实事求是的窍门，它不是训练人们弄虚作假，而是将陈述实情的新方法内化。但是，讽刺的是，无论申请人怎么样准备，申请成功与否最终还是取决于申请人是否有能力创造一个透明、可复制的身份，以便与世界“先进”地区持续地互动交流。正如作者所指出的，“中美两国将保持‘人民与人民’之间的交流和商业联系。维护良好关系符合中美两国的利益”（英文前言，3）。移民的自我身份认同与他或她的档案身份之间如果存在差异，这只能说明个人有必要继续进行改造，以弥合移民的意识与更高真理的化身之间的差距，这些真理让人们可以自由地进入一个声称最能代表全球化世界中的真理的国家。

自由国家、自由个体：执法事例

在一个由国家分化的世界中，边境赋予的身份已成为政治行动不可或缺的一个方面。直到19世纪中叶，公民仍然以某个政治团体成员的身份为标记。一个人仍然可能是臣民、农奴、奴隶、亲属、市民、部落成员，或者是一个没有自主权的“非文明”国家的成员。移民在跨越边境的过程中所使用的身份，除特

355 定的旅程之外，相对来说是无关紧要的。然而，到了20世纪中叶，世界上几乎每个人都已成为“公民”，现在已被宽泛地理解为某个特定国家的国民。因此，没有公民身份，在这些国家之间往来是不可能的。但是，边境赋予的附带身份已经成为权利和责任多样性不断增加的新来源。在某些地方，种族、性别和刑事判决仍然是国家内部区分政治和法律身份的依据，而在所有地方，童年经历和心理健康都是主要依据。但最重要的是，跨越边境时所赋予的身份地位已成为歧视合法化的关键标志，区分了各种各样的权利，被捆绑在不同的群体中：永久居民、合法移民、投资者、学生、无证移民、难民、客工或其他可能的类别。这些分类做法很少受到质疑，如有质疑，都只涉及内容的准确性和应用的模式问题。

许多事例可以表明当代世界移民法的实在性和象征性法力。从整体来看，这些事例反映了移民机构和机制高度多元化的分布，适合作为一种体制，实现系统性生产和无限的、个体化、多样性的分类。

避难机制

避难机制最能体现国家和个人的基本类别。民族国家在全球的整合是导致20世纪难民潮激增的主要原因，而且个人权利和国家安全的理念共同塑造了大多数尝试管治这些难民潮的方式，这些方式取代了以礼待客的传统规范。[4]避难机制的多次失败也突显了个人权利和国家主权之间相互依赖而又相互矛盾的问题。汉娜·阿伦特（Hannah Arendt）在半个多世纪前谈到无国籍难民时就指出："事实证明，当人类缺乏自己的政府，不得不依靠自己的最低人权时，没有权力可以保护他们，也没有机构愿意保障他们的权利。"[5]许多现代学者认为，人权规范后来在世界推广，特别是在避难问题和其他移民案例中推广，对国家自决的"传统"权力构成了主要挑战，这种挑战可能会同时破坏国家主权和个人权利。[6]但在目前的情况下，避难机制已被证明既无法保护人权也无法保护主权，都不能达到双方各自拥护者满意的程 356
度。担心主权受损的人抱怨避难机制产生众多的欺诈和漏洞，而担心人权的人则抱怨避难机制实行起来困难重重，而且常受外交和国内政策变化无常的影响。

避难机制，比当代移民管控中的任何其他方面都更像排华法，体现在从律师、政府官员、法官、记者、非政府组织、政客和移民的关系纽带中产生的官僚监管和仪式化复杂网络。在保护的名义下，数百万难民因案件积压而被关押在世界各地的难民营和监狱中，排队等候安置。除了拥有"非常规"移民身份的人，其他承认没有任何权利支撑的人可以得到释放。公众对避难机制破坏民族自决的指责与日俱增，同时，在有损人格的强制程序中，个人遭受折磨和羞辱，还遭受监狱和边防人员更多的身体虐待，此类事情频频发生。[7]避难程序既是一种仪式性的证明，也明显是一种实在性的确证，表明国家体制之外的移民申请人是多么的虚弱无助。在法庭上，难民被要求重述或编造他们一生中最痛苦的时刻，以符合"政治"移民类别而非"经济"移民类别的条件。这些叙述能否成功，取决于是否强化了指导，令受害者表达清晰、简洁和令人信服。目的不是要找到每一件事情的真相，而是要产生一种仪式化的效果：屈辱性的公开坦白，对国际秩序仁慈的恳求，以及重新融入一个较温善的新国家政权的意愿。

要求决策统一仍然是建立避难机制的一个重要因素。最近有一项对美国各地移民法官避难案裁决的定量研究，发现他们的裁决存在很大的差异。最共通的特征是，由律师代理的避难案最有可能获得批准；在没有律师代理的案例中，获准比例仅为16%，而与“人权第一”(Human Rights First）组织合作的大律师事务所代理的案件，获准比例高达96%。即使法官的个人主义强烈，在准备充分的案件面前也会让步。该论文总结道：“准确性、前后一致性和公众接受度，是任何裁决系统中最重要的一些目标……政府现在必须采取措施，在决策中实现更大的统一性。”[8]论文作者建议，最好的解决方法是法官之间加强同行交流，而不是进一步细化法律条文。但正如1905年之前，公众对排华行动
357 严密监督，导致判决日益正规化一样，有理由认为，来自律师同行的压力和批评肯定会产生出标准化的难民，他们的案件必然会清晰、简洁、令人信服，符合标准化的法官对可预测性的需求。

移民类别的激增

政府制定的移民类别是有效管理移民迁流的关键，因而将继续得到发展和完善。在世界各地，商人、学生、外交官、游客、族裔和家庭团聚等类别已经扩大到将寻求避难者、打工度假者、客工、投资者、专业人员和各种技能人员包括在内，其中许多门类都是运用自由裁量权来确定的，以使他们更能适应劳动力市场和政治需要。这一点在澳大利亚、新西兰和加拿大的积分移

民体系中得到了完善，在这种体系中，可以依照每个移民在标准化特征系列中的独特位置来定义他们，并通过与其他个体对照对他们进行等级划分。改革派推崇细化移民分类，认为这是同时保护移民利益、加强边境管控并提升社会包容性的最佳手段。这将有助于淘汰不受欢迎的移民，消除灰色地带从而简化程序，并逐步取代国家可能已失去控制的避难程序。改善移民筛选机制也将减少人们对移民的仇恨和偏狭，促进社会融合，满足国家全球化和经济竞争的需要。[9]同时，不断细化类别，有助于在不损害法律面前人人平等的理念的情况下，为边境内实行某些歧视做法而辩护。通过在边境进行“公正”的身份认证和分类，移民法可以根据每个申请人恰当的个人属性来确定他们应享有的权利。

客工

准许临时移民劳工入境的项目已经取代了招募契约劳工的做法，临时劳工在完成劳务后也必须离境。这样的项目涉及更直接的政府监督、征税以及与私营企业的合作。法律往往规定客工换工作是非法的，并且限制他们获得当地其他权利，因此客工和其他临时劳工项目最直接的目的，就是在维护国民利益的同时，满足企业对廉价且次要的劳动力的需求。与契约劳工一样，客工经 358
常发现自己负债累累（通常先由招工者缴纳政府税收），依附于雇主（有时就是招工者本身），无法自由行动（但与以前规定劳工须持有旅行证不同，现在的限制方法主要是没收劳工持有的旅行证件，比如护照）。然而，就像过去的契约劳工，虽然在契约期满后受到歧视性限制，但也仍然永久地生活在他们的目的地那样，很多客工很可能也规避法律，继续定居于当地。[10]即使在波斯湾沿岸国家和东南亚地区，自由主义规范没有那么深入人心，政府本可以更不受约束地严厉监管移民和雇主，但移民反复寻求避难，政府驱逐移民出境，雇主和招聘人员虐待移民，移民劳工黑市猖獗，诸如此类的事件仍然屡见不鲜，这些都证明了政府试图执行临时移民劳工法也是相当困难的。[11]

随着政府对劳工移民的监管不断加强，妖魔化那些私营组织下的移民活动的做法仍在继续，这种移民活动逃避与官方合作，现在通常都被贴上了人口贩运、涉嫌走私偷渡和从事性工作的标签。美国关于移民贩运的年度报告指出，这种活动的根本原因是“贪得无厌、道德败坏”，加上政治和经济不稳定，且贩运者本身“几乎不尊重受害者的权利或尊严”。[12]贩运者还经常卷入其他跨国犯罪，尽管他们是时过境迁的旧模式残余，是“持续到 21 世纪的现代形式的奴隶制”，却会对公正的全球秩序构成威胁。[13]该报告随后将注意力从私人人口贩运转移到向国际同行施压上，根据打击贩运活动的“良好表现”来对世界各国进行划分。

无证明、非常规和非法的移民

任何逃避边境监管或没有在边境获得相应身份地位的人，都有可能成为罪犯，并受到合法移民的歧视。这些非常规、无证明的移民，是边境管控最直观也是最无形的产物。边境失去管控而漏洞百出，大量警察聚集在边境周围，表明移民问题突出，同时强化了人们担忧国家完整性受威胁的意识，也加深了对规避者犯罪行为的认识。在边境抓捕和遣返的实际过程对限制这些人入境没有多大作用，但这些行动非常有效地将那些移民标记为政治共 359
同体之外的人。一旦这些移民进入境内，他们就构成了一个庞大的隐形社会底层，不会出现在数据统计中，也不能享受到大部分的福利项目（但不是完全没有）。虽然他们也是经济共同体不可或缺的一部分，但几乎无法获得法律或社会保护，而是充当替罪羊，成为政治和社会共同体的敌人。他们的隐形存在，使所在的共同体一方面能维护法律面前人人平等的公共形象，另一方面又仍然能获得不平等的社会和经济关系所带来的物质利益。[14]

我的家人

2005 年，我和妻子从中国领养了一个女儿。她突然移居美国，因而一直哭闹了四周，这无疑是一次痛苦而强制的移民。但国际收养是世界上监管最严格的移民方式（尤其是 20 世纪 90 年代初发生了丑闻事件之后），更甚于对客工的监管。因此，它也是一种最具道德性的方式，体现了仁爱之心、家庭温暖和互惠互利，对那些无法满足自己最大需求的人更是如此。这一话语与 19 世纪推动契约移民时所使用的话语何其相似。国际收养也与契约移民一样，同全球经济发展紧密相连。计划收养孩子的准父母在做出选择之前，需要收集信息，比较世界各参与国列出的费用和儿童特质（按种族和性别区分）。

因我的妻子出生在中国，在收养过程中，中国政府部门要求她提交材料，证明中国证件里的朱芝（Zhu Zhi）与美国证件里的塞西莉·麦基翁是同一个人。我们在中国结婚，后来她去申请移民签证，当时我们要求在美国证件上使用她的英文名，美国驻广州总领事馆的官员很快就同意了我们的请求。但随后中国政府部门表示，她在中英文证件上的照片并不足以证明两个名字指的是同一个人。当我们要求移民机构提供有关证明文件时，官员们表示，名字更替不是他们的事情，坚称只有法院才能提供证明。从她的移民档案副本中查阅到，移民局并没有朱芝这个名字的记录。之后我们发现，在她中国护照里的美国签证上和她的美国入籍证明上，都写着她的同一个旅美外国人编号，中国政府部门终
360 于认可了这个证明。这就是交互印证档案提供的充分证据。然而，对于美国移民局来说，塞西莉·麦基翁一现身旧金山机场时就已改头换面了，她的整个身份都经过审查。就像一个世纪前给中国移民建立身份的情况一样，她与过去的朱芝有什么关联无关紧要，重要的是她已被植入可交互印证的美国国内档案中。

国际管理

对于国际移民管理的建议代表了学者、官僚和活动家之间最紧密的合作，他们致力于完善并形成更加复杂的监管手段。与20世纪20年代一样，这些国际管理的支持者声称，他们能俯瞰全球问题，而国际机构的主要功能就是充当移民迁流和移民法的知识交流中心。这种认识往往是在一个全新的框架内提出的：新的移民类型需要新的监管形式，以补充和超越运作不良的国家边境管控机制。如此强调全新性有助于掩盖一个事实，即他们的提

议主要是对现有监管规范的扩展和强化。

研究移民的学者们经常指出，现有的移民法建立在对移民活动的错误理解之上。适当的监管必须建立在更准确的研究和对监管对象充分了解的基础上。斯蒂芬·卡斯尔斯（Stephen Castles）发表过一篇题为“为什么移民政策会失败?”的文章，他回答这一问题时认为，国家对移民的管控“仍然遵循着国家逻辑，而移民活动的多种驱动力却遵循跨国逻辑”。[15] 这是人们呼吁国际合作的根本原因，一个多世纪以来始终没有改变。道格拉斯·马西（Douglas Massey）和爱德华·泰勒（Edward Taylor）称：“政策制定者应认识到，移民是全球经济一体化的一个自然组成部分，因而只有开展多边合作，才能**更有效地管理移民问题**。就像资本、商品和货物的流动是由关贸总协定和世界贸易组织等多边协议和机构来协调，以促进各贸易伙伴的共同利益一样，劳工移民也需要合作管理，使迁出地和迁入地的社会都能够实现利益最大化和成本最小化。”[16] 国际管理的支持者将移民迁徙视为全球政治经济的一个方面，从而进一步提出，移民管理不能仅仅发生在边境上，因为移民迁徙与国际不平等问题（如工资差距、发展不平衡和经济安全的差距）密不可分，这些才是造成移民迁徙的基本因素。保罗·皮尔斯（Paul Peirce）在 1910 年提出：“难道我
们不希望通过国际协议或国际压力来改善一下环境，解除那些导 361
致人们不得不背井离乡的多重压迫，从而改变移民迁徙的根本原因吗?”[17]

最近许多研究成果还提出，对移民迁流的理解不应植根于虚构的观念上，以为单独的个人都是根据自我利益做出选择，然后

进行单向性移民的。移民活动实际上发生在密集的社会关系中。家庭和个人的关系网是最重要的决策场所，但它也会迅速扩展到朋友圈、生意圈和信息交流及协助迁移的其他渠道。在这种情况下，移民活动是一个多向性过程，涉及返程回乡、不同的滞留时间以及在地理上广布的移民网络。分析者们在这些问题上产生分歧：当代移民的“离散性”和跨国空间在多大程度上有别于早期移民；当代移民在多大程度上会对国家产生破坏作用；移民管控的黄金时代是否真的存在过。但他们基本同意，“在一国内对移民进行单方面管控，是传统主权观念的一个基石”。[18] 如果确实如此，那么理解移民迁流的这些新思路意味着，我们需要超越“传统观念”而采取新的监管形式，以便更好地保护移民的权益并促进社会融入。

对移民迁流的全球背景和社会背景的分析非常有说服力，有助于改变人们对自由个体单向性移民的政治想象。但总体效果是将移民迁流抽离出来，将其视为主要靠自身动力存在和发展的事物，独立于并先于政府监管和政治进程。有一篇关于跨国网络研究的文章颇有影响，文章认为，对移民迁流的理解必须以“个体及其辅助网络作为分析单位”为基础。在这个基础上，可根据“对政府政策的**反应**”（原文强调），分析“总体结构性效应”。[19] 其他学者甚至强调，现行的移民管控没有对已建立的模式产生积极的作用，可能只是成功阻止了初期的移民迁流。[20] 这种研究方法弱化了移民分类在多大程度上是近两个世纪以来监管的产物这一问题，我们正是通过这些类别来了解移民活动，甚至迁移者本身的情况。对“传统”边境管控的刻板印象，更掩盖了过去一个世纪监管技术的创新和进步，正是这些技术手段创造了我们所知的世界。因此，根据此番对移民迁流的理解，所得出的大多数政策建议都认为，需要重新制定长期的国家管控策略。具体的措施各不相同，但即使是更有自我创新意识并基于研究的国际管理建议，也倾向于进一步增加移民类别，完善监查技术，实行临时移民政策，加强对私营移民组织的监管。鉴于以前管控措施所产生的个案、特殊性和逃避形式多种多样，五花八门，实行更加严格的管理来跟上这种形势发展总是必不可少的。 362

例如，国际移民组织（IOM）是主张进行全球管理最著名的机构，其 2003 年度的报告建立在对当代移民充分研究的基础上。该机构的活动和目标与 20 世纪 20 年代的国际组织非常相似，都力图打造移民与移民管理信息和建议的全球交流中心。组织的目的不是超越国家，而是促进国家政策的协调。为此，它呼吁各国实现统计数据标准化，以协调全球劳动力市场，推动多边协议，并出台有效的移民管控和社会融入政策。国际移民组织支持澳大利亚和加拿大实行的移民积分制，认为这是符合国家和个人要求的理想方法，因为积分制可以根据不同的标准化类别来评估移民，并为每一个人生成一个独一无二的定量值。它还强调需要发展监管技术，收集大量信息，运用专家知识，确定一致的定义，建立交互印证档案。要实现这些目标，就须推进指纹识别、数据库、生物识别和雇主监控。[21]

国际移民组织制定这些政策并不是为了设置障碍，而是为了保护移民和国家利益。这些政策运用多元文化主义和经济自由主义的表达，其目的是“通过社会融合，最大限度地提高移民对社会多样性的贡献”(289)。全球监管和取缔私营移民组织是实现这一目标的关键。“从长远来看，只有建立一个国际移民管理框架，才能确保移民迁流（及真正的流动）的安全、公平和富有建设性，否则，投机取巧者和偷渡团伙更可能成为主要的受益者。”(23) 总之，一个成功有效的国际制度将会：

> 建立一个体系，保障和鼓励移民通过正规渠道自愿迁移，由此恢复个人和政府的选择权。一个充分有效运作的国际移民管理体系，将为自愿迁徙提供便利，以
> 363 满足全球经济和人口流动的需要。同时，将保护弱势群体，减少强迫和非常规的移民活动。(110)

不论这些实际做法和关切是不是历史的延续，国际移民组织声称，情况已完全不同，因为世界正经历一场“移民治理危机”(195)。为表明这一点，国际移民组织在“经典的”移民模式与现代迁移方式之间划清了界限。传统移民主要发生在欧洲与美国、加拿大、澳大利亚和新西兰这四个“传统移民接收国”之间（没提阿根廷和巴西，更没提新加坡、马来西亚或其他亚洲国家）。[22] 相比之下，新移民模式就是，来自北大西洋以外遥远之地的移民迁徙到包括欧洲、中东和东南亚在内的新目的地。这种新移民活动所呈现的离散和跨国形式，在本质上也不同于旧移民模式。最重要的是，国际移民组织的报告中并没有描述移民迁流本身的实际变化，而是描述了从亨利·费尔柴尔德到当代社会学家对移民定义的变化：

> 长期以来，移民迁流一直只局限于将两个有紧密关联的点连接起来，形成相对直接和线性的关系——移民输出国自动拥有其接收国，这是基于两地已建立了悠久的联结，其实质大多是文化、情感、经济或历史上的关联；然而，由于移民范围前所未有地扩大，这些特殊关系正在迅速地改变。移民范围的扩大与移民类型的变迁密切相关。随着短期迁移和循环迁移等其他类型的出现，经典的长期移民模式在未来将越来越不占主导地位。有一点是毋庸置疑的：移民迁徙正在逐渐消磨语言、文化、族群和民族国家之间的传统界限。因此，这是一种最典型的跨国迁流，违抗文化传统、国家身份和政治制度，从长远来看，有助于削弱民族国家的自主性，从而塑造一个全球社会。人类的迁流正在发展出自己的生命力，不再仅仅是人们所认为的推拉因素的结果。(4)

除了监管新移民模式要面临内在的挑战外，超国家的人权规范的传播，也影响到各国制定和执行法规的权力。因此，国际移 364
民组织认为："国家感到自己已经失去了决定谁可以进入其领土并定居的主权。这种失去控制的感觉对社会的健康、安全和稳定产生了切实的后果，并导致公众的愤怒情绪以及政府和移民双方的沮丧情绪都在与日俱增。"(103) 因此，新的国际管理形式不仅要合理，而且要帮助各国维护自身的主权。

国家的控制权似乎受到威胁，但国家仍然掌握着最可靠的移民迁徙信息。国际移民组织甚至强调，公民身份是估量移民迁徙情况最“客观”的标准，因为移民要出示护照等有形证明。[23]具有讽刺意味的是，由于国际移民组织推荐的移民类别激增，产生了大量无证件的移民，并使各国之间实际流动情况的统计数据即使搞得清楚，也无法对比，所以基于固定性而非流动性的估量方法变得必要。国际移民组织已认识到这一问题，并且据此认为需要制定更加标准化的管理方法。边境地区是否得到有效的巡逻防护并不重要，重要的是，需要不断完善管理手段，以产生民族国家和全球资本主义所需的身份。所有关于全球移民挑战的言论，本质上都体现了一种声称要管控流动和身份的雄心壮志。

推陈出新与历史遗忘

监管的循环创造出需要更多监管的状况，它根植于推陈出新并遗忘历史的修辞中。这些修辞使得以前的监管变得自然而然了，世界也因此看起来根本不像是监管规范的产物，或者至少不像是一种更令人反感的另类监管规范的产物。它也掩盖了个人和国家之间长时段的动态张力，以至于每一次提出有关权利、国际组织、私有化或集中管理之类的重大主张时，都仿佛是开创性的改革，甚至是进入了一个勇敢创新的时代。推陈出新的言辞也在地理范围上发挥作用，它不断地将北大西洋以外的地区重新定位为历史发展之外的世界，只是到了现在才被纳入主流世界。最能说明这一点的，是将北大西洋的历史作为世界历史发展主流而使用的一系列概念：自然权利、文明、国际大家庭、现代化、自由国家共同体，甚至是全球化本身。[24]这些概念中的每一个都促使全球差异自然化，而且为扩大监管的全新规划提供了正当合理 365
性，通常使用的方法就是对新时代早期进步阶段所体现的不平等和霸权进行一番批判。

在移民及其监管方面，当前对事件发展过程的新叙述一般都结合了两种全球化叙事。第一种我称之为“自由主义叙事”，常见于20世纪80年代至90年代对移民管控的社会学和政治学分析中。这种叙事将20世纪50年代以来的一段时期描述为自由主义规范开始生长和传播的时期，它萌芽于18世纪。自由迁流、人权、国际组织和避难机制的扩大是这一生长期的一些标志。但有一个很不幸的副产品，那就是破坏了自由国家和公民权的理想，这些理想最初催生了自由主义规范，也是自由主义规范的主要保障。第二种叙事是“全球化叙事”，它假定20世纪70年代或80年代出现了一个休整期，在这一时期，全球化、跨国互动和私有化的新时代开始重构——边界稳定，公民权受到削弱，并产生了新的后国家（postnational）成员身份和去领土化（deterritorialized）的国家身份。[25]自20世纪90年代末以来，自由主义叙事一直停滞不前，因为越来越难以用自由主义理念来解释北大西洋国家移民管控的趋势。但两种叙事都一致认为，在移民组织管理上应继续加强私营者与政府的合作，继续增加移民类别，超越过去国家统合一切的做法，创造一个新时代。

这两种叙事有很多共同之处：都认为16世纪到20世纪50年代的世界以国家统合一切为主导（同时自由主义理念在欧洲和美国孕育中）；而对19世纪广泛的私有化、自由交往的理想、临时公民权的实践、去国家化的权利和改造世界的网络等认识薄弱；另外，“全球”历史实则是欧洲中心主义的历史。但两种叙事也存在差异，在历史分期中最能体现出来。自由主义叙事倾向于认为，20 世纪 50 年代之前由国家构成的世界一直弥漫着非自由主义和保守主义思想的残留。自由主义理念的萌芽经历了两个多世纪才在 20 世纪末真正地生根成长。但另一方面，全球化叙事倾向于认为，20 世纪中叶以国家为中心的世界标志着自由主义达到顶峰——至少在福利国家和进步时代的管理中体现了自由主义的形式；这些国家现在正受到削弱，而私有制成为一种持续
366 壮大的理念，经历了自 20 世纪 70 年代开始的由国际体系向全球化的转变。两种叙事的结合与分离都体现在“新自由主义”观念中，这个词包含了新时代全球化叙事中的许多近期变革，同时保留了对福利国家进步主义和私有化的历史记忆，这两者共同来源于 19 世纪中期的“自由主义”理念。

移民管控的自由主义叙事，往往围绕着“自由的悖论”展开。[26] 这一观念承认了自由主义思想的一些内在矛盾，但与之前的“文明”一样，它被构建为一种特质，既具有普遍性，又仅局限于一群独特的“自由”国家范畴内。事实上，外部威胁对这一悖论的概念化至关重要。它首先断言，自由国家的法律和制度正是这些国家最吸引移民的地方。用一位学者的话说，“移民国家几乎就能被认定为一个自由的国家，因为它创造了法律和规范的环境，使得移民可以各显其能来追求个人的财富积累”。[27] 但这种吸引力也会成为破坏自由的威胁源。过多的移民可能会淹没民主制度，或因不平等性不断累加而破坏政治和社会共同体，尤其

是在移民未归化入籍的情况下。但如果坚持维护个人权利方面的程序承诺和政治承诺，那么要限制移民是很困难的。在实践中，宪法承诺、跨国规范和特殊利益游说集团的混合作用，导致法律毫无效力，混乱不清，执法不力。边境管控因而漏洞百出，使得更多的移民入境时存在着法律问题，也进一步巩固了特殊利益集团的地位，从而威胁社会法治，这原本是国家具有吸引力和防止边境受侵害的优势。

这一循环通常被认为是自由国家数量增加和人权规范广泛传播，以及二战以来新移民迁徙带来了挑战的结果。排华法是“另一时代的残余”，在那个时期，政府采取传统的执法方式，充分行使国家权力，以牺牲个人权利为代价，也不顾国际压力。[28]从那时起，自由国家对权利的宪法承诺通过超国家规范和制度得到强化。所有这些过程汇聚到一起，造成了众多法律和程序上的困难，这些困难现在阻碍了有效的执法，也阻碍了向地方和私营组织下放更多的执法权力。这在许多国家激起了“非自由”的反弹，要求回归对主权和边境管控的传统认识。这甚至激发了更多 367
政治评论家的矛盾心理，他们内心是信仰自由主义的，但又担忧国家主权受到破坏会造成危险的影响，无论国家主权好坏，它毕竟是公民权的主要保障。用大卫·雅各布森（David Jacobson）的话说：“如果公民和外来者之间的区别逐渐消失，民族共同体的界限就会因此变得模糊，那么国家和社会之间的公民联系就会受损。国家便会放弃作为社会共同体政治组织的角色，因为社会共同体越来越没有什么东西可代表了。”[29]

至此，自由主义叙事与全球化叙事明显地出现了关键重叠。

这两种叙事都认为主权国管控边境的全球秩序到了 20 世纪 30 年代才实现，即便如此，两种叙事都将这一全球秩序置入国际体系和主权国家的基本真理中，都将少数几个核心国家的经验转化为普遍经验。但全球化叙事更倾向于承认，许多移民和移民管控问题以及权利和类别的扩展都发生在自由国家范畴之外。不过，强调推陈出新也起到了类似的作用，将有界限的北大西洋历史变成全世界共享的当下。通过将过去的移民管控看作不自由或传统做法的残余，自由 / 文明国家遗忘了那些自由和进步理念其实在很大程度上建立在划定边界的基础上，而边界是为了排除世界其他地区的加入。自由 / 文明国家还无视了来自世界各国的外交压力在缓和极端边境管控方面的重要作用，从而创造了一段自我价值评估的历史，自认是自由和进步（或私有化和开拓）的先驱，扩展了普世价值观，而不是接受或回应的一方。通过忘却过去，这些历史叙事为旧政策披上了新外衣，并将其当作创新和转型的引领者，以应对前所未有的挑战。

我们可以将过去的两个世纪理解为一段充满动力和悬而未决的矛盾的历史，而不是一段休整或生长的历史。在这段历史中，声称推陈出新都是一种政治策略。19 世纪中叶交往和自决的理想为解决这些矛盾构建了一个强有力的想象框架。由国家集中认证身份是出于国家自主和国际互动的需要。某些形式的私营者和地方组织受到压制，而另一些得到助力，后者主要是大公司和慈善机构，它们愿意在监管和巩固个人作为权利对象和监督对象方
368 面进行合作。这种合作有助于在 20 世纪之初将民族国家构成的国际体系与社会—个人的对立关系变成制度现实。边境管控和身

份认证的技术手段是巩固这一制度的关键。一旦它们成为排除一些人参与国际大家庭的正当方式，并且融入自主自治的特定政治形式之中，这些技术手段就成为自决民族国家构成的国际体系的组成部分，是参与国际大家庭的先决条件。曾经构成这些法律框架的种族和文明理念最终遭到谴责，但这些理念所产生的机制、类别和辩解，在新的国际主义进步思想以及其他致力于正义和善治的规划的幌子下，继续得到完善。20 世纪 60 年代，中央集权国家的国际体系总体上已建立起来了，随之而来的是种族灭绝、驱逐、战争、净化和新时代的其他承诺。到 20 世纪末，这种脆弱的建构已经具备了稳定且统合的身份特征——传统的、“非自由的”或“自由的”，这些特征现在正因全球化、人口流动和私有化的扰乱而受到挑战。

新时代和世事纷扰继续涌现，认为自由主义理念和权利进入最后生长期的观点也层见叠出。这些同样是关于这个世界的权力、真理和管控的主张。它们植根于对时空休整的想象，也要由已经将时空休整变成了政治现实的机制来实现。休整有助于依据差别和进步性将世界划分为不同等级，创造真理的空间和时代，为扩展权力以将他者从残暴、野蛮、落后、不可流动、专制、传统、异教文化、非自由市场、恶政或其他普世价值之外的特质中解放出来提供了正当合理的理由。同样，这些休整也有助于识别出施加权力的“它们”——不论是政府，企业组织，军国主义者，铺张浪费、自私自利的美国人，或殖民主义这些具有长期影响的传统机制，还是当今的自由主义、非自由主义或新自由主义的制度。我们可能会怀疑这些类别的现实性，也怀疑将个体标记为我们、他们或其他人的可能性。但无论如何，我们所有人都有必要加入监管机制，并且以抵抗、秩序、解放、保护、发展、妥协和知识等名义对机制进行不断调整，从而参与到分类技术手段的不断完善中。

参考文献

Australia

National Archives, Canberra

Au-NCEA Records of the Department of External Affairs, Series A1, Correspondence File.

National Archives, New South Wales Branch, Chester Hill

Au-NNOC Outward Letter Books, Collector of Customs, A1016.
Au-NNOI Outward Letter Books, Correspondence in Connection with the Immigration Restriction Act, A1026.

New South Wales State Archives, Kingswood

Au-NSW Correspondence of the Colonial Secretary, Special Bundles.

Canada

Published Government Documents

Ca-CRAI *Correspondence Regarding Asiatic Immigration*, Ottawa, 1907–1925 (Confidential publications, found in Ca-NEA, 1002/33896).
Ca-DCER *Documents on Canadian External Relations*. 4 vols. (Ottawa: Department of External Affairs, 1967–1971).

National Archives, Ottawa

Ca-NEA Records of the Department of External Affairs, RG 25.
Ca-NIB Records of the Immigration Branch, RG 76.

China

Institute of Modern History, Academia Sinica, Taipei

Ch-AFA Archives of the Foreign Affairs Office (Zongli Yamen, Waiwubu, and Waijiaobu).

Number One Historical Archives, Beijing

Ch-AGC Archives of the Grand Council (Junjichu).

Published Document Collections

Ch-CYS *Chouban yiwu shimo: Tonggzhi chao* [Account of the management of barbarian affairs, Tongzhi reign] (Taipei: Wenhai, 1972).

Ch-GCDL *Guangxu chao donghua lu* [Records of the Guangxu dynasty]. 5 vols. Edited by Zhu Shoupeng (Beijing: Zhonghua Shuju, 1958).

Ch-HCS *Huagong chuguo shiliao huibian* [Collected documents on the emigration of Chinese laborers]. 4 vols. Edited by Chen Hansheng (Beijing: Zhonghua Shuju, 1980).

Ch-JHDY *Jianada Huagong ding yue shiliao,* [Documents on the Chinese labor treaty with Canada]. Edited by Chen Shangeng and Jiong Zhenghua (Taipei: Academica Sinica, Modern History Research Institute, 1998).

Ch-JZX *Jindai Zhongguo dui xifang ji lieqiang renshi ziliao huibian* [Collected material on knowledge of the Western penetration into China] (Taipei: Academia Sinica, Modern History Research Institute, 1986).

Ch-QW *Qingji waijiao shiliao* [Qing foreign relations materials]. Edited by Wang Yanwei and Wang Liang (Taipei: Wenhai, 1985 [1932]).

Ch-ZMG *Zong Mei guanxi shiliao* [Documents on Chinese-American relations]. 5 vols. Edited by Huang Jiamo (Taipei: Academia Sinica, Modern History Research Institute, 1988–90).

Great Britain

GB-CP Foreign Office Confidential Prints.

GB-PP Parliamentary Papers.

Hawaii

Archives of the State of Hawaii, Honolulu

H-FO Foreign Office and Executive, Hong Kong.
H-MI Ministry of the Interior, Immigration-Chinese.

United States

Asian American Studies Library, University of California, Berkeley

US-AJY Judy Yung Collection.

Bancroft Library, University of California, Berkeley

US-BIEL Ira and Edwar Lee Interview, Asian American Oral History Composite.
US-BJBS John Birge Sawyer Diaries.

Chicago Historical Society

US-CWH Walter William Husband Papers, 1891–1926.

Published Government Documents

US-DE Executive documents.
US-DH House documents.
US-DS Senate documents.
US-FR *Papers Relating to the Foreign Relations of the United States* (Washington, DC: Government Printing Office, 1872–1929).
US-IR *Report of the Commissioner-General of Immigration.* U.S. Treasury Department, 1894–1902; U.S. Department of Commerce and Labor, 1903–1912; U.S. Department of Labor, 1913–1932.

National Archives, College Park, MD

RECORDS OF THE BUREAU OF INSULAR AFFAIRS, RG 350
US-NCCF Classified Files Relating to Customs Matters in the Island Possessions, 1898–1941.
US-NCCG General Classified Files, 1898–1945.

Records of the State Department, RG 59

US-NCD Decimal Files, 1910–1929.

US-NCDA Despatches from U.S. Consuls in Amoy, 1844–1906 (Microfilm M100).

US-NCDC Despatches from U.S. Consuls in Canton, 1790–1906 (Microfilm M101).

US-NCDH Despatches from U.S. Consuls in Hong Kong, 1844–1906 (Microfilm M108).

US-NCDS Despatches from U.S. Consuls in Shanghai, 1847–1906 (Microfilm M112).

US-NCDU Despatches from U.S. Ministers to China, 1843–1906 (Microfilm M92).

US-NCR Inspection Reports on Foreign Service Posts.

US-NCNC Notes from the Chinese Legation in the United States to the Department of State, 1868–1906 (Microfilm M98).

US-NCNM Numerical and Minor Files, 1906–1910 (Microfilm M862).

US-NCR Records Relating to Charges against John Goodnow and Robert McWade.

National Archives, Great Lakes Region, Chicago, IL

Records of the Immigration and Naturalization Service, RG 85

US-NGCC Chicago Chinese Case Files, 1898–1940.

US-NGCD Correspondence of Chinese Division, 1893–1924.

National Archives, Mid-Atlantic Region, Philadelphia, PA

Records of the Immigration and Naturalization Service, RG 85

US-NMC Chinese Letters Sent, 1895–1903, Philadelphia Collector of Customs.

US-NML Letters Concerning Chinese, 1904–1911.

National Archives, New England Region, Waltham, MA

Records of the Immigration and Naturalization Service, RG 85

US-NNM Montreal Chinese Case Files, 1900–1952.

National Archives, Northeast Region, New York, NY

Records of the Immigration and Naturalization Service, RG 85

US-NNYC Chinese Exclusion Case Files, 1880–1960.

National Archives, Pacific Sierra Region, San Bruno, CA

RECORDS OF THE IMMIGRATION AND NATURALIZATION SERVICE, RG 85
US-NPD Chinese Coaching Material (Densmore Investigation) 1906–1940.
US-NPH Chinese Immigration Case Files, Honolulu, 1903–1915.
US-NPO Outgoing Correspondence, Inspector in Charge at Honolulu, 1903–1904.

National Archives, Washington, DC

RECORDS OF THE IMMIGRATION AND NATURALIZATION SERVICE, RG 85
US-NWCD Chinese Division File.
US-NWCG Chinese General Correspondence, 1898–1908.
US-NWCS Chinese Smuggling Files, 1914–1921.
US-NWCu Customs Case File, no. 3359D, Related to Chinese Immigration, 1877–1891.
US-NWSC Subject Correspondence.

RECORDS OF THE STATE DEPARTMENT, RG 59
US-NWVC Visa Division Correspondence Regarding Immigration, 1910–1939 (Entry 702).
US-NWVD Visa Division, General Visa Correspondence, 1914–1940 (Entry 704).

注 释

导论 身份的全球化

1. John Torpey, *The Invention of the Passport: Surveillance, Citizenship and the State* (Cambridge: Cambridge UP, 2000), 13.

2. Guy Goodwin-Gill, *International Law and the Movement of Persons Between States* (Oxford: Clarendon Press, 1978), 24–26, 24–28; Mark Salter, *Rights of Passage: The Passport in International Relations* (Boulder: Lynne Rienner, 2003), 1–6; Daniel Turack, *The Passport in International Law* (Lexington, MA: Lexington Books, 1972), 1, 17–20.

3. John Torpey, "States and the Regulation of Migration in the Twentieth-Century North Atlantic World," in *The Wall Around the West: State Borders and Immigration Controls in North America and Europe*, ed. Peter Andreas and Timothy Snyder, 31–54 (Lanham, MD: Rowman and Littlefield, 2000); and "Coming and Going: On the State Monopolization of the Legitimate 'Means of Movement,'" *Sociological Theory* 16 (1998): 239–59.

4. Richard Plender, *International Migration Law* (Leiden: Sijthoff, 1972), 48–52; Aristide Zolberg, "Global Movements, Global Walls: Responses to Migration: 1885–1925," in *Global History and Migrations*, ed. Wang Gungwu, 297–307 (Boulder: Westview, 1997); and "The Great Wall Against China: Responses to the First Immigration Crisis, 1885–1925," in *Migration, Migration History, History: Old Paradigms and New Perspectives*, ed. Jan and Leo Lucassen, 291–305 (Bern: Peter Lang, 1999.

5. Torpey, *Invention of the Passport*, 159–64.

6. See Adam McKeown, "Periodizing Globalization," *History Workshop Journal* 63 (2007): 218–30.

7. David Ludden, "Presidential Address: Maps in the Mind and the Mobility of Asia," *Journal of Asian Studies* 62 (2003): 1062.

8. Arjun Appadurai, *Modernity at Large: Cultural Dimensions of Globalization* (Minneapolis: University of Minnesota Press, 1996), 3–9; Linda Basch, Nina Glick Schiller, and Cristina Sztanton Blanc, *Nations Unbound: Transnational Projects, Post-*

colonial Predicaments and Deterritorialized Nation-States (Amsterdam: Gordon and Breach, 1994); Manuel Castells, *The Rise of Network Society*, vol. 1 of *The Information Age* (Oxford: Basil Blackwell, 1996); Saskia Sassen, *Territory, Authority, Rights: From Medieval to Global Assemblages* (Princeton: Princeton UP, 2006).

9. Francis Fukuyama, *The End of History and the Last Man* (New York: Perennial, 1993); Michael Hardt and Antonio Negri, *Empire* (Cambridge: Harvard UP, 2001); Bruce Mazlish, "Comparing Global History to World History," *Journal of Interdisciplinary History* 28 (1993): 385–95; Roland Robertson, *Globalization: Social Theory and Global Culture* (London: Sage, 1992), 58–59.

10. David Held, *Democracy and the Global Order: From the Modern State to Cosmopolitan Governance* (Cambridge: Polity Press, 1995), 32–47, 78–83; Sassen, *Territory, Authority, Rights*. Thomas Biersteker and Cynthia Weber, eds., *State Sovereignty as Social Construct* (Cambridge: Cambridge UP, 1996), 3, criticizes the Westphalian emphasis but offers essays about an expansive Europe.

11. Anthony G. Hopkins, *Globalization in World History* (New York: Norton, 2002); Adam McKeown, "Global Migration, 1846–1940," *Journal of World History* 15 (2004): 155–89; Kevin O'Rourke and Jeffrey Williamson, *Globalization and History: The Evolution of a Nineteenth-Century Atlantic Economy* (Cambridge: MIT Press, 1996); Andreas Wimmer and Nina Glick Schiller, "Methodological Nationalism, the Social Sciences, and the Study of Migration: An Essay in Historical Epistemology," *International Migration Review* 27 (2003): 576–610.

12. Dennis Flynn and Arturo Giráldez, "Path Dependence, Time Lags and the Birth of Globalization: A Critique of O'Rourke and Williamson," *European Review of Economic History* 8 (2004): 81–108, argues against the market-based definition of globalization in Kevin O'Rourke and Jeffrey Williamson, "When Did Globalization Begin?" *European Review of Economic History* 6 (2002): 23–50, developing a perspective that still emphasizes interactions but with less emphasis on quantity.

13. Appadurai, *Modernity at Large*; Michael Geyer and Charles Bright, "World History in a Global Age," *American Historical Review* 100 (1995): 1034–60; Sassen, *Territory, Authority, Rights*.

14. Robertson, *Globalization*, 26–27. Nonetheless, Robertson sees globalization as a linear process that began in Europe and is still tending toward "unicity."

15. Charles Maier, "Consigning the Twentieth Century to History: Alternative Narratives for the Modern Era," *American Historical Review* 105 (2000): 807–31; John Meyer et al., "World Society and the Nation-State," *American Journal of Sociology* 103 (1997): 144–81; George Thomas et al., *Institutional Structure: Constituting State, Society and the Individual* (London: Sage, 1987).

16. O'Rourke and Williamson, *Globalization and History*.

17. Thomas Gallant, "Brigandage, Piracy, Capitalism, and State-Formation," in *States and Illegal Practices*, ed. Josiah Heyman and Alan Smart, 25–62 (Oxford: Berg,

1999); Janice Thomson, *Mercenaries, Pirates and Sovereigns* (Princeton: Princeton UP, 1995).

18. Michael Walzer, *Spheres of Justice: A Defense of Pluralism and Equality* (New York: Basic Books, 1983), 35–51; Frederick Whelan, "Citizenship and Freedom of Movement: An Open Admission Policy?" in *Open Borders? Closed Societies? The Ethical and Political Issues*, ed. Mark Gibney, 3–39 (Westport, CT: Greenwood, 1988).

19. Mae Ngai, *Impossible Subjects: Illegal Aliens and the Making of Modern America* (Princeton: Princeton UP, 2004).

20. Uday Mehta, *Liberalism and Empire: A Study in Nineteenth-Century British Liberal Thought* (Chicago: University of Chicago Press, 1999).

21. Immanuel Wallerstein, "Culture as the Ideological Battleground of the Modern World-System," *Theory, Culture and Society* 7 (1990): 31–55.

22. Thomas Klevin, "Why International Law Favors Emigration over Immigration," *Inter-America Law Review* 33 (2002): 69–100.

23. James Madison, *The Federalist Papers*, ed. Clinton Rossiter (New York: Mentor, 1961), 46; Jean-Jacques Rousseau, "On the Social Contract," in *The Basic Political Writings*, ed. Peter Gay, 156 (Indianapolis: Hackett, 1987); Adam Smith, *The Wealth of Nations* (New York: Modern Library, 2000 [1776]), 148–49.

24. Jane Caplan and John Torpey, eds., *Documenting Individual Identity: The Development of State Practices in the Modern World* (Princeton: Princeton UP, 2001); Dieter Hoffman-Axthelm, "Identity and Reality: The End of the Philosophical Immigration Officer," in *Modernity and Identity*, ed. Scott Lash and Jonathan Friedman, 196–217 (Oxford: Blackwell, 1992); Matt Matsuda, *The Memory of the Modern* (New York: Oxford UP, 1996), 122–39; Radhika Singha "Settle, Mobilize, Verify: Identification Practices in Colonial India," *Historical Studies* 16 (2000): 151–98.

25. Simon Cole, *Suspect Identities: A History of Fingerprinting and Criminal Identification* (Cambridge: Harvard UP, 2001); William Roff, "Sanitation and Security: The Imperial Powers and the Nineteenth Century Hajj," *Arabian Studies* 4 (1982): 143–60.

26. For transnational histories of migration control centered on race, see Matthew Guterl and Christine Skwiot, "Atlantic and Pacific Crossings: Race, Empire and 'the Labor Problem' in the Late Nineteenth Century," *Radical History Review* 91 (2005): 40–61; Marilyn Lake and Henry Reynolds, *Drawing the Global Colour Line: White Men's Countries and the International Challenge of Racial Equality* (Cambridge: Cambridge UP, 2008); Erika Lee "Orientalisms in the Americas: A Hemispheric Approach to Asian American History," *Journal of Asian American Studies* 8 (2005): 235–56.

27. Eithne Luibhéid, *Entry Denied: Controlling Sexuality at the Border* (Minneapolis: University of Minnesota Press, 2002); Erica Rand, *Ellis Island Snow Globe* (Durham: Duke UP, 2005). For a general discussion of Foucault and race, see Ann Stoler,

Race and the Education of Desire: Foucault's History of Sexuality and the Colonial Order of Things (Durham: Duke UP, 1995).

28. Michel Foucault, *Discipline and Punish: The Birth of the Prison*, trans. Alan Sheridan (New York: Vintage, 1979), 26–27.

29. Ibid., 307. See also Timothy Mitchell, "Everyday Metaphors of Power," *Theory and Society* 19 (1990): 545–77; and "Society, Economy, and the State Effect," in *State/Culture: State Formation after the Cultural Turn*, ed. George Steinmetz, 76–97 (Ithaca: Cornell UP, 1999).

30. Aristide Zolberg, "The Archaeology of 'Remote Control,'" in *Migration Control in the North Atlantic World: The Evolution of State Practices in Europe and the United States from the French Revolution to the Inter-War Period*, ed. Andreas Fahrmeir, Olivier Faron, and Patrick Weil, 195–222 (New York: Berghahn, 2003).

第一章　固化身份，16—19 世纪

1. Francisco de Vitoria, "On the American Indian," in *Vitoria: Political Writings*, ed. Anthony Pagden and Jeremy Lawrence, 278–79 (Cambridge: Cambridge UP, 1992). Also see Antony Anghie, *Imperialism, Sovereignty and the Making of International Law* (Cambridge: Cambridge UP, 2004), chap. 1.

2. José de Acosta, *De Natura novi orbis* (Salamanca, 1588), 256. Translation in Walter Demel, "Trade Aspirations and China's Policy of Isolation: European Views, Mainly in the Eighteenth Century," in *Maritime Asia: Profit Maximisation, Ethics and Trade Structure c, 1300–1800*, ed. Karl Anton Sprengard and Roderich Ptak, 108–9 (Wiesbaden: Harrassowitz Verlag, 1994).

3. Hugo Grotius, *The Freedom of the Seas*, trans. Ralph Magoffin, 12 (Kitchner, Ont.: Baroche Books, 2000 [1613]).

4. Samuel Pufendorf, *The Law of Nature and Nations in Eight Books*, trans. C. H. and W. A. Oldfather (Oxford: Clarendon Press, 1934 [1688]), bk. 7:2, §20. See also Christian Wolff, *The Law of Nations Treated According to a Scientific Method*, trans. Joseph Drake (Oxford: Clarendon Press, 1934 [1764]), §300–304.

5. Demel, "Trade Aspirations," 107–10.

6. Wolff, *Law of Nations*, §187.

7. Emerich de Vattel, *The Law of Nations or the Principles of Natural Law Applied to the Conduct and to the Affairs of Nations and of Sovereigns*, trans. G. Fenwick (Washington, DC: Carnegie Institution, 1916 [1758]), 1:§15.

8. Wolff, *Law of Nations*, §154.

9. Aristide Zolberg, *A Nation by Design: Immigration Policy in the Fashioning of America* (New York: Russell Sage Foundation, and Cambridge: Harvard UP, 2006), 43–47.

10. John Locke, "Second Treatise of Government," in *Political Writings of John Locke*, ed. David Wooton, §115–21 (New York: Mentor Books, 1993). Also see Vattel,

Law of Nations, 1:§220; Frederick Whelan, "Citizenship and the Right to Leave," *American Political Science Review* 75 (1981): 636–53.

11. Hugo Grotius, *The Law of War and Peace*, trans. Francis Kelsey (Oxford: Clarendon Press, 1925 [1646]), bk. 2:4, §23.

12. G. F. von Martens, *The Law of Nations: Being the Science of National Law, Covenants, Power, &c*, 4th ed., trans. William Cobbett (London: William Cobbett, 1829 [1788]), 86.

13. Bryan Garner, ed., *Black's Law Dictionary* (St. Paul: Thomson West, 2004), 865.

14. Philip Curtin, *Cross-Cultural Trade in World History* (Cambridge: Cambridge UP, 1984); Leslie Page Moch, *Moving Europeans: Migration in Western Europe Since 1650* (Bloomington: Indiana UP, 1992), 25–89; G. William Skinner, "Mobility Strategies in Late Imperial China: A Regional Systems Analysis," in *Regional Analysis*, vol. 1, *Economic Systems*, ed. Carol A, Smith, 327–64 (New York: Academic Press, 1976).

15. Natalie Zemon Davis, *The Return of Martin Guerre* (Cambridge: Harvard UP, 1983); Valentin Groebner "Describing the Person, Reading the Signs in Late Medieval and Renaissance Europe: Identity Papers, Vested Figures, and the Limits of Identification, 1400–1600," in *Documenting Individual Identity: The Development of State Practices in the Modern World*, ed. Jane Caplan and John Torpey, 15–27 (Princeton: Princeton UP, 2001).

16. Yash Ghai, "Migrant Workers, Markets, and the Law," in *Global History and Migrations*, ed. Wang Gungwu, 149–57 (Boulder: Westview, 1997).

17. Jeffrey Burds, *Peasant Dreams and Market Politics: Labor Migration and the Russian Village, 1861–1905* (Pittsburgh: University of Pittsburgh Press, 1998); David Moon, "Peasant Migration, the Abolition of Serfdom, and the Internal Passport System in the Russian Empire, c, 1800–1914," in *Coerced and Free Migration: Global Perspectives*, ed. David Eltis, 324–60 (Stanford: Stanford UP, 2002).

18. Ge Jianxiong, Cao Shuji, and Wu Songdi, *Jianming Zhongguo yimin* [Concise history of Chinese migration] (Fuzhou: Fujian Renmin Chubanshe, 1993), 391–93; L. Eve Armentrout Ma, "Fellow-Regional Associations in the Ch'ing Dynasty: Organizations in Flux for Mobile People, a Preliminary Survey," *Modern Asian Studies* 18 (1984): 307–30,

19. Roger Bartlett, *Human Capital: The Settlement of Foreigners in Russia 1762–1804* (Cambridge: Cambridge UP, 1979); Richard Hellie, "Migration in Early Modern Russia, 1480s-1780s," in *Coerced and Free Migration*, 292–323; Peter Kolchin, *Unfree Labor: American Slavery and Russian Serfdom* (Cambridge: Belknap Press of Harvard UP, 1987), 4–30.

20. Turrell Wylie, "Notes on Csoma de Körös's Translation of a Tibetan Passport," in *Silver on Lapis: Tibetan Literary Culture and History*, ed. Christopher I. Beckwith, 111–21 (Bloomington: Tibet Society, 1987).

21. Gaillard Hunt, *The American Passport: Its History and a Digest of Laws, Rulings, and Regulations Governing Its Issuance by the Department of State* (Washington, DC: Government Printing Office, 1898), 37–38.

22. Salter, *Rights of Passage*, 13–15.

23. Linda and Marsha Frey, *The History of Diplomatic Immunity* (Columbus: Ohio State UP, 1999), 93–99; Martin Lloyd, *The Passport: The History of Man's Most Traveled Document* (Phoenix Mill, UK: Sutton, 2003), 35–58; United States Passport Office, *The United States Passport: Past, Present and Future* (Washington, DC: Passport Office, Department of State, 1976), 1–14; Turrel Wylie, "Tibetan Passports: Their Function and Significance," *Central Asian Studies* 12 (1968): 149–52.

24. Kenneth Robinson, "From Raiders to Traders: Border Security and Border Control in Early Choson, 1392–1450," *Korean Studies* 16 (1992): 94–115.

25. Laura Newby, *The Empire and the Khanate: A Political History of Qing Relations with Khoqand c. 1760–1860* (Leiden: Brill, 2005), 192–98.

26. Fan Zhenshui, *Zhongguo huzhao* [Chinese passport] (Beijing: Shijie Zhishi Chubanshe, 2003), 140–57.

27. N. W. Sibley, "The Passport System," *Journal of the Society of Comparative Legislation* 7 (1906): 30.

28. C. Henry Alexandrowicz, *An Introduction to the History of the Law of Nations in the East Indies* (Oxford: Clarendon Press, 1967); Lauren Benton, *Law and Colonial Cultures: Legal Regimes in World History, 1400–1900* (Cambridge: Cambridge UP, 2002).

29. Fan, *Zhongguo huzhao*, 73, 100–101.

30. Robinson, "Raiders to Traders."

31. Tamar Herzog, *Defining Nations: Immigrants and Citizens in Early Modern Spain and Spanish America* (New Haven: Yale UP, 2003), 96–97.

32. For China, see Philip Kuhn, *Soulstealers: The Chinese Sorcery Scare of 1768* (Cambridge: Harvard UP, 1992).

33. Josiah Henry Benton, *Warning Out in New England, 1656–1817* (Boston: Clarke, 1911).

34. Edith Abbot, ed., *Historical Aspects of the Immigration Problem: Select Documents* (Chicago: University of Chicago Press, 1926), 542–58; and *Immigration: Select Documents and Case Records* (Chicago: University of Chicago Press, 1924), 102–10; Gerald Neuman, "The Lost Century of American Immigration Law (1776–1875)," *Columbia Law Review* 8 (1993): 1833–1901.

35. Abbot, *Historical Aspects*, 543.

36. Ibid., 580–93; Abbot, *Immigration*, 122–39; Benjamin Klebaner, "State and Local Immigration Regulation in the United States before 1882," *International Review of Social History* 3 (1958): 269–75.

37. Keechang Kim, *Aliens in Medieval Law: The Origins of Modern Citizenship* (Cambridge: Cambridge UP, 2000), 26–58.

38. Robinson, "Raiders to Traders."

39. U.S. Passport Office, *United States Passport*, 8.

40. Nancy Green, "The Politics of Exit: Reversing the Immigration Paradigm," *Journal of Modern History* 77 (2005): 263–89.

41. Fan, *Zhongguo huzhao*, 107–10; Lo-shu Fu, *A Documentary Chronicle of Sino-Western Relations (1644–1820)*, 2 vols. (Tuscon: University of Arizona Press, 1966), 1:28–30, 38, 157–59, 174; Ng Chin-Keong, "Liturgical Services and Business Fortunes: Chinese Maritime Merhcants in the Eighteenth and Early Nineteenth Centuries," in *Maritime Asia: Profit Maximisation, Ethics and Trade Structure c, 1300–1800*, ed. Karl Anton Sprengard and Roderich Ptak, 75–96 (Wiesbaden: Harrassowitz Verlag, 1994); and "Maritime Frontiers, Territorial Expansion and *Hai-fang* during the Late Ming and High Ch'ing," in *China and Her Neighbours: Borders, Visions of the Other, Foreign Policy 10th to 19th Century*, ed. Sabine Dabringhaus and Roderich Ptak, 211–57 (Wiesbaden: Harrassowitz Verlag, 1997).

42. C.A. Bayly, *Imperial Meridian: The British Empire in the World, 1780–1830* (London: Longman, 1989); Victor Lieberman, *Strange Parallels: Southeast Asia in Global Context, c.800–1800* (Cambridge: Cambridge UP, 2003).

43. Herzog, *Defining Nations*.

44. Ibid., 178–83.

45. Zolberg, *Nation by Design*, 24–26.

46. Gérard Noiriel, "The Identification of the Citizen: The Birth of Republican Civil Status in France," in *Documenting Individual Identity: The Development of State Practices in the Modern World*, ed. Jane Caplan and John Torpey, 28–49 (Princeton: Princeton UP, 2001); Peter Sahlins, "The Eighteenth-Century Citizenship Revolution in France," in *Migration Control in the North Atlantic World: The Evolution of State Practices in Europe and the United States from the French Revolution to the Inter-War Period*, ed. Andreas Fahrmeir, Olivier Faron, and Patrick Weil, 11–24 (New York: Berghahn Books, 2003).

47. Andreas Farhmeir, "Passports and the Status of Aliens," in *The Mechanics of Internationalism: Culture, Society, and Politics from the 1840s to the First World War*, ed. Martin Geyer and Johannes Paulmann, 95–96 (Oxford: Oxford UP, 2001); Gérard Noiriel, *The French Melting Pot: Immigration, Citizenship, and National Identity*, trans. Geofroy de Laforcade (Minneapolis: University of Minnesota Press, 1996 [1988]), 45–59; John Torpey, *The Invention of the Passport: Surveillance, Citizenship and the State* (Cambridge: Cambridge UP, 2000), 27–48.

48. Frank Caestecker, *Alien Policy in Belgium, 1840–1940: The Creation of Guest Workers, Refugees and Illegal Aliens* (New York: Berghan Books, 2000), 39–45; Andreas Fahrmeir, *Citizens and Aliens: Foreigners and Law in Britain and the German States 1789–1870* (New York: Berghan Books, 2000), 20–28; Torpey, *Invention of the Passport*, 60–86.

49. Fahrmeir, *Citizens and Aliens*, 101–8; Leo Lucassen, "Revolutionaries into Beggars: Alien Policies in the Netherlands, 1814–1914," in *Migration Control in the*

North Atlantic, 178–91; Matt Matsuda, *The Memory of the Modern* (New York: Oxford UP, 1996), 121–32; Maarten Prak, "Burghers into Citizens: Urban and National Citizenship in the Netherlands during the Revolutionary Era (c, 1800)," in *Extending Citizenship, Reconfiguring States*, ed. Michael Hanagan and Charles Tilly, 17–36 (Lanham, MD: Rowman and Littlefield, 1999); Zolberg, *Nation by Design*, 72–76, 88–96.

50. Fahrmeir, *Citizens and Aliens*, 118–23.

51. Daniel Panzac, *Quarantines et Lazarets: L'Europe et la Peste D'Orient* (Aix-en-Provence: Édisud, 1986).

52. Abbot, *Immigration*, 21–58; Oliver MacDonagh, A *Pattern of Government Growth 1800–1860: The Passenger Acts and Their Enforcement* (London: MacGibbon and Kee, 1961); Zolberg, *Nation by Design*, 105, 111–12, 145–47.

53. Lloyd, *Passport*, 115.

54. Burds, *Peasant Dreams*.

55. Hunt, *American Passport*, 15–17.

56. Caestecker, *Alien Policy*, 39–45; Leo Lucassen, "A Many-Headed Monster: The Evolution of the Passport System in the Netherlands and Germany in the Long Nineteenth Century," in *Documenting Individual Identity: The Development of State Practices in the Modern World*, ed. Jane Caplan and John Torpey, 235–55 (Princeton: Princeton UP, 2001).

第二章　全球移民，1840—1940

1. Sucheta Mazumdar, "Chinese and Indian Migration: A Prospectus for Comparative Research," in *Chinese and Indian Diasporas: Comparative Perspectives*, ed. Wong Siu-lun, 139–67 (Hong Kong: Centre of Asian Studies, University of Hong Kong, 2004).

2. Virginia Yans-McLaughlin, "Introduction," in *Immigration Reconsidered: History, Sociology, and Politics*, ed. Virginia Yans-McLaughlin, 3 (New York: Oxford UP, 1990).

3. Ira Glazier and Luigi De Rosa, "Introduction," in *Migrations across Time and Nations: Population Mobility in Historical Context*, ed. Ira Glazier and Luigi De Rosa, 5 (New York: Holmes and Meier, 1986).

4. Douglas Massey, "Why Does Immigration Occur? A Theoretical Synthesis," in *The Handbook of International Migration: The American Experience*, ed. Charles Hirschman, Philip Kasinitz, and Josh DeWind, 35 (New York: Russell Sage Foundation, 1999).

5. Timothy Hatton and Jeffrey Williamson, *The Age of Mass Migration: Causes and Economic Impact* (New York: Oxford UP, 1998), 249. In their more recent book, *Global Migration and the World Economy: Two Centuries of Policy and Performance*

(Cambridge: MIT Press, 2005), Hatton and Williamson pay much more attention to Asian migrations but take pains to downplay the volume and significance of that migration beyond the Atlantic. This chapter will refute their arguments.

6. Pieter Emmer, "European Expansion and Migration: The European Colonial Past and Intercontinental Migration; An Overview," in *European Expansion and Migration: Essays on the Intercontinental Migration from Africa, Asia, and Europe*, ed. Pieter Emmer and Magnus Mörner, 3, 10–11 (New York: Berg, 1992).

7. Pieter Emmer, "Was Migration Beneficial?" in *Migration, Migration History: Old Paradigms and New Perspectives*, ed. Jan and Leo Lucassen, 113 (Bern: Peter Lang, 1999).

8. Lynn Pann, *Encyclopedia of Chinese Overseas* (Cambridge: Harvard UP, 1999), 62; Lydia Potts, *The World Labour Market: A History of Migration* (London: Zed Books, 1990), 70; and Walton Look Lai, "Asian Contract and Free Migrations to the Americas," in *Coerced and Free Migration: Global Perspectives*, ed. David Eltis, 230 (Stanford: Stanford UP, 2002). Dirk Hoerder, *Cultures in Contact: World Migrations in the Second Millennium* (Durham: Duke UP, 2002), 366–67, 377, and 389, has inconsistent numbers and notes that free migrants are not included in most estimates. But over two-thirds of his chapter on Asian migration from the 1830s to 1920s focuses on indentured migration to European plantations.

9. Chen Ta, *Chinese Migrations, with Special Reference to Labor Conditions* (Washington, DC: Government Printing Office, 1923); Chen Zexuan, "Shijiu shiji cheng xing de tiaoyue huagong zhi" [The nineteenth-century Chinese contract labor system], *Lishi yanjiu*, no. 1 (1963); Arnold Meagher, "The Introduction of Chinese Laborers to Latin America: The 'Coolie Trade,' 1847–1874" (Ph.D. dissertation, University of California at Davis, 1975). David Northrup, *Indentured Labor in the Age of Imperialism, 1834–1922* (Cambridge: Cambridge UP, 1995), 56, counts 386,901 indentured Chinese and 1,336,030 Indians. He does not count indenture in Southeast Asia.

10. Imre Ferenczi and Walter Willcox, eds., *International Migrations*, vol. 1, *Statistics* (New York: National Bureau of Economic Research, 1929).

11. Hoerder, *Cultures in Contact*, 12.

12. See the division of topics in Ge Jianxiong, Cao Shuji, and Wu Songdi, *Jianming Zhongguo yimin* [Concise history of Chinese migration] (Fuzhou: Fujian Renmin Chubanshe, 1993), 391–93. Also personal communication with Qiu Liben, December 2001.

13. Sources for all quantitative data are listed in Adam McKeown, "Global Migration, 1846–1940," *Journal of World History* 15 (2004): 185–89. Major and additional sources are in notes 15–20 below.

14. Ferenczi and Willcox, *International Migrations*, vol. 2, *Analysis*; J. D. Gould, "European Inter-Continental Emigration 1815–1914: Patterns and Causes," *European Journal of Economic History* 8 (1979): 598–605.

15. Susan Carter et al., eds., *Historical Statistics of the United States: Earliest Times to the Present* (New York: Cambridge UP, 2006), 1:247–87; Ferenczi and Willcox, *International Migrations*, vol. 1; B. R. Mitchell, *International Historical Statistics: Europe 1750–1993*, 4th ed. (New York: Macmillan Reference, 1998); Jose Moya, *Cousins and Strangers: Spanising Immigrants in Buenos Aires, 1850–1930* (Berkeley: University of California Press, 1998), 46; Walter Nugent, *Crossings: The Great Transatlantic Migrations, 1870–1914* (Bloomington: Indiana UP, 1992).

16. Kingsley Davis, *The Population of India and Pakistan* (New York: Russell and Russell, 1951), 99–100; Ferenczi and Willcox, *International Migrations*, 1:900–907, 915; Frank Heidemann, *Kanganies in Sri Lanka and Malaysia: Tamil Recruiter-cum-Foreman as a Sociological Category in the Nineteenth and Twentieth Century* (Munich: Anacon, 1992), 99–110: Claude Markovits, *The Global World of Indian Merchants, 1750–1947* (Cambridge: Cambridge UP, 2000), 17; and "Indian Merchant Networks Outside India in the Nineteenth and Twentieth Centuries: A Preliminary Survey," *Modern Asian Studies* 33 (1999): 895; Kernial Singh Sandhu, *Indians in Malaya: Some Aspects of Their Immigration and Settlement (1786–1957)* (Cambridge: Cambridge UP, 1969).

17. Data provided by Elizabeth Sinn from her Hong Kong Research Grants Council funded project, "The Impact of Chinese Emigration on Hong Kong's Economic Development, 1842–1941"; sources in McKeown, "Global Migration," 188–89.

18. Chen, *Chinese Migrations*, 84–86. See also Anthony Reid, "Early Chinese Migration into North Sumatra," in *Studies in the Social History of China and South-east Asia: Essays in Memory of Victor Purcell*, ed. Jerome Ch'en and Nicholas Tarling, 289–320 (Cambridge: Cambridge UP, 1970); Elizabeth Sinn, "Emigration from Hong Kong before 1941: Organization and Impact," in *Emigration from Hong Kong: Tendencies and Impacts*, ed. Ronald Skeldon, 35–50 (Hong Kong: Chinese University Press, 1995).

19. Eugene Kulischer, *Europe on the Move: War and Population Changes, 1917–1947* (New York: Columbia UP, 1948), 74–84; Donald Treadgold, *The Great Siberian Migration: Government and Peasant in Resettlement from Emancipation to the First World War* (Princeton: Princeton UP 1957).

20. Thomas Gottschang and Dana Lary, *Swallows and Settlers: The Great Migration from North China to Manchuria* (Ann Arbor: University of Michigan, Center for Chinese Studies, 2000), 64, 171; Alan Moriyama, *Imingaisha: Japanese Emigration Companies and Hawaii 1894–1908* (Honolulu: University of Hawaii Press, 1985), xvii; James Reardon-Anderson, *Reluctant Pioneers: China's Expansion Northward, 1644–1937* (Stanford: Stanford UP, 2005), 71–99; Michael Weiner, *Race and Migration in Imperial Japan* (London: Routledge, 1994), 53, 63, 121–22.

21. Hatton and Williamson, *Global Migration*, 23, 138.

22. Nugent, *Crossings*, 43.

23. Population data for China are from Gottschang and Lary, *Swallows and Settlers*, 172–73; Robert Marks, *Tigers, Rice, Silk, and Silt: Environment and Economy in Late Imperial South China* (Cambridge: Cambridge UP, 1998), 280.

24. Hoerder, *Cultures in Contact*, 217, 355–56; Daniel Johnson and Rex Campbell, *Black Migration in America: A Social Demography* (Durham: Duke UP, 1981); Bruno Ramirez, *Crossing the 49th Parallel: Migration from Canada to the United Sates, 1900–1930* (Ithaca: Cornell UP, 2001).

25. Orlando Patterson, "Migration in Caribbean Societies: Socioeconomic and Symbolic Resource," in *Human Migration: Patterns and Policies*, ed. William McNeill and Ruth Adams, 106–45 (Bloomington: Indiana UP, 1978).

26. Graves, Adrian, "Colonialism and Indentured Labour Migration in the Western Pacific, 1840–1915," in *Colonialism and Migration: Indentured Labour before and after Slavery*, ed. Pieter Emmer, 237–59 (Dordrecht: Martinus Nijhoff, 1986); Potts, *World Labour Market*, 71.

27. Jeffrey Burds, *Peasant Dreams and Market Politics: Labor Migration and the Russian Village, 1861–1905* (Pittsburgh: University of Pittsburgh Press, 1998); David Moon, "Peasant Migration, the Abolition of Serfdom, and the Internal Passport System in the Russian Empire, c, 1800–1914," in *Coerced and Free Migration*.

28. Davis, *Population of India*, 107–23; Arjan de Haan, "Migration on the Border of Free and Unfree Labour: Workers in Calcutta's Jute Industry, 1900–1990," in *Migration, Migration History: Old Paradigms and New Perspectives*, ed. Jan and Leo Lucassen, 197–222 (Bern: Peter Lang, 1999); Hoerder, *Cultures in Contact*, 380–83.

29. Ge, Cao and Wu, *Jianming Zhongguo yimin*, 460–92.

30. Ferenczi and Willcox, *International Migrations*, 1:1028.

31. Philip Curtin, *Why People Move: Migration in African History* (Baylor, TX: Baylor UP), 33–39; Patrick Harries, *Work, Culture, and Identity: Migrant Laborers in Mozambique and South Africa, c. 1860–1910* (Portsmouth, NH: Heinemann, 1994); François Manchuelle, *Willing Migrants: Soninke Labor Diasporas, 1848–1960* (Athens: Ohio UP, 1997); Patrick Manning, *Slavery and African Life: Occidental, Oriental and African Slave Trades* (Cambridge: Cambridge UP, 1990), 171–78.

32. Calvin Goldscheider, "Israel," in *Handbook on International Migration*, ed. William Serow et al., 132–35 (New York: Greenwood Press, 1990); Gülten Kazgan, "Migratory Movements in the Ottoman Empire and the Turkish Republic from the End of the 18th Century to the Present Day," in *Les Migrations Internationales: de la fin du XVIIIème siècle à nos jours*, ed. CIDMSS, 212–13 (Paris: Editions du CNS, 1980); Roger Portal, "Phénomènes migratoires en Russe et à partir de Russie au XIXème siècle," in *Les Migrations Internationales*, 207–25.

33. *Statistisch Jaaroverzicht* (Batavia: Centraal Kantoor voor de Statistiek in Nederlandsch Indie, 1938), 140.

34. Linda Boxberger, *On the Edge of Empire: Hadhramawt, Emigration, and the Indian Ocean, 1880s–1930s* (Albany: State University of New York Press, 2002); Christine Dobbin, *Asian Entrepreneurial Minorities: Conjoint Communities in the Making of the World-Economy* 1570–1940 (Richmond: Curzon, 1996); Markovits, *Global World of Indian Merchants;* Adam McKeown, "From Opium Farmer to Astronaut: A Global History of Diasporic Chinese Business," *Diaspora* 9 (2000): 317–60.

35. Moya, *Cousins and Strangers.*

36. Hatton and Williamson, *Global Migration*, 23, 138, 146.

37. Sources for these and subsequent calculations are in notes 13 and 15–17.

38. Donna Gabaccia, "Women of the Mass Migrations: From Minority to Majority, 1820–1930," in *European Migrants: Global and Local Perspectives*, ed. Dirk Hoerder and Leslie Page Moch, 90–111 (Boston: Northeastern UP, 1996).

39. Hatton and Williamson, *Global Migration*, 146–47.

40. J.D. Gould, "European Inter-Continental Emigration: The Road Home: Return Migration from the U.S.A.," *European Journal of Economic History* 9 (1980): 57; Mark Wyman, *Round Trip to America* (Ithaca: Cornell UP, 1993), 11.

41. Leslie Page Moch, *Moving Europeans: Migration in Western Europe Since 1650* (Bloomington: Indiana UP, 1992), 130–46.

42. Nugent, *Crossings*, 35–46.

43. Anthony Reid, "South-East Asian Population History and the Colonial Impact," in *Asian Population History*, ed. Ts'ui-jung Liu, 45–62 (Oxford: Oxford UP, 2001).

44. McKeown, "From Opium Farmer."

45. Gottschang and Lary, *Swallows and Settlers*, 47, 69–79, 180.

46. Qiu Liben, *Cong shijie kan huaren* [Looking at Chinese from a world perspective] (Hong Kong: Nandao, 2000).

第三章　创建自由移民制

1. Frank Sargent, "Problems of Immigration," *Annals of the American Academy of Political and Social Science* 24 (1904): 153.

2. Aristide Zolberg, *A Nation by Design: Immigration Policy in the Fashioning of America* (New York: Russell Sage Foundation, and Cambridge: Harvard UP, 2006), 35–38.

3. Fernando de Trazegnies, *En el País de las Colinas de Arena*, vol. 1 (Lima: Pontificía Universidad Católica del Perú, Fondo Editorial, 1994), 241–71; Robert Steinfeld, *The Invention of Free Labor: The Employment Relation in English and American Law and Culture*, 1350–1870 (Chapel Hill: University of North Carolina Press, 1991).

4. Edith Abbot, ed., *Historical Aspects of the Immigration Problem: Select Documents* (Chicago: University of Chicago Press, 1926), 440.

5. Panchanan Saha, *Emigration of Indian Labour (1834–1900)* (Delhi: People's Publishing House, 1970), 12.

6. Robert Steinfeld, *Coercion, Contract, and Free Labor in the Nineteenth Century* (Cambridge: Cambridge UP, 2001), esp. 243–46 on legislation around Europe.

7. The arguments in this section rely heavily on Marina Carter, *Servants, Sirdars and Settlers: Indians in Mauritius 1834–1874* (Delhi: Oxford UP, 1995); Madhavi Kale, *Fragments of Empire: Capital, Slavery and Indian Indentured Labor in the British Caribbean* (Philadelphia: University of Pennsylvania Press, 1999); and Radhika Mongia, "Regimes of Truth: Indentured Indian Labour and the Status of the Inquiry," *Cultural Studies* 18 (2004): 749–68.

8. Carter, *Servants, Sirdars and Settlers*, 4.

9. Evelyn Hu-Dehart, "Chinese Coolie Labour in Cuba in the Nineteenth Century: Free Labour or Neo-Slavery?" *Slavery and Abolition* 14 (1993): 67–86; Humberto Rodríguez Pastor, *Hijos del Celeste Imperio en el Perú* (Lima: Instituto de Apoyo Agrario, 1989); Fernando de Trazegnies, *En el País de las Colinas de Arena*, vol. 2 (Lima: Pontificía Universidad Católica del Perú, Fondo Editorial, 1994).

10. Quoted in Kale, *Fragments of Empire*, 31–32.

11. Carter, *Servants, Sirdars and Settlers*, 84.

12. W.A. Green, "Was British Emancipation a Success? The Abolitionist Perspective," in *Abolition and Its Aftermath: The Historical Context, 1790–1916*, ed. David Richardson, 183–202 (London: Frank Cass, 1985).

13. Oliver MacDonagh, *A Pattern of Government Growth 1800–1860: The Passenger Acts and Their Enforcement* (London: MacGibbon and Kee, 1961); Singha "Settle, Mobilize, Verify," 164–73.

14. Quoted in Thomas Metcalf, "Hard Hands and Sound Healthy Bodies: Recruiting 'Coolies' for Natal, 1860–1911," *Journal of Commonwealth and Imperial History* 30, 3 (2002): 22.

15. Quoted in Saha, *Emigration of Indian Labour*, 150.

16. Quoted in K. O. Laurence, *A Question of Labour: Indentured Immigration into Trinidad and British Guiana, 1875–1917* (Kingston: Ian Randle, 1994), 51.

17. Basdeo Mangru, *Benevolent Neutrality: Indian Government Policy and Labour Migration to British Guiana 1854–1884* (Hertford: Hansib, 1987), 81–95; Saha, *Emigration of Indian Labour*, 78–94.

18. Dharmapriya Wesumperuma, *Indian Immigrant Plantation Workers in Sri Lanka: A Historical Perspective 1880–1910* (Colombo: Vidyalandara Press, 1986), 28.

19. J. C. Jha, *Aspects of Indentured Inland Emigration to North-East India 1859–1918* (New Delhi: Indus, 1996), 34–35; Adapa Satyanarayana, "Birds of Passage': Migration of Southern Indian Laborers to Southeast Asia," *Critical Asian Studies* 34 (2002): 100–102.

20. Ravindra Jain, "South Indian Labour in Malaya, 1840–1920: Asylum, Stability and Involution," in *Indentured Labour in the British Empire 1834–1920*, ed. Kay Saun-

ders, 171–74 (London: Croom Helm, 1984); Tiffany Trimmer, "Solving Migration "Problems": Trans-Atlantic and Trans-Indian Ocean Approaches, 1890-1930" (Ph.D. dissertation, Northeastern University, 2007), 155–69.

21. The following two sections are drawn from Persia Crawford Campbell, *Chinese Coolie Emigration to Countries within the British Empire* (London: King and Son, 1923); Robert Irick, *Ch'ing Policy toward the Coolie Trade 1847–1878* (Taipei: Chinese Materials Center, 1982); Arnold Meagher, "The Introduction of Chinese Laborers to Latin America: The 'Coolie Trade,' 1847–1874" (Ph.D. dissertation, University of California at Davis, 1975); Wang Sing-wu, *The Organization of Chinese Emigration, 1848–1888: With Special Reference to Chinese Emigration to Australia* (San Francisco: Chinese Materials Center, 1978); Yen Ching-hwang, *Coolies and Mandarins: China's Protection of Overseas Chinese during the Late Ch'ing Period (1851–1911)* (Singapore: Singapore UP, 1985).

22. "Annual Remittances by Chinese Immigrants in Singapore to Their Families in China," *Journal of the Indian Archipelago and Eastern Asia* (hereafter *JIAEA*) 1 (1847): 35–37; H. Crockwell, "The Tin Mines of Malacca," *JIAEA* 8 (1854): 112–33; GB-PP, *Correspondence Respecting Emigration from China* (1852–53), 25–26; "Notes on the Chinese of Pinang," *JIAEA* 8 (1854): 1–27; "Notes on the Chinese in the Straits," *JIAEA* 9 (1855): 109–24.

23. US-FR 1876, 63–65.

24. GB-PP, *Correspondence Respecting Emigration*, 1–20.

25. Ibid., 71–72, 92–94.

26. Ibid., 31.

27. GB-PP, *Correspondence upon the Subject of Emigration from China* (1855), 2.

28. Quoted in Yiching Wu, "Prelude to Culture: Interrogating Colonial Rule in Early British Hong Kong," *Dialectical Anthropology* 24 (1999): 153–54.

29. GB-PP, *Correspondence Respecting Emigration*, 3.

30. GB-PP, *Chinese Emigration* (1853), 74, 79. See also Gyan Prakash, "Terms of Servitude: The Colonial Discourse on Slavery and Bondage in India," in *Breaking the Chains: Slavery Bondage, and Emancipation in Modern Africa and Asia*, ed. Martin Klein , 64–82 (Madison: University of Wisconsin Press, 1993).

31. GB-PP, *Correspondence upon the Subject*, 20.

32. Ibid., 25.

33. Ibid., 52–53.

34. GB-PP, *Correspondence Regarding Emigration from Canton* (1860), 127.

35. GB-CP 894, *Correspondence Regarding Emigration from China* (1860), 21.

36. Ch-CYS, 39:6a, trans. in Yen, *Coolies and Mandarins*, 106.

37. Irick, *Ch'ing Policy*, 146; Yen, *Coolies and Mandarins*, 96–98.

38. GB-PP C328, *Coolie Emigration* (1868), 8–9, 19.

39. Ibid., 13.

40. Ibid., 15.

41. Trazegnies, *En el País*, 621–24.

42. Irick, *Ch'ing Policy*, 234, 263; Wang, *Organization of Chinese Emigration*, 104.

43. Trazegnies, *En el País*, 626–34, 651–53.

44. GB-PP, *Correspondence upon the Subject*, 62.

45. *Daily Press* (Hong Kong), 24 Aug. 1881, clipping in Au-SNSW 4/829.1.

46. Campbell, *Chinese Coolie Emigration*, 2–24; Elizabeth Sinn, "Emigration from Hong Kong before 1941: Organization and Impact," in *Emigration from Hong Kong: Tendencies and Impacts*, ed. Ronald Skeldon, 32 (Hong Kong: Chinese University Press, 1995).

47. Moon-ho Jung, *Coolies and Cane: Race, Labor, and Sugar in the Age of Emancipation* (Baltimore: Johns Hopkins UP, 2006), 120–21.

48. Russell Conwell, *Why and How: Why The Chinese Emigrate, and the Means they Adopt for the Purpose of Reaching America, with Sketches of Travel, Amusing Incidents, Social Customs, &c* (Boston: Lee and Shepard, 1871), 213–15.

49. Ibid., 190–95.

50. Ch-HCSH, 1/4:1503–9; H-FO 404–12–205; H-MI 1877–1890; Elizabeth Sinn, *Power and Charity: The Early History of the Tung Wah Hospital, Hong Kong* (Hong Kong: Oxford UP, 1989), 110–11.

51. Straits Settlements, *Proceedings of the Legislative Council* (1874), app. 33, 146. More generally, see Anthony Reid, *An Indonesian Frontier: Acehnese and Other Histories of Sumatra* (Singapore: Singapore UP, 2005), 194–225; Eunice Thio, "The Singapore Chinese Protectorate: Events and Conditions Leading to Its Establishment, 1823–1877," *Journal of the South Seas Society* 26 (1960): 40–80; Carl Trocki, *Opium and Empire: Chinese Society in Colonial Singapore, 1800–1910* (Ithaca: Cornell University Press, 1990).

52. Straits Settlements, *Proceedings* (1876), app. 22, "Report of the Committee Appointed to Consider and Take Evidence upon the Condition of Chinese Labourers in the Colony," 244.

53. Straits Settlements, *Proceedings* (1891), app. 33, "Report of the Commissioners Appointed to Enquire into the State of Labour in the Straits Settlements and Protected Native States," 32.

54. Ibid., 20.

55. GB-PP C3815, *Correspondence Respecting the Alleged Existence of Chinese Slavery in Hong Kong* (1882), 58.

56. Ronald Takaki, *Strangers from a Different Shore* (Boston: Little, Brown, 1989), 18.

57. Sucheng Chan, *This Bittersweet Soil: The Chinese in California Agriculture, 1860–1910* (Berkeley: University of California Press, 1986), xx.

58. For continued difficulties in finding a middle ground, see Patricia Cloud and David Galenson, "Chinese Immigration and Contract Labor in the Late Nineteenth

Century," *Explorations in Economic History* 24 (1987): 22–42; and Charles McClain, "Chinese Immigration: A Comment on Cloud and Galenson," *Explorations in Economic History* 27 (1990): 363–78.

第四章　移民管控的国家化

1. David Kennedy, "International Law and the Nineteenth Century: History of an Illusion," *Quinnepiac Law Review* 17 (1997): 99–138; Lassa Oppenheim, "The Science of International Law: Its Task and Method," *American Journal of International Law* 2 (1908): 313–56.

2. Georg Freidrich von Martens, *The Law of Nations: Being the Science of National law, Covenants, Power, &c, Founded upon the Treaties and Customs of Modern Nations in Europe,* 4th ed., trans. William Cobbett (London: William Cobbett, 1829 [1788]), 146.

3. Lassa Oppenheim, *International Law: A Treatise,* vol. 1, *Peace* (London: Longmans, Green, 1905), 351.

4. Edwin Borchard, *The Diplomatic Protection of Citizens Abroad, or The Law of International Claims* (New York: Banks Law Publishing, 1915), 44; Guy Goodwin-Gill, *International Law and the Movement of Persons Between States* (Oxford: Clarendon Press, 1978), 233–62; Oppenheim, *International Law,* 191–92, 369; Plender, *International Migration Law* (Leiden: Sijthoff, 1972), 38–54.

5. Theodore Woolsey, *Introduction to International Law: Designed as an Aid in Teaching, and in Historical Studies,* 3rd ed. (New York: Charles Scribner's, 1871), 87.

6. Quoted in Borchard, *Diplomatic Protection,* 44.

7. Oppenheim, *International Law,* 192.

8. Ibid., 369.

9. Martti Koskenniemi, *The Gentle Civilizer of Nations: The Rise and Fall of International Law, 1870–1960* (Cambridge: Cambridge UP, 2004).

10. Alan Dowty, *Closed Borders: The Contemporary Assault on Freedom of Movement* (New Haven: Yale UP, 1987); Thomas Klevin, "Why International Law Favors Emigration over Immigration," *Inter-America Law Review* 33 (2002): 69–100; Daniel Turack, *The Passport in International Law* (Lexington, MA: Lexington Books, 1972), 1.

11. This section builds on Mary Bilder, "The Struggle over Immigration: Indentured Servants, Slaves, and Articles of Commerce," *Missouri Law Review* 61 (1996): 743–824; and Gerald Neuman, "The Lost Century of American Immigration Law (1776–1875)," *Columbia Law Review* 8 (1993): 1833–1901.

12. *Gibbon v. Odgen,* 22 U.S. 1, 189–90 (1824).

13. Philip Hamer, "Great Britain, the United States, and the Negro Seamen Acts, 1822–1848," *Journal of Southern History* 1 (1935): 3–28.

14. *City of New York v. Miln,* 36 U.S. 102, 142 (1837).

15. *Groves v. Slaughter*, 40 U.S. 449, 649, 653 (1841).

16. *Passenger Cases: Smith v. Turner* and *Norris v. City of Boston*, 48 U.S. 283, 492–94 (1849).

17. Aristide Zolberg, *A Nation by Design: Immigration Policy in the Fashioning of America* (New York: Russell Sage Foundation, and Cambridge: Harvard UP, 2006), 168–75.

18. Neuman, "Lost Century," 1843.

19. Thomas Wuil Joo, "New 'Conspiracy Theory' of the Fourteenth Amendment: Nineteenth Century Chinese Civil Rights Cases and the Development of Substantive Due Process Jurisprudence," *University of San Francisco Law Review* 29 (1994–95): 360.

20. *Henderson v. Mayor of New York*, 92 U.S. 259, 270 (1876).

21. Ibid.

22. *Chy Lung v. Freeman*, 29 U.S. 275, 278–79 (1876).

23. Ibid., 279–80.

24. George Peffer, *If They Don't Bring Their Women Here: Chinese Female Immigration before Exclusion* (Urbana: University of Illinois Press, 1999).

25. Andreas Fahrmeir, *Citizens and Aliens: Foreigners and Law in Britain and the German States, 1789–1870* (New York: Berghan Books, 2000), 135–40.

26. United States Passport Office, *The United States Passport: Past, Present and Future* (Washington, DC: Passport Office, Department of State, 1976), 13–14.

27. Henry Wheaton, *Elements of International Law*, ed. Richard Henry Dana (Boston: Little, Brown, 1866), 249–50.

28. Henry Wheaton, *Elements of International Law*, ed. William Beach Lawrence (London: Sampson Low, Son, 1857), 389–91.

29. Nancy Green and François Weil, eds., *Citizenship and Those Who Leave: The Politics of Emigration and Expatriation* (Urbana: University of Illinois Press, 2007).

30. Eileen Scully, *Bargaining with the State from Afar: American Citizenship in Treaty Port China, 1844–1942* (New York: Columbia UP, 2001), 57–59.

31. Gaillard Hunt, *The American Passport: Its History and a Digest of Laws, Rulings, and Regulations Governing Its Issuance by the Department of State* (Washington, DC: Government Printing Office, 1898), 41–57, 136–39.

32. Martin Lloyd, *The Passport: The History of Man's Most Traveled Document* (Phoenix Mill, UK: Sutton, 2003), 16–8; N. W. Sibley, "The Passport System," *Journal of the Society of Comparative Legislation* 7 (1906): 30.

33. Hunt, *American Passport*, 75–76.

34. US-FR 1893, 24.

35. US-FR 1895, 522.

36. Wheaton, *Elements*, 1866 ed., 250.

37. Hunt, *American Passport*, 5. Also Borchard, *Diplomatic Protection*, 488.

38. US-FR 1895, 1:xxxii. Also Charles Cheney Hyde, *International Law: Chiefly as Interpreted and Applied by the United States*, 2 vols. (Boston: Little, Brown, 1922), 2:692–99.

39. US-DH 59/847, *Compilation from the Records of the Bureau of Immigration Concerning the Enforcement of the Chinese-Exclusion Laws*, 59th Cong., 1st ses. (1906), 109–10. See also Estelle Lau, *Paper Families: Identity, Immigration Administration, and Chinese Exclusion* (Durham: Duke UP, 2006), 35.

40. John Bassett Moore, A *Digest of International Law*, 8 vols. (Washington, DC: Government Printing Office, 1906), 3:856.

41. Richard Plender, *International Migration Law* 71; John Torpey, "Coming and Going: On the State Monopolization of the Legitimate 'Means of Movement,'" *Sociological Theory* 16 (1998): 250–55; Turack, *Passport in International Law*, 15–18.

42. Charlotte Erickson, ed., *Emigration from Europe 1815–1914: Select Documents* (London: Adam and Charles Black, 1976), 137–42, 155–65.

43. Edith Abbot, ed., *Historical Aspects of the Immigration Problem: Select Documents* (Chicago: University of Chicago Press, 1926), 557–58, and *Immigration: Select Documents and Case Records* (Chicago: University of Chicago Press, 1924), 23–24; Benjamin Klebaner, "State and Local Immigration Regulation in the United States before 1882," *International Review of Social History* 3 (1958): 279–80.

44. Abbot, *Historical Aspects*, 638–41.

45. William Mulder, "Immigration and the 'Mormon Question': An International Episode," *Western Political Quarterly* 9 (1956): 416–33.

46. Katja Wüstenbecker, "Hamburg and the Transit of East European Emigrants," in *Migration Control in the North Atlantic World: The Evolution of State Practices in Europe and the United States from the French Revolution to the Inter-War Period*, ed. Andreas Fahrmeir, Olivier Faron, and Patrick Weil, 223–24 (New York: Berghahn Books, 2003).

47. Kathryn Cronin, *Colonial Casualties: Chinese in Early Victoria* (Carlton, Vic,: Melbourne UP, 1982), 20–22; Adam McKeown, *Chinese Migrant Networks and Cultural Change: Peru, Chicago and Hawaii, 1900–1936* (Chicago: University of Chicago Press, 2001); Elizabeth Sinn, "*Xin Xi Guxiang*: A Study of Regional Associations as a Bonding Mechanism in the Chinese Diaspora, the Hong Kong Experience," *Modern Asian Studies* 31 (1997): 375–97.

48. Peffer, *If They Don't Bring*, 43–45; Elizabeth Sinn, "Emigration from Hong Kong before 1941: Organization and Impact," in *Emigration from Hong Kong: Tendencies and Impacts*, ed. Ronald Skeldon, 46–49 (Hong Kong: Chinese University Press, 1995); "A History of Regional Associations in Pre-war Hong Kong," in *Between East and West: Aspects of Social and Political Development in Hong Kong*, ed. Elizabeth Sinn, 159–86 (Hong Kong: Centre of Asian Studies: University of Hong Kong, 1990); and *Power and Charity: The Early History of the Tung Wah Hospital, Hong Kong* (Hong Kong: Oxford UP, 1989), 71–72; 101–13, 275.

49. US-BJBS 3, 30 June 1918.

50. Erickson, *Emigration from Europe*, 143–46, 186–212.

51. David Feldman, "Was the Nineteenth Century a Golden Age for Immigrants? The Changing Articulation of National, Local and Voluntary Controls," in *Migration Control in the North Atlantic*, 171.

52. GB-PP Cd1741, *Report of the Royal Commission on Alien Immigration*, vol. 1, *Reports from Commissioners, Inspectors and Others* (1903), 8–10; GB-PP Cd1742, *Report of the Royal Commission on Alien Immigration*, vol. 2, *Minutes of Evidence Taken before the Royal Commission on Alien Immigration* (1903), 463–64.

53. GB-PP Cd1742, 464. See also Simo Belkin, *Through Narrow Gates: A Review of Jewish Immigration, Colonization and Immigrant Aid Work in Canada (1840–1940)* (Montreal: Eagle Publishing, 1966).

54. Robert Zeidel, *Immigrants, Progressives, and Exclusion Politics: The Dillingham Commission* (DeKalb: Northern Illinois UP, 2004), 66.

55. Erickson, *Emigration from Europe*, 247–54; Klebaner, "State and Local," 283–85.

56. Abbot, *Historical Aspects*, 580–93, and *Immigration*, 122–41; Erickson, *Emigration from Europe*, 269–81; Oliver MacDonagh, A *Pattern of Government Growth 1800–1860: The Passenger Acts and Their Enforcement* (London: MacGibbon and Kee, 1961), 307.

57. Nancy Green, "The Politics of Exit: Reversing the Immigration Paradigm," *Journal of Modern History* 77 (2005): 275–78; Green and Weil, *Citizenship and Those Who Leave*; Alan Moriyama, *Imingaisha: Japanese Emigration Companies and Hawaii 1894–1908* (Honolulu: University of Hawaii Press, 1985), 8–58; Torpey, *Invention of the Passport*, 103–5; James Whelpley, *The Problem of the Immigrant* (London: Chapman & Hall, 1905), 28–38.

58. US-FR 1904, 57. See also Julianna Puskás, *From Hungary to the United States, 1880–1914* (Budapest: Akadémiai Kiadó, 1982), 92–115.

59. Michael Low, "The Twin Infection: Pilgrims, Plagues, and Pan-Islam under British Surveillance, 1865-1924," *International Journal of Middle East Studies* 40 (2008): 269–90.

60. Edwin Jones Clapp, *The Port of Hamburg* (New Haven: Yale UP, 1912), 67–69; Wüstenbecker, "Hamburg and the Transit."

61. GB-PP Cd1742, 462.

62. United States Immigration Commission, *Reports of the Immigration Commission* (Washington, DC: Government Printing Office, 1907–1910), 4:69–94; Dorothee Schnieder, "The United States Government and the Investigation of European Emigration in the Open Door Era," in *Citizenship and Those Who Leave*, 195–210; Zeidel, *Immigrants*, 55–67.

63. Amy Fairchild, *Science at the Borders: Immigrant Medical Inspection and the Shaping of the Modern Industrial Labor Force* (Baltimore: Johns Hopkins UP, 2003), 62; US-NWSC 52495/49.

64. Among many historical and theoretical works on migration networks, see Teófilo Altamirano, *Presencia Andina en Lima Metropolitana* (Lima: Pontificía Universidad Católica del Perú, Fondo Editorial, 1984); Monica Boyd, "Family and Personal Networks in International Migration: Recent Developments and New Agendas," *International Migration Review* 23 (1989): 638–70; Madeline Hsu, *Dreaming of Gold, Dreaming of Home: Transnationalism and Migration Between the United States and South China, 1882–1943* (Stanford: Stanford UP, 2000); James H. Jackson and Leslie Page Moch, "Migration and the Social History of Modern Europe," *Historical Methods* 22 (1989): 27–36; Ivan Light, Parminder Bachu, and Stavros Karageoris, "Migration Networks and Immigrant Entrepreneurship," in *Immigration and Entrepreneurship*, ed. Ivan Light and Parminder Bachu, 25–49 (New Brunswick, NJ: Transaction Publishers, 1993); Charles Tilly, "Migration in Modern European History," in *Human Migration: Patterns and Policies*, ed. William McNeill and Ruth Adams, 48–72, and "Transplanted Networks," in *Immigration Reconsidered: History, Sociology, and Politics*, ed. Virginia Yans-McLaughlin, 79–95 (New York: Oxford UP, 1990).

65. US-FR 1894, 367.

66. Abbot, *Immigration*, 186.

67. Ibid., 182–88.

68. US-FR 1894, 368.

69. Quoted in Broughton Brandenburg, *Imported Americans: The Story of the Experiences of a Disguised American and His Wife Studying the Immigration Question* (New York: Frederick A. Stokes, 1904), 294.

70. Ibid., 296.

71. Gunther Peck, *Reinventing Free Labor: Padrones and Immigrant Workers in the North American West, 1880–1930* (Cambridge: Cambridge UP, 2000), 61–62, 93–94, 183–85.

72. U.S. Immigration Commission, *Reports*, 2:432.

73. Abbot, *Immigration*, 498–539.

第五章　边境管控的尝试，1852—1887

1. *Chinese Exclusion Case: Chae Chan Ping v. United States*, 130 U.S. 581, 598 (1889).

2. *Case of the Chinese Merchant: In re Low Yam Chow*, 13 F. 605, 616 (D. Ca. 1882).

3. US-DS 48/62, *Letters from the Secretary of the Treasury Transmitting in Compliance with Senate Resolution of the 7th Instant, copies of all papers relating to the subject of the extension of the act of May 6, 1882, to execute certain treaty stipulations relating to Chinese*, 48th Cong., 1st ses. (1884), 28.

4. The literature on anti-Chinese movements is vast. See Andrew Markus, *Fear and Hatred: Purifying Australia and California 1850–1901* (Sydney: Hale & Iremonger,

1974); Stuart Creighton Miller, *The Unwelcome Immigrant: The American Image of the Chinese, 1785–1882* (Berkeley: University of California Press, 1969); Charles Price, *The Great White Walls Are Built: Restrictive Immigration to North America and Australia, 1836–1888* (Canberra: Australian Institute of International Affairs and Australian National UP, 1974); Patricia Roy, *A White Man's Province: British Columbia Politicians and Chinese and Japanese Immigrants, 1858–1914* (Vancouver: University of British Columbia Press, 1989); Elmer Sandmeyer, *The Anti-Chinese Movement in California* (Urbana: University of Illinois Press, 1973); Alexander Saxton, *The Indispensable Enemy: Labor and the Anti-Chinese Movement in California* (Berkeley: University of California Press, 1971); Peter Ward, *White Canada Forever: Popular Attitudes and Public Policy toward Orientals in British Columbia* (Montreal and Kingston: McGill-Queen's UP, 2002 [1978]).

5. Aristide Zolberg, *A Nation by Design: Immigration Policy in the Fashioning of America* (New York: Russell Sage Foundation, and Cambridge: Harvard UP, 2006), 43–57.

6. Edith Abbot, ed., *Historical Aspects of the Immigration Problem: Select Documents* (Chicago: University of Chicago Press, 1926), 704–5.

7. Chester Holcombe, "Chinese Exclusion," *Outlook* 76, no. 17 (1904): 975.

8. Quoted in Michael Hunt, *The Making of a Special Relationship: The United States and China to 1914* (New York: Columbia UP, 1983), 381.

9. Gabriel Chin, "Regulating Race: Asian Exclusion and the Administrative State," *Harvard Civil Rights-Civil Liberties Law Review* 37 (2002): 1–64; Lucy Salyer, *Laws Harsh as Tigers: Chinese Immigrants and the Shaping of Modern Immigration Law* (Chapel Hill: University of North Carolina Press, 1995).

10. Mark Kanazawa, "Immigration, Exclusion, and Taxation: Anti-Chinese Legislation in Gold Rush California," *Journal of Economic History* 65 (2005): 779–805.

11. Kathryn Cronin, *Colonial Casualties: Chinese in Early Victoria* (Carlton, Vic,: Melbourne UP, 1982), 82–99.

12. Golden Dragon Museum Volunteers, *The Walk from Robe* (Bendigo: Golden Dragon Museum, 2001), 12–15; Wang Sing-wu, *The Organization of Chinese Emigration, 1848–1888: With Special Reference to Chinese Emigration to Australia* (San Francisco: Chinese Materials Center, 1978), 273–74.

13. Au-NSW 4/829.1, Newcastle to John Young, 26 February 1862; Also Price, *Great White Walls*, 74–87.

14. Au-NSW 4/829.1, Colonial Secretary to Officer Administering Government of New South Wales, 12 February 1868.

15. Markus, *Fear and Hatred*, 96; Ward, *White Canada Forever*, 47.

16. Richard Huttenback, *Racism and Empire: White Settlers and Colored Immigrants in the British Self-Governing Colonies 1830–1910* (Ithaca: Cornell UP, 1976), 79–92; Michael Williams, "Anglo-Saxonizing Machines: Exclusion America, White Australia," *Chinese America: History and Perspectives* 17 (2003): 23–46.

17. Cronin, *Colonial Casualties*, 7–8; John Fitzgerald, *Big White Lie: Chinese Australians in White Australia* (Sidney: UNSW Press, 2007).

18. Myra Willard, *History of the White Australia Policy to 1920* (Melbourne: Melbourne UP, 1923), 41–50.

19. Au-NSW 4/829.1, Parkes to Chief Secretaries, 11 June 1880.

20. Ibid., petition to Earl of Kimberly, 31 January 1881.

21. Ernest Cashmore, "The Social Organization of Canadian Immigration Law," *Canadian Journal of Sociology* 3/4 (1978): 409–29.

22. Stanislaw Andracki, *Immigration of Orientals into Canada with Special Reference to Chinese* (New York: Arno, 1978), 14–21.

23. Canada Parliament, *Debates of the House of Commons* (1879), 1251.

24. Ca-CRAI, 1:2.

25. Roy, *White Man's Province*, 55.

26. Ca-CRAI, 1:5–11.

27. *Report of the Royal Commission on Chinese Immigration* (Ottawa, 1885), 409.

28. H-MI Acts to Regulate Chinese Immigration; US-FR 1884, 282; 1888, 1:864–65; Clarence Glick, *Sojourners and Settlers: Chinese Migrants in Hawaii* (Honolulu: Hawaii Chinese History Center and University Press of Hawaii, 1980), 10–20, 209–23; Ralph Kuykendall, *The Hawaiian Kingdom*, vol. 3, *1874–1893: The Kalakaua Dynasty* (Honolulu: University of Hawaii Press, 1967), 117–22, 147–52, 176–78.

29. US-NWCU, clipping "The Chinese Question!" 14 October 1889.

30. H-FO 404–14–223, 224.

31. John Hayakawa Torok, "Reconstruction and Racial Nativism," *Asian Law Journal* 3 (1996): 79–85.

32. Andrew Gyory, *Closing the Gate: Race, Politics and the Chinese Exclusion Act* (Chapel Hill: University of North Carolina Press, 1998).

33. *New York Times*, 25 February 1871, 2. See also Shirley Hune, "Politics of Chinese Exclusion: Legislative-Executive Conflict 1876–1882," *Amerasia Journal* 9 (1982): 5–27.

34. US-DS 57/106 *Immigration of Chinese into the United States*, 57th Cong., 1st ses. (1902), 12.

35. US-FR 1878, 130.

36. US-FR 1880, 301–2.

37. US-FR 1881, 171. Chinese version in Ch-HCS, 1/4:1324–6. See also Shih-shan Henry Tsai, *China and the Overseas Chinese in the United States* (Fayetteville: University of Arkansas Press, 1983), 53–59.

38. US-FR 1881, 173–74.

39. Ibid., 175.

40. Ibid., 178.

41. Ibid., 184.

42. Ibid., 186–89.

43. US-DS 57/106, 17.

44. J. Thomas Scharf, "The Farce of the Chinese Exclusion Laws," *North American Review* 166 (1898): 91. See also Kitty Calavita, "The Paradoxes of Race, Class, Identity, and 'Passing': Enforcing the Chinese Exclusion Acts, 1882–1910," *Law and Social Inquiry* 25 (2000): 1–40.

45. US-DS 48/62, 43.

46. *In re Ho King*, 14 F. 724, 725 (D. Or. 1883).

47. *Bulletin*, 21 November 1883, clipping in US-NWCu.

48. Ca-NIB 827821, O'Hara to Newcombe, 9 November 1909.

49. Ibid., 11 June 1909.

50. *Case of the Chinese Wife: Ah Moy on Habeas Corpus*, 21 F. 785 (D. Ca. 1884). See also Sucheng Chan, "The Exclusion of Chinese Women, 1870–1943," in *Entry Denied: Exclusion and the Chinese Community in America*, ed. Sucheng Chan, 94–146 (Philadelphia: Temple UP, 1991).

51. US-NWCu, petition to Chester A. Arthur, 27 October, 1884, 9–10.

52. *In re Chung Toy Ho*, 42 F. 398, 399–400 (D. Or. 1889).

53. *San Francisco Chronicle*, 13 April 1887, 1; US-DH 59/847, 71–6; US-DS 57/776, *Chinese Exclusion: Report and Testimony Taken before the Committee on Immigration*, 2 vols., 57th Cong., 1st ses. (1902), 2:317–9; US-NWCu, Hagar to Manning, 26 July 1886; Withers to Porter, 21 February 1887, 5 April 1887

54. US-NWCu, Beecher to Fairchild, 4 September 1887; Quincy to Brooks, 2 September 1887.

55. Cole, *Suspect Identities*, 122–27; Estelle Lau, *Paper Familes: Identity, Immigration Administration, and Chinese Exclusion* (Durham: Duke UP, 2006), 94–102.

56. Au-NSW 4/884.1, Gillies to Governor, 11 April 1888; personal communication from Paul Jones, 22 June 2006.

57. Au-NSW 4/884.1, memorandum from W. J. Walker, 30 November 1887.

58. Ca-NIB 827821, Department of Trade and Commerce Memorandum, 18 May 1893.

59. US-IR 1916, xvii–iii. For more descriptions of such schemes, see US-NWCD 212; US-DH 59/847, 60–70; US-IR 1901, 51.

60. US-DE 49/103, *Letter from the Secretary of the Treasury, Transmitting, in response to Senate resolution of March 9, reports of Special Agent Spaulding relative to the charge of fraudulent importation of Chinese*, 49th Cong., 1st ses. (1886), 2–8.

61. US-DS 48/62, 31–32; US-NWICU, Spaulding to Manning, 5 November 1885.

62. US-NWCU, Beecher to Fairchild, 2 July 1887; Beecher to Hobson, 15 June 1887; Sears to Folger, 23 May 1884.

63. Au-NNOC, Collector to Stevens, 12 September 1883.

64. Ca-NIB 826734, Parmalee to Minister of Customs, 25 May 1892.

65. Quoted in Shirley Fitzgerald, *Red Tape, Gold Scissors: The Story of Sydney's Chinese* (Sydney: State Library of New South Wales Press, 1997), 29.

66. Ca-NIB 826734, Parmalee to Minister of Customs, 25 May 1892.

67. Ca-NIB 827821, Controller in Victoria to Parmalee, 17 February 1900.

68. US-NWCU, Beecher to Fairchild, 12 November 1887.

69. US-DS 48/62, 16, 23, 52–54, 57–58, 66–67; 74–78; US-NWCU, Beecher to Manning, 23 September 1885; Horr to Folger, 4 November 1882; Tibbits to Folger, 15 December 1883; Beecher to Fairchild, 7 July 1887; Jerome to Fairchild, 13 February 1888.

70. US-DE 49/103, 5.

71. George Paulson "Abrogation of the Gresham-Yang Treaty," *Pacific Historical Review* 40 (1971): 457–77; US-DH 51/4048, *Immigration*, 51st Cong., 2nd ses. (1890), 2:593–94; US-DS 48/62, 6–11, 39–40.

72. Robert Chao Romero, "Transnational Chinese Immigrant Smuggling to the United States via Mexico and Cuba, 1882–1916," *Amerasia Journal* 30 (2004/2005): 1–16; Scharf, "Farce of the Chinese Exclusion Laws," 91–95.

73. US-FR 1890, 357.

74. Ibid., 655.

75. Ibid., 656.

76. US-FR 1892, 309.

77. Amy Fairchild, *Science at the Borders: Immigrant Medical Inspection and the Shaping of the Modern Industrial Labor Force* (Baltimore: Johns Hopkins UP, 2003), 150–59; US-FR 1892:309–25; Erika Lee, *At America's Gates: Chinese Immigration during the Exclusion Era, 1882–1943* (Chapel Hill: University of North Carolina Press, 2003), 176–80; US-NCNM 223/64–5; US-NWSC 51436/B.

78. US-DE 49/103, 8 US-NWCu, Beecher to Manning, 23 September 1885, Beecher to Fairchild, 7 July 1887, Gowan to Fairchild, 30 August 1888.

79. US-NWCu, Brooks to Windom, 10 March 1890.

80. US-NWCu, Jerome to Manning, 16 July 1886; McCay to Windom, 20 August 1890.

81. US-NWCu, Miller to Foster, 30 June 1891; Spaulding to Detroit collector, 10 July 1891; US-NWVC 151.0637/5.

82. CA-CRAI, 5:58–60, 65–66.

83. Christian Fritz, "Due Process, Treaty Rights, and Chinese Exclusion, 1882–1891," in *Entry Denied*, 29–30.

84. Salyer, *Laws Harsh as Tigers*, 18–30; *San Francisco Chronicle*, 13 April 1887, 1; US-NWCu, Brooks to Fairchild, 29 May 1888; Man to Windom, 1 October 1890.

85. US-NCDC, 12 March 1883; US-NCDU, 17 October 1882, no. 42.

86. US-NCDC, 8 June 1882, no. 208.

87. US-DS 48/62, 13–14.

88. US-NCDU, 17 October 1882, no. 42; 27 November 1882, no. 63.

89. US-FR 1883, 214–15.

90. Christian Fritz, ""A Nineteenth Century 'Habeas Corpus Mill': The Chinese before the Federal Courts in California," *American Journal of Legal History* 32 (1988): 361; US-DS 48/62, 60–61, 67–68.

91. US-DS 48/62, 64.

92. Ibid, 65–66.

93. US-NCDC 31 January 1884, no. 44; US-NWCu, Cheshire to Freylinghuysen, 6 April 1884; US-FR 1884, 105;

94. US-DS 48/62, 5–6.

95. Ibid., 14.

96. Ibid.

97. US-FR 1884, 107.

98. US-NWICU, Morton to Miller, 18 March 1884; Stevens to Porter, 22 April 1885; Cheng to Bayard, 4 December 1885, 9 March 1886, 24 March 1886.

99. US-NWICU, Hagar to Manning, 16 December 1885; US-FR 1884, 105–9, 115–18.

100. US-NWICU, Tsai to Frelinghuysen, 8 October 1884; Folger to Frelinghuysen, 13 October 1884; Manning to Hagar, 6 April 1886.

101. US-NCSDCH, 4 April 1885, no. 376; 15 April 1885, no. 379.

102. US-NWICU, Stevens to Manning, 10 December 1885.

103. US-NCSNC, Memorandum, 20 June 1884.

104. Ibid., Bayard to Cheng, 30 March 1886.

105. US-NWISC 52704/2, "A Few Observations on the Chinese Exclusion Situation," 2.

第六章　文明与边界，1885—1895

1. Michel Foucault, "Governmentality," in *The Foucault Effect: Studies in Governmentality*, ed. Colin Gordon, Graham Burchell, and Peter Miller (Chicago: University of Chicago Press, 1991), 87–104.

2. C. Henry Alexandrowicz, *An Introduction to the History of the Law of Nations in the East Indies* (Oxford: Clarendon Press, 1967), 97–124; Lauren Benton, *Law and Colonial Cultures: Legal Regimes in World History, 1400–1900* (Cambridge: Cambridge UP, 2002); Pär Cassel, "Excavating Extraterritoriality: The 'Judicial Sub-Prefect' as a Prototype for the Mixed Court in Shanghai," *Late Imperial China* 24/2 (2003): 156–82; John Fairbank, "The Early Treaty System in the Chinese World Order," in *The Chinese World Order*, ed, John Fairbank, 257–75 (Cambridge: Harvard UP, 1968); Linda and Marsha Frey, *The History of Diplomatic Immunity* (Columbus: Ohio State UP, 1999); Shih Shun Liu, *Extraterritoriality: Its Rise and Decline* (New York: Faculty of Political Science at Columbia University, 1925); Laura Newby, *The Empire and the Khanate: A Political History of Qing Relations with Khoqand c. 1760–1860* (Leiden: Brill, 2005), 189–99.

3. Michael Auslin, *Negotiating with Imperialism: The Unequal Treaties and the Culture of Japanese Diplomacy* (Cambridge: Harvard UP, 2004); Pär Cassel, "Rule of Law or Rule of Laws: Legal Pluralism and Extraterritoriality in Nineteenth Century East Asia" (Ph.D. diss., Harvard University, 2006); James Hevia, *English Lessons: The Pedagogy of Imperialism in Nineteenth-Century China* (Durham: Duke UP, 2003); Richard Horowitz, "International Law and State Transformation in China, Siam, and the Ottoman Empire during the Nineteenth Century," *Journal of World History* 14 (2004): 445–86; Eiichi Motono, *Coflict and Cooperation in Sino-British Business, 1860–1911: The Impact of the Pro-British Commercial Network in Shanghai* (New York: St, Martin's Press, 2000); Mary Wright, *The Last Stand of Chinese Conservatism: The T'ung-Chih Restoration, 1862–1874* (Stanford: Stanford UP, 1957), 232–38.

4. R.P. Anand, "Family of 'Civilized' States and Japan: A Story of Humiliation, Assimilation, Defiance and Confrontation," in his *Studies in International Law and History*, 24–79 (Leiden: Martinus Nijhoff, 2004); Thomas Franck, "Legitimacy in the International System," *American Journal of International Law* 82 (1988): 705–59; Gerrit, Gong, *The Standard of "Civilization" in International Society* (Oxford: Clarendon Press, 1984).

5. Christian Wolff, *The Law of Nations Treated According to a Scientific Method*, trans. Joseph Drake (Oxford: Clarendon Press, 1934 [1764]), §53.

6. Ibid., §54.

7. Henry Wheaton, *Elements of International Law* (Philadelphia: Carey, Lea & Blanchard, 1836), 45.

8. Henry Wheaton, *Elements of International Law*, ed. William Beach Lawrence (London: Sampson Low, Son, 1857), 22.

9. Theodore Woolsey, *Introduction to International Law: Designed as an Aid in Teaching, and in Historical Studies*, 3rd ed. (New York: Charles Scribner's, 1871), 103.

10. Martti Koskenniemi, *The Gentle Civilizer of Nations: The Rise and Fall of International Law, 1870–1960* (Cambridge: Cambridge UP, 2004), 131–36.

11. Anand, "Family of 'Civilized' States," 107–22; Lydia Liu, *The Clash of Empires: The Invention of China in Modern World Making* (Cambridge: Harvard UP, 2004); John Peter Stern, *The Japanese Interpretation of the "Law of Nations," 1854–1874* (Princeton: Princeton UP, 1979), 66–71; Tian Tao, "19 Shiji xia banqi Zhongguo zhishi jie de guoji fa guannian" (Chinese intellectuals' ideas about international law in the second half of the 19th century), *Jindai shi yanjiu*, no. 2 (2000): 108–10.

12. Cassel, "Rule of Law," 149–47.

13. Alexis Dudden, *Japan's Colonization of Korea: Discourse and Power* (Honolulu: University of Hawaii Press, 2004); Gong, *Standard of "Civilization,"* 27–41; John Holland, "International Law in the War between Japan and China," in his *Studies in International Law*, 112–20 (Oxford: Clarendon Press, 1898); F.E. Smith and N.W. Sibley, *International Law as Interpreted during the Russo-Japanese War* (Boston: Boston

Book Co., 1905); Sakuyé Takahashi, *Cases on International Law during the Chino-Japanese War* (Cambridge: Cambridge UP, 1899).

14. Gong, *Standard of "Civilization,"* 30; Lassa Oppenheim, *International Law: A Treatise*, vol. 1, *Peace* (London: Longmans, Green, 1905), 30–34.

15. Antony Anghie, *Imperialism, Sovereignty and the Making of International Law* (Cambridge: Cambridge UP, 2004); Jorg Fisch, "International Civilization by Dissolving International Society: The Status of Non-European Territories in Nineteenth Century International Law," in *The Mechanics of Internationalism: Culture, Society, and Politics from the 1840s to the First World War*, ed. Martin Geyer and Johannes Paulmann, 235–58 (Oxford: Oxford UP, 2001).

16. Woolsey, *Introduction to International Law*, 90.

17. Oppenheim, *International Law*, 370.

18. Ibid., 373.

19. Edwin Borchard, *The Diplomatic Protection of Citizens Abroad, or The Law of International Claims* (New York: Banks Law Publishing, 1915), 406.

20. Ibid., 221.

21. For other narratives of these events, Michael Hunt, *The Making of a Special Relationship: The United States and China to 1914* (New York: Columbia UP, 1983); Henry Tsai, *China and the Overseas Chinese in the United States* (Fayetteville: University of Arkansas Press, 1983).

22. Cassel, *Rule of Law*, 21–22.

23. US-FR 1875, 1:334.

24. US-NCNC, memorandum, 28 February 1880.

25. US-DH 49/102, *Message from the President of the United States Relative to Chinese Treaty Stipulations*, 49th Cong., 1st ses. (1886), 4.

26. US-NCNC, Chen to Evarts, 21 January 1881.

27. US-DH 49/102, 8–9.

28. Ibid., 1.

29. Ibid., 3.

30. Ibid., 64.

31. Ibid., 63–64.

32. Ibid., 71.

33. Thomas Bayard, "State Rights and Foreign Relations," *Forum* 11 (1891): 245.

34. Ibid., 248.

35. US-DH 49/102, 3.

36. *Baldwin v. Franks*, 120 U.S. 678 (1887). Also Charles McClain, *In Search of Equality: The Chinese Struggle against Discrimination in Nineteenth-Century America* (Berkeley: University of California Press, 1994), 173–90.

37. Ch-HCS, 1/4:1404–5.

38. Ch-JZX, 3/2:758.

39. Elizabeth Sinn, *Power and Charity: The Early History of the Tung Wah Hospital, Hong Kong* (Hong Kong: Oxford UP, 1989), 87, 137–49; Andrew Wilson, *Ambition and Identity: Chinese Merchant Elites in Colonial Manila, 1880–1916* (Honolulu: University of Hawaii Press, 2004), 99–107.

40. Ch-HCS, 1/1:267–70.

41. Ibid., 1/4:1349.

42. Ibid., 1/4: 1351, 1370. Also US-DS 50/272, *Message from the President of the United States Responding to Senate Resolution of Sept, 11, 1888 about Pending Treaty*, 50th Cong., 1st ses. (1888), 21.

43. Ibid., 1/4:1357.

44. US-DS 50/272, 16. Also Ch-HCS 1/4:1374–75; US-FR 1888, 368–69

45. US-DS 50/272, 17.

46. For other accounts, see Richard Huttenback, *Racism and Empire: White Settlers and Colored Immigrants in the British Self-Governing Colonies 1830–1910* (Ithaca: Cornell UP, 1976), 99–125; Charles Price, *The Great White Walls Are Built: Restrictive Immigration to North America and Australia, 1836–1888* (Canberra: Australian Institute of International Affairs and Australian National UP, 1974), 186–97; Wang Sing-wu, *The Organization of Chinese Emigration, 1848–1888: With Special Reference to Chinese Emigration to Australia* (San Francisco: Chinese Materials Center, 1978), 282–301; Myra Willard, *History of the White Australia Policy to 1920* (Melbourne: Melbourne UP, 1923), 71–98.

47. Marquis Tseng, "China: The Sleep and the Awakening," *Chinese Recorder* (April, 1887): 146–53.

48. GB-PP C5448, *Correspondence Relating to Chinese Immigration into the Australasian Colonies, with a Return of Acts Passed by the Legislatures of those Colonies and of Canada and British Columbia on the Subject* (1888), 2.

49. Au-NSW 4/884.1, Parkes to Colonial Secretaries, 8 November 1887.

50. Ibid., Gillies to Parkes, 22 March 1888; Parkes to Gillies, 30 March 1888.

51. GB-PP C5448, 2–6, 36–38.

52. Au-NSW 4/884.1, Telegram Carrington to Knutsford, 31 March 1887.

53. *New South Wales Law Reports* 9 (1888): 221.

54. *Victorian Law Reports* 14 (1888): 349.

55. Quoted in Price, *Great White Walls*, 195.

56. *New South Wales Law Reports* 9 (1888): 493, 496.

57. Quoted in Richard Jebb, "The Imperial Problem of Asiatic Immigration," paper presented to the Colonial Section of the Royal Society of Arts, 7 April 1908, in Ca-NIB 729921, 2.

58. *Sydney Morning Herald*, 5 May 1888.

59. GB-CP6018, 9–11; GB-PP C5448, 35.

60. Ch-HCS, 1/4:1376, 1539–40, 1555–57. See also Tsai, *China and the Overseas Chinese*, 90.

61. Ch-HCS, 1/4:1394.

62. Ibid., 1/4:1376–78.

63. Ibid., 1/4:1541, also 1379.

64. Ibid., 1/4:1541–45; GB-CP6018, 10.

65. Ch-QW, 77:3a–b, trans. in Tsai, *China and the Overseas Chinese*, 90. See also US-FR 1888, 1:350–4.

66. Tsai, *China and the Overseas Chinese*, 93.

67. *San Francisco Examiner*, 2 October 1888.

68. US-NWCu, Grover Cleveland's Message, 1 October 1888.

69. Ibid., Asst. Sect. Treasury to Hip Lung, 9 May 1889; Asst. Sect. Treasury to Harris, August 1889.

70. Ibid., San Francisco Collector to Sect. of Treasury, 24 November 1888.

71. *In re Ah Ping*, 23 F. 329, 331 (D. Ca. 1885).

72. Charles Denby, *China and Her People: Being the Observations, Reminiscences, and Conclusions of an American Diplomat*, 2 vols. (Boston: Page, 1906), 1:100; Tsai, *China and the Overseas Chinese*, 95; US-FR 1889, 132–39; 1890, 187–219.

73. Ch-HCS, 1/4:1399–1403.

74. Ibid., 1/4:1383–85.

75. Ch-ZMG, 4:2229.

76. Ch-HCS, 1/4:1429–31; George Paulson, "The Gresham-Yang Treaty," *Pacific Historical Review* 37 (1968): 281–97; US-FR 1896, 91; 1897, 104.

77. Ch-HCS, 1/4:1436.

78. Ibid., 1/4:1439.

79. *China Mail*, 3 May 1888, 8 September 1888.

80. Quoted in Ralph Mooney, "Matthew Deady and the Federal Judicial Response to Racism in the Early West," *Oregon Law Review* 63 (1984): 634. See also Christian Fritz, "A Nineteenth Century 'Habeas Corpus Mill': The Chinese before the Federal Courts in California," *American Journal of Legal History* 32 (1988); Thomas Wuil Joo, "New 'Conspiracy Theory' of the Fourteenth Amendment: Nineteenth Century Chinese Civil Rights Cases and the Development of Substantive Due Process Jurisprudence," *University of San Francisco Law Review* 29 (1994–95): 363; McClain, *In Search of Equality*; Lucy Salyer, *Laws Harsh as Tigers: Chinese Immigrants and the Shaping of Modern Immigration Law* (Chapel Hill: University of North Carolina Press, 1995), 26–54.

81. *Congressional Globe*, 141st Cong., 2nd ses. (1870), 3658.

82. Stephen Kens, *Justice Stephen Field: Shaping Liberty from the Gold Rush to the Gilded Age* (Lawrence: University Press of Kansas, 1997).

83. Carl Swisher, *Stephen J. Field: Craftsman of the Law* (Washington, DC: Brookings Institution, 1930), 207–8.

84. Joo, "New 'Conspiracy Theory."

85. Charge to Grand Jury, 2 Sawy. 667, 680–81 (D. Ca. 1872).

86. *In re Ah Fong*, 3 Sawy. 144, 148 (D. Ca. 1874).

87. *Chew Heong v. United States*, 112 U.S. 536, 578 (1884).

88. *Head Money Cases*, 112 U.S. 536 (1884).

89. *Chinese Exclusion Case*, 604.

90. US-NWCu, Miller to Foster, 30 June 1891.

91. *Nishimura Ekiu v. United States*, 142 U.S. 651 (1892).

92. *Lau Ow Bew v. United States*, 144 U.S. 47 (1892).

93. *Fong Yue Ting v. United States*, 149 U.S. 698, 712 (1893).

94. Kens, *Stephen J. Field*, 213.

95. *Yick Wo v. Hopkins*, 118 U.S. 356, 396 (1886).

96. *Baldwin v. Franks*, 704.

97. *In re Ross*, 140 U.S. 453, 465 (1891).

98. *Fong Yue Ting v. U.S.*, 743.

99. *Chinese Exclusion Case*, 756.

100. *Fong Yue Ting v. U.S.*, 755.

101. *Church of the Holy Trinity v. United States*, 143 U.S. 457, 471 (1892).

102. *Fong Yue Ting v. U.S.*, 744; *United States v. Sing Tuck*, 194 U.S. 161, 182 (1904).

103. *Lochner v. People of State of New York*, 198 U.S. 45 (1905).

104. *United States v. Ju Toy*, 198 U.S. 253 (1905).

105. *Japanese Immigrant Case: Yamataya v. Fisher*, 169 U.S. 649 (1903); *Lem Moon Sing v. United States*, 158 U.S. 538 (1895); *Wong Kim Ark v. United States*, 169 U.S. 649 (1898).

106. Quoted in Linda Przybyszewski, *The Republic According to John Marshall Harlan* (Chapel Hill: University of North Carolina Press, 1999), 120–22. See also Gabriel Chin, "The *Plessey* Myth: Justice Harlan and the Chinese Cases," *Iowa Law Review* 82 (1996–97): 151–82.

107. *Wong Wing v. United States*, 163 U.S. 228 (1896).

108. Hiroshi Motomura, *Americans in Waiting: The Lost Story of Immigration and Citizenship in the United States* (New York: Oxford UP, 2006), 100–14; Ng *Fung Ho v. White*, 259 U.S. 276 (1922).

109. Charles Cheney Hyde, *International Law: Chiefly as Interpreted and Applied by the United States*, 2 vols. (Boston: Little, Brown, 1922), 1:101.

110. Bayard, "State Rights," 249.

111. Louis Post, "Administrative Decisions in Connection with Immigration," *American Political Science Review* 10 (1916): 253.

112. Quoted in Harley McNair, *The Chinese Abroad: Their Position and Protection, a Study in International Law and Relations* (Shanghai: Commercial Press, 1924), 301.

113. Borchard, *Diplomatic Protection*, 201, also 44.

114. Siegfried Hesse, "The Constitutional Status of the Lawfully Admitted Permanent Resident Alien: The Pre-1917 Cases," *Yale Law Journal* 68 (1959): 1578–1625.

115. Hyde, *International Law*, 1:104.

第七章 "纳塔尔模式"与帝国臣民概念的式微，1888—1913

1. Maurice Olliver, ed., *The Colonial and Imperial Conferences from 1887 to 1937*, 2 vols. (Ottawa: Queen's Printer and Controller of Stationery, 1954), 2:411–12.

2. Minutes by Curzon, 27 January 1903, cited in Robert Huttenback, *Gandhi in South Africa* (Ithaca: Cornell UP, 1971), 141.

3. GB-PP C5448, 42; Ch-HCS, 1/4:1558–63.

4. GB-CP6018, 12–15.

5. *Law Times Reports of Cases Decided* (March, 1891), 378–80.

6. GB-CP6039, *Report on the Chinese Question by Under Secretary of State, E. H. Parker of the Chinese Consular Service* (1888), 8–9.

7. *Daily Press*, 24 August 1881, clipping in Au-NSW 4/829.1.

8. GB-CP6039, 6.

9. Ibid., 6, 10.

10. For other narratives of events in South Africa, see Huttenback, *Gandhi in South Africa*; and Iqbal Narain, *The Politics of Racialism: A Study of the Indian Minority in South Africa Down to the Gandhi-Smuts Agreement* (Delhi: Shiva Lal Agarwala, 1962).

11. GB-PP C7911, *Papers Relating to Grievances of Her Majesty's Indian Subjects in the South African Republic* (1895), 52.

12. Ibid., 24.

13. Ibid., 26–27.

14. Ibid, 46–49.

15. GB-PP C8423, *Further Correspondence Relating to Affairs in the South African Republic* (1897), 64–69.

16. Ibid., 105, 113–15.

17. GB-PP C8721, *Further Correspondence Relating to Affairs in the South African Republic* (1898), 6–14.

18. Ibid., 19.

19. For other accounts, see Marilyn Lake, "From Mississippi to Melbourne via Natal: The Invention of the Literacy Test as a Technology of Racial Exclusion," in *Connected Worlds: History in Transnational Perspective*, ed. Ann Curthoys and Marilyn Lake, 215–22 (Canberra: ANU EPress, 2005); Jeremy Martens, "A Transnational History of Immigration Restriction: Natal and New South Wales 1896–97," *The Journal of Imperial and Commonwealth History* 34 (2006): 323–44.

20. Quoted in Martens, "Transnational History," 332. See also Myra Willard, *History of the White Australia Policy to 1920* (Melbourne: Melbourne UP, 1923), 108–11.

21. Lake, "From Mississippi to Melbourne," 221.

22. *Collected Works of Mahatma Gandhi* (Delhi: Ministry of Information and Broadcasting, Government of India, 1959), 2:327

23. Ibid., 2:326

24. Ibid., 2:328

25. Ibid., 2:329

26. *Report of the Immigration Restriction Officer at the Port* (Colony of Natal, 1897), 1–4.

27. Olliver, *Colonial and Imperial Conferences*, 1:138–9.

28. Richard Huttenback, *Racism and Empire: White Settlers and Colored Immigrants in the British Self-Governing Colonies 1830–1910* (Ithaca: Cornell UP, 1976), 164.

29. Ca-CRAI, 1:56.

30. Quoted in Huttenback, *Racism and Empire*, 282.

31. Government of Australia, *Parliamentary Papers* (1901–2), 2:845–46.

32. Ca-NEA 8565; Huang Tsen-ming, *The Legal Status of the Chinese Abroad* (Taipei: China Cultural Service, 1954 [1936]), 52, 135, 147; Tung Miao, *Legal Status of Chinese in the Union of South Africa* (Johannesburg: Chiao Cheng Pao, 1947), 8–14.

33. Laura Tabili, *"We Ask for British Justice": Workers and Racial Difference in Late Imperial Britain* (Ithaca: Cornell UP, 1994), 88.

34. Manning Clark, *Sources of Australian History* (London: Oxford UP, 1957), 494.

35. A.T. Yarwood, *Asian Migration to Australia: The Background to Exclusion 1896–1923* (Melbourne: Melbourne UP, 1967), 19–52.

36. Australia, *Parliamentary Papers* (1901–2), 2:850–55.

37. Ca-NEA 4324, Sec. of External Affairs to Frederic Jones, 4 July 1905. See also Au-NNOI, circular from the Department of External Affairs, 31 August 1904; Willard, *History of the White Australia Policy*, 116, 127; Yarwood, *Asian Migration*, 87–89, 98–100.

38. Ca-NEA 4324, Nathan to Northcote, 17 Aug. 1905, 23 November 1905, Deakin to Northcote, 9 October 1905.

39. Ca-NEA 14282, 14383, 14923; Paul Jones, "What Happened to Australia's Chinese Between the World Wars?" in *After the Rush: Regulation, Participation and Chinese Comunities in Australia*, ed. Sophie Couchman, John Fitzgerald, and Paul Macgregor, special edition of *Otherland Literary Magazine* 9 (2004): 217–36; Andrew Markus, "Reflections on the Administration of the 'White Australia' Immigration Policy," in *After the Rush*, 51–9; Michael Williams, "Would Not This Help Your Federation?" in *After the Rush*, 35–50; Yarwood, *Asian Migration to Australia*.

40. McNair, *Chinese Abroad*, 172.

41. Narain, *Politics of Racialism*, 181–203.

42. Mohandas Gandhi, *Satyagraha in South Africa*, trans. Valji Govindji Desai (Ahmedabad: Navajivan, 1950 [1928]), 86–89.

43. Quoted in Huttenback, *Gandhi in South Africa*, 163.

44. Ibid., 342.

45. On events in Canada, see also Stanislaw Andracki, *Immigration of Orientals into Canada with Special Reference to Chinese* (New York: Arno Press, 1978); Patricia Roy, *A White Man's Province: British Columbia Politicians and Chinese and Japanese Immigrants, 1858–1914* (Vancouver: University of British Columbia Press, 1989); Peter Ward, *White Canada Forever: Popular Attitudes and Public Policy toward Orientals in British Columbia* (Montreal and Kingston: McGill-Queen's UP, 2002 [1978]).

46. Bruce Ryder, "Racism and the Constitution: The Constitutional Fate of British Columbia Anti-Asian Immigration Legislation, 1884–1909," *Osgoode Hall Law Journal* 29 (1991): 641.

47. *Vancouver Daily News-Advertiser*, 12 July 1899, in Ca-CRAI, 1:56.

48. Ca-CRAI, 2:189. Also 2:140, 182, 189; *Documents Relating to Commercial Relations Between China and Japan* (Ottawa: Government Printing Bureau, 1913), 104.

49. Ca-CRAI, 1:27–29.

50. Andracki, *Immigration of Orientals*, 89–90, 114–16; Amy Fairchild, *Science at the Borders: Immigrant Medical Inspection and the Shaping of the Modern Industrial Labor Force* (Baltimore: Johns Hopkins UP, 2003), 144–50; Gunther Peck, *Reinventing Free Labor: Padrones and Immigrant Workers in the North American West, 1880–1930* (Cambridge: Cambridge UP, 2000), 93–95; Mabel Timlin, "Canada's Immigration Policy, 1896–1910," *Canadian Journal of Economics and Political Science* 26 (1960): 517–32.

51. Ch-HCS, 1/4:1476–79. See also Ca-CRAI, 6:128–30, 151–52; 9:202; 17:292–94; 21:378–81.

52. Michael Auslin, *Negotiating with Imperialism: The Unequal Treaties and the Culture of Japanese Diplomacy* (Cambridge: Harvard UP, 2004); Douglas Howland, *Translating the West: Language and Political Reason in Nineteenth-Century Japan* (Honolulu: University of Hawaii Press, 2002).

53. Eric Han, "1899 and the End of the Treaty Port: Mixed Residence and Nationalism," chap. 3 of forthcoming Columbia University Ph.D. dissertation.

54. Ibid. See also GB-CP9112, *Immigration of Japanese Labourers into the United States of America* (1908), 16–17; Andrea Vasishth, "A Model Minority: The Chinese Community in Japan," in *Japan's Minorities: The Illusion of Homogeneity*, ed. Michael Weiner, 125 (London: Routledge, 1997); George Wilson and Edward Wynne, *Immigration Laws: Australia, Canada, New Zealand, Japan* (New York: Institute of Pacific Relations, 1927), 115–16.

55. Raymond Buell, "The Development of the Anti-Japanese Agitation in the United States," *Political Science Quarterly* 37 (1922): 605–83.

56. Ca-NEA 40, part 1, McInnis to Oliver, 2 October 1907; 33896, confidential memorandum, 3; *Report of the Royal Commission Appointed to Inquire into the Methods by Which Oriental Labourers Have Been Induced to Come to Canada* (Ottawa: Government Printing Bureau, 1908).

57. US-FR 1901, 372–73.

58. *Report of Mr. Justice Murphy Royal Commissioner Appointed to Investigate Alleged Chinese Frauds and Opium Smuggling on the Pacific Coast 1910–11* (Ottawa, 1913).

59. Ca-CRAI, 2:152–53.

60. Buell, "Development of the Anti-Japanese Agitation," 634–36; Ca-CRAI, 2:179–200; GB-CP9112.

61. *Documents Relating to Commercial Relations*, 103.

62. Ca-CRAI, 2:210–14.

63. Quoted in Donald Avery and Peter Neary, "Laurier, Borden and a White British Columbia," *Journal of Canadian Studies* 12 (1977): 30.

64. Ibid., 29.

65. GB-CP9337, *Memorandum Respecting Japanese Immigration into Canada and the United States* (1908), 1–2.

66. Quoted in Roy, *White Man's Province*, 217.

67. Ca-CRAI, 2:221–24, 3:255–56; US-FR 1924, 2:362–66.

68. Ch-JHDY, 11–12; Ca-CRAI, 3:305, 5:31–40; Ca-DCER, 1:597–607.

69. Jones, "What Happened to Australia's Chinese," 222; Yarwood, *Asian Migration to Australia*, 107–9.

70. Ch-JHDY, 26–47.

71. *Boletín de Relaciones Exteriores* 55 (Lima, 1914): 29.

72. Ca-NIB 23635, Robertson to Cory, 3 January 1914, 13 January 1914; Ca-CRAI, 20:343–45, 26:15–17; Ch-JHDY, 99, 133–38.

73. Paul Peirce, "The Control of Immigration as an Administrative Problem," *American Political Science Review* 4 (1910): 388.

74. Elihu Root, "The Basis of Protection to Citizens Residing Abroad," *American Journal of International Law* 4 (1910): 519.

75. Ca-NEA Series D1/84, Farrell to Yamasaki, 16 October 1930; Melanie Yap and Dianne Leong Man, *Colour Confusion and Concessions: The History of the Chinese in South Africa* (Hong Kong: Hong Kong UP, 1996), 248–50, 376–79.

76. For accounts of events surrounding Indian migration, see Joan Jensen, *Passage from India: Asian Indian Immigrants in North America* (New Haven: Yale UP, 1988); Radhika Mongia, "Race, Nationality, Mobility: A History of the Passport," *Public Culture* 11 (1999): 527–56.

77. Ca-CRAI, 3:279. See also *Report by L. Mackenzie King on Mission to England to Confer with the British Authorities on the Subject of Immigration to Canada from the Orient and Immigration from India in Particular* (Ottawa: S. E. Dawson, 1908).

78. Ca-CRAI, 2:210–11, 3:248–50.

79. Ca-DCER, 1:611.

80. Andracki, *Immigration of Orientals*, 110–13, 169.

81. Ca-CRAI, 18:309. See also Ca-CRAI, 8:192; Ca-DCER, 1:232.

82. Ca-CRAI, 3:306–9, 5:2–10; 8:152–55, 183–90, 23:396–97, 26:1–2.

83. Ca-CRAI, 18:306.

84. Ca-DCER, 1:660.

85. Ca-DCER, 1:323; Olliver, *Colonial and Imperial Conferences*, 2:265.

86. Narain, *Politics of Racialism*, 243–48.

87. GB-Cd6940, *Further Correspondence (Respecting) Bill to Regulate Immigration into the Union of South Africa: With Special Reference to Asiatics* (1913), 2, also 21–24.

88. Huttenback, *Gandhi in South Africa*, 313.

89. P. S. O'Conner, "Keeping New Zealand White, 1908–1920," *New Zealand Journal of History* 2 (1968): 59–64.

90. Quoted in Ryder, "Racism and the Constitution," 672.

91. Jensen, *Passage from India*, 108–11, 147–50.

92. US-FR 1913, 641.

93. John Edward Kendle, *The Colonial and Imperial Conferences 1887–1911: A Study in Imperial Organization* (London: Longmans, 1967).

94. Olliver, *Colonial and Imperial Conferences*, 2:200.

95. Ibid., 2:253.

96. Richard Jebb, "The Imperial Problem of Asiatic Immigration," paper presented to the Colonial Section of the Royal Society of Arts, 7 April 1908, in Ca-NIB 729921: 8.

97. *United Empire* 2/12 (1911): 852.

98. *United Empire* 3/1 (1912): 68.

99. *United Empire* 3/5 (1912): 367.

100. Ibid., 375.

101. Melisa Cheung, "The Legal Position of the Ethnic Chinese in Indochina under French Rule," in *Law and the Chinese in Southeast Asia*, ed. M, Barry Hooker, 32–64 (Singapore: Institute of Southeast Asian Studies, 2002); Charles Coppel, "The Indonesian Chinese: 'Foreign Orientals', Netherlands Subjects, and Indonesian Citizens," in *Law and the Chinese*, 131–49; J. De Galembert, "The Status of Aliens in Indo-China," in *The Legal Status of Aliens in Pacific Countries: An International Survey of Law and Practice Concerning Immigration, Naturalization and Deportation of Aliens and Their Legal Rights and Disabilities*, ed. Norman MacKenzie, 159–81

(London: Oxford UP, 1937); Huang, *Legal Status of the Chinese*, 12–15, 67–69, 162–72; Netherlands Council of the Institute of Pacific Relations, "The Legal Status of Foreigners in Netherlands India," in *The Legal Status of Aliens in Pacific Countries*, 240–61; W. E. Willmott, "Congregations and Associations: The Political Structure of the Chinese Community in Phnom-Penh, Cambodia," *Comparative Studies in Society and History* 11 (1969): 284–89.

102. Wayne Patterson, *The Korean Frontier in America: Immigration to Hawaii, 1896–1910* (Honolulu: University of Hawaii Press, 1988), 135–38, 169–71.

103. Clark Alejandrino, *A History of the 1902 Chinese Exclusion Act: American Colonial Transmission and Deterioration of Filipino-Chinese Relations* (Manila: Kaisa Para Sa Kaunlaran, 2003); Katharine Bjork, "Race and the Right Kind of Island: Immigration Policy in Hawaii and Cuba under US Auspices, 1899–1912," in *Studies in Pacific History: Economics, Politics and Migration*, ed. Dennis Flynn, Arturo Giráldez, and James Sobredo, 140–54 (Aldershot: Ashgate, 2002); US-NCCG 184; 185; 370/83, 43, 69, 86–87; US-NWSC 51830/199.

104. United States Congress, *Congressional Record* (1904) 35:4159.

105. Mae Ngai, *Impossible Subjects: Illegal Aliens and the Making of Modern America* (Princeton: Princeton UP, 2004), 96–126; James Sobredo, "The 1934 Tydings—McDuffie Act and Filipino Exclusion: Social, Political and Economic Context Revisited," in *Studies in Pacific History*, 155–69.

第八章　远距离管控的实践，1897—1905

1. US-DH 59/847, 5–6.

2. For accounts of enforcement in the United States, see Kitty Calavita, "The Paradoxes of Race, Class, Identity, and 'Passing': Enforcing the Chinese Exclusion Acts, 1882–1910," *Law and Social Inquiry* 25 (2000): 1–40; Estelle Lau, *Paper Families: Identity, Immigration Administration, and Chinese Exclusion* (Durham: Duke UP, 2006); Erika Lee, *At America's Gates: Chinese Immigration during the Exclusion Era, 1882–1943* (Chapel Hill: University of North Carolina Press, 2003); Lucy Salyer, *Laws Harsh as Tigers: Chinese Immigrants and the Shaping of Modern Immigration Law* (Chapel Hill: University of North Carolina Press, 1995). On the politics of immigration reform, see Delber McKee, *Chinese Exclusion versus the Open Door Policy 1900–1906: Clashes over China Policy in the Roosevelt Era* (Detroit: Wayne State UP, 1977).

3. J. Thomas Scharf, "The Farce of the Chinese Exclusion Laws," *North American Review* 166 (1898): 96–97.

4. US-NWSC 52730/84, Greenhalge to Walter Chance, 28 February 1899.

5. Terence Powderly, *The Path I Trod: The Autobiography of Terence V. Powderly*, ed. Harry Carman, Henry David, and Paul Guthrie (New York: Columbia UP, 1940), 234.

6. US-NWSC 53990/52, 116.

7. *Terence Vincent Powderly Papers, 1864–1937*, ed. John A, Turcheneske (Glen Rock, NJ: Microfilming Corporation of America, 1974), Series B, Part 4, "With the Board of Review: A Plea for Better Immigration Laws."

8. US-IR 1899, 32.

9. Lee, *At America's Gates*, 55–57, 64; McKee, *Chinese Exclusion*, 33–34.

10. US-NWCG 6386, James Dunn to Frank Sargent, 26 January 1903.

11. Darrell Smith and H. Guy Herring, *The Bureau of Immigration, Its History, Activities and Organization* (Baltimore: Johns Hopkins UP, 1924), 10, 22, 71, 109; US-IR 1901, 46–52; 1904, 137, 141.

12. *Chin Yow v. United States*, 208 U.S. 8 (1908).

13. United States Treasury Department, Bureau of Immigration, *Digest of the Chinese-Exclusion Laws and Decisions* (1899), and *Laws, Treaties and Regulations Relating to the Exclusion of the Chinese* (1902); U.S. Department of Commerce and Labor, *Treaty, Laws and Regulations Governing the Admission of Chinese* (1903–1910).

14. US-DH 59/847, 23.

15. Ibid., 25–28; US-NWCD, "Court Opinions Rendered in Chinese Cases."

16. US-FR 1899, 194–95.

17. US-FR 1901, 68–75; US-NCDU, 1 March 1904.

18. US-IR 1903, 108.

19. US-NWSC 52704/2, James Dunn to Frank Sargent, 3 December 1902.

20. US-NPO 179.

21. US-NWSC 5704/2, "Memorandum from Commissioner General."

22. Ibid., "MEMORANDUM." See also US-NWVC 151.01/16; James Reynolds, "Enforcement of the Chinese Exclusion Law," *Annals of the American Academy of Political and Social Science* 34/2 (1909): 153.

23. US-DH 59/847, 52.

24. Wilbur Carr, "The American Consular Service," *American Journal of International Law* 1 (1907): 891–913; Waldo Heinrichs, "Bureacuracy and Professionalism in the Development of American Career Diplomacy," in *Twentieth C, American Foreign Policy*, ed. John Braeman, Robert Bremner, and David Brody (Columbus: Ohio State UP, 1971), 119–206; US-DH 59/665, Herbert Peirce, *Report on Inspection of United States Consulates in the Orient*, 59th Cong., 1st ses. (1906).

25. Gerald Neuman, "Qualitative Migration Controls in the Antebellum United States," in *Migration Control in the North Atlantic World: The Evolution of State Practices in Europe and the United States from the French Revolution to the Inter-War Period*, ed. Andreas Fahrmeir, Olivier Faron, and Patrick Weil, 108 (New York: Berghahn Books, 2003).

26. Broughton Brandenburg, *Imported Americans: The Story of the Experiences of a Disguised American and His Wife Studying the Immigration Question* (New York: Frederick A. Stokes, 1904), 222.

27. Immigration Restriction League, *Digest of Immigration Statistics, Effects of Immigration upon the United States and Reasons for Further Restriction* (Boston, 1902), 19.

28. Robert Zeidel, *Immigrants, Progressives, and Exclusion Politics: The Dillingham Commission* (DeKalb: Northern Illinois UP, 2004), 15, 17, 55–67.

29. George Peffer, *If They Don't Bring Their Women Here: Chinese Female Immigration before Exclusion* (Urbana: University of Illinois Press, 1999), 52–54; US-NCDH, 4 April 1885, 15 April 1885, 16 July 1885.

30. US-NCD, 21 September 1887.

31. US-NCDH, 21 February 1887.

32. Ibid., 21 August 1885, 22 January 1886, 18 April 1888; Elizabeth Sinn, "Emigration from Hong Kong before 1941: Organization and Impact," in *Emigration from Hong Kong: Tendencies and Impacts*, ed. Ronald Skeldon, 41 (Hong Kong: Chinese University Press, 1995).

33. US-NCDC, 22 August 1889.

34. US-FR 1890, 177, 186–87.

35. Ch-ZMG, 2:1908; US-NCDS, 21 July 1891, 11 August 1891, 6 October 1891, 11 November 1891.

36. Ch-ZMG, 3:2185, 4:2264, 5:3125; US-NCDU, 26 June 1896, 24 July 1896, 7 September 1896.

37. US-NCDH, 8 June 1897 and subsequent dispatches.

38. US-NCDC, 23 May 1899.

39. US-NCDH, 6 October 1897, 18 November 1897, 16 February 1898, 27 May 1899.

40. US-NCDC, 2 November 1899.

41. Charles Denby, "Chinese Exclusion," *Forum* 34 (1902): 133.

42. Ibid., 132–33.

43. Ibid., 135.

44. US-NCDC, 26 February 1906.

45. US-NCCG 370/156.

46. US-NGCC 467.

47. US-NCDC, 7 July 1898 (emphasis in original).

48. Ch-ZMG, 4:2344, 2347, 2350, 2362; US-NCDS, 13 October 1898 and enclosures.

49. Ch-ZMG, 4:2384.

50. US-NCDC, Bedloe to Jackson, 30 August 1899; Chung to U.S. Consul, 16 June 1899.

51. Ibid., 10 September 1898; US-NCDS, 13 October 1898.

52. Accusations are in US-DS 57/776, 2:315, 479.

53. US-NCDH, 27 May 1899.

54. Ibid., 15 June 1904, enclosed letter to George Courtelyou.

55. Roger Thompson, *China's Local Councils in the Age of Constitutional Reform 1898–1911* (Cambridge: Council on East Asian Studies, Harvard University, 1995).

56. Ch-HCS, 1/1:296.

57. Lee Lai To, "Chinese Consular Representatives and the Straits Government in the Nineteenth Century," in *Early Chinese Immigrant Societies: Case Studies from North America and British Southeast Asia*, ed. Lee Lai To, 84–85 (Singapore: Hienemann Asia, 1988).

58. Ch-GCDL, 4:4365. Another account of these events is in Yen Ching-hwang, *Coolies and Mandarin: China's Protection of Overseas Chinese during the Late Ch'ing Period (1851–1911)* (Singapore: Singapore UP, 1985), 269–77.

59. Ch-GCDL, 4:4368.

60. Ibid., 4:4476–77.

61. US-NCDA, Lupton to Rockhill, 11 April, 1906.

62. Ch-GCDL, 5:5001–2. See also US-NCDU, 21 March 1903.

63. US-NCDU, 5:5115–16.

64. Ibid., 5:5376–78.

65. Ch-AFA 02–29.4.6/2.

66. Ch-ZMG, 3:2498–9, 5:3086–88, 3231–32; Clarence Glick, *Sojourners and Settlers: Chinese Migrants in Hawaii* (Honolulu: Hawaii Chinese History Center and University Press of Hawaii, 1980), 274–81.

67. US-DH 59/665, 38–39; US-NCDA, 25 July 1905, no. 39; 8 August 1905, Anderson to Rockhill; 16 August 1905, 28 August 1905, 12 December 1905, Lupton to Rockhill; 11 April 1906; US-NCDC, Li Ung Bing to Fesler, 19 November 1903; Andrew Wilson, *Ambition and Identity: Chinese Merchant Elites in Colonial Manila, 1880–1916* (Honolulu: University of Hawaii Press, 2004), 126–37.

68. Ch-ZMG, 5:3128–33, 3263–65, 3404–8.

69. Ibid., 5:3408.

70. US-DH 59/665, 65. See also US-NCDC, 19 November 1903, 9 December 1903.

71. US-DH 59/665, 39.

72. Ibid., 136.

73. Ibid., 52.

74. Ibid.

75. Ch-ZMG, 5:3402.

76. US-DH 59/665, 42–60.

77. Ibid., 13.

78. Ibid., 270–71.

79. Ibid., 80–93.

80. Eileen Scully, "Taking the Low Road to Sino-American Relations: 'Open Door' Expansionists and the Two China Markets," *Journal of American History* 82 (1995): 62–83.

第九章　美国方案，1905—1913

1. US-NCDC, 3 November 1903, 9 December 1903. See also US-NWCu, Brooks to Windom, 6 February 1890.

2. US-IR 1907, 107.

3. Delber McKee, *Chinese Exclusion versus the Open Door Policy 1900–1906: Clashes over China Policy in the Roosevelt Era* (Detroit: Wayne State UP, 1977), 68–102; Michael Hunt, *The Making of a Special Relationship: The United States and China to 1914* (New York: Columbia UP, 1983), 231–35; Henry Tsai, *China and the Overseas Chinese in the United States* (Fayetteville: University of Arkansas Press, 1983), 104–8; US-DH 59/847, 38–50; Wang Guanhua, *In Search of Justice: The 1905–1906 Chinese Anti-American Boycott* (Cambridge: Harvard University Asia Center, 2001), 50–89; Wong Sin Kiong, *China's Anti-American Boycott Movement in 1905: A Study in Urban Protest* (New York: Peter Lang, 2002), 25–9; Zhang Cunwu, *Guangxu sanshiyi nian Zhong Mei gong yue fengchao* [Tide against the Chinese-American worker treaty in 1905] (Taipei: Institute of Modern History, Academia Sinica, 1966), 8–35.

4. US-DH 59/847, 148–9. A version in US-NML, 19 May 1905, contains this sentence in all capital letters.

5. Quoted in McKee, *Chinese Exclusion*, 128. See also Hunt, *Making of a Special Relationship*, 242–44.

6. US-NWSC 5704/2, "Memorandum from Commissioner General."

7. US-NWSC 51881/85.

8. McKee, *Chinese Exclusion*, 141, 172.

9. Ibid., 205–9; US-DH 59/847, 28–35.

10. US-NWSC 52702/2, undated memorandum, 13–15.

11. Quoted in James Reynolds, "Enforcement of the Chinese Exclusion Law," *Annals of the American Academy of Political and Social Science* 34/2 (1909): 144–45.

12. US-DH 59/847, 125.

13. US-IR 1905, 78–79.

14. US-IR 1904, 137.

15. US-NWSC 5704/2, Alford Cooley to President, 29 April 1907.

16. Victor Safford, *Immigration Problems: Personal Experiences of an Official* (New York: Dodd, Mead, 1925), 88–89.

17. On similar changes in San Francisco between 1895 and 1905, see Estelle Lau, *Paper Families: Identity, Immigration Administration, and Chinese Exclusion* (Durham: Duke UP, 2006), 80–81.

18. US-NMC, especially McLaughlin to Rodgers, 24 June 1903, 22 September 1903, 4 November 1903, 19 November 1903; US-NML, McLaughlin to Rodgers, 7 January 1904; Rodgers to Chinese Officer in Charge in NY, May 1904.

19. US-NML, several letters dated May to August 1904.

20. Ibid., McLaughlin to Rodgers, 9 September. 1905. Cases in Hawaii show a similar shift in late 1905; see US-NPH 500–50. Cases in Chicago show no marked shift until Chinese Inspector Lorenzo Plummer was transferred to Montana under a cloud of suspicion in 1910.

21. US-NGCC 2005/418, 949; US-NML, Benkhart to Hughes, 23 November 1909; US-NPO 1414.

22. US-NML, Rodgers to Commissioner of Immigration at Baltimore, 23 October 1906.

23. US-NWSC 52516/10.

24. US-NCCG 12177/66.

25. US-NCDC, 26 February 1906.

26. US-NCDA, 22 May 1905.

27. US-NCCG 370/129, Anderson to Taft, 14 October 1905.

28. Ibid., 370/139, 142; US-NCDA, 12 March 1906, 13 March 1906.

29. US-NCDA Lupton to Rockhill, 11 April 1906; US-NCIR, Amoy, December 1908, "Note—Chinese Returning."

30. US-NCNM 3121/9–1/2.

31. Ibid., 8534/2.

32. Ibid., 3121/30.

33. Ibid., 3121/10–14, Hanna to Hung, 24 December 1906.

34. Ng Chin-Keong, *Trade and Society: The Amoy Network on the China Coast, 1683–1735* (Singapore: Singapore UP, 1983), 171.

35. US-NCNM 8534/1.

36. Ibid., 3121/7–9. See also Ch-AFA 02–29.4.6/21

37. Ibid., 3121/14.

38. Ibid., 3121/18.

39. Ibid., 8534/1.

40. Ibid., 3121/39–40. See also 4058/21.

41. US-NCCG 12177/66.

42. US-NWSC 53990/52, "Minutes of the Immigration Consultation," 13.

43. Max Kohler, *Immigration and Aliens in the United States: Studies of American Immigration Laws and the Legal Status of Aliens in the United States* (New York: Block, 1936), 131.

44. US-NWSC 52516/10, Sargent to Dunn, confidential, 10 June 1908.

45. Ibid., Larned to Keefe, 12 June 1909.

46. US-IR 1909, 128.

47. US-IR 1910, 131.

48. US-IR 1908, 220.

49. US-IR 1909, 123, 133, 153–74.

50. US-NWSC 52227/1C.

51. Erika Lee, *At America's Gates: Chinese Immigration during the Exclusion Era, 1882–1943* (Chapel Hill: University of North Carolina Press, 2003), 70–87.

52. US-IR 1909, 128–29.

53. US-IR 1912, 62.

54. US-NPH 2305.

55. Ibid.

56. Michael Churgin, "Immigration Internal Decision Making: A View from History." *Texas Law Review* 78 (2000): 1633–59.

57. US-IR 1910, 133; US-NWSC 52961/23; US-NWVC 151.08/12; 151.10/15.

58. Hunt, *Making of a Special Relationship*, 247–49; US-NCNM 803/228; US-NWSC 52320/1; 52363/14; 51830/199–199A; 5208/52; 52961/23C; 52961/24C; US-NWVC 151.08/1–53.

59. US-NWVC 151.08/12.

60. US-NWSC 53059/52B; US-NWVC 151.lo/1–16.

61. US-NCIR, Amoy, 13 June 1913, February 1921; Canton, April 1913, "Treatment of Sec. VI Certificates," February 1917, April 1921; Hong Kong, 29 June 1909, memorandum by Vice-Consul Fuller, December 1915; Shanghai, May 1916; US-NWVC 151.10/14, 215, 231, 828, 841.

62. US-NWVC 151.10/487.

63. Ibid., 151.10/360, 905. See also US-NGCD 2/38.

64. US-NCIR, Hong Kong, June 1909, "Note on Chinese Immigration." See also Clifford Perkins, *Border Patrol: With the U.S. Immigration Service on the Mexican Boundary 1910–54* (El Paso: Texas Western Press, 1978), 48.

65. US-NWVC 151.10/101.

66. Ibid., 151.10/165, 278.

67. Ibid., 151.10/110

68. US-NWVC 151.10/197.

69. US-NWSC 53775/245, Report to the Commissioner General, 7 March 1914, 4–5.

70. US-NWVC 151.10/215. For official Chinese efforts to protect against fraudulent certificates, see US-NCNM 803/60–62 and 88–90.

71. US-NWVC 151.10/531.

72. US-NCIR, Hong Kong, December 1915; Shanghai, May 1916; US-NWVC 151.10/143, 231.

73. US-BJBS 2:22 October 1917

74. Perkins, *Border Patrol*, 53.

75. US-NGCC 2072.

76. Ibid., 767; US-NGCD 2/223.

77. US-NGCD 6/260

78. US-NPO 531.

79. US-IR 1913, 247.

80. US-NWVC 151.10/841.

81. Ibid., 151.05/40; 151.10/1378, 1398, 1435, 1474.

82. US-NWSC 53990/52, "Minutes of Immigration Consultation at San Francisco," 4, 323–7. See also Lucy Salyer, *Laws Harsh as Tigers: Chinese Immigrants and the Shaping of Modern Immigration Law* (Chapel Hill: University of North Carolina Press, 1995), 217–33.

83. US-NWSC 53990/52A, 2, 11.

84. Quoted in Chen Wen-hsien, "Chinese under Both Exclusion and Immigration Laws" (Ph.D. diss., University of Chicago, 1940), 135–36.

85. US-NWSC 53990/52, 316.

86. US-NGCD 20/1.

87. US-BJBS 3: late 1925.

88. US-IR 1920: 48.

89. Joan Jensen, *Passage from India: Asian Indian Immigrants in North America* (New Haven: Yale UP, 1988), 146–60.

90. US-NPD.

91. US-NWSC 53620/203, Secretary of Labor to Attorney General, 23 July 1915, 4. See also US-NWVC 151.10/442.

92. US-NWCS; US-NWSC 52229/1; 52320/1; 52803/1; 537881/1; 53990/52, 18–28, 49–9, 296–98; US-NWVC 151.0637/10–17; US-IR 1913, 177.

93. US-NCD 123 W 156

94. Chen, "Chinese under Both," 104, 334–42.

95. Kohler, *Immigration and Aliens*, 252.

96. US-NWVC 151.08/14.

97. Ibid., 151.08/137.

98. Ibid., 151.08/139.

99. Ibid., 151.08/164.

100. Neil Thomsen, "No Such Sun Yat-sen: An Archival Success Story," *Chinese America: History and Perspectives* 11 (1997): 23.

101. US-NWSC 5181/85; US-NWVC 151.05/2; 151.08/87, 92; 151.08/1–35.

102. Amy Fairchild, *Science at the Borders: Immigrant Medical Inspection and the Shaping of the Modern Industrial Labor Force* (Baltimore: Johns Hopkins UP, 2003), 209–15.

103. US-NWSC 55452/385, Nagle to Husband, 15 January 1925.

104. Ibid., Husband to Nagle, 19 March 1925.

105. US-IR 1911, 3.

106. Melissa Macauley, *Social Power and Legal Culture: Litigation Masters in Late Imperial China* (Stanford: Stanford UP, 1998).

107. US-NWSC 55452/385, Shaughnessy to Husband, 13 June 1925.

108. AUPS-DI 54184/138 File 21, Memoranda.

109. US-NPD 52961/23A.

110. US-AJY, "Mr. Dea, etc.," 6.

111. US-NWSC 53775/245, Report to the Commissioner General, 7 March 1914, 17.

112. US-IR 1911, 136.

第十章 档案与欺诈

1. US-IR 1908, 220.

2. US-IR 1911, 134.

3. Estimates can be found in Chen Wen-hsien, "Chinese under Both Exclusion and Immigration Laws" (Ph.D. diss., University of Chicago, 1940), 136, 421; US-AJY, "Immigration Inspector 1," 2; US-NWVC 151.01/16, 151.10/3.

4. See similar arguments in Kitty Calavita, "The Paradoxes of Race, Class, Identity, and 'Passing': Enforcing the Chinese Exclusion Acts, 1882–1910," *Law and Social Inquiry* 25 (2000): 1–40; and Amy Fairchild, *Science at the Borders: Immigrant Medical Inspection and the Shaping of the Modern Industrial Labor Force* (Baltimore: Johns Hopkins UP, 2003), 64–82.

5. US-IR 1903, 97.

6. Mary Douglas, "The Contempt of Ritual," in her *In the Active Voice* (London: Kegan Paul, 1982), 4–8.

7. The literature on ritual is vast. I have been most influenced by Catherine Bell, *Ritual: Perspectives and Dimensions* (Oxford: Oxford UP, 1997), and *Ritual Theory, Ritual Practice* (Oxford: Oxford UP, 1993); Maurice Bloch, *Ritual History and Power: Selected Papers in Anthropology* (London: Berg, 1989); Stanley Tambiah, "A Performative Approach to Ritual," *Proceedings of the British Academy* 65 (1979): 113–16; and Victor Turner, *The Forest of Symbols: Aspects of Ndembu Ritual* (Ithaca: Cornell UP, 1970).

8. The variety of approaches to ritual in secular and industrialized contexts is apparent from a list of typical titles: Robert Bocock, *Ritual in Industrial Society: A Sociological Analysis of Ritualism in Modern England* (London: Allen and Unwin, 1974); Terence Deal and Alan Kennedy, *Corporate Cultures: The Rites and Rituals of Corporate Life* (Reading, MA: Perseus, 1982); Erving Goffman, *Interaction Ritual: Essays on Face to Face Behavior* (New York: Pantheon Books, 1967); Julian Huxley, ed., A *Discussion on Ritualization of Behavior in Animals and Man*, special edition of *Philosophical Transactions of the Royal Society of London, Series B* 251 (1966); Peter McClaren, *Schooling as a Ritual Performance* (Lanham, MD: Rowman and Littlefield, 1999); Sally Falk Moore, and Barbara Meyerhoff, eds., *Secular Ritual* (Amsterdam: Van Gorcum, 1977); Dennis Rook, "Ritual Dimension of Consumer Behavior," *Journal of Consumer Research* 12 (1985): 251–63.

9. Bell, *Ritual Theory*, 88–93; Philippe Buc, *The Dangers of Ritual: Between Early Medieval Texts and Social Scientific Theory* (Princeton: Princeton UP, 2001); Max

Gluckman, "*Les Rites de Passage*", in *Essays on the Ritual of Social Relations*, ed. Max Gluckman (Manchester: Manchester UP, 1962), 1–52; Jack Goody, "Against 'Ritual': Loosely Structured Thoughts on a Loosely Defined Topic," in *Secular Ritual*, 25–35.

10. Pierre Bourdieu, *Language and Symbolic Power*, ed. John Thompson (Cambridge: Harvard UP, 1999), 170.

11. Some nuanced approaches include Randall Collins, *Interaction Ritual Chains* (Princeton: Princeton UP, 2005); John Meyer and Brian Rowan, "Institutionalized Organizations: Formal Structure as Myth and Ceremony," *American Journal of Sociology* 83 (1977): 340–63; and Victor Turner, *Drama, Fields and Metaphors* (Ithaca: Cornell UP, 1974). Studies of political ritual in premodern societies are also not so dependent on the secular-sacred divide. See David Cannadine and Simon Price, eds., *Rituals of Royalty: Power and Ceremonial in Traditional Societies* (Cambridge: Cambridge UP, 1987); Kai-wing Chow, *The Rise of Confucian Ritualism in Late Imperial China* (Stanford: Stanford UP, 1994); Clifford Geertz, *Negara: The Theatre State in Nineteenth Century Bali* (Princeton: Princeton UP, 1980); Joseph McDermott, ed., *State and Court Ritual in China* (Cambridge: Cambridge UP, 1999)..

12. Bell, *Ritual Theory*, 106, 110.

13. US-NWCu, Carey to Attorney General, 27 October 1888.

14. US-NNYC 29/50. See also US-DH 59/847, 17–19, 92–107; US-DS 55/120, *Alleged Illegal Entry into the United Sates of Chinese Persons: Letter from the Attorney-General*, 55th Cong., 1st ses. (1897); US-IR 1904, 138–9; US-NWSC 5326/58; 52074.

15. These include John Young in Vermont, and Frederick Paddock and William Badger in Malone, New York. See US-DH 59/847, 97; US-NNM 938/44–151; US-NNYC 6/1040, 1051; 14/3721–3800.

16. US-DH 59/847, 123.

17. Quoted in J. Thomas Scharf, "The Farce of the Chinese Exclusion Laws," *North American Review* 166 (1898): 96.

18. US-NML, Rodgers to CGI, 14 March 1904, also 3 April 1905.

19. US-BJBS, 1:58; US-DH 59/847, 97; US-NGCC 2084; US-NGCD 1/95; US-NML, Thomas to Rodgers, 31 March 1905.

20. Marcus Braun, "How Can We Enforce Our Exclusion Laws?" *Annals of the American Academy of Political and Social Science* 34/2 (1909): 141.

21. US-DH 59/847, 13–14, 91–110, 119–24; US-IR 1901, 52; 1902, 76–77; 1903, 100–1; 1904, 138.

22. US-IR 1904, 46–47; 1907, 107; 1925, 22–23. My calculation, based on native-born citizens who made a trip to China, estimates that a minimum of six male children must have been born to every Chinese woman residing in the United States before 1906.

23. US-NNM 938/44–151; US-NWSC 53560/225.

24. Braun, "How Can We Enforce," 141.

25. US-IR 1916, 201. Some Chinese used deportation as a free trip home. See US-IR 1929, 18.

26. Clifford Perkins, *Border Patrol: With the U.S. Immigration Service on the Mexican Boundary 1910–54* (El Paso: Texas Western Press, 1978), 10.

27. US-IR 1932, 37–8; US-NWSC 55452/385, Nagle to Husband 15 January 1926.

28. Other descriptions of "paper son" techniques include Chin Tung Pok, *Paper Son: One Man's Story* (Philadelphia: Temple UP, 2000); Madeline Hsu, *Dreaming of Gold, Dreaming of Home: Transnationalism and Migration between the United States and South China, 1882–1943* (Stanford: Stanford UP, 2000), 69–89; Estelle Lau, *Paper Families: Identity, Immigration Administration, and Chinese Exclusion* (Durham: Duke UP, 2006), 47–60; Erika Lee, *At America's Gates: Chinese Immigration during the Exclusion Era, 1882–1943* (Chapel Hill: University of North Carolina Press, 2003), 203–7; Mae Ngai, *Impossible Subjects: Illegal Aliens and the Making of Modern America* (Princeton: Princeton UP, 2004), 205–10.

29. Chen, "Chinese under Both," 29.

30. Robert Bard and Gustavo Bobonis, "Detention at Angel Island: First Empirical Evidence," *Social Science History* 30 (2006): 107, calculates a median stay of four days and an average stay of ten days from 1913 to 1917. Previous residents passed through much more quickly.

31. US-NGCD 1/2.

32. Copies of coaching papers and contracts in are in US-DH 59/847, 9–10, 107; US-DS 57/776, 2:122–24; US-NGCC 2142; US-NGCD 21/1; US-NPD 12016/1076–3; US-NPH 739; US-NWSC 55452/385; US-NWVC 151.06/118; 151.10/360.

33. US-NWSC 55452/385.

34. Compiled from papers in US-NPD 39262/11–16; US-NWVC 151.06/118.

35. Hsu, *Dreaming of Gold*, 84; US-AJY, "Inspector #3," line 0602.

36. US-BJBS, 2: 22 Oct. 1917; US-NPD 54184/138.

37. Perkins, *Border Patrol*, 8–10.

38. US-NWCG, Power to Sect. of Treasury, 8.

39. Ibid., Dunn to Power, 1 December 1899.

40. US-NPH 312.

41. Ibid., 2305.

42. Ibid., 2198.

43. US-NWSC 53990/52A, 115.

44. US-AJY, "Immigration Inspector #3," line 0413; US-BIEL, 20.

45. US-NCCG 370/220.

46. US-NWVC 151.10/11.

47. US-AJY, "Inspector #2," 9; US-NML, Rodgers to W. R. Morton, 4 January 1907; US-NPD 12016/1076–1.

48. Lau, *Paper Families*, 89–90.

49. US-NNM 939/3.

50. US-NWVC 151.05/40, 6–8.

51. US-NWVC 151.05/40, 11–13.

52. US-DS 57/776, 2:478–79.

53. US-NPH 1727, 1748.

54. US-NPH 2303.

55. US-NGCC 2014.

56. AUCP-CH, 21 February 1887; US-NWVC 151.08/16; 151.10/360, 531; US-IR 1909, 127.

57. For examples, see US-IR 1907, 60; 1911, 135–39; US-NGCC 1/169, 2028/20D; US-NGCD 10/56; US-NPD folder 2; US-NWCS 309/14; US-NWVC 151.06/55, 23.

58. *New China News*, 12 August 1911. Clipping and translation in US-NPH 2426, also Adam McKeown, *Chinese Migrant Networks and Cultural Change: Peru, Chicago and Hawaii, 1900–1936* (Chicago: University of Chicago Press, 2001), 258–59. On Sun Yat-sen, see Thomas Ganschow, "Sun Yat-sen: An American Citizen," *Chinese Studies in History* 25/3 (1992): 18–39.

59. *Liberty News*, 21 August 1911.

60. *New China News*, 22 August 1911.

61. Zeng Cangling, "Meidi zhu Xiamen lingshiguan dui fu pai huaqiao de qiwu" [The bullying of Chinese migrants by the American imperialist consulate in Xiamen], *Xiamen Wenshi Ziliao* 1 (1963): 60.

62. Him Mark Lai, Genny Lim, and Judy Yung, eds., *Island: Poetry and History of Chinese Immigrants on Angel Island* (Seattle: University of Washington Press, 1980), 100.

63. Ng Poon Chew, *The Treatment of the Exempt Classes of Chinese in the United States: A Statement from the Chinese in America* (San Francisco: Chung Sai Yat Po, 1908), 8.

64. Chen, "Chinese under Both," 425.

65. Bell, *Ritual*, 93–99; Thomas Peterson, "Initiation Rite as Riddle," *Journal of Ritual Studies* 1 (1987): 73–84; Victor Turner, *The Ritual Process: Structure and Anti-structure* (London: Routledge and Kegan Paul, 1969).

66. Lai, Lim, and Yung, *Island*.

67. Wu Yangcheng, *Shenghuo zai Niuyue tangren jie* [Life in New York Chinatown] (Hong Kong: Jiwen Chubanshe, 1959), 5–6.

68. Quoted in Madeline Hsu, "Gold Mountain Dreams and Paper Son Schemes: Chinese Immigration under Exclusion," *Chinese America: History and Perspectives* 11 (1997): 47.

69. Paul Siu, *The Chinese Laundryman: A Study of Social Isolation*, ed. John Kuo Wei Tchen (New York: New York UP, 1987), describes the isolation of Chinese migrants, unable to fit in either abroad or in China.

70. Chin, *Paper Son*, 71; Charles Choy Wong and Kenneth Klein, "False Papers, Lost Lives," in *Origins and Destinations: 41 Essays on Chinese America* (Los Angeles:

Chinese Historical Society of Southern California and UCLA Asian American Studies Center, 1994), 355–74.

71. Lau, *Paper Families*, 120–30; Ngai, *Impossible Subjects*, 206–24.

72. Lai, Lim, and Yung, *Island*, 137.

73. Gary Okihiro, *Margins and Mainstreams: Asians in American History and Culture* (Seattle: University of Washington Press), ix.

74. Ibid., 3.

75. Christian Fritz, "Due Process, Treaty Rights, and Chinese Exclusion, 1882–1891," in *Entry Denied: Exclusion and the Chinese Community in America*, ed. Sucheng Chan (Philadelphia: Temple UP, 1991); Charles McClain, *In Search of Equality: The Chinese Struggle against Discrimination in Nineteenth-Century America* (Berkeley: University of California Press, 1994), 279–81; Lucy Salyer, *Laws Harsh as Tigers: Chinese Immigrants and the Shaping of Modern Immigration Law* (Chapel Hill: University of North Carolina Press, 1995), 69–93, 248.

76. Peter Schuck, *Citizens, Strangers and In-Betweens: Essays on Immigration and Citizenship* (Boulder: Westview, 1998), 19. On the divorce from "social reality," see Calavita, "Paradoxes of Race." For a critique of the idea of immigration law as outside the norm, see Gabriel Chin, "Regulating Race: Asian Exclusion and the Administrative State," *Harvard Civil Rights-Civil Liberties Law Review* 37 (2002): 1–64.

第十一章　规范的道德化

1. In addition to works cited below, see Delber McKee, "The Chinese Boycott of 1905–6 Reconsidered: The Role of Chinese Americans," *Pacific Historical Review* 55 (1986): 165–91; Shih-shan Henry Tsai, "Reaction to Exclusion: The Boycott of 1905 and Chinese National Awakening," *Historian* (November 1976): 95–110; Wang Lixin, "Zhongguo jindai minzuzhuyi de xingqi yu dizhi Mei huo yundong" [The rise of modern Chinese nationalism and the Anti-American boycott] *Lishi Yanjiu*, no. 1 (2000): 21–33.

2. Ch-ZMGS, 2:1784.

3. "Chinese and Mixed Residence," *Japan Weekly Mail*, 1 July 1899. Thanks to Eric Han for this reference.

4. L. Eve Armentrout Ma, *Revolutionaries, Monarchists and Chinatowns* (Honolulu: University of Hawaii Press, 1990), 45–51, 90–94; K. Scott Wong, "Liang Qichao and the Chinese of America: A Re-evaluation of His *Selected Memoir of Travels in the New World*," *Journal of American Ethnic History* 11, 4 (1992): 3–24.

5. John Fitzgerald, *Big White Lie: Chinese Australians in White Australia* (Sidney: UNSW Press, 2007), chap. 5.

6. Liang Qichao, *Xin Dalu you ji* [Record of travels in the New World] (Shanghai: Shangwu Yinshuguan, 1922), 194–203.

7. Ibid., preface, 1.

8. Ibid., 169.

9. Ibid., 48–53.

10. Jane Leung Larson, "The Chinese Empire Reform Association (Baohuanghui) and the 1905 Anti-American Boycott: The Power of a Voluntary Association," in *The Chinese in America: A History from Gold Mountain to the New Millenium*, ed. Susie Lan Cassel, 195–216 (Walnut Creek: AltaMira Press 2002).

11. "Bai Aozhou zhi fandiulun" [A theory to counter White Australia], *Xinmin congbao*, 24 June 1903, 69–70.

12. Liang, *Xin dalu*, appendix; Wang Guanhua, *In Search of Justice: The 1905–1906 Chinese Anti-American Boycott* (Cambridge: Harvard University Asia Center, 2001), 56–58.

13. Translation in Wang, *In Search of Justice*, 148.

14. Wong Sin Kiong, *China's Anti-American Boycott Movement in 1905: A Study in Urban Protest* (New York: Peter Lang, 2002), 70–102; Zhang Cunwu, *Guangxu sanshiyi nian Zhong Mei gong yue fengchao* [Tide against the Chinese-American worker treaty in 1905] (Taipei: Institute of Modern History, Academia Sinica, 1966), 136–44.

15. Wang, *In Search of Justice*, 96, 123–26.

16. Ng Poon Chew, *The Treatment of the Exempt Classes of Chinese in the United States: A Statement from the Chinese in America* (San Francisco: Chung Sai Yat Po, 1908), 14. More generally, see K. Scott Wong, "Cultural Defenders and Brokers: Chinese Responses to the Anti-Chinese Movement," in *Claiming America: Constructing Chinese American Identities during the Exclusion Era*, ed., K. Scott Wong and Sucheng Chan, 3–40 (Philadelphia: Temple UP, 1998).

17. *New China News*, 20 May 1905.

18. Henry Tsai, *China and the Overseas Chinese in the United States* (Fayetteville: University of Arkansas Press, 1983), 150; US-NCDC, 19 December 1905; telegram, 30 December 1905.

19. Wang, *In Search of Justice*, 144–55.

20. Translated in Tsai, *China and the Overseas Chinese*, 148.

21. Zhu Shijia, ed., *Meiguo pohai huagong shiliao* [Materials on the U.S. persecution of Chinese laborers] (Shanghai: Zhonghua Shuju, 1958), 149.

22. Zhang, *Guangxu sanshiyi nian*, 78.

23. A Ying, ed., *Fan Mei huagong jinyue wenxue ji* [Literature in opposition to the exclusion treaty] (Beijing: Zhonghua Shuju, 1962), 6; trans. in Wang, *In Search of Justice*, 155.

24. Quoted in Zhang, *Guangxu sanshiyi nian*, 23.

25. US-NCDC, 12 September 1905.

26. Zhang, *Guangxu sanshiyi nian*, 167–75.

27. US-NCDC, 9 August 1905; 10 August 1905; US-NCDU, 27 September 1905.

28. Michael Hunt, *The Making of a Special Relationship: The United States and China to 1914* (New York: Columbia UP, 1983), 235–54; US-NCDC, 12 September 1905, 15 September 1905, Rockhill to Lay; 30 December 1905, memorandum.

29. Ch-GCDL, 5:5389.

30. US-NCDC, 16 August 1905. Also 9 August 1905, 24 August 1905.

31. Ch-AGC 7722.42–43; Zhang, *Guangxu sanshiyi nian*, 64.

32. Zhang, *Guangxu sanshiyi nian*, 246–47.

33. Ch-AGC 7722.44. Wang's official title is not preserved.

34. Translation in Wang, *In Search of Justice*, 187–8.

35. Ch-JZX 4/1:225–26; *Waijiao bao*, 2:507–10.

36. Elihu Root, "The Real Questions under the Japanese Treaty and the San Francisco School Board Resolution," *American Journal of International Law* 1 (1907): 273–74.

37. Mohandas Gandhi, *Hind Swaraj or Indian Home Rule* (Ahmedabad: Navajivan, 1938), 68.

38. *Collected Works of Mahatma Gandhi* (Delhi: Ministy of Information and Broadcasting, Government of India, 1959), 2:12–13. See also Paul Power, "Gandhi in South Africa," *Journal of Modern African Studies* 7 (1969): 441–55.

39. *Collected Works*, 6:5.

40. Ibid., 5:390, 6:54, 7:397; Karen Harris, "Gandhi, the Chinese and Passive Resistance," in *Gandhi and South Africa: Principles and Politics*, ed. Judith Brown and Martin Prozesky, 69–95 (New York: St. Martin's Press, 1996).

41. Gandhi, *Satyagraha in South Africa*, 72–73.

42. *Collected Works*, 7:2.

43. Ibid., 4:142.

44. Gandhi, *Satyagraha in South Africa*, trans. Valji Govindji Desai (Ahmedabad: Navajivau 1950 [1928]) 206.

45. *Collected Works*, 6:5.

46. Ibid., 8:109

47. Gandhi, *Satyagraha in South Africa*, 94–95.

48. Ibid., 100–1.

49. Mohandas Gandhi, "The Doctrine of the Sword," in *Penguin Gandhi Reader*, ed. Rudrangshu Mukherjee, 98 (New York: Penguin, 1993).

50. Gandhi, *Satyagraha in South Africa*, 87–88.

51. Ibid., 105–6.

52. *Collected Works*, 8:77–78

53. Ibid., 8:78

54. Ibid., 8:80. Also Gandhi, *Satyagraha in South Africa*, 162.

55. *Collected Works*, 8:79.

56. Gandhi, *Satyagraha in South Africa*, 123, 146.

57. GB-PP Cd7111, *Correspondence Relating to the Immigrants Regulation Act and Other Matters Affecting Asiatics in South Africa* (1913); Huttenback, *Gandhi in South Africa*, (Ithaca: Cornell UP, 1971) 324–29.

第十二章　遍及世界的边境，1907—1939

1. Harry Laughlin, *The Codification and Analysis of the Immigration-Control Law of Each of the Several Countries of Pan America*, analysis volume (New York: Report of the Eugenics Record Office of the Carnegie Institution, 1936), 95.

2. Ibid., 151–60.

3. Diego Lin Chou, *Chile y China: inmigración y relaciones bilaterales (1845–1970)* (Santiago: Instituto de Historia and Centro de Investigaciones Diego Barros Arana, 2004), 208–14; Adam McKeown, "Inmigración china al Perú, 1904–1937: Exclusión y negociación," *Histórica* 20 (1997): 59–91.

4. Ch-AFA 02–23.5.2; Diego Lin Chou, *Los Chinos en Hispanoamérica* (San José, Costa Rica: Sede Académica, FLASCO, 2002), 42–43; US-FR 1907, 593–98;

5. My understanding of institutional diffusion is based on Paul DiMaggio and Walter Powell, "The Iron Cage Revisited: Institutional Isomorphism and Collective Rationality in Organizational Fields," *American Sociological Review* 48 (1983): 147–60; Zachary Elkins and Beth Simmons, "On Waves, Clusters, and Diffusion: A Conceptual Framework," *The Annals of the American Academy of Political and Social Science* 598 (2005): 33–51; Thomas Franck, "Legitimacy in the International System," *American Journal of International Law* 82 (1988): 705–59; David Levi-Faure, "The Global Diffusion of Regulatory Capitalism," *Annals of the American Academy of Political and Social Science* 598 (2005): 12–32; John Meyer and Brian Rowan, "Institutionalized Organizations: Formal Structure as Myth and Ceremony," *American Journal of Sociology* 83 (1977): 340–63; and George Thomas et al., *Institutional Structure: Constituting State, Society and the Individual* (London: Sage, 1987).

6. Frank Caestecker, *Alien Policy in Belgium, 1840–1940: The Creation of Guest Workers, Refugees and Illegal Aliens* (New York: Berghan Books, 2000); Leo Lucassen, "The Great War and the Origins of Migration Control in Western Europe and the United States (1880–1920)," in *Regulation of Migration: International Experiences*, ed. Anita Böcker et al., 45–72 (Amsterdam, 1998).

7. David Strang and John Meyer, "Institutional Conditions for Diffusion," *Theory and Society* 22 (1993): 506.

8. On categories and networks, see Charles Tilly, *Durable Inequality* (Berkeley: University of California Press, 1999).

9. US-FR 1905, 704–5; 1906, 1186–88.

10. US-FR 1909, 245.

11. US-FR 1914, 286.

12. US-FR 1905, 393–404, 532–50.

13. US-FR 1912, 534.

14. US-NWSC 52541/44; 53588/1B; Kevin Cott, "Mexican Diplomacy and the Chinese Issue, 1876–1910," *Hispanic American Historical Review* 67 (1987): 63–85; Amy Fairchild, *Science at the Borders: Immigrant Medical Inspection and the Shaping of the Modern Industrial Labor Force* (Baltimore: Johns Hopkins UP, 2003), 150–59; Erika Lee, *At America's Gates: Chinese Immigration during the Exclusion Era, 1882–1943* (Chapel Hill: University of North Carolina Press, 2003), 179–84.

15. Quoted in Cott, "Mexican Diplomacy," 76.

16. Quoted in Fairchild, *Science at the Borders*, 150.

17. José Jorge Gómez Izquierdo, *El Movimiento antichino en México (1871–1934): Problemas del racismo y del nacionalismo durante la Revolución Mexicana* (Mexico City: Instituto Nacional de Antropología e Historia, 1991), 111, 140–43; Humberto Monteón González and José Luis Trueba Lara, *Chinos y Antichinos en México: Documentos para su estudio* (Guadalajara: Gobierno de Jalisco, Secretaría General, Unidad Editorial, 1988), 23–25, 60–63.

18. McKeown, "Inmigración china."

19. Duvon Clough Corbitt, *A Study of the Chinese in Cuba, 1847–1947* (Wilmore, KY: Asbury College, 1971), 95–106; *Gaceta de La Habana*, 1902–1927; Juan Jiménez Pastrana, *Los Chinos en la historia de Cuba: 1847–1930* (Havana: Editorial de Ciencias Sociales, 1983), 133–42; Kathleen Lopez, "Migrants between Empires and Nations: The Chinese in Cuba, 1874–1959" (Ph.D. diss., University of Michigan, 2005), 189–97; Zou Guangwan, "Zhongguo Guba zhi waijiao guanxi [Foreign relations of China and Cuba]" (Ph.D. diss., National Taiwan University, 1963), 11–43; US-NWVC 151.0637/10–32.

20. US-NWVC 151.0637/25, memorandum from Chinese Minister to Cuban Foreign Office, 29 April 1924.

21. US-NWVC 151.0637/23, Crowder to de Cespedes, 22 May 1924.

22. Zou, "Zhongguo Guba," 24.

23. Ch-AFA 02–23.4.7, 03–12.2.1; Chou, *Chinos en Hispanoamérica*, 28–34; US-FR 1907, 933–36; 1913, 1105–39.

24. *Memoria presentada por el señor Secretario de Relaciones Exteriores, áe la Asamblea Nacional de Panamá* (Panamá: Imprenta Nacional, 1910), xxv.

25. *Memoria presentada por el señor Secretario de Relaciones Exteriores, áe la Asamblea Nacional de Panamá* (Panamá: Imprenta Nacional, 1914), 99–100.

26. Ibid., 104.

27. Ibid., xxiv.

28. Ibid., xxii.

29. Ch-AFA 03–12.12.2; US-FR 1896, 379–80; 1903, 262, 318–19.

30. *Memoria presentada por el señor Secretario de Relaciones Exteriores, áe la Asamblea Nacional de Panamá* (Panamá: Imprenta Nacional, 1922), 157.

31. Ibid., 157–91.

32. Darrell Smith and H. Guy Herring, *The Bureau of Immigration, Its History, Activities and Organization* (Baltimore: Johns Hopkins UP, 1924), 13–14, 23–24; US-IR 1909, 123, 153–74; 1917, xxi; 1919, appendix 5; US-NCNM 4739.

33. Sean Brawley, *The White Peril: Foreign Relations and Asian Immigration to Australasia and North America, 1919–1978* (Sydney: UNSW Press, 1995), 15–29.

34. Robert Zeidel, *Immigrants, Progressives, and Exclusion Politics: The Dillingham Commission* (DeKalb: Northern Illinois UP, 2004), 131–33.

35. US-CWH, "Address by W. W. Husband," 11 March 1912,21, 25.

36. Sidney Gulick, *American Democracy and Asiatic Citizenship* (New York: Charles Scribner's Sons, 1918), 113–14, and *The American Japanese Problem* (New York: Charles Scribner's Sons, 1914), 281–307; Zeidel, *Immigrants, Progressives*, 134–37.

37. Quoted in Zeidel, *Immigrants, Progressives*, 134.

38. US-CWH, "Immigration Restriction," 23 February 1914, 19.

39. Patrick Weil, "Races at the Gate, Racial Distinctions in Immigration Policy: A Comparison between France and the United States," in *Migration Control in the North Atlantic World: The Evolution of State Practices in Europe and the United States from the French Revolution to the Inter-War Period*, ed. Andreas Fahrmeir, Olivier Faron, and Patrick Weil, 271–91 (New York: Berghahn Books, 2003).

40. A. Warner Parker, "The Ineligible to Citizenship Provision of the Immigration Act of 1924," *American Journal of International Law* 19 (1925): 27.

41. Mae Ngai, *Impossible Subjects: Illegal Aliens and the Making of Modern America* (Princeton: Princeton UP, 2004), 21–55.

42. US-FR 1924, 1:225–26.

43. Weil, "Races at the Gates," 277–78.

44. Quoted in Parker, "Ineligible to Citizenship," 24.

45. Izumi Hirobe, *Japanese Pride, American Prejudice: Modifying the Exclusion Clause of the 1924 Immigration Act* (Stanford: Stanford UP, 2001), 7–9; Akira Iriye, *Pacific Estrangement: Japanese and American Expansion, 1897–1911* (Cambridge: Harvard UP, 1972), 106.

46. Roderick McKenzie, *Oriental Exclusion* (New York: Institute of Pacific Relations, 1927), 42–43, 124–25; Harley McNair, *The Chinese Abroad: Their Position and Protection, a Study in International Law and Relations* (Shanghai: Commercial Press, 1924), 195–201.

47. I am indebted to discussions with Tiffany Trimmer for many of the ideas and sources in the next two sections. See her "Solving Migration 'Problems': Trans-Atlantic and Trans-Indian Ocean Approaches, 1890–1930" (Ph.D. diss., Northeastern University, 2007).

48. James Whelpley, *The Problem of the Immigrant* (London: Chapman & Hall, 1905), 6.

49. Ibid., 5.

50. Madeleine Herren, "Governmental Internationalism and the Beginning of a New World Order in the Late Nineteenth Century," in *The Mechanics of Internationalism*, 121–44; Craig Murphy, *International Organization and Industrial Change: Global Governance since 1850* (New York: Oxford UP, 1994), 56–59; Paul Reinsch, "International Unions and Their Administration," *American Journal of International Law* 1 (1907): 579–623.

51. *Congrès International de L'Intervention des Pouvoirs Publics dans L'Émigration et L'Immigration* (Paris: Bibliothèque des Annales Economiques, 1890), 14.

52. Ibid., 142.

53. Leah Haas, "Migration and International Economic Institutions," in *Global Migrants, Global Refugees: Problems and Solutions*, ed. Aristide Zolberg and Peter Benda, 271–96 (New York: Berghahn Books, 2001); Ellen Percy Kraly and K. S. Gnanasekaran, "Efforts to Improve International Migration Statistics: A Historical Perspective," *International Migration Review* 21 (1987): 969–74.

54. *Emigration and Immigration: Legislation and Treaties* (Geneva: International Labour Office, 1922); and *World Statistics of Aliens: A Comparative Study of Census Returns, 1910–1920–1930* (Geneva: International Labour Office, 1936).

55. Brawley, *White Peril*, 76–77; Yash Ghai, "Migrant Workers, Markets, and the Law," in *Global History and Migrations*, ed. Wang Gungwu, 164–65 (Boulder: Westview, 1997).

56. D. Christie Tait, "International Aspects of Migration," *Journal of the Royal Institute of International Affairs* 6 (1927): 32–35.

57. US-FR 1923, 1:115–20.

58. Quoted in Miguel Angel Cárcano, "La conferencia internacional de Roma y la política inmigratoria Argentina," *Revista de economia Argentina* 13 (1924): 29.

59. *Conference Internationale de L'Emigration et de L'Immigration*, 3 vols. (Rome: Commissariat General Italien de l'Emigracion, 1924), 3:159.

60. Ibid., 3:160.

61. *Segunda Conferencia Internacional de Emigracion e Inmigracion, Diario Oficial*, 2 vols. (Havana, 1928), 1:13; Gérard Noiriel, *The French Melting Pot: Immigration, Citizenship, and National Identity*, trans. Geofroy de Laforcade, 81–83 (Minneapolis: University of Minnesota Press, 1996 [1988]).

62. Brawley, *White Peril*, 94.

63. *Segunda Conferencia*, 1:45–52.

64. US-FR 1928, 1:566.

65. Au-NCEA 1928/4912.

66. Martin Lloyd, *The Passport: The History of Man's Most Travelled Document* (Phoenix Mill, UK: Sutton, 2003), 120–30; John Torpey, *The Invention of the Passport: Surveillance, Citizenship and the State* (Cambridge: Cambridge UP, 2000), 111–21.

67. J. B. Condliffe, ed., *Problems of the Pacific: Proceedings of the Second Conference of the Institute of Pacific Relations* (Chicago: University of Chicago Press, 1928), 32.

68. Ibid., 159.

69. Ibid., 158.

70. Nancy Green and François Weil, eds., *Citizenship and Those Who Leave: The Politics of Emigration and Expatriation* (Urbana: University of Illinois Press, 2007).

71. Clifford Rosenberg, *Policing Paris: The Origins of Modern Immigration Control between the Wars* (Ithaca: Cornell UP, 2006).

72. Donald Taft, *Human Migration: A Study of International Movements* (New York: Ronald Press, 1936), 43–44.

73. Ibid., 411.

74. Paul Fachille, "The Rights of Emigration and Immigration," *Internatonal Labour Review* 9 (1924): 325.

75. Ibid., 325–26.

76. John Gregory, *Human Migration and the Future: A Study of the Causes, Effects & Control of Emigration* (London: Seeley Service, 1928), 198–205.

77. Henry Pratt Fairchild, *Immigration: A World Movement and Its American Significance* (New York: Macmillan, 1913), 26.

78. Ibid., 20–21.

79. US-NCCF 1093/70, 86; US-NCCG 370/93–103, 175, 258–62, 295–99; US-NWVD 811b.111/152.

80. US-NCCF 60/84; US-NCCG 370/124–27, 143, 172, 204.

81. *Manila American*, 28 October 1903.

82. Antonio Tan, *The Chinese in the Philippines, 1898–1935: A Study of Their National Awakening* (Quezon City: R. P. Garcia, 1972), 182–201; US-NCCF 1093/102–11.

83. *La Opinión*, 17 October 1938, 21 October 1938, 31 October 1938, and through December; *Manila Daily Bulletin*, 21 October 1938, 31 October 1938; US-NCCG 370/295, 340, 12177/125; US-NCR, Amoy 13 June 1913, March 1917; US-NWVD 811b.55/1, Wixon to President of Philippines, 23 February 1939; 811b.111/395.

84. US-NCCF 1093/130.

85. Ibid., 1093/132.

86. Ibid., 1093/191.

87. US-NWVD 811b.55/1, memorandum by Jacobs, 2 July 1938.

88. Ibid., memorandum by Brandt, 7 October 1938.

89. Ibid., Wixon to Houghteling, 30 January 1939.

90. Ibid., Wixon to President, 23 February 1939, 17.

91. Ibid., Brandt to Messersmith, 22 April 1939.

92. Bessi Ng Kumlin Ali, *Chinese in Fiji* (Suvia: Institute of Pacific Studies, 2002), 65–68.

93. David Wu, *Chinese in Papua New Guinea, 1880–1980* (Hong Kong: Chinese UP, 1982), 29–30.

94. Robert Gregory, *India and East Africa: A History of Race Relations within the British Empire 1890–1939* (Oxford: Clarendon Press, 1971), 247.

95. Ca-DCER, 3:703- 6, 724–43; 4:94–104, 881–87.

96. Paul Jones, "What Happened to Australia's Chinese Between the World Wars?" in *After the Rush: Regulation, Participation and Chinese Communities in Australia*, ed. Sophie Couchman, John Fitzgerald, and Paul Macgregor, special edition of *Otherland Literary Magazine* 9 (2004): 224–28.

97. Melanie Yap and Dianne Leong Man, *Colour Confusion and Concessions: The History of the Chinese in South Africa* (Hong Kong: Hong Kong UP, 1996), 180, 184.

结论　忧郁的秩序

1. Keith Fitzgerald, *The Face of the Nation: Immigration, the State, and the National Identity* (Stanford: Stanford UP, 1996); Leo Lucassen, *The Immigrant Threat: The Integration of Old and New Migrants in Western Europe since 1850* (Urbana: University of Illinois Press, 2005); Cheryl Shanks, *Immigration and the Politics of American Sovereignty, 1890–1990* (Ann Arbor: University of Michigan Press, 2001); Daniel Tichenor, *Dividing Lines: The Politics of Immigration Control in America* (Princeton: Princeton UP, 2002); Aristide Zolberg, *A Nation by Design: Immigration Policy in the Fashioning of America* (New York: Russell Sage Foundation, and Cambridge: Harvard UP, 2006).

2. Christian Joppke, *Selecting by Origin: Ethnic Migration in the Liberal State* (Cambridge: Harvard UP, 2005), 2–3.

3. Richard Beaubien and Zhang Chao, *Meiguo qianzheng jiqiao he shili* [American visa tactics and examples] (Haikou: Nanhai Chuban Gongsi, 2000).

4. Gil Loescher, "Protection and Humanitarian Action in the Post-Cold War Era," in *Global Migrants, Global Refugees: Problems and Solutions*, ed. Aristide Zolberg and Peter Benda, 171–205 (New York: Berghahn Books, 2001); Aristide Zolberg, "The Formation of New States as a Refugee-Generating Process," *Annals of the American Academy of Political and Social Sciences* 467 (1983): 24–38.

5. Hannah Arendt, *The Origins of Totalitarianism* (Cleveland: Meridian Books, 1958 [1951]), 292.

6. Virginie Guiraudon and Christian Joppke, "Controlling a New Migration World," in *Controlling a New Migration World*, ed. Virginie Guiraudon and Christian Joppke, 1–27 (London: Routledge, 2001); David Jacobson, *Rights across Borders: Immigration and the Decline of Citizenship* (Baltimore: Johns Hopkins UP, 1996); Saskia Sassen, *Globalization and Its Discontents* (New York: New Press, 1998).

7. Mark Dow, *American Gulag: Inside U,S, Immigration Prisons* (Berkeley: University of California Press, 2004); International Organization for Migration, *World Migration 2003: Managing Migration—Challenges and Responses for People on the Move* (Geneva: International Organization for Migration, 2003), 97–108; Jeanette Money, "Human Rights Norms and Immigration Control," *UCLA Journal of International Law and Foreign Affairs* 3, 2 (1998–99): 497–25; Rosemary Sales, "Secure Borders, Safe Haven: A Contradiction in Terms?" *Ethnic and Racial Studies* 28 (2005): 445–62.

8. Jaya Ramji-Nogales, Andrew Schoenholts, and Philip Shrag, "Refugee Roulette: Disparities in Asylum Adjudication," *Stanford Law Review* 60 (2008): 389.

9. Don Flynn, "New Borders, New Management: The Dilemmas of Modern Immigration Policies," *Ethnic and Racial Studies* 28 (2005): 463–90; Lydia Morris, *Managing Migration: Civic Stratification an Migrants' Rights* (London: Routledge, 2002); Kathleen Newland and Demetrios Papademetriou, "Managing International Migration: Tracking the Emergence of a New International Regime," *UCLA Journal of International Law and Foreign Affairs* 3, 2 (1998–99): 637–57; Sales, "Secure Borders."

10. Cindy Hahamovitch, "Creating Perfect Immigrants: Guest Workers of the World in Historical Perspective," *Labor History* 44 (2003): 70–94; Ulrich Herbert, A *History of Foreign Labor in Germany, 1880–1980: Seasonal Workers/Forced Laborers/Guest Workers,* trans William Templer (Ann Arbor: University of Michigan Press, 1990); James Hollinger, *Immigrants, Markets, and States: The Political Economy of Postwar Europe* (Cambridge: Harvard UP, 1992).

11. See almost any issue of *Asian Migration News*, available at http://www.smc.org.ph/amnews/amnarch.htm.

12. United States Department of State, *Trafficking in Persons Report: Victims of Trafficking and Violence Protection Act of 2000* (Washington, DC: U.S. Government Printing Office, 2001), 1.

13. Ibid., 2.

14. Didier Bigo, "Migration and Security," in *Controlling a New Migration World,* 212–49; Wayne Cornelius, "Death at the Border: Efficacy and Unintended Consequences of US Immigration Control Policy," *Population and Development Review* 27 (2001): 61–85; Nicholas DeGenova, "Migrant 'Illegality' and Deportation in Everyday Life," *Annual Review of Anthropology* 31 (2002): 419–47; Godfried Engbersen, "The Unanticipated Consequences of Panopticon Europe: Residence Strategies of Illegal Migrants," in *Controlling a New Migration World,* 222–46; Joseph Nevins, *Operation Gatekeeper: The Rise of the "Illegal Alien" and the Making of the U.S.-Mexico Boundary* (New York: Routledge, 2002).

15. Stephen Castles, "Why Migration Policies Fail," *Ethnic and Racial Studies* 27 (2004): 212.

16. Douglas Massey and J. Edward Taylor, "Back to the Future: Immigration Research, Immigration Policy, and Globalization in the Twenty-first Century," in *International Migration: Prospects and Policies in a Global Market*, ed. Douglas Massey and J. Edward Taylor, 387 (Oxford: Oxford University Press, 2004).

17. Paul Peirce, "The Control of Immigration as an Administrative Problem," *American Political Science Review* 4 (1910): 388.

18. Christopher Rudolph, "Globalization, Sovereignty, and Migration: A Conceptual Framework," *UCLA Journal of International Law and Foreign Affairs* 3 (1998–99): 355. See also Hollinger, *Immigrants, Markets and States*, 12; Jacobson, *Rights across Borders*, 4–10; Shanks, *Immigration and the Politics*, 2–4; Tichenor, *Dividing Lines*, 50–53, 147.

19. Alejandro Portes, Luis Guarnizo, and Patricia Landolt, "The Study of Transnationalism: Pitfalls and Promise of an Emerging Research Field," *Ethnic and Racial Studies* 22 (1999): 220.

20. Douglas Massey, "Why Does Immigration Occur? A Theoretical Synthesis," in *Handbook of International Migration: The American Experience*, ed. Charles Hirschman, Philip Kasinitz, and Josh DeWind, 34–52 (New York: Russell Sage Foundation, 1999).

21. *World Migration* 2003, 64–69, 144–51, 253–54. See also Money, "Human Rights Norms."

22. *World Migration* 2003, 142. Note 1 also includes Israel as a TCI.

23. Ibid., 287; Hania Zlotnik, "The Concept of International Migration as Reflected in Data Collection Systems," *International Migration Review* 21 (1987): 925–46.

24. A famous statement of the community of liberal states is Anne-Marie Slaughter, "International Law in a World of Liberal States," *European Journal of International Law* 6 (1995): 503–38. For an empirical critique, see José Alvarez, "Do Liberal States Behave Better: A Critique of Slaughter's Liberal Theory," *European Journal of International Law* 12 (2001): 183–246. On newness and globalization, see Adam McKeown, "Periodizing Globalization," *History Workshop Journal* 63 (2007): 218–30.

25. Linda Basch, Nina Glick Schiller, and Cristina Sztanton Blanc, *Nations Unbound: Transnational Projects, Postcolonial Predicaments and Deterritorialized Nation-States* (Amsterdam: Gordon and Breach, 1994); Aihwa Ong, "Mutations in Citizenship." *Theory, Culture & Society* 23 (2006): 499–531; Saskia Sassen, *Territory, Authority, Rights: From Medieval to Global Assemblages* (Princeton: Princeton UP, 2006), 277–322.

26. Gary Freeman, "Can Liberal States Control Unwanted Migration?" *Annals of the American Academy of Political and Social Science* 534 (1994): 17–30, and "Modes of Immigration Politics in Liberal Democratic States," *International Migration Review* 29 (1995): 881–902; Guiraudon and Joppke, "Controlling a New Migration World," 8–9; Christian Joppke, "Why Liberal States Accept Unwanted Immigration," *World Politics* 50 (1998): 266–93; James Hollifield, "Migration, Trade and the Nation-State:

The Myth of Globalization," *UCLA Journal of International Law and Foreign Affairs* 3, 2 (1998–99): 595–636.

27. James Hollifield, "The Emerging Migration State," *International Migration Review* 38 (2004): 901.

28. Louis Henkin, "The Constitution and United States Sovereignty: A Century of *Chinese Exclusion* and Its Progeny," *Harvard Law Review* 100 (1986–87): 862.

29. Jacobson, *Rights across Borders*, 8. Also Peter Schuck, *Citizens, Strangers, and In-Betweens: Essays on Immigration and Citizenship* (Boulder: Westview, 1998), 163–75.

索 引

译后记

亚当·麦基翁教授生前是美国哥伦比亚大学移民史和全球史研究的史学家，在学界中卓尔不群，以思想活跃、见解独到著称。《忧郁的秩序：亚洲移民与边境管控的全球化》于 2008 年出版问世，是麦基翁继《华人移民网络与文化变迁：秘鲁、芝加哥与夏威夷，1900—1936》之后的第二部巨著，2009 年即荣获美国世界历史协会最佳著作奖。

全球移民史学家帕特里克·曼宁曾说："世界历史上的每个阶段都有关于移民的传奇。"（*Migration in World History*，2nd edition，2013，p.1）在 19 世纪中叶至 20 世纪中叶这段历史时期里，世界史关于移民的最大"传奇"之一，就是美国、加拿大、澳大利亚、南非等白人移民国家或殖民地采取了排斥中国移民以至亚洲移民的种族主义法律和政策，并促进了这种法律原则、实践和知识的全球化。麦基翁的《忧郁的秩序》主要揭示现代国际移民制度（以身份认证和边境管控为机制）的起源、嬗变、实质及全球化过程。他认为，该制度不是 20 世纪末自由化过程中出现的独特发展，而正是源于 19 世纪中叶至 20 世纪中叶排斥中国移民以至亚洲移民的种族主义历史，其规则、规范和话语都是由西方国家的强权塑造而成的，并赋予了意义。但到 20

世纪，在亚洲国家的抗议和西方国家内部进步主义舆论的双重压力下，西方国家政府不得不改变国际移民管控的手段和措辞：从明目张胆的粗暴排斥转向适应现代民主社会发展的择优甄选。这种改变也使人们很快淡忘了歧视制度的历史根源和实质。作者在结论中引用了卡夫卡的小说《审判》里神甫说的一句话，“不必认为一切都是真实的，只需要认为一切都是必然的”，以此表达他关于现代国际移民制度的一个核心观点——“悲哀 / 忧郁的秩序”。毫无疑问，作者并非仅仅探讨现代国际移民制度史，他更大的意图是，以国际移民和主权国边境管控的紧张互动关系和相互调整过程为主线，书写一部动态发展的、同质化与差异化互构的以及超越二元对立的全球史，推进全球史理论在广度和深度上的发展。总的来说，《忧郁的秩序》是一部历史与理论相结合的优秀学术作品，获得了入江昭（Akira Iriye）、唐娜 · 加巴西亚等重量级亚洲史学家和国际移民史学家的高度评价。正因如此，我认为很值得向国内学界推荐本书，开卷有益的同时，可以深刻认识现代国际移民管控制度全球化的发展动力和内在逻辑。

翻译本书，历时一年多，最大的难点是准确理解词句的含义，并把握作者的学术观点。麦基翁的著作言辞丰富，表述复杂，知识渊博，思想深邃，故而有一些词句需要反复阅读、再三斟酌才能理解其意而转译成中文。经过努力，自我感觉基本上翻译到位。但因水平有限，也难免出现差错。如有错谬之处，皆由译者负责，敬请专家学者指正。

本书中文版得以付梓面世，要感谢中山大学历史学系和上海书店出版社的全力支持，特别是要感谢本书的责任编辑伍繁琪为此所做的大量工作。

2024 年是中山大学建校 100 周年。作为一个“没出过中大门”的“中大人”，甚感荣光和自豪，谨以此译作献给学校百年华诞，聊表寸心。

潘一宁

广州聚雅苑

2023 年 3 月 1 日

MELANCHOLY ORDER: Asian Migration and the Globalization of Borders
by Adam McKeown

Published by arrangement with Columbia University Press
through Bardon-Chinese Media Agency
博達著作權代理有限公司

图书在版编目(CIP)数据

忧郁的秩序：亚洲移民与边境管控的全球化/(美)亚当·麦基翁著；潘一宁译. —上海：上海书店出版社，2025.2

(共域世界史)

书名原文：Melancholy Order：Asian Migration and the Globalization of Borders

ISBN 978-7-5458-2376-9

Ⅰ.①忧… Ⅱ.①亚… ②潘… Ⅲ.①移民—研究—亚洲 Ⅳ.①D730.38

中国国家版本馆 CIP 数据核字(2024)第 092819 号

著作权合同登记号 图字：09-2024-0301

责任编辑 伍繁琪
营销编辑 王 慧
装帧设计 道辙 at Compus Studio

忧郁的秩序：亚洲移民与边境管控的全球化

[美] 亚当·麦基翁 著
潘一宁 译

出　版 上海书店出版社
(201101 上海市闵行区号景路 159 弄 C 座)
发　行 上海人民出版社发行中心
印　刷 江阴市机关印刷服务有限公司
开　本 889×1194 1/32
印　张 18
字　数 350,000
版　次 2025 年 2 月第 1 版
印　次 2025 年 2 月第 1 次印刷
ISBN 978-7-5458-2376-9/D·79
定　价 128.00 元